历史地理学方法论的探索与实践

吴宏岐◎著

暨南大学出版社
JINAN UNIVERSITY PRESS
中国·广州

图书在版编目（CIP）数据

历史地理学方法论的探索与实践/吴宏岐著. —广州：暨南大学出版社，2010.3
ISBN 978-7-81135-448-5

Ⅰ.①历… Ⅱ.①吴… Ⅲ.①历史地理学—方法论—研究 Ⅳ.①K901.9

中国版本图书馆 CIP 数据核字（2009）第 010107 号

出版发行：暨南大学出版社

地　址：中国广州暨南大学
电　话：总编室（8620）85221601
　　　　营销部（8620）85225284　85228291　85220693（邮购）
传　真：（8620）85221583（办公室）　85223774（营销部）
邮　编：510630
网　址：http：//www.jnupress.com　http：//press.jnu.edu.cn

排　版：暨南大学出版社照排中心
印　刷：广州市怡升印刷有限公司

开　本：787mm×1092mm　1/16
印　张：16.375
字　数：418 千
版　次：2010 年 3 月第 1 版
印　次：2010 年 3 月第 1 次

定　价：36.00 元

（暨大版图书如有印装质量问题，请与出版社总编室联系调换）

总序

百年沧桑，弦歌不辍；巍巍暨南，展焕新颜。暨南大学自1906年创办以来，始终秉承“宏教泽而系侨情”的办学宗旨，注重以中华民族优秀的传统道德文化培养造就人才。学校积极贯彻“面向海外，面向港澳台”的办学方针，建校至今，共培养了来自世界五大洲127个国家和地区的各类人才20余万人，堪称桃李满天下。

暨南大学的研究生教育始于1978年，是改革开放后全国首批研究生招生培养单位。1984年，学校率先招收海外及港澳台研究生，是全国当时唯一的试点单位。1987年开始，创建了与境外知名大学合作培养研究生的教育模式，目前已与中国香港、美国、加拿大、德国、英国等地区和国家的众多知名大学联合培养研究生；1989年开创内地高校招收境外“兼读制”研究生及境外研究生面授点的先河。经过30多年的建设与发展，暨南大学已经成为推动港澳台合作办学及国际办学的探索者和实践者，联结内地与港澳台同胞、海外侨胞的桥梁和纽带，被誉为“中国境外研究生教育的试验田和窗口”。

目前，学校已拥有博士学位授权一级学科6个，博士学位授权二级学科39个，硕士学位授权一级学科18个，硕士学位授权二级学科135个，6种硕士专业学位及临床医学博士专业学位；学位授权点覆盖了哲学、经济学、法学、教育学、文学、历史学、理学、工学、医学和管理学10个学科门类；设有博士后科研流动站9个，博士后工作站1个。学校师资力量雄厚，有专任教师1 677人，其中中国科学院院士1人，中国工程院院士4人，博士生导师297人，教授390人，副教授590人。

教材建设是课程体系和教学内容改革的核心，是进一步加强研究生教学工作，深化教学改革，提高研究生教育教学质量的重要措施。为此，学校启动了“暨南大学研究生教材建设”项目，将系统出版一批具有学科特色和水平的研究生教材。在研究生部的精心组织下，通过专家组评审，分批立项，每批二三十种，覆盖了公共学位课、专业学位课和专业选修课等课程。这些教材符合研究生教育改革发展趋势，反映了学科建设的新理论、新技术、新方法，在国内同类教材中较为先进。我们以期通过几年的努力，打造出一系列特色鲜明的研究生精品教材。

暨南大学副校长 纪宗安

2009年7月

前言

本书是暨南大学历史地理学专业研究生的试用教材，初稿完成于2005年8月，2008年8月曾作过修订，自2006年9月起已在本校历史地理学专业硕士生专业学位课程“历史地理概论”教学中试用了三年，收到了较好的教学效果。2009年6月本书获暨南大学研究生教材建设项目资助，这次在交由暨南大学出版社付梓之际，部分内容又进行了一些修订。

这次修订后的教材共有12章，约418千字。主要内容分为三个部分：一至三章属于历史地理学发展史的内容，分别论述了中国历史地理学的历史、现状和发展趋势，中国古代历史地理学思想，中国近现代历史地理学思想等相关问题；四至六章属于现代历史地理学理论方法问题的探讨，分别论述了历史地理学的若干理论问题，历史社会地理学与区域社会史的若干理论问题，历史时期气候变化与人类社会发展的关系等基本问题；七至十二章属于历史地理学实证研究，即以专题研究性质的学术实践案例，具体探讨了区域历史环境与社会变迁互动、古代历史地理文献的考证与研究、多重证据法在历史地理学研究中的应用、碑刻文献资料在历史地理学研究中的应用及中外史料与古旧地图文献互证法的应用等相关问题。

目前国内外历史地理学专业研究生“历史地理概论”之类专业课程所用的教材，从编写体系上来看，主要有四种类型：一是纯理论方法方面的教材，如［苏联］B. C. 热库林著、韩光辉译《历史地理学——对象和方法》（北京大学出版社，1992）、侯仁之《历史地理学四论》（中国科学技术出版社，1994）、张步天《历史地理学概论》（河南大学出版社，1993）等；二是按历史地理学各分支学科内容编写的通论性教材，这是目前最为通行的历史地理学教材编写体例，代表性的教材有马正林《中国历史地理简论》（陕西人民出版社，1987）、王育民《中国历史地理概论》（上、下册）（人民出版社，1985、1988）、陈昌远《中国历史地理简编》（河南大学出版社，1991）、邹逸麟《中国历史地理概述》（福建人民出版社，1993）、史念海《中国历史地理纲要》（上、下册）（山西人民出版社，1991、1992）、耿占军等《中国历史地理学》（西安地图出版社，2000）、蓝勇《中国历史地理学》（高等教育出版社，2002）等；三是按传统断代方法编写的通论性教材，如张步天《中国历史地理》（上、下册）（湖南大学出版社，1987）；四是按区域划分编写的通论性教材，如李孝聪《中国区域历史地理》（北京大学出版社，2004）。

与上述教材相比，本教材在内容、体系、结构方面的特色主要体现在以下三个方面：

（1）内容上尽可能反映历史地理学科前沿和最新研究成果。这一点在各章均有不同程度的体现，其中第一至第六章历史地理学理论方法探索部分反映得更为明显。如第一章作为本课程的引论，在总结古代传统中国历史地理学、近代中国历史地理学发展特点的基础上，结合现代中国历史地理学的研究现状，揭示了历史地理学科的最新发展趋势；第二、三两章则为作者对中国古代与近现代历史地理学思想的最新研究成果；第四、五、六章总结分析了现代历史地理学的若干理论问题、历史社会地理学与区域社会史的若干理论问题以及历史时期气候变化与人类社会发展的关系等热点问题的最新学术观点。

（2）编写体例有明显的创新。本教材借鉴现代历史地理学大师侯仁之院士学术名著《历史地理学的理论与实践》（上海人民出版社，1979）的体例，开创性地将历史地理学理论方法探索与具体学术实践融于教材之中。本教材共分12章，其中前六章属于对历史地理学理论方法方面的探索，后六章属于专题研究性质的学术实践案例。本教材既不是纯理论方法方面的教材，也不是目前研究生教材中通行的按历史地理学各分支学科内容编写的通论性教材，也非按传统断代方法编写的通论性教材，或者按区域划分编写的通论性教材。由于本教材在编写体例上突出了理论探索与学术实践并重的特色，这就为在研究生课堂上实现探究式、互动式的创新型教学奠定了坚实的基础。

（3）结构上具有自身的特色。在历史地理学理论方法探索部分，增加了历史地理学发展史的内容，其中第一章是对中国历史地理学发展史的简要回顾和展望，第二、三两章则是对中国古代与近现代历史地理学思想的专题研究；第四、五、六章属于对现代历史地理学理论方法的学术综述和专题研究，其中第四章是对历史地理学的若干基本理论问题的学术总结与新探，第五章是对历史社会地理学与区域社会史的若干理论问题的具体探讨，第六章是关于历史时期气候变化与人类社会发展的关系的宏观研究。这样，由古代、近代而及于现代，由学术综述而到专题研究，循序渐进，使研究生对历史地理学理论方法有比较全面的认识和掌握。后六章属专题研究性质的学术实践案例，包括区域历史环境与社会变迁互动研究、古代历史地理文献的考证与研究、多重证据法在历史地理学研究中的应用、碑刻文献资料在历史地理学研究中的应用、中外史料与古旧地图文献互证法的应用等内容，结构安排上由中观研究到微观研究，由相对单纯的历史地理文献的考证与研究到多视角、多种史料互证的综合研究，有利于逐步培养与提高研究生的问题意识、创新思维和科研能力。

历史地理学是诞生于历史学与地理学这两大学科之间的交叉性学科，涉及环境科学、生态学、政治学、经济学、人口学、文化学、社会学等多个相关学科的研究领域，近年来随着历史学、地理学以及其他相关学科的发展，其理论方法呈现日新月异之势，从而推动了实证研究的不断发展。学如积薪，往往后来者居上。本教材虽然在学术创新方面有所致力，但限于作者的学养和教材本身的容量，一定存在不少错误或缺陷，欢迎广大同行学者和研究生批评指正。

本书的正式出版得到了暨南大学研究生部、文学院有关领导的大力支持，尤其是暨南大学出版社黄倩、沈凤玲、张学颖等诸位编辑认真负责的编校工作，不仅使得本教材得以顺利出版，而且尽可能地减少了文字上的错误。暨南大学历史地理学专业的研究生们在课堂上的积极发言、辩论，给作者提供了不少新的思路和素材，也为本教材的多次修订奠定了基础。这些帮助和鼓励，都是作者需要特别致谢的。

吴宏岐

2010年1月于暨南大学羊城苑寓所

目录

第一章

引论：中国历史地理学的历史、现状和发展趋势

历史地理学是研究历史时期自然、人文地理现象及人地关系发展演进规律的科学。现代意义上的历史地理学是在历史学和地理学交叉处诞生、具有明显边缘性质的一门新兴学科。在中国，历史地理学研究有着悠久的历史传统，在经历了两千多年的发展之后，中国历史地理学已成为当代的一门显学，并呈现出蓬勃兴旺的发展势头。

一、以沿革地理为主体的传统中国历史地理学的形成和发展

中国历史地理学是一门既古老又年轻的学科。说它古老，主要是因为其前身沿革地理学的形成至少可上溯至两汉时期；说它年轻，主要是因为现代意义上的中国历史地理学迟至20世纪50年代初才得以确立。纵观中国历史地理学的学术发展史，不难看出，这门学科的发展明显经历了以沿革地理学为主体的传统中国历史地理学、“地理化”逐步加强的近代中国历史地理学及研究历史时期地理环境的变化的现代中国历史地理学这三个主要阶段。

中国的历史地理学是从沿革地理学发展而来的，这是学术界公认的结论。历史上第一篇比较成熟同时也是最优秀的沿革地理著述是东汉班固所作的《汉书·地理志》，因而目前大多数学者皆将班固看成沿革地理学的开山鼻祖。不过需要指出的是，虽然自班固而后，中国的历史地理研究在相当长时间内确实以沿革地理为主要内容，但是在班固以前，处于萌芽时期的中国历史地理学，却并非以沿革地理为限，而且就班固本人来说，其有关沿革地理的学问亦明显受到了前代地理著述如《尚书·禹贡》《周礼·职方》及《史记·河渠书》的影响①。这样一来，如果追溯中国历史地理学的渊源，就必须从《尚书·禹贡》等著述谈起。

《禹贡》是《尚书》的一篇。关于《禹贡》的著作时代，晚近大致有四种说法：辛树

① 史念海：《班固对于历史地理学的创建性贡献》，载《中国历史地理论丛》1989年第3辑。

帜的西周说[①]、王成组的春秋孔子说[②]、顾颉刚的战国中期说[③]、日本内滕虎次郎的战国末至汉初说[④]。目前历史地理学界普遍采用的是战国说，只是在作者方面尚有一些不同看法，顾颉刚认为"《禹贡》的作者是西北人"，并推测"可能是秦国人"[⑤]；而史念海在《论〈禹贡〉的著作时代》[⑥]一文中，则据《禹贡》中有"南河""西河"之称，认定作者为魏国人[⑦]。

《禹贡》全文仅1 189字，篇幅虽小，却是先秦时期最富科学性的地理著作。其"九州"一章分述了冀、兖、青、徐、扬、荆、豫、梁、雍各州的疆域、山川、原隰、土壤、赋税、贡物、贡道等，"导山"和"导水"章记述了全国山川分布大势，"五服"一章提出了一个以甸、侯、绥、要、荒五服为构架的理想的大一统政治蓝图。从现在的角度来看，《禹贡》的内容已涉及自然地理和人文地理的诸多方面，堪称我国第一部结集性的地理著作。因此，明艾南英在《禹贡图注·序》中说："《禹贡》一书，古今地理志之祖者。"清代学者李振裕在为胡渭《禹贡锥指》作序时亦称："自禹治水，至今四千余年，地理之书无虑数百家，莫有越《禹贡》之范围者。"可见《禹贡》对中国古代地理学的影响之大。应该特别强调的是，《禹贡》虽为托古之作，但其内容基本上是以夏代史实为基础。以战国人而写夏代事，这显示《禹贡》应是一部历史地理著作。惟处于地理学萌芽时期的地理著作，大都是当代地理与前代地理不分，《禹贡》亦不例外。

与《禹贡》大约同时期的《山海经》和《穆天子传》，也是比较重要的历史地理著作。《山海经》由《山经》（又称《五藏山经》）《海经》《大荒经》三个部分组成，全书30 825字，其中《山经》21 265字，占全书近70%的篇幅。《山经》中包括大量的山名、里程、植物、动物、水系、矿产等项资料，对研究历史地理具有重要的价值[⑧]。《穆天子传》开我国游记体地理撰述之先河，今本《穆天子传》共六卷，前五卷记周穆王西游的经历，第六卷记盛姬死事。此书"记载各地山川地理，显得真实而且形象"[⑨]，亦有较高的地理学价值。不过比较而言，与开"征实的一派"的《禹贡》不同，《山海经》和《穆天子传》皆属"幻想的一派"，丰富的地理素材附丽于神话传说之中，多少减弱了其科学性，因而其学术价值自不能与《禹贡》相提并论。

传统中国历史地理学直到两汉时期才趋于成熟，其标志性著述为司马迁《史记》中的《河渠书》和《货殖列传》，以及班固《汉书》中的《地理志》。《史记·河渠书》专记川流变迁和历代水利，兼历史水文地理与历史经济地理于一身，而《史记·货殖列传》不仅

---

① 辛树帜：《禹贡制作时代的推测》，载《西北农学院学报》1957年第3期。另，王国维在《古史新证》中亦曾认为《禹贡》为周初人所作。

② 王成组：《从比较研究重新估定禹贡形成的年代》，载《西北大学学报》1957年第4期。

③ 顾颉刚：《禹贡（全文注释）》，见侯仁之主编：《中国古代地理名著选读》，科学出版社，1959年。

④ ［日］内滕虎次郎：《禹贡制作年代考》，见江侠庵译：《先秦经籍考》，商务印书馆，1931年。

⑤ 顾颉刚：《禹贡（全文注释）》，见侯仁之主编：《中国古代地理名著选读》，科学出版社，1959年。

⑥ 载史念海：《河山集·二集》，三联书店，1981年。

⑦ 关于《禹贡》著作年代和作者的综合性论述，详参靳生禾：《中国历史地理文献概论》，山西人民出版社，1987年，第29—30页；刘起釪：《〈禹贡〉作者》，见谭其骧主编：《中国历代地理学家评传》第1卷，山东教育出版社，1990年。

⑧ 于希贤：《中国古代地理学史略》，河北科学技术出版社，1990年，第47—51页。

⑨ 史为乐：《〈穆天子传〉的作者》，见谭其骧主编：《中国历代地理学家评传》第1卷，山东教育出版社，1990年。

是“中国历史地理学区域经济地理的创始”[①]，更是研究历史风俗地理和历史商业地理的重要素材[②]。《汉书·地理志》首次将“地理”之目列入正史之中，对推动地理学的发展功绩显赫，虽然以记述西汉政区地理为主，但其亦论述了夏、商、周三代的地理，而且兼述春秋、战国、嬴秦和王莽。“在当时来说，这是上起夏代，下迄王莽，相当完备的沿革地理，不过中间只是强调了西汉一代而已”[③]。《史记·河渠书》《史记·货殖列传》和《汉书·地理志》三篇著作皆以历史史实为依据，全无虚构成分，并首次将当代地理与前代地理区分开来，叙述历代地理的变化沿革，条理分明，一目了然，因而其不仅是成熟的地理著述，更可视为传统中国历史地理学的典范之作。

以往的学者每以沿革地理学与传统中国历史地理学相提并论，于是认定班固为传统中国历史地理学的开山鼻祖。其实，若以现代历史地理学的眼光来衡量，班固的《汉书·地理志》由于采用了行政地理志的体裁，所述内容相当局限，地名沿革情况虽然一览无余，但却未考察诸多历史地理现象之间的相互联系。司马迁的有关历史地理著述则有所不同，皆采用专题研究形式，更能充分体现地理事物的综合性、区域性和时空发展特征，其学术价值应在班固的《汉书·地理志》之上。

两汉以后，历代言地理者多奉班固为正宗，抛弃了司马迁的专题研究方法，只讲地名沿革，鲜及其他内容，沿革地理学俨然成为传统中国历史地理学的主流。二十五史中，继《汉书·地理志》之后，先后有十六种正史列有地理志（有的易名为郡国志、州郡志、地形志、郡县志、职方考），即《续汉书·郡国志》《晋书·地理志》《宋书·州郡志》《南齐书·州郡志》《魏书·地形志》《隋书·地理志》《旧唐书·地理志》《新唐书·地理志》《旧五代史·郡县志》《新五代史·职方考》《宋史·地理志》《辽史·地理志》《金史·地理志》《元史·地理志》《明史·地理志》《清史·地理志》。这十六种地理志，除了写进各自时代独有的疆域政区特点外，其基本内容和写作体例与《汉书·地理志》大同小异。除正史地理志外，受《汉书·地理志》的影响，大多数官修或私修方志，如魏晋南北朝时期乐资的《九州要记》、阚骃的《十三州志》和黄恭的《十四州记》，唐代李泰的《括地志》、贾耽的《郡国县道记》和李吉甫的《元和郡县图志》，宋人乐史的《太平寰宇记》、王存的《元丰九域志》，以及后来的《大元大一统志》《大明一统志》《大清一统志》和顾祖禹的《读史方域纪要》等，内容虽更为浩繁，但撰述体例却无大的革新。古代地理学家中，只有北魏郦道元的《水经注》，明刘献廷的《广阳杂记》、徐宏祖的《徐霞客游记》，清初顾炎武的《天下郡国利病书》等少数著作，能够承继司马迁的地理思想，对专题地理问题作过一些探索，但论其影响，皆不足与正史地理志和官修一统志相抗衡。

应该承认，司马迁的《史记·河渠书》、《史记·货殖列传》与班固的《汉书·地理志》一样，都是作为正史的组成部分而存在的，但司马迁有关历史地理的专题研究，更接近现代历史地理学的要求；而班固的《汉书·地理志》将研究视角集中在地名沿革方面，只能起到辅助历史学的作用。由于后世地理著作多以《汉书·地理志》的撰述体例为准绳，虽代有新作，但皆不出沿革地理范畴。这也正是传统中国历史地理学长期作为历史学

---

① 史念海：《中国历史地理学区域经济地理的创始》，载《中国历史地理论丛》1996年第3辑。

② 吴宏岐：《司马迁的地理学思想及其历史地位》，载《中国历史地理论丛》1998年第2辑。

③ 史念海：《班固对于历史地理学的创建性贡献》，载《中国历史地理论丛》1989年第3辑。

附庸而存在的主要原因。

二、中国地学会、禹贡学会与近代中国历史地理学

20世纪上半叶是近代中国历史地理学的发展时期，其间以1934年禹贡学会的成立为分界线，又可以划分出前后两个阶段。

1909年中国地学会的成立，可以认为是近代中国地理学和历史地理学的开端。由著名地理学家张相文发起创办的中国地学会在其成立伊始，便决定出版会刊《地学杂志》。《地学杂志》于1910年问世，至1937年抗战前夕停办，28年间共出版181期，发表论文1 600余篇，其中属于历史地理学方面的文章不少，如《滹沱、漳、滏之变迁》《渤海之过去与未来》《近五十年来中国之水利》《世界气候之变迁》《历史地理志评议》等①。值得注意的是，虽然"历史地理"这一学科名称于1901—1904年间随日本近代学制传入我国②，但起初只是大学中国史学门科目中的一个科目，中国地学会成立以后始在中国地学界渐有介绍。1913年1月，史礼绶《历史地理之教授》一文在《中华教育界》第2卷第1期发表。1923年1月，张其昀《历史地理学》又正式提出这一学科命名，此文载于《史地学报》第2卷第2期。随后，［法］白菱汉与万洛原著、张宗文译的《历史地理学》发表在1933年1月出版的《地学季刊》③。总体上看来，这一时期虽然发表了不少有关历史地理方面的论文，并产生了"历史地理"这一学科名词，但这些论文多由地理学家完成，尚未有专攻历史地理的学者群出现。当时涉及历史地理方面的论文仍以沿革地理为主，许多专著仍冠以"沿革地理"之名，如张相文《中国地理沿革史》、刘麟生《中国沿革地理浅说》（商务印书馆，1931）、葛绥成《中国边疆沿革考》（中华书局，1926）等，这说明此时期的历史地理研究仍处在以沿革地理为主的阶段。

1934年2月，著名历史学家顾颉刚和历史地理学家谭其骧共同创办了一个专门研究沿革地理的学术团体——禹贡学会，这标志着近代中国历史地理学进入了一个更高的阶段。

禹贡学会成立的次月即开始编辑出版《禹贡》半月刊，由顾、谭二先生担任主编。当时之所以以"禹贡"作为学会和会刊的名称，学会负责人的解释是："《禹贡》是中国地理沿革史的第一篇，用来表现我们工作的意义，最简单而清楚，所以就借了这个题目来称呼我们的学会和这个刊物。"④学会最初提出的工作计划是：①整理出一部中国地理沿革史。②绘成若干种详备精确而又合用的地理沿革图。③编成一部精确而又详备的历史地名辞典。④把每一代的地理志都加以一番详密的整理。⑤把各种与地理有关的史料，如经济史、移民史等资料辑录出来，作各种专题研究。此外，还提出若干关系自然地理而为自己所不能解决的问题征求科学家们解答⑤。禹贡学会虽以研究地理沿革为主要内容，但该会同时也强调要重视当前地理的研究。在《禹贡》半月刊《发刊词》中，编者就宣称："有许多人说这个刊物是专门研究古地理的，这固然是事实，因为既讲地理沿革，当然偏于古

① 张天麟：《张相文对中国地理学发展的贡献》，载《历史地理》创刊号，上海人民出版社，1981年。

② 侯甬坚：《"历史地理"学科名称由日本传入中国考》，载《中国科技史料》2000年第4期。

③ 张步天：《历史地理学概论》，河南大学出版社，1993年，第91—95页。

④《禹贡》半月刊1卷1期《发刊词》。

⑤《禹贡》半月刊1卷1期《发刊词》。

代，但我们须切实声明的，我们没有忘记现代，我们将来有财力有人力有材料时，还要注重到现代中国的经济地理方面去。”后来又说，“本会组织之宗旨在于提倡沿革地理与人文地理之研究。”①甚至提出，“本会以研究地理为标的。”② 这种观念上的转变，从《禹贡》半月刊最初采用“*The Evolution of Chinese Geography*”（中国地理沿革）的外文译名，而自第3卷起改用“*The Chinese Historical Geography*”（中国历史地理）的外文译名中也可以得到证明。《禹贡》共出版了七卷八十二期，发表文章七百多篇，其中大多数为历史地理和现代地理方面的学术论文。“尽管就半月刊的整个内容而言，还包括大量史学作品与现代地理材料，和刊物的新译名——《中国历史地理》不尽相符，但它毕竟是历史和地理两门学科的融合场地，促使这两门学科由混合转到化合并逐步加强‘地理化’而形成新的学科是起到触媒作用的”③。更为重要的是，禹贡学会虽仅存在三年时间，但却培养了大批人才，现代中国历史地理学科的三大奠基人——谭其骧、侯仁之和史念海，都出自禹贡学会。正因为如此，所以说顾颉刚先生以及他所创办的禹贡学会“在旧中国时期对于推动历史地理这门学科的成长与发展是有所贡献的”④。

三、现代中国历史地理学的研究现状与发展趋势

虽然早在20世纪初“历史地理”这一学科名称就已由日本传入我国，其后中国地学界也渐有介绍，1934年创办的《禹贡》半月刊也采用了“中国历史地理”这一外文译名，但受传统学术思想的影响，20世纪上半叶的历史地理研究仍以沿革地理为主，以至1950年教育部所规定的大学历史系选修课目中，还列为“中国沿革地理”。曾留学英国的北京大学教授侯仁之在《新建设》1950年第11期上发表了《“中国沿革地理”课程商榷》一文，率先在国内对历史地理学的基本理论进行了深入的讨论。在《“中国沿革地理”课程商榷》及后来发表的《关于历史地理学的若干问题》⑤ 和《历史地理学刍议》⑥ 诸文中，侯仁之最早阐明了历史地理学与沿革地理学之间的本质区别，指出“历史地理学是现代地理学的一个组成部分，其主要研究对象是人类历史时期地理环境的变化，这种变化主要是由于人的活动和影响而产生的。历史地理学的主要工作，不仅要‘复原’过去的地理环境，而且还须寻找其发展演变的规律、阐明当前地理环境的形成和特点”。“‘沿革地理’仅是历史地理研究的初步，而不是最终的目的。还有若干历史地理的专题研究，并不借助沿革地理的知识而依然顺利进行。”⑦ 侯仁之系统地阐述了中国历史地理学的学科属性、研究对象、任务、方法和现实意义，尽管在当时学术界仍有一些不同看法，但他的观点已为大多数学者所接受。这种认识上的飞跃，将中国历史地理学带进了现代发展阶段。

在现代中国历史地理学理论逐渐成熟的同时，历史地理的科研机构组织也相继诞生。

---

① 《禹贡》半月刊2卷4期《学会启事（三）》。
② 《禹贡》半月刊4卷10期《禹贡学会募集基金启》。
③ 徐兆奎：《“禹贡学会”的历史地理研究工作》，载《历史地理》创刊号，上海人民出版社，1981年。
④ 徐兆奎：《“禹贡学会”的历史地理研究工作》。
⑤ 载1961年12月14日《文汇报》。
⑥ 载《北京大学学报》（自然科学版）1962年第1期。
⑦ 侯仁之：《历史地理学刍议》，载《北京大学学报》（自然科学版）1962年第1期。

1956年，中国科学院地理所设置了历史地理组（后来易名为历史地理研究室），之后复旦大学、北京大学、陕西师范大学、中国社会科学院历史研究所、杭州大学、武汉大学、华南师范大学、西南师范大学、暨南大学等单位也相继成立历史地理研究院所、研究中心或研究室。1979年中国地理学会历史地理专业委员会宣告成立，1986年西安历史地理学会成立。学科建设方面，许多院校和科研单位都开始招收历史地理专业的硕士研究生，其中，复旦大学、北京大学、陕西师范大学、暨南大学、武汉大学、西南大学等还是培养历史地理专业博士生的重要基地。1981年以后，《历史地理》（中国地理学会历史地理专业委员会主办）、《中国历史地理论丛》（陕西师范大学西北历史环境与经济社会发展研究中心主办）、《环境变迁研究》（北京大学历史地理研究中心主办）、《中国历史地理研究》（暨南大学历史地理研究中心编）、《中国人文田野》（西南大学历史地理研究所编）等历史地理专业学术期刊或集刊的相继诞生，更为中国历史地理研究的深化与普及产生了积极的推动作用。当代中国历史地理学不仅早已摆脱了作为历史学附庸而长期存在的尴尬局面，而且学者如林，成果迭出，已蔚然成为当世的一门显学。

现代中国历史地理学经过了半个多世纪的发展，主要在以下十个方面取得了较大学术成就：

（1）历史自然地理研究。历史自然地理研究侧重于历史时期自然地理要素（气候、地貌、土壤、水文、动植物）和自然灾害的研究。代表性论著有中国科学院《自然地理》编辑委员会编《中国自然地理·历史自然地理》分册（科学院出版社，1982），史念海、曹尔琴、朱士光著《黄土高原森林与草原的变迁》（陕西人民出版社，1985），曾昭璇《历史地貌学浅论》（科学出版社，1985），张丕远主编《中国历史气候变化》（山东科学出版社，1996），文焕然、文榕生等著《中国历史时期冬半年气候冷暖变迁》（科学出版社，1996）、王元林《泾洛流域自然环境变迁研究》（中华书局，2005）等。

（2）历史经济地理研究。历史经济地理研究侧重于历史时期农业、（手）工业、商业及交通地理的研究。代表性论著主要有郭声波《四川历史农业地理》（四川人民出版社，1993）、韩茂莉《宋代农业地理》（山西古籍出版社，1994）、辛德勇《古代交通与地理文献研究》（中华书局，1996）、吴宏岐《元代农业地理》（西安地图出版社，1997）、龚胜生《清代两湖农业地理》（华中师范大学出版社，1996）、严艳《陕甘宁边区经济发展与产业布局研究（1937—1950）》（中国社会科学出版社，2007）等。

（3）历史政区地理和历史人口地理研究。这两个方面的论著较多，但最具代表性的是周振鹤《西汉政区地理》（人民出版社，1986）和葛剑雄《西汉人口地理》（人民出版社，1986）。

（4）历史文化地理研究。历史文化地理是20世纪70年代后期新兴发展起来的历史地理学的一个分支。代表性的论著主要有卢云《汉晋文化地理》（陕西人民教育出版社，1991）、张步天《中国历史文化地理》（湖南教育出版社，1993）、司徒尚纪《广东文化地理》（广东人民出版社，1993）、张伟然《湖南历史文化地理研究》（复旦大学出版社，1995）、蓝勇《西南历史文化地理》（西南师范大学出版社，1997）、张晓虹《文化区域的分异与整合——陕西历史文化地理研究》（上海人民出版社，2004）等。

（5）历史城市地理与中国古都学。历史城市地理是新近崛起的历史地理学的分支学科，而中国古都学则是历史城市地理与其他相邻学科交叉产生的一门新兴学科。历史城市地理与中国古都学方面的代表作主要有曾昭璇《广州历史地理》（广东人民出版社，

1991）、史念海《中国古都与文化》（中华书局，1998）、马正林《中国城市历史地理》（山东教育出版社，1998）、徐卫民《秦都城研究》（陕西人民教育出版社，2000）、吴宏岐《西安历史地理研究》（西安地图出版社，2006）、李久昌《国家、空间与社会——古代洛阳都城空间演变研究》（三秦出版社，2007）、史红帅《明清时期西安城市地理研究》（中国社会科学出版社，2008）等。

（6）历史商业地理。历史商业地理是近几年才兴起的分支学科，相关成果不是很多，但已出论著已引起较大学术反响，如张萍《地域环境与市场空间——明清陕西区域市场的历史地理学研究》（商务印书馆，2006）、陈隆文《春秋战国货币地理研究》（人民出版社，2006）等。

（7）区域历史地理研究。区域历史地理研究的最大特点是选择一个特定的区域进行历史地理的综合研究，这是历史地理研究的一个全新领域，目前尚比较薄弱，代表性论著主要有邹逸麟主编《黄淮海平原历史地理》（安徽教育出版社，1993）、冯贤亮《明清江南地区的环境变动与社会控制》（上海人民出版社，2002）、杨蕤《西夏地理研究》（人民出版社，2008）等是比较有特色的研究成果，涉及岭南历史地理研究方面的著作则主要有司徒尚纪《岭南历史人文地理——广府、客家、福佬民系比较研究》（中山大学出版社，2001）、王颋《西域南海史地研究》（上海古籍出版社，2005）、王颋《西域南海史地考论》（上海人民出版社，2008）、陈伟明《全方位与多功能——历史时期岭南交通地理的演变发展》（暨南大学出版社，2006）、许桂灵《中国泛珠江三角区域的历史地理回归》（科学出版社，2006）等。

（8）历史地图编制。历史地图编制方面比较重大的成果有谭其骧主编《中国历史地图集》八册（地图出版社，1982—1987）、侯仁之主编《北京历史地图集》（北京出版社，1985）、史念海主编《西安历史地图集》（西安地图出版社，1996）。

（9）历史地理文献研究。历史地理文献研究有陈桥驿《水经注研究》（天津古籍出版社，1985）、靳生禾《中国历史地理文献概论》（山西人民出版社，1987）、何清谷《三辅黄图校注》（三秦出版社，1995）、李健超《增订唐两京城坊考》（三秦出版社，1996）、李勇先与王小红校注本《舆地广记》（四川大学出版社，2003）、郭声波整理本《大元混一方舆胜览》（四川大学出版社，2003）、吴宏岐与王元林《司马迁与中国地理》（陕西人民教育出版社，2006）等。

（10）历史地理学理论和通论历史地理研究。历史地理学理论方面最主要的成果为侯仁之《历史地理学的理论与实践》（上海人民出版社，1979）一书。另外，张步天《历史地理学概论》（河南大学出版社，1993）和侯甬坚《区域历史地理的空间发展过程》（陕西人民教育出版社，1995）也颇有创建。近几年，通论性质的中国历史地理专著已出版了十余部，较具学术深度的有史念海《中国历史地理纲要》（上、下册）（山西人民出版社，1991、1992）、王育民《中国历史地理概论》（上、下册）（人民出版社，1985、1988）、邹逸麟主编《中国历史人文地理》（科学出版社，2001）等。

自改革开放以来，尤其是自20世纪90年代以来，随着现代地理学的蓬勃发展，以及国际间学术合作与联系的逐步加强，中国历史地理研究出现了许多新的特点，这些新的特点不仅引起了历史地理工作者的广泛关注，而且也预示着中国历史地理学未来的发展趋势。其主要表现在以下三个方面：

（1）可持续发展问题受到普遍重视。1972年，联合国在瑞典斯德哥尔摩召开的“人类环境会议”上就已提出了“只有一个地球”的口号。1992年，联合国在巴西里约热内卢召开了国际环境发展大会，通过了《21世纪议程》，向各国提出了实施可持续发展战略的要求。1994年，中国举行了《中国21世纪议程》高级国际圆桌会议，响应联合国的号召，也规划了中国社会经济持续发展的宏伟方案。在此政治背景下，可持续发展问题受到中国各界的普遍重视，历史地理学者也开始从本学科角度探讨这一焦点问题。1996年7月，在北京大学召开的国际中国历史地理学术研讨会上，就将可持续发展问题作为专题研讨的内容列为议题之一给予高度重视。美国夏威夷大学章生道教授在《北京走向国际性文化都城过程中的可持续发展问题》的发言中指出：“从生态学观点或地理学包括历史地理学的观点来研究中国的持续性，参加到世界学术的主流中去，与世界学术接轨，是我们应该关心的一个问题。”黄以柱《〈21世纪议程〉与历史地理学》中认为，“历史地理学在探讨环境与发展的问题中有其不可替代的作用，应为实施《21世纪议程》作出贡献”①。另外，也有学者提出：“历史地理工作者，要为政府当好参谋，通过历史上的地理变迁对人类造成的正面、负面影响，以理服人，为政府制定可持续发展战略提供第一手资料。”②可见，历史的发展为历史地理学这门年轻的学科提供了一个新的机遇，历史地理学者如何把握这一有利时机，加快学科建设的步伐，是一个亟待解决而又将长期存在的问题。

（2）综合研究和区域研究逐渐得到重视。在中国历史地理的理论体系中，向来有自然和人文之分，又有更具体的部门之别。这样的学科划分，曾推动了历史地理研究的深入和繁荣。自然地理与人文地理之间有区别亦有联系，现代地理学已出现统一地理的学术思潮，历史时期的地理现象更不存在“纯自然”或“纯人文”的情况。历史时期的自然环境或多或少都直接或间接受到人为活动的干预，而且这种干预随着时间的发展，有愈来愈严重的趋势。因此，研究历史自然地理，尤其是环境变迁问题，就不能不考虑人类自身对环境的作用。当然，自然环境是人类赖以生存和发展的基础，从事历史人文地理研究必须充分考虑自然环境条件的制约作用。所以，开展综合研究已是必然的趋势。区域历史地理研究在中国历史地理学界开始较晚，但随着新时期国土整治和规划及地区经济建设的客观要求，近些年也取得了一些重要学术成果。“适应现实需要的区域历史地理研究甚为重要，应该继续加强，力争有更多的区域历史地理综合成果面世”③ 这一点，在1996年北京召开的国际中国历史地理学术研讨会中与会学者也已达成共识。1998年8月，在沈阳召开的中国历史地理年会也以区域历史地理为核心议题。④ 此后，历届的中国历史地理年会大多都是将区域历史地理作为会议的核心讨论内容。⑤

（3）分支学科的不断出现将导致历史地理学科理论体系的重大变化。关于现代历史地理学的学科性质，自20世纪50年代以来，历史地理工作者普遍认为这门学科属于广义的现代地理学的一个分支。但实际上，作为在地理学和历史学这两大综合性学科交叉诞生的一门新兴现代学科，其明显具有边缘学科的特色。历史地理的主要研究对象，正如侯仁之在《历史地理学刍议》所定义的那样，是“人类历史时期地理环境的变化”。然而，“人类历史时期”一词本身已揭示“历史时期地理环境”是一种历史现象，亦应该是素以

① 韩光辉：《国际中国历史地理学术研讨会综述》，载《中国历史地理论丛》1996年第4辑。
② 徐卫民：《可持续发展理论的历史地理学透视》，载《中国历史地理论丛》1997年第3辑。
③ 韩光辉：《国际中国历史地理学术研讨会综述》，载《中国历史地理论丛》1996年第4辑。
④ 参见提交会议讨论的论文集《东北亚历史地理研究》（孙进己主编，中州古籍出版社，1998年）
⑤ 参见华林甫：《中国历史地理学·综述》，山东教育出版社，2009年，第129—130页。

"究天人之际"为己任的历史学家应该研究的内容。"空间"和"时间"分别是地理学和历史学的最基本的概念，而"人类历史时期地理环境的变化"，正是"空间"问题与"时间"问题的结合，所以对人类历史时期自然与人文现象的空间发展过程的研究实际上是历史地理学的本质所在。1940 年，美国著名地理学家邵尔（Carl O. Sauer）在《历史地理学引论》（*Foreword to Historical Geography*）中提出地理学研究必须着重地理现象的来源，历史地理学是人类文化史的一部分主张①，从某种意义上来说，是有其道理的。因此，历史地理学研究的科学方法不是简单地采用"时间断面堆积法"对历史上的空间问题进行研究，而应采用"逐时变化"的"时空连续型"方法论②。由此可见，历史地理学的研究内容不仅是地理学家和历史学家共同关心的，而且其研究方法更是对地理学和历史学最基本的研究方法的综合。

随着社会与经济的发展，学科的相互交叉、渗透已成为一种普遍存在的学术发展趋势。历史地理学长期赖以依存的两大母体学科——地理学和历史学在与其他学科的交叉、渗透过程中均诞生了许多新兴的边缘性分支学科，如行为地理学、社会地理学、历史生态学、区域历史学等，这为历史地理学的发展创造了良好的土壤。从多个学科之间产生了新兴的历史地理学分支学科，如历史军事地理学、历史教育地理学、历史医学地理学、历史宗教地理学、历史民族地理学、历史灾害地理学等所具有的跨学科特色，说明"并不存在唯一的历史地理学的信条"③，并预示传统的关于现代中国历史地理学科的理论体系将发生重大的变化。

① ［美］Carl O. Sauer 著、姜道章译：《历史地理学引论》，载《中国历史地理论丛》1998 年第 4 辑。

② ［日］菊地利夫著、辛德勇译：《历史地理学的叙述理论》，载《中国历史地理论丛》1989 年第 2 辑。

③ ［加］寇·哈瑞斯著、唐晓峰译：《对西方历史地理学的几点看法》，见《历史地理》第 4 辑，上海人民出版社，1996 年。

第二章 中国古代历史地理学思想的新探索

一、司马迁的地理学思想及其历史地位

在中国地理学发展史上，司马迁是最值得深入研究的人物之一。他所作的《史记》，凡130卷，约52万言，是一部内容弘博的大百科全书式的千古巨制。《史记》的记事，上起轩辕，下至汉武，所述地理内容涉及自然与人文地理的诸多领域，集先秦以至汉初的地理知识和地理实践于一书，系统地展现了司马迁本人的地理学思想体系，并由此奠定了他在中国地理学史上无人可以取代的学术地位。

（一）中国地理的百科全书

《史记》中的地理内容有的集中在某些篇章，如《河渠书》《货殖列传》等，有的散见于其他卷帙之中，均有相当高的学术价值。

以往研究中国地理学史的学者，对《史记》中的《河渠书》和《货殖列传》这两篇最为重视，并据之探讨研究司马迁的地理学思想和成就。例如，王成组在《中国地理学史》中专节论述了《史记·河渠书》中的主要内容及其对《汉书·沟洫志》的影响①，更有学者认为专记川流水利的《河渠书》属历史人文地理范畴，是正史中历史地理的另一重要部分，指出“《史记·河渠书》篇幅很短，仅用了1 653字，但从内容上看，它几乎明确了所记每项水利工程的时间、地点、方法、经济效益、得失等方面，绝无神话和迷信，因此，具有很高的文献价值。不妨说，先秦的《管子·度地篇》是我国最早的水利文献，而汉代的《史记·河渠书》应是我国第一部水利专著，其科学性之高及文献价值，自是前者不可比匹的。我们从中可以看到，从战国到西汉这段不长的时间里，我国水利学从理论到实践取得的显著进步。”②

与《河渠书》相比，《史记·货殖列传》中的经济地理内容更为丰富，因而获得了更

---

① 王成组：《中国地理学史》（上册），商务印书馆，1982年，第36—37页。

② 靳生禾：《中国历史地理文献概论》，山西人民出版社，1987年，第68—69页。

高的评价。鞠继武最早指出《史记·货殖列传》实是“我国第一部经济地理专著”，并认为《史记·货殖列传》不仅“可以说是我国第一篇具有区域经济地理内容的著作”，“还对西汉时代城市的地理位置、发展因素及重要产业进行了分析，可以说是我国古代城市地理学的萌芽”。[①]也有学者认为，“《史记》中的《货殖列传》和《河渠书》等部分，就其内容来说，实可说是我国古代经济地理学的创例”。[②] 正因如此，许多学者都一致认定，“代表《史记》地理水平和特点的，则较多地集中于《货殖列传》之中”[③]，因而“《史记·货殖列传》中关于各地地理概况的描述集中反映了司马迁的地理学成就”[④]。

毋庸讳言，《河渠书》和《货殖列传》以其地理内容的丰富集中反映了司马迁的地理学成就，但就《史记》全书而言，这两篇地理学专论并不能涵盖《史记》所有的地理内容。如果研究司马迁的地理学成就仅局限于《河渠书》和《货殖列传》，则难以全面认识《史记》的地理学价值，对司马迁地理学成就的评价自然也会有所偏颇。近些年来，随着中国地理学研究的发展，尤其是包括文化地理在内的人文地理学的复兴，人们开始用更新、更全面的眼光审视《史记》中的地理记载和论述，除《河渠书》《货殖列传》之外，《史记》中的其他有关篇章也日益引起普遍关注。方国瑜曾对《史记·西南夷列传》作过深入研究，认为《西南夷列传》“载巴、蜀以外西南地区氏族部落之分布与社会生活情况，以及汉武帝时期经略西南开设郡县之过程，颇为具体，有较高之史料价值。此由于司马迁曾亲至西南，且留心边事，故所说多可据”。[⑤] 还有学者从世界地理的角度，对《史记》中的《匈奴列传》《大宛列传》和《朝鲜列传》等篇章的地理记载给予了充分肯定，明确指出“《史记》所记述的地理范围超过了以往任何著作，不仅包括汉朝设置郡县的地区，还包括了西域、匈奴、印度、西亚等大多数亚洲国家。有的国家或民族当时还没有文字记载，有的虽有了记载却早已荡然无存了，《史记》至今还是研究这些国家或民族公元前1世纪之前的历史地理，尤其是历史人文地理唯一的、可靠的资料来源，如匈奴、朝鲜等”[⑥]。其中，《史记·大宛列传》主要是依据张骞出使西域各国的地理考察报告（即《隋书·经籍志》中所罗列的《张骞出关志》一卷）而撰写的，所记西域、中亚各国的地理资料简明扼要而又相当全面，“包括了山川形势、自然气候、地理方位、城邑物产、商业贸易、人口兵力、国际关系、民族历史、风俗习惯以及神话传说等方面，可谓传世瑰宝”[⑦]。类似《西南夷列传》《大宛列传》这样有较高地理学史料价值的篇章，只要我们今天用全新的眼光去审视，还能举出不少的例证。例如，《史记·夏本纪》就有三分之二的篇幅论载地理，其地理资料“基本采自《尚书·禹贡》，正说明地理是《史记》的研究对象。《禹贡》是公认的‘地理志’，《夏本纪》也可视为‘地理志’”[⑧]。又如《汉兴以来诸侯王年表》，“详载各王国设置年代，兴废沿革等，可视为汉代地理的专篇”[⑨]。如果从这样的角度去考察，《封禅书》备载先秦以至汉初的祭祀场所和宗教中心的变迁，亦可看作

① 鞠继武：《中国地理学发展史》，江苏教育出版社，1987年，第80—82页。
② 翟忠义：《中国地理学家》，山东教育出版社，1989年，第14页。
③ 于希贤：《中国古代地理学史略》，河北科学技术出版社，1990年，第64页。
④ 葛剑雄：《司马迁》，见谭其骧主编：《中国历代地理学家评传》第1卷，山东教育出版社，1990年，第78页。
⑤ 方国瑜：《史记西南夷传略说》，载《中国史研究》1979年第4期。
⑥ 葛剑雄：《司马迁》，见谭其骧主编：《中国历代地理学家评传》第1卷，第77页。
⑦ 安作璋、张汉东：《张骞》，见谭其骧主编：《中国历代地理学家评传》第1卷，第61页。
⑧ 张大可、俞樟华等：《司马迁一家言》，陕西人民教育出版社，1995年，第283页。
⑨ 张大可、俞樟华等：《司马迁一家言》，陕西人民教育出版社，1995年，第283页。

是宗教文化地理的专篇。①

应该指出，即使像《史记》中的《河渠书》和《货殖列传》这些最能代表司马迁地理学成就的专篇，如果进一步挖掘，还会发现更有价值的地理资料。新近有些学者对《货殖列传》中风俗地理及商业地理的研究②，便从一个侧面显示出这一地理学专篇的丰富内涵。《河渠书》虽以记述水利工程为主，但亦涉及自然地理内容，其中仅可利用水资源中的河湖类就有黄河、济水、汝水、淮水、泗水、汉水、江水、淄水、岷江、漳水、泾水、渭水、汾水、褒水、斜水、洛水、汶水、云梦泽、五湖、巨定泽等二十多个水文地理实体，这说明《河渠书》的地理内容不仅如一般学者所云“属历史人文地理范畴”，其有关自然地理，尤其是水文地理方面的记载，亦应引起充分的重视。

然而，我们还应清楚地认识到，中国古代地理学长期以来一直是以历史学附庸的身份存在的，作为通史性著述的《史记》中可称得上地理学专篇的卷帙毕竟还是屈指可数，更多的地理资料实际上往往散见于其他篇章之中，需经认真悉心耙梳整理才能发现其价值所在。这些散见的地理资料，既有历代地理事物的记述，也有前人的地理实践和地理认识，司马迁本人的地理学研究成果更是比比皆是，随处可见。如作为《史记》首篇的《五帝本纪》，主要依据《尚书》《春秋》《国语》等著作中的传说而写成，其可信程度就连某些历史学家也深表怀疑，研究中国地理学史的学者更从未看重过它的学术价值。实际上，《五帝本纪》不仅是研究三代以前古史唯一可凭据的系统性史料，也是探索远古地理难得的重要文献。例如，中华民族一向崇拜黄色，黄色被认为是至尊的颜色。对这种现象的解释，从事文化史、文化地理的学者众说纷纭，各持不同的见解，有以国人肤色为解，亦有以中和哲学为解，另有以黄土高原为解，还有以核心文化为解。核实而言，只要认真研读《五帝本纪》中有关黄帝的记述，这一问题便可迎刃而解。据《五帝本纪》，黄帝“有土德之瑞，故号黄帝”。由此可以认为，黄帝之“黄”，与炎黄族居住的黄土高原的土壤呈黄色有非常直接的关系。史前文化比较发达的有三大块——海岱文化、河洛文化、江汉文化，其崇尚的颜色各不相同。自黄帝崛起之后，“与炎帝战于阪泉之野”，又“与蚩尤战于涿鹿之野”，使三大文化区俱纳入黄帝族的势力范围。黄帝族的胜利，使黄帝族的一切成了天下人眼里最好的东西，黄土地也成了最好的土地，就连黄土之神黄帝也成了“中央之神”。“这种文化中心的观念，使得黄帝族和周边各族，都把黄帝族居住的黄土高原视为中央之土，把黄土高原的颜色视为中央之色，把黄帝族的首脑视为‘黄’帝，久而久之，黄色就成了至尊的颜色，就成了帝王的专用色了。”③《五帝本纪》不仅为人们提供了解释国人崇尚黄色缘由的线索，还有许多有关都邑起源的重要史料。如《五帝本纪》说“黄帝居轩辕之丘”，《集解》引皇甫谧曰：“受国于有熊，居轩辕之丘，故因以为名，又以为号。”这说明史前的原始居民为避洪水灾害，多选择地势稍高的丘地营建聚落。《五帝本纪》又说，黄帝族平灭炎帝族和蚩尤族后，“而邑于涿鹿之阿”。“舜耕历山，历山之人皆让畔；渔雷泽，雷泽上人皆让居；陶河滨，河滨器皆不苦窳。一年而所居成聚，二年成邑，三年成都。”这些资料又说明，随着生产力水平的提高，先民防治水害、利用水资源

---

① 吴宏岐、王元林：《司马迁与中国地理》，陕西人民教育出版社，2006 年，第 243—254 页。

② 林荣琴：《试析〈史记·货殖列传〉与〈汉书·地理志〉中的风俗地理思想》，载《西北大学学报》（哲学社会科学版）1997 年第 4 期；王鑫义：《司马迁对中国古代商业地理学的贡献》，载《中国史研究》1997 年第 3 期。

③ 吴天明：《黄帝与黄色》，载《光明日报》1997 年 12 月 9 日《史林》版。

的能力也逐渐增强，山下平野、泽上河滨皆成宜居之所，聚落形成以后，渐次发展，规模扩大，后来便产生了都邑。

除《五帝本纪》外，《殷本纪》《周本纪》和《秦本纪》中有关商、周、秦都城迁移的记载，《秦始皇本纪》中秦帝国疆域的形成过程、郡县设置和交通路线（如驰道、直道）的记载，《项羽本纪》《高祖本纪》中所述楚汉之际与汉朝初年诸侯王国分封情况，也都有较高的地理学史料价值。

《史记》中某些类别的地理内容，虽散见于各卷次，但却有其相应的分布规律，如在篇幅较大的“世家”、“列传”中，不论是专传、附传，还是合传、类传，司马迁一般都记载了传主的本贯，为研究人才地理提供了可能。有些世家和列传中的人物本贯相当具体，涉及不少乡、里名称，更是研究当时行政区划制度的珍贵资料。司马迁承继《春秋》作史的传统，对自然灾变的记述十分重视，《十二诸侯年表》《六国年表》对战国和秦代发生的各种重大自然灾害均详有记载，亦是研究当时灾害地理最主要的第一手资料。

作为一个杰出的地理学家，司马迁并不满足于单纯的地理资料记录，还能将自己的地理实践过程和研究成果充分展现在《史记》之中。《太史公自序》中就对自己的地理考察经历和学术渊源详有记录，至于研究成果，除汇集成《河渠书》《货殖列传》等地理学专篇外，在全书之中，更是因事而论、随文而记，并不受撰述体例的限制。其学术成就，后文将详为论列，兹不赘述。

总而言之，作为中国古代第一部百科全书式的通史著作，《史记》全书包容异常丰富的地理内容，《河渠书》《货殖列传》等地理学专篇与散见于全书的地理资料互为补充，辉映成趣，集先秦以至汉初地理学成就之大成，其弘博的地理内容，有如埋藏深厚的宝矿，只有经过完全挖掘之后，才能使其学术价值充分展示出来。

（二）司马迁的地理学思想体系

司马迁在继承和扬弃前人地理学思想的基础上，结合自己的地理实践和理论探索，已形成了完善的地理学思想体系。他的地理学思想可概括为三个层次：天、地、人合一的大地理观及囊括中外的大视野和原始察终的动态地理观。

1. 天、地、人合一的大地理观

在《太史公自序》中，司马迁曾用十五字高度总结了撰写《史记》一书的目的：“究天人之际，通古今之变，成一家之言。”所谓“究天人之际”，在其地理学思想上的集中体现，便是天、地、人合一的大地理观。

在司马迁看来，天、地、人虽属不同的世界，但天人之间、人地之间、天地之间都有一定的联系，正是这三种联系构成了一个复杂多变而又有规律可循的地理系统。

人介于天、地之间，为了生存和发展，就必须研究天地，以便顺应天时，利用地利。研究天的专门学问是天文，研究地的学问就叫地理。天文和地理的概念，大约在春秋战国时期就已出现，两者通常被放在一起相提并论。《周易·系辞》就有“仰以观于天文，俯以察于地理”之句，唐代孔颖达解释为“天有悬象而成文章，故称文也；地有山川原隰，各有条理，故称理也”。《汉书·郊祀志》说：“三光，天文也；山川，地理也。”东汉王充在《论衡·自纪篇》中也说：“天有日月星辰谓之文，地有山川陵谷谓之理。”由此而言，天文学注重研究天象，而地理学的重点则是探讨山川大地。

人们为何要研究天、地，《礼记·礼器篇》说得十分明白，这是因为“天时有生也，

地理有宜也”的缘故。所以《管子·形势解》就一再告诫世人，绝不可“上逆天道，下绝地理”，以免“天不予时，地不生财”，造成不良后果。

受这些传统地理学思想的影响，司马迁亦非常重视天、地的学问，他在《天官书》中明确地阐述了天、地之间的联系，并研究了天、地、人相互关系的重要意义：

“自初生民以来，世主曷尝不历日月星辰？及至五家、三代，绍而明之，内冠带，外夷狄，分中国为十有二州，仰则观象于天，俯则法类于地。天则有日月，地则有阴阳。天有五星，地有五行。天则有列宿，地则有州域。三光者，阴阳之精，气本在地，而圣人统理之。”

“天开县物，地动坼绝。山崩及徙，川塞溪垘；水澹地长，泽竭见象。城郭门闾，闺臬槁枯；宫庙邸第，人民所次。谣俗车服，观民饮食。五谷草木，观其所属。仓府厩库，四通之路。六畜禽兽，所产去就；鱼鳖鸟鼠，观其所处。鬼哭若呼，其人逢俉。化言诚然。”①

司马迁在上述言论中，受前人天命论和阴阳五行学说的影响，不免有些唯心主义的成分。但他承认天、地、人各有其规律而又相互影响的学术思想，时至今日仍闪耀光辉。他所说的“天人之际”一词，虽借用自董仲舒，但却不是单纯强调天人感应，而是视天、地、人为一有机统一的整体，这一大地理观，与现代地理学将天、地、生三者结合研究的新取向竟有惊人的相似之处。

正因司马迁是用天、地、人合一的大地理观去研究中国地理问题，他的地理学成就才不仅仅停留在对山川大地的简单描述。其观察地理现象的视角已遍及气候、地貌、土壤、水文、动植物、自然灾害等现代自然地理各分支学科，以及政区、经济、人口、城市、交通、军事、风俗、宗教文化等人文地理各分支学科，成为中国地理学研究的集大成者。

2. 囊括中外的大视野

从现代地理学的角度来说，司马迁《史记》中的地理学内容，虽以黄河流域和长江流域这两大先进文化区为主要记述对象，但又涉及周边少数民族分布地区，甚至包括汉王朝版图以外的今天的印度、中亚、西亚直至地中海滨的广大地区，可称得上是一部以中国地理为主的世界地理著作。司马迁之所以会有如此大的地理学成就，与其囊括中外的大视野密迩相关。

在《史记》中经常出现的“中国”一词，主要代指华夏族的传统居住区，以司马迁看来，所谓的“中国”只是“天下”（或称“四海”“海内”）的一部分而已：

“及秦并吞三晋、燕、代，自河、山以南者中国。中国于四海内则在东南，为阳；阳则日、岁星、荧惑、填星；占于街南，毕主之。其西北则胡、貉、月氏诸衣旃裘引弓之民，为阴；阴则月、太白、辰星；占于街北，昴主之。”②

早在先秦时代，已有人提出过类似的观点，如战国中后期齐人邹衍就说过：“儒者所谓中国者，于天下乃八十一分居其一分耳。中国名曰赤县神州。赤县神州内自有九州，禹之序九州是也，不得为州数。中国外如赤县神州者九，乃所谓九州也，于是有裨海环之，人民禽兽莫能相通者，如一区中者，乃为一州。如此者九，乃有大瀛海环其外，天地之际

① 《史记》卷二七《天官书》，中华书局，1959 年，第 1342、1339 页。

② 《史记》卷二七《天官书》，第 1347 页。

焉。”① 邹衍的大九州说想象的成分较重，但其认为“中国”只占天下一部分的思想却为司马迁所继承。

“中国”虽只是天下的一部分，但建立一个海内一统的国家，实现天下大同，却是令人为之神往的目标。成书于战国时代的《禹贡》不仅假托大禹提出了一个理想中的“九州”区划，还为世人描绘了一幅以王畿为中心，按距离远近以五百里为率，分为甸、侯、绥、要、荒“五服”的一统蓝图。司马迁也是一位热衷天下一统的杰出人物，对于三皇五帝的功业更是津津乐道：“唯禹之功为大，披九山，通九泽，决九河，定九州，各以其职来贡，不失厥宜。方五千里，至于荒服。南抚交阯、北发，西戎、析枝、渠廋、氐、羌，北山戎、发、息慎，东长、鸟夷，四海之内，咸戴帝舜之功。”②

夏、商、周三代以降，历经春秋、战国纷争乱扰之后，至秦始皇时终于完成一统大业，“平定海内，放逐蛮夷，日月所照，莫不宾服”③。汉武帝承秦皇余烈，北却匈奴，南平两越和西南夷，东抚朝鲜，西通西域，汉家版图之广，声威所及，又复远迈前代。空前统一的以华夏族为主体、多民族共存的秦汉帝国的诞生，使人们盼望已久的大一统政治局面终于到来，也为司马迁具备囊括中外的大视野提供了可能。由于地理视野的扩大，司马迁才得以既写出《河渠书》《货殖列传》这类叙述传统华夏地理的专篇，也写出《西南夷列传》《匈奴列传》和《大宛列传》这类专记周边和域外地理的优秀卷帙。

3. 原始察终的动态地理观

司马迁的“通古今之变”，在其地理学思想上的反映是原始察终的动态地理观。

“通古今之变”既是司马迁撰写《史记》的目的，也是他成一家言的重要书法。有些研究者概括地指出，司马迁通变的方法主要有断限、类附比较、原始察终与见盛观衰、详今略古和说变略渐这五种④。

这些书法，司马迁在记载和论述中国地理问题时均有所采用。《史记》述事的时间上起黄帝，下穷汉武，有关《本纪》《年表》和《月表》，为我们提供了不同时代、不同年月的地理资料；《史记》八书和各类传记，又多集中记述了专项地理内容；司马迁立足当世，以叙述重要地理事物为主，也体现了详今略古、详变略渐的特点；而“原始察终、见盛观衰”，不仅是司马迁考察历史发展变化最基本的方法，更是他探索地理学规律最主要的研究手段。

所谓“原始察终”，就是追原其始，察究其终，探索地理事物的历史演变全过程，透过因果关系的分析，揭示地理事物产生的缘由及其今后的变化趋势，为人们提供参考借鉴。正因为是用这种动态发展的观点去认识和研究地理现象，司马迁的中国地理学，实际上是当代（汉代）地理和历史地理的统一。如他在《货殖列传》中对关中地理的论述：

“关中自汧、雍以东至河、华，膏壤沃野千里，自虞、夏之贡以为上田，而公刘适邠，大王、王季在岐，文王作丰，武王治镐，故其民犹有先王之遗风，好稼穑，殖五谷，地重，重为邪。及秦文、德、缪居雍，隙陇、蜀之货物而多贾。献公徙栎邑，栎邑北却戎翟，东通三晋，亦多大贾。孝、昭治咸阳，因以汉都，长安诸陵，四方辐凑并至而会，地

① 《史记》卷七四《孟子荀卿列传》，第2344页。

② 《史记》卷一《五帝本纪》，第43页。

③ 《史记》卷六《秦始皇本纪》，第254页。

④ 张大可、俞樟华等：《司马迁一家言》，第121—129页。

小人众，故其民益玩巧而事末也。南则巴蜀。巴蜀亦沃野，地饶、姜、丹沙、石、铜、铁、竹、木之器。南御滇、僰，僰僮。西近邛、笮，笮马、旄牛。然四塞，栈道千里，无所不通，唯褒斜绾毂其口，以所多易所鲜。天水、陇西、北地、上郡与关中同俗，然西有羌中之利，北有戎、翟之畜，畜牧为天下饶。然地亦穷险，唯京师要其道。故关中之地，于天下三分之一，而人众不过什三；然量其富，什居其六。"①

从上述论述可以看出，作为西汉最发达的经济区的关中，实经历了相当长时间的发展过程。其先有周人的农业经营，后经秦、汉的多层次开发，才跃居全国诸多经济发达区的首位。司马迁还向人们阐明，关中经济区的形成，固然得益于"沃野千里"的优越土地，但关中的各代对交通开发和商贸的重视，更应引起充分的关注，这为当时的执政者如何制定关中今后发展的战略指明了方向。

地理环境不是一成不变的，任何地理问题只有以动态发展的观点去研究，才可发现症结所在，才易于把握其今后发展变化的趋势。从现代地理学的角度来说，司马迁的原始察终的动态地理观，无疑与当今世人所大力提倡的可持续发展思想不谋而合，值得认真加以总结和探讨。

（三）司马迁在中国地理学史上的地位

司马迁集先秦以至汉初地理学研究之大成，在中国地理学史上具有重要的地位。他的地理学思想，对后世中国地理学的发展也产生过重大影响。

中国古代的地理学虽一直以历史学的附庸身份延续发展，但作为一门学问则在春秋战国之际就已出现。在司马迁以前，已有不少的地理著述，《尚书》中的《禹贡》，《山海经》中的《五藏山经》《穆天子传》，《管子》中的《地图》《地员》《地数》和《度地》，《尔雅》中的《释地》，《吕氏春秋》中的《有始览》，都是著名的地理学专篇。此外，《诗经》《周礼》《孙子》之中，也不乏精彩的地理学内容记述。不过由于处于地理学的起源阶段，受地理实践和地理视野的阈限，这些地理著述仍存在诸多缺陷，主要表现在以下几个方面：

（1）理想和虚夸成分较大。成书于战国时代的《禹贡》，一向被认为是我国第一部系统的地理著作，其"九州"一节分区系统地叙述了山脉、河流、土壤、田地、道路、农业、物产和贡赋的内容；"导山"和"导水"两节则勾画了全国山川的分布大势，最后一节"五服"描绘了一个理想中的大一统政治蓝图。《禹贡》仅用1 193个字，就反映了当时已知的全国地理概貌，科学价值很高，开了古代地理著作中的"征实的一派"②。但《禹贡》中的"九州制"和"五服制"却非当时（战国）的真实情况，正像顾颉刚所指出的那样："五服制是在西周时代实行过的，到战国而消亡；九州制是由战国酝酿的，到汉末而实现。又可以说：五服制似假而实真，由真而化幻；九州制似真而实假，由假而化真。"③ 大约与《禹贡》同时问世的《山海经》，保存着丰富的地理学资料，但其地理学素材附丽于神话之中，多少影响了它的学术价值。其中的《穆天子传》开我国游记体地理学著作之先河，但为托古之作，可信的地理学成分也因此大打折扣。

---

① 《史记》卷一二九《货殖列传》，第3261—3262页。

② 刘起釪：《〈禹贡〉的作者》，见谭其骧主编：《中国历代地理学家评传》第1卷，第1页。

③ 侯仁之主编：《中国古代地理名著选读 · 禹贡（全文注释）》，科学出版社，1959年，第3页。

（2）侧重自然山川记述，忽视人文研究。这种倾向的形成，与人们最初对“地理”一词的片面理解有关。《淮南子·泰族训》说：“俯视地理，以制度量。察陵陆、水泽、肥瘠、高下之宜，立事生财，以除饥寒之患。”这一观点代表了司马迁之前最普遍的认识。受这一地理思想框架的束缚，《管子》中的《地图》《地员》《地数》和《度地》诸篇，《尔雅》中的《释地》篇，《吕氏春秋·有始览》中的《上农》《任地》《辨土》《审时》诸篇，《孙子》中的《行军》《地形》《九地》诸篇，都以讲述与农业、军事关系密切的山川地形、土壤物产等为主，鲜有涉及人文，尤其是文化地理方面的内容。

（3）以宏观研究为主，区域分析不足。《禹贡》和《山海经》都可称是全国性地理著述，但或限于篇幅（如《禹贡》），或限于体例（如《山海经》），对区域地理差异和区域发展的研究多有不足。《管子》《尔雅》《吕氏春秋》《孙子》中虽不乏地理专篇，但都属于对部门地理的理论探讨，现代地理学的区域性和综合性这两大特点皆未见有所体现。

司马迁在前人地理研究的基础上，著述体例多有创新，扬长避短，形成自己完整的地理学思想体系，天、地、人合一的大地理观、囊括中外大视野和原始察终的动态地理学观，使他为构建一个全新的中国地理学成为可能。司马迁笔下的地理学，已是人文与自然并重、由域内而及域外、当代地理与历史地理兼而论之的完整的中国地理学。从严格意义上讲，中国的古典地理学是从秦时汉代才肇始的，而司马迁正是中国古典地理学的最主要的奠基人物。

长期以来，学术界将中国古典地理学与沿革地理学等同视之，对班固的地理学成就褒赞有加，而对司马迁颇多微词。如《隋书·经籍志》的作者就说：“武帝时，计书既上太史，郡国地志，固亦在焉。而史迁所记，但述河渠而已。其后刘向略言地域，丞相张禹使属朱贡条记风俗，班固因之作《地理志》。其州国郡县山川夷险时俗之异，经星之分，风气所生，区域之广，户口之数，各有攸叙，与古《禹贡》《周官》所记相埒。是后载笔之士，管窥末学，不能及远，但记州郡之名而已。”实际上，这种说法并未见得切中肯綮。班固虽以《汉书·地理志》开沿革地理学之先河，并对其后中国地理学发展的主流产生了重大影响，但若以现代地理学的眼光来看，班固的地理学成就与司马迁相比，未免稍嫌逊色。正如有关学者所指出的那样，《汉书·地理志》本身也存在许多不足之处：“首先是行政地理志这一体例本身的缺陷。由于将地理现象分系于各有关郡县之下，就使得这些现象显得支离破碎，失去了系统性和完整性，对水道的描述尤其如此。其次是班固本人造成的错误。西汉政区的设置和废弃在二百年间是经常发生的，因此一讲行政地理就必须与一定的年代相联系。但是作为《汉志》主体的政区地理恰恰是两份不同断代年限的资料的混合，郡国一级的名目以元始二年初的版籍为据，而各郡国所属县邑却反映成帝元延绥和间的情况，由此产生了某些王国下属侯国一类和历史事实不符的矛盾。在自然地理方面也有类似情况。由于班固到底是专攻历史方面的专家，不注重地理的实践活动，未曾亲自从事考察，因此只能杂采诸记，揉合成志，因而产生一些毛病。如《汉志》记滱水东至文安入大河，其实是将《山经》滱水‘东流注于河’的记载与汉代滱水东至文安入海的实际情况调和在一起，引起后人阅读和理解的困难。”[①] 班固的上述缺点，正好是司马迁的长处所在。无论是《货殖列传》《河渠书》《封禅书》等地理专篇，还是散见于《史记》中的诸多地理论述，司马迁总是把地理事物放在天、地、人合一的整体中去考察，而且善于原

① 周振鹤：《班固》，见谭其骧主编：《中国历代地理学家评传》第1卷，第91页。

始察终，能够揭示其发展变化的规律。丰富的地理实践，更使司马迁对史料记载的错误或遗漏的地理材料多所纠谬补缺，真知灼见随处可见。拘泥于撰述的体例，班固在《汉书·地理志》中对诸多重大地理问题无法展开论述，而司马迁灵活多样的研究方式，则使得他在区域经济地理、文化地理、历史地理、人地关系等领域取得了突出成果。

就班固的地理学思想本身而言，也明显受了司马迁的影响。《汉书·地理志》全文由三部分组成，其前序部分照录《尚书·禹贡》，用以论述夏代的地理，这与《史记·夏本纪》采用《尚书·禹贡》的目的如出一辙；《汉书·地理志》附录部分采辑成帝时刘向所言“域分”和朱赣（贡）所条的“风俗”，其中不少地理论述实际上系出自《史记》的《天官书》和《货殖列传》；就《汉书·地理志》的正文部分而言，也吸收了司马迁有关政区沿革的考证成果。另外，从体例上讲，《汉书》中地理学分量较重的《沟洫志》，实际上是《史记·河渠书》的续篇，而《汉书·五行志》的自然灾害资料也参考了《史记》的记载，其中仅班固明言引自《史记》者就有十六条之多。古人作史，历来有“述而不作”的传统，班固从司马迁那里汲取了不少营养，这固未可厚非，但却从一个侧面反映了司马迁对班固的学术影响。

除班固而外，司马迁对后来的地理学家也产生过广泛的影响，北魏郦道元、明代徐霞客之所以能写出《水经注》和《徐霞客游记》这些优秀的地理著作，无一不是像司马迁那样，尤为重视野外游历考察的缘故。唐代李吉甫《元和郡县图志》、清初顾祖禹《读史方舆纪要》诸书对军事地理的侧重，明代王士性《广志绎》、清初顾炎武《天下郡国利病书》对经济地理和人地关系的侧重，显而易见，亦同样继承和发扬了司马迁的地理学思想。

总而言之，《史记》中记载的丰富多彩的地理内容和司马迁为中国古典地理学构建的完整的思想体系，既为他本人在中国地理学史上赢得了崇高地位，也对其后中国地理学的发展产生了广泛的影响。

二、中国古代特种地图与地图模型的发展

我国古代的测量与制图技术曾经远远领先于其他国家，各类地图广泛应用于政治、军事活动和生产实践的诸多领域。从绘制地图的原材料方面讲，早期的地图制作材料以绢帛为主（少数用布料）；从隋代开始，由于大编图志风气的兴盛，开始尝试采用纸卷代替绢帛；宋元以后，雕版印刷业日渐发达，纸质印刷地图益为流行，许多地理志书中都配上了相应的地图。不过，在我国古代，除了普通的绢帛地图、纸卷地图以外，还曾经出现过其他各色材料绘制的地图，如原始地面刻划地图、九鼎地图、铜版地图、石刻地图、木版地图、刺绣地图、“聚米图”、面糊木屑地图模型、熔蜡地图模型、沙石地图模型，等等。这些用不同材料制作的特种地图与地图模型，从不同侧面反映了中国古代地图制作技术发展的水平，值得系统地加以总结和阐介。

从发生学的角度来看，原始先民最初用以表达其地理知识的方式很可能是图而不是文字。20 世纪 50 年代，有关专家在我国西南地区进行民族学调查时，曾发现有些尚无文字的原始民族，仍保存着某些图腾的遗迹；近年来，在内蒙古阴山、宁夏贺兰山等地所发现的岩画中，也有大量的鸟兽、草木图形。这说明在人类社会出现文字以前，先民主要是依

靠在地面或岩石上绘画符号，以缺少文字注记的简单图形来记载已经知道的地理事物。“龙马负图”、“史皇作图”的传说，反映出中国古代绘制地图和使用地图的历史相当悠久。古史中还传说大禹治水时，曾从水神河伯那里得到过一方水淋淋的大青石，上面刻画有一些弯弯曲曲的水道线条，大禹借助它视察地形，导山导水，终于治服了洪水灾害。这个故事或许有些荒诞不经，但古代文献中关于“九鼎图”的记述却信而有征，可以增加我们对原始地图的了解。

据《左传》记载：“昔夏之方有德也，远方图物，贡金九牧，铸鼎象物，百物而为之备；使民知神奸，故民入川泽山林，不逢不若，螭魅魍魉，莫能逢之。”《汉书·郊祀志》也说：“禹收九牧之鼎，象九州。”夏禹九鼎上的图像被后世称为“九鼎图”，其上的内容十分丰富，“山之奇，水之奇，草之奇，木之奇，禽之奇，兽之奇，说其形，著其生，别其性，分其类”①，“按其文，有国名，有山川，有神灵奇怪之所际，是鼎所图也”②。可见，如把九鼎的图像综合在一起，就构成一幅原始象形的全国总图。有关专家认为，我国古代文献中记载的“九鼎图”，要比公元前1300年埃及努力亚塔金字塔一带的巴比伦鲁地图约早800多年③，其在世界地图发展史上的地位由此可见一斑。夏禹所铸的铭刻着原始地图的九鼎，传至西周时仍然被视为国宝而收存在陪都雒邑城中。但到战国末年，秦攻周（周赧王迁都后的西周），取九鼎，一鼎沉溺于泗水，其余八鼎入秦，后来也下落不明。战国时成书的地理名著《山海经》，曾配有“山海图”，其内容系直接取材于“九鼎图”。晋代陶渊明《读山海经》诗中有“泛览周王传，流观山海图”之句，可见当时社会上还留存有“山海图”。可惜《山海经》中的地图后来失传，使我们无法深入了解“山海图”和“九鼎图”的本来面目。

西周时期，我国的制图技术有所提高，各类专题地图大量涌现，制图材料除后世经常采用的绢帛以外，还有金石、木质材料。《论语·乡党》篇中提到“式负版者”，“式”是致敬之意，所谓“负版者”，郑玄笺注云：“持邦国之图籍。”因为当时的地图主要是雕刻或绘画在铜版、石版、木版上，比较笨重，所以要通过背负才能送运或观览。

1975年，河北平山县在发掘战国时期中山国墓葬一号墓时，发现了一幅公元前310年左右的、镌刻在铜版上的“兆域图”。此图长95厘米、宽48厘米，用金丝银缕搓成线划符号和铭文，并注明有“方二百尺”比例尺的墓域建筑规划平面图，迄今已有2 300多年的历史，是我国目前发现的最早的一幅地图，现珍藏在北京故宫博物院。铜版地图发展到清代已相当完善，康熙五十六年至五十七年（1717—1718）制作的“皇舆全览图”，就曾被雕成铜版形式。这幅地图先后被镌成几种版本，收藏于内府的版本为“三十二叶本，内地十六叶，边外十六叶”④，拼合起来就是一幅全国地图，今收藏在北京中国第一历史博物馆。1921年，沈阳故宫发现的41块铜版地图，是“皇舆全览图”的另一版本，这个版本首次采用以经纬线分幅的制图技术。另外，“皇舆全览图”还有以分省分府分幅绘制的“小叶本”，共计227叶，内容更为详细，但未著经纬线，也“无边外诸图”。后来，北京图书馆藏的分省分府“皇舆全图”和民国二十一年北平民社影印的“内府舆图”即属于

① （明）杨慎：《山海经补注·序》。
② （清）毕沅：《山海经新校正·序》。
③ 金应春、丘富科：《中国地图史话》，科学出版社，1984年。
④ 《清史稿·何国宗传》。

这一系统[①]。

石刻地图出现的时间也比较早，《述异记》记载春秋时鲁国人公输般创造了最早的石刻地图，即雕刻在洛阳石宝山岩石上的“九州地图”。据说，直到南北朝时期，那幅地图仍旧保留在原地。两汉时期，石刻地图更为广泛。杭州市曾出土有1 900年前的石刻星图，这是世界上最早的一幅天文图。另外，四川出土的东汉市井画像砖上有汉代市场布局图，也是汉代石刻地图的一种流变。我国现存最早的石刻全国地理图为保存于西安碑林的“华夷图”和“禹迹图”，其中，“禹迹图”是南宋刘豫阜昌七年（1136）4月刻石，“华夷图”上石的时间则晚半年。“华夷图”和“禹迹图”的长、宽均为3.42尺（合今0.77米），同刻在一块石碑的正背两面。相传，“华夷图”是辽人根据唐代贾耽的“海内华夷图”缩小10倍编绘而成的。从碑石上看，图上没有画方，四周的中间标有东西南北四个方位，以图中内容而言，堪称一幅以中国为主的亚洲地图。“禹迹图”的绘制时间约在北宋元丰四年（1081）至绍圣元年（1094）之间，是目前看到的最早的画方地图。此图采用大比例尺，“每方折地百里”，其中横方70，竖方73，共计5 110方。由于制图范围比“华夷图”小，故又采用了画方方法，精度明显提高，海岸线、长江、黄河及其主要支流的线画基本符合当时的实际情况，因而成为我国古代石刻地图的一个典型之作。另外，考古工作者1964年在四川荣县发现的北宋末年刻石的“九域守令图”，淳祐七年（1247）上石、现收藏于苏州博物馆的“地理图”，镌刻在广西桂林市城北鹁鸠山（今称鹦鹉山）南麓三面亭后石崖上的南宋“桂州城图”，都是宋代石刻地图的珍品。

在我国古代，与铜版地图、石刻地图并行的还有木版地图。木版地图又分为木版绘画地图和木版雕刻地图两种形式。1986年，有关专家在甘肃省天水市小陇山林区放马滩护林站发现的秦汉古墓中，出土了用单色黑绘在木版上的七幅地图，其中六幅为成品地图，一幅为半成品地图。七幅地图均属区域专题地图性质，共有87个文字注记和一系列符号注记，涉及城邑、山谷、河流、关隘、物产、道路等诸多方面，内容非常丰富，已引起了学术界的关注。这些地图是我国同时也是世界上迄今为止发现的最早的实物木版地图。放马滩秦地图绘制的时间大致在战国晚期，距今已有近2 300年的历史。在大约公元5世纪中期，南朝刘宋的谢庄做过“木方丈图”，“山川土地，各有分理，离之则州别郡殊，合之则宇内为一”[②]。北宋神宗熙宁七年（1074），沈括出任河北西路察访使时，“始为木图，写其山川道路”，“至官所，则以木刻上之，上诏辅臣同观，乃诏边州皆为木图，藏于内府”[③]。南宋光宗时期（1190—1194）的黄裳也曾“作舆地图，以木为之”[④]。元朝时西方的地圆说、地球仪传入我国，国内相应地也出现了彩绘木地球仪，“其制以木为圆球，七分为水，其色绿；三分为土地，其色白。画江、河、湖、海，脉络贯串于其中；画作小方井，以计幅员之广袤，道里之远近”[⑤]。前面提到的清康熙“皇舆全览图”除铜版形式外，也曾被雕刻成木版地图，原图是在实测基础上编绘的，第一次采用经纬线都为斜交的梯形投影法，对近代中国地图制作技术的发展产生了巨大影响。

古代的绢帛地图多采用彩绘方式，有些类似山水风景画，但也衍生过一种刺绣地图的

① 中国科学院自然科学史研究所地学史组主编：《中国古代地理学史》，科学出版社，1984年。
② 《宋书·谢庄传》。
③ （宋）沈括：《梦溪笔谈》卷二五。
④ （宋）王应麟：《玉海》卷十四。
⑤ 《元史·天文志》。

流派。最早的刺绣地图始见于三国时期的吴国。据晋人王嘉《拾遗记》，吴主孙权“军旅之隙寻善画者，使图山川形势军阵之象”。但彩绘的地图经风吹雨淋，容易褪色失真，所以孙权让身怀绝技的丞相赵达之妹把山岳、河流、城邑、行阵之形，按一定比例缩小，并用五彩丝绒线刺绣于“方帛之上”。这样，行军打仗时随身携带起来十分方便，赵达之妹因此很得孙权宠爱，并被晋封为夫人。与一般绢帛地图相比，刺绣地图虽然颇费工艺，但经久耐用，直观性也更好一些，所以后来广泛应用于军事活动。例如，在抗日战争时期，中共晋察冀军区司令部里就曾经使用过这类地图。

我国制作地图模型的历史也相当悠久，并且有多种多样的形式。东汉建武八年（32），光武帝刘秀西征割据今甘肃天水一带的隗嚣，大将马援“于帝前聚米为山谷，指画形势，开示众军所从道径往来，分析曲折，昭然可晓”①。这种“聚米图”，取材方便又直观形象，后世多有仿效。如宋人赵珣就曾依照马援的方法制作过“聚米图经”。博学多才的北宋科学家沈括也制作过多种地图模型，“其初遍履山川，旋以面糊木屑写其形势于木案上。未几寒冻，木屑不可为，又熔蜡为之。皆欲其轻，易赍故也”②。这类以面糊木屑或熔蜡为材料所制的地形模型图，取材便宜，但与“聚米图”一样，也有不便长久保存的缺点，只是绘制草图时采用的临时办法，所以沈括后来呈给朝廷的地图仍是刻工精美的木刻品。南宋朱熹曾尝试用“胶泥”起草地图模型，按当时的政区划分，“以两三路为一图，而傍设牝牡，使其犬牙相入，明刻表识，以相离合”③。但胶泥材料还不如面糊木屑或熔蜡，因为难度太大，朱熹的“胶泥”地图最终未能完成。在历史上，人们还有用沙石制作地图模型的成功经验。今四川都江堰市二王庙（即二郎庙）尚存一幅用沙石材料制成的“都江堰灌溉区域图”，长 4 米多，高 2 米，气势磅礴，虽为清朝作品，但至今仍保存完好，堪称我国古代地图模型的一个杰作。

另外，据史书记载，唐朝还一度出现过壁画式地图。李德裕出任宰相时（833—847），“乃建筹边楼，按南道山川险要与蛮相入者图之左，西道与吐蕃接者图之右……乃召习边事者与之指画商订，凡虏之情伪尽知之”④。李德裕画在筹边楼墙壁上的军事地图的精度如何难以推测，但这类地图不可能随军移动，因而没有多少实用价值，后世未见再有仿效者。

由上述可知，我国古代曾出现过多种多样的制图形式，其中大多为中国特色，国外地图发展史上似不多见。古人根据具体需求，因时制宜，因地取材，充分展现了他们的聪明才智。这些丰富多彩的地图样式，构成中国地理学发展史上一个重要组成部分，也是悠久灿烂的中华文明的具体反映。现代地理教学中通用的泡沫塑料地图模型或地球仪，无疑与古代的特种地图有一定的渊源关系，而文物展览、园林风景设计、工程建设中广泛采用的胶泥、沙石地图模型也从古代制图技术中汲取过营养。可见，如何总结我国古代在制图学领域的伟大成就，推陈出新，使之发扬光大，服务于当前的经济和文化建设，有着一定的现实意义。

① 《后汉书·马援传》。
② （宋）沈括：《梦溪笔谈》卷二五。
③ （宋）罗大经：《鹤林玉露》卷三。
④ 《新唐书·李德裕传》。

三、从《广志绎》看王士性的军事地理思想

王士性，浙江临海人，万历五年进士，是明代著名的地理学家。他在许多地方做过官，平生好游，足迹几遍于全国。其所著《广志绎》一书，虽说是笔记体裁，但地理资料十分丰富，其中有许多论述明代山川名胜、关塞险要的内容，不仅为我们了解明代军事地理的情况提供了许多原始资料，也为我们研究王士性的军事地理思想提供了极大的方便。王士性在《广志绎》中对我国古代山川形胜、险要缓急与明都燕地的军事形势进行了精辟的论述；同时，他对我国北方边防与沿海御倭也提出了新的见解；他还在书中对我国南北各地尚武风气的异同和原因详加评述。他的这些论述，体现了他不仅是一位杰出的地理学家，而且在军事地理思想方面也颇多建树。

（一）王士性论我国山川形胜与明都燕地

山川形胜历来为舆地学者所重视，王士性生当明之乱世，十分留意我国山川形势的研究，在《广志绎》一书中有许多精辟的论述。

山川形胜的险要缓急并不是亘古不变的，它常因政治环境和军事条件的变化而有所更易。就以疆域方面而论，明朝与汉、唐时期已不能相提并论。自"宋北失燕、云、山前、山后十城于辽；西北失银、夏、灵、盐四城，甘、凉、都、廓七城于元昊；西失松、叠十一城于羌；西南失滇云全省于段氏"①，疆土就比汉、唐大大缩小。明虽收复了许多宋朝失去的土地，但仍然"北弃千里之东胜，南弃二千里之交趾，东北弃五百里之尕颜三卫，西北弃嘉峪以西二千里之哈密"②，因此，各地山川形势的险要所在也与汉、唐有所不同，战略防守的重点也应有所变化。王士性对此看得十分清楚，他认为关中业已失去了建都的条件，而明朝立都燕京才是正确的选择。关中自古号称四塞之国，"盖东有函关，西有散关，南有武关，北有萧关，而长安居其中，其他如大震关之在陇右，瓦亭关之在固原，骆谷关之在周至，子午关之在南山，蒲津关之在同州，豹头关之在汉中，设险守固，皆在名义之内。"③ 明初建都南京，由于偏于东南，不便控制全国，朱元璋就曾想迁都西安④，但未克实现。朱元璋欲迁都不选择燕京而选择西安，主要是想避开蒙古人的"王气"⑤。但核实而论，自唐中后期以来，中原王朝与北方少数民族的斗争重点已从西北转移到东北，选择燕京比西安更占有军事形胜。另一个原因，正如王士性所分析的，由于明朝疆域的缩小，关中的四塞形势已有所减弱，"关中三面居险，以东临六国诸侯言耳，非今之所称备边也。雍州山原皆从西北来，西北最高，羌虏据之，故关中视中原其势俯，视羌虏其势仰，甘、凉一路，云'断匈奴右臂'，盖不得已而以人为险守也。近日虏据之，番常夺路横截而过，时或住牧其中，则西北之险，我已与虏共之矣"⑥。洛阳形势自古也称险要，

① （明）王士性：《广志绎》卷一《方舆崖略》，中华书局，1981 年。

② （明）王士性：《广志绎》卷一《方舆崖略》。

③ （明）王士性：《广志绎》卷三《江北四省·陕西》。

④ 《明史》卷一一五《兴宗孝康皇帝传》，中华书局，1976 年。

⑤ 侯仁之：《历史上的北京城》，中国青年出版社，1980 年，第 27 页。

⑥ （明）王士性：《广志绎》卷三《江北四省·陕西》。

但范围狭窄，且“大抵入秦之道皆仰行”①，其形势自又在关中之下。燕京则不然，在明代，其形势比关中更优。王士性论道：“燕有兴王之理，邵子明以堪舆言也，但不尽吐露耳。燕地，太行峙西北，大海聚东南，气势大于晋中、晋左、山右。河倚空向实，而燕坐实朝虚，黄花、古北诸关隘，峻险相连，庞原百里。晋已发唐、虞、夏矣，已家安得不之燕也？旧燕在蓟。今京师，乃石晋所赐辽人建为南都者，金、元因之，在今城西南。今京师正在唐渔阳、上谷之阳，犹上谷辖，比蓟规模更博大。天寿山自西山东折而来，龙翔凤舞，长陵一脉，真万年宝藏之地也，包络蟠亘，倍蓰钟山。”② 燕京的形胜，主要是依托于太行山脉，“太行，首始河南，尾绕山海，而出数千里。其至京师则名西山，旧称第八陉。在燕原数十百里，势则连山巨阪，地轴天关，胜则春花夏果，秋云冬雪，良伟观也。居庸、紫荆、倒马为内三关，咸隶太行。大水如桑干、清浊漳，咸穿太行东出”。这样有利防守的天然形势，明朝的皇帝犹嫌不足，又以人为的力量，修建长城（即所谓“边墙”），东起鸭绿江畔，西迄祁连山麓，总长12 700余里，分设九个边镇，驻兵防守，其中，居庸关一带的城墙竟有三重之多③。正是在天然形势与人为的努力下，自成祖永乐十九年（1421）正式迁都北京，至崇祯十七年（1614）李自成攻入北京，明朝得以在燕地立都224年之久。

（二）王士性论北方边防与沿海御倭

朱元璋虽然将元人的势力逐出了中原内地，但漠北蒙古部落仍然相当强盛，不时牧马而南，侵凌中原。明廷亦因秦汉旧制，在北边修筑长城（“边墙”），分设九个边镇，驻兵防守。“边墙”是明朝在北方的主要防御设施，王士性关心北方边防，对九边的防御作用十分重视，在其《广志绎》一书中，不惟备载九边的走向、沿途驿站、各镇名称、营寨塞堡的数目，对各边镇的防御重点也有评述。

明之“边墙”东起鸭绿江畔，西迄祁连山麓，其中，山海关以东的部分工程简陋，历时既久，遗迹很少，山海关以西部分则“边墙”多有遗存。山海关以东属辽阳边路，辽阳地区的得失直接关系到山海关的防守，因而关系利害。王士性指出，“开原至辽阳四百五十里，城固无忧，辽阳至山海，常有零虏，然山海至开原皆平野无山”，无险可恃，自需派重兵防守。蓟州大边，内外四重（其中内边三重，外边一重），“其关口营寨，皆倚山补筑”。防守坚固，自可无虞。宣、大二边，在二重边墙之内，但其雁门、宁武、偏头这外三关，“脉自雁门，乱山横，为北京、山西之界，亦倚山凑筑，大道为关，小道为口，有人马并通者，有止通人者，缓急险要不同”，应区别对待。延绥大边，“成化间修筑榆林等城，二十余堡，俱在二边之外，盖重边设险以守内地也”，也称得上防守坚固；固原大边有旧边、新边之分，“今新边近广武，包梁家泉诸水，土坚易守，直抵河岸，俱可耕种，止河冻乃守旧边。宁夏路在边墙东北之外，路外又有花马池，墙隔套虏”，可见也是牢固的。甘肃庄凉大边七百里之外唐阳关，“左番右达，汉所称断匈奴右臂者是也，止线路通中国尔。平羌将军镇之”。西宁边，起庄浪，西抵番南至积石，也是可以凭以防守的。④

---

① （明）王士性：《广志绎》卷三《江北四省·河南》。

② （明）王士性：《广志绎》卷二《两都·北都》。

③ （明）魏焕：《皇明九边考》卷三《蓟州城》。

④ （明）王士性：《广志绎》卷一《方舆崖略》。

王士性分析北边的军事防守还具有动态的观念，他认为："前代都关中，则边备在萧关、玉门急，而渔阳、辽左为缓。本朝都燕，则边备在蓟门、宣府急，而甘、固、庄、凉为缓。本朝土木后，包先驻牧，吉囊、俺答驻牧，皆在松、庆、丰胜左右，则宣、大急。今互市定，则宣、大为缓。边备无定，第在随时为张驰，视虏为盛衰。"[①] 这尤能体现其军事地理思想。

自明初以来，日本逐渐强盛，不时骚扰我国东南沿海，故如何防御倭寇，也是王士性十分关注的。王士性认为，防倭不仅是为了保证东南沿海的安全，对于京师来说也同等重要。王士性指出："惟山东腹内向称安静之地，近乃有朝鲜之变，若倭得志朝鲜，则国家又于登、莱增一大边也。谭东事者，止言辽阳剥肤，无一语及登、莱，不知辽阳虽逼，然旧边地，辽宿重兵，一时不能得志，且陆行千里，寇至声息时日得闻，更有山海关之限；登、莱与朝鲜止隔二百里之水，风帆倏忽，烽燧四时，非秋防，非春泛，其难守比诸边为甚。"[②] 应该说，王士性的这一看法还是颇有先见之明的。明清都于北京，北边防守虽固，但因我国自来不谙海战，京师东南面的防守就显得比较单薄。明虽未亡于倭，但清廷却饱尝了西洋诸列强船坚炮利的侵辱，就是一个明显的例证。

设防登、莱固然有利于京师的拱卫，但山东沿海本身如何防守则又是另外一个问题，王士性指出："山东备倭府立于登州。癸巳、甲午间，倭方得志朝鲜，东人设备往往于是。余谓客曰：'此非山东之所谓备倭也。'曰：'祖宗不建府于登乎？'曰：'登州备倭之设，祖宗盖为京师，非为山东也。海上艨艟大舰乘风而来，仅可抵登郡东面而止，过此而入则海套之元，大舰无顺风直达，欲泊而待风，则岸浅多礁石，难系缆。故论京师，则登州乃大门而天津二门也，安得不于登备之。"至于山东本身如何防倭，王士性则有另一套设想，他分析道："以山东筹之，则登乃山东东北一隅，犹人家之有后水门也，尚有前堂在，倭从釜山、对马岛乘东风而来，正对淮口，然淮有督储部府，尚宿重兵，在倭遽登岸也，其登必从安东、日照，此数百里无兵。然中国之殷瘠夷险，倭必有乡导预知之，而泰山香税，外国所艳闻也，则必驰泰安州。既则济宁商店咸在城外，倭必觊之而走济宁。又进则临清大贾所必觊也，而驰临清。掠劫既饱，然后入省城，此山东大厅堂而倭所必由之道也，不备前门而备后门乎？""总府立登州既祖法不可改，当从倭汛议，以关中防秋例处之。登州至安东惟胶州为中，南北救援咸相去五六百里，今遇汛时，当调登州总戎驻胶州，以南援安东、日照、安邱、诸城一带，而北仍不失救援，随遣随发，而调临清参戎于登州镇之，如总督出花马池、巡抚出固原例，汛毕，仍归本镇，是于备京师、山东经权两不失也"[③]。后来明廷采纳了王士性的主张，设防安东，可见王士性确实是谙于军事地理的。

王士性认为，防御倭寇与抵御北方游牧民族的南侵一样，设防的重点应随敌情的变化而变化，不应一成不变。例如，在登州是否设防这一问题上，王士性认为，为山东计议，当时防御的重点不在登州而在安东等地，但如日本侵占了朝鲜，则登州又变成防御的重点，这是因为"登海浅，水行二十里皆淖途，前所云多礁，船不得泊即起岸，而登州地旷人稀，鲜富室，若清野待之，一望萧索，四五日必回舟，而大舟必漂去，又无渔船、客船

---

① （明）王士性：《广志绎》卷一《方舆崖略》。
② （明）王士性：《广志绎》卷一《方舆崖略》。
③ （明）王士性：《广志绎》卷二《江北四省·山东》。

可掔用之，故倭不走登州也”。但如果日本得朝鲜，“则登与旅顺口相对一岸，不用乘风，不须巨舰，只舢舻舴艋一夜而渡抵岸，方知此时难防又特甚焉，则非公日之比。故备寇者须知我险，须知彼情，难刻舟以求剑也”①。

（三）王士性论各地尚武风气的异同

由于各地自然环境及人文环境的不同，人民或崇文墨，或尚武力，情况颇有不同。自古盛言“关东出相，关西出将”，班固在分析“关西出将”的缘由时就说过，天水、陇西、安定、北地、上郡、西河六郡，“皆迫近戎狄，修习战备，高上气力，以射猎为先”，“汉兴，六郡良家子选给羽林、期门，以村力为官，名将多出焉”②。可见尚武风气的强弱，直接关系到军事人才的成长。王士性《广志绎》一书对于各地风俗的采集十分注重，文、武风气的差异自属其间的重要内容。透过对《广志绎》中各地尚武风气异同的分析，当有助于了解明时军事地理的情况。

明都于燕地，不惟在军事形胜上占了便利，而燕、赵地区崇尚武力的风气对于京师地区的武备也应有一定的帮助。“燕赵古称多悲歌慷慨之士。即如太子丹一事，何一时侠烈者之多也！千古侠骨如荆轲，不惜己头为然诺如樊於期，以死明不言如田光先生，荆卿所待舆俱如狗屠，矐目而筑扑秦王的高渐离，报仇而护穷交如燕丹。当时圣泽未远，皆一行偏才，以末世视之，种种亦何可及。”③ 南京地区所属江北诸府州，自古以来尚武风气也十分浓厚，“淮阳年少，武健莺傻，椎埋作奸，往往有厄人胯下之风。凤、颖习武好乱，意气倡人，雄心易逞”。这里虽然是叙述古时风气，但王士性认为“大抵古今风俗不甚相远”。④ 可见明代也基本上是这样的。朱元璋起兵淮上，明初功臣名将即多出于淮阳、凤、诸地⑤。明代上述诸府州直隶南京⑥，就显出了其在军事上的重要地位。

王士性在记叙各地尚武风气的时候，常能注意到其表现形式的差异。如“中州俗淳厚质直，有古风，虽一时好刚，而可以义感。语言少有诡诈，一斥破之，则愧汗而不敢强辩”⑦。山东地区亦有古遗风，尚武风气与河南略同，“青州人易习乱，御侨长枪手皆出其地。盖是太公尊贤尚功，恒公、管仲首霸之地。其走狗斗鸡，唉乂六博之俗犹有存者”⑧。如河南地广，诸郡尚武风气之强弱与表现方式又有不同，“八郡惟睢、陈难治，以多盗故。光、罗山难治，以健讼故。卢氏、南召难治，以好遭故。洛中难治，以豪举故。荥阳、荥

① （明）王士性：《广志绎》卷二《江北四省·山东》。

② （汉）班固：《汉书》卷二八下《地理志》，中华书局，1975年。

③ （明）王士性：《广志绎》卷二《两都·北都》。

④ （明）王士性：《广志绎》卷二《两都·北都》。

⑤ 据《明史》卷一〇五《功臣世表一》洪武三年十一月大封功臣34名（不计忠勤伯汪广洋、诚意伯刘基），其中凤阳府人士21人（魏国公徐达、信国公汤和、延安侯唐胜宗、吉安侯陆仲亨、江夏侯周德兴、济宁侯顾时、长兴侯耿炳文、临江侯陈德、巩昌侯郭兴、荥阳侯郑遇春为濠人，郑国公常茂为怀远人，韩国公李善长、宋国公冯胜、淮安侯华云龙、江阴侯吴良、靖海侯吴祯为定远人，曹国公李文忠为盱眙人，卫国公邓愈为虹人，六安侯王志为临淮人，平凉侯费聚为五河人，宣宁侯曹良臣为安丰人），庐州府人士5人（南雄侯赵庸为庐人，德庆侯廖永忠、南安侯俞通源为巢人，营阳侯杨碌为合肥人，永嘉侯朱亮祖为六安人），徐州1人（ 川侯傅友德为砀山人），和州1人（广德侯华高为谷山人），以上通计28人，籍贯皆属明南京地区。

⑥ 《明史》卷四〇《地理志》。

⑦ （明）王士性：《广志绎》卷三《江北四省·河南》。

⑧ （明）王士性：《广志绎》卷三《江北四省·山东》。

泽难治，以冲疲故”①。

尚武风气的强弱不惟与古风有关，更与当地的自然环境紧密相连。王士性认为，关陇地区民风尚武，还与高原地区土厚水深的地理条件有关，“关中多高原横亘，大者跨数邑，小者亦数十里，是亦东南冈阜之类。但冈阜有起伏而原无起伏，惟是自高而下，牵连而来，倾跌而去，建瓴而落，拾级而登。葬以四五丈不及黄泉，井以数十丈方得水脉，故其人察者博大劲直而无委曲之态。盖关中土厚水深，川中则土厚而水不深，乃水出高原之义。人性之察多与水推移也”②。王士性在分析两浙地区文武风气的异同时，也持与此相类似的观点。他认为浙西、浙东民气迥乎不同，“浙西俗繁华，人性纤巧，雅文物，喜饰鞶帨，多巨室大豪，若家僮千百者，鲜衣怒马，非市井小民之利。浙东俗敦朴，人性俭音啬椎鲁，尚古淳风，重节概，鲜富商大贾”。浙东地区总体而言比浙西地区尚武，但各州郡民风仍有不同，可划为三大风俗区，“宁、绍盛科名逢掖，其戚里善借为外营，又佣书舞文，竞贾贩锥刀之利，人大半食于外；金、衢武健负气善讼，六郡村宫所自出；台、温、处山海之民，猎山渔海，耕农自食，贾不出门，以视浙西迥乎上国矣”。王士性又根据自然环境和风气差异，将两浙的居民划分为泽民、山谷、海滨三类，“杭、嘉、湖平原水乡，是为泽国之民；金、街、严、处丘陵险阻，是为山谷之民；宁、绍、台、温连山大海，是为海滨之民。三民各自为俗，泽国之民，舟楫为居，百货所聚，闾阎易于富贵，俗尚奢侈，缙绅气势大而众庶小；山谷之民，石气所钟，猛烈鸷愎，轻犯刑法，喜习俭素，然豪民颇负气，聚党羽而傲缙绅；海滨之民，餐风宿水，百死一生，以有海利为生不甚穷，以不通商贩不甚富，闾阎与缙绅相安，官民得贵贱之中，俗尚居奢俭之半”。③ 从这些论述可知，在王士性看来，山谷之民尚武风气最浓，泽国之民尚武风气最弱，而海滨之民则居其间。

王士性不只重视中原内地的尚武风气，对西南少数民族的风俗也很留意，如其在《广志绎》一书中就详细地记载了广西瑶僮地区的民风，“祖宗有仇，子孙至九世犹兴杀伐，但以强弱为起灭，谓之打冤。欲怒甲而不正害甲也，乃移祸于乙，而令乙来害甲，谓之著事。白昼掠人于道，执而囚之，必索重赂而赎乃归，谓之堕禁。两村相杀，命毙不偿，弊者以头计，每头赔百两或几十两，以积数之多寡为贵，实无两也，而以件代之，如豕一为一两，而一鸡一布亦为一两也。抚安僮老为其租毕，则截刀为誓，始不报冤，谓之赔头。谚云：‘瑶杀瑶，不动朝；僮杀僮，不告状’”④。王士性不惜笔墨的这些记叙，虽说是为当时的统治者说事，但也为我们今天研究当地的风俗地理和军事地理提供了丰富的资料。实际上，瑶僮等少数民族强悍不驯，正说明他们在军事上也有一定的能力。

当然，王士性在《广志绎》对有些地理问题的论述并非全面，甚或有错误之处。如其在论述明代政区犬牙相错的划分方式在军事上的意义时，就一味地认为是“祖宗建立，自有深意”⑤，其实是很不全面的。犬牙相制的政区划分方法，固然有利于明廷的从中控制，但也给各省的行政管理带来不便，在军事统治方面也不甚理想，清人魏源在《圣武记》中

---

① （明）王士性：《广志绎》卷三《江北四省·河南》。

② （明）王士性：《广志绎》卷三《江北四省·陕西》。

③ （明）王士性：《广志绎》卷四《江南诸省·浙江》。

④ （明）王士性：《广志绎》卷五《西南诸省·广西》。

⑤ （明）王士性：《广志绎》卷一《方舆崖略》。

就剖论过明清省制的种种弊端①。当然，我们不应苛求于古人，王士性及其《广志绎》在中国地理学史尤其是历史军事地理学思想史上仍占有一定的地位。

四、从《圣武记》看魏源的军事地理思想

魏源（1794—1857），湖南邵阳隆回县人，晚清杰出的爱国主义思想家、史学家，也是一位地理学者。魏源生逢乱世，有感于清朝内忧外患的局面，力倡“师夷长技以制夷”，同时也颇致力于兵、食二政的具体研究和著述。他晚年侨寓江淮，目睹清朝在鸦片战争中的惨败，忾然发愤撰成《圣武记》一书，以励国人。该书虽是一部关于清代历史的专著，但有关军事论述尤详，反映了魏源的军事地理思想。

（一）魏源论际海形势

为了“师夷长技以制夷”，必须了解世界各国的地理形势。魏源认为：“际海之国以万数，束之凡三大类：曰城郭，曰游牧，曰舟楫。游牧之国恃骑射，舟楫之国恃火攻、水战，城郭之国恃坚壁清野。”② 以“中国”而言，满族入主中原，南北混一，境宇辽阔，情况颇嫌复杂。“蒙古，诸游牧国之大名也。十七行省及东三省地为中国，自中国而西回部，而南卫、藏，而东朝鲜，而北俄罗斯；其民亦土著之人，其国亦皆城郭之国。若乃不郛郭，不宫室，不播殖，穿帐寄而水草逐者，惟瀚海南北部及准部、青海诸部则然。故史传外夷皆以居国、行国为大界画，而游牧行国又以瀚海为大界画。”③ 就大范围而言，中国基本上属于所谓“城郭之国”，故《圣武记·武事余记·议武五篇》中首列《城守篇》，于坚壁清野之术论述最详。然而我国东境濒临太平洋，有漫长的海岸线，加之明清以来，西洋势力不断侵扰我国，所以加强海防也是当务之急。正像魏源所说的“荆扬水国，江海为池，守岸等于守城，水师急于陆师”。④ 所以他在《议武五篇》中也列有《水守篇》，讲述“师夷长技以制夷”的具体方法。这对清政府后来的对外政策有很大的影响。

清朝后期，我国东南沿海边患以英人为最甚。魏源通过自己对世界各国形势的分析，力倡联俄、美、法共抗英夷之议。他指出：“俄罗斯地袤二万里，与中国首尾相接，地大兵强，西洋所畏。其与我互市之地，则有陆而无海；英夷之与我互市，则又有海而无陆。近日俄罗斯屡与英夷争达达里之地，其地横亘南洋，俄罗斯得之，则可以图并印度，故与英夷连年血战。（原注：雍正五年，俄罗斯攻取西藏西南五千里之务鲁本，以其地尚佛教，遣人至中国学剌麻，当即与廓尔喀相近之地。）若能许俄罗斯海舶赴粤贸易，联络弥利坚、佛兰西等国，皆英夷仇敌，则英夷之兵舶不敢舍其境而远犯中国。（原注：英夷在印度大兵船止百艘，以其半入寇中国，其余皆分守各境，不敢远离，恐他国乘其虚也。）”⑤ 当时，西方各列强由于在争夺殖民地和市场时存在许多矛盾，英国凭籍其国力强盛，向我国倾销印度鸦片，独揽贸易之利，俄、美、法等国早有不满。可见魏源从地缘政治学的角度

① 详参本章第四节相关论述。
② （清）魏源：《圣武记》卷十四《武事余记·议武五篇·军政篇》，中华书局，1984 年，第 546 页。
③ （清）魏源：《圣武记》卷三《外藩·国朝绥服蒙古记一·内六盟蒙古》，第 93 页。
④ （清）魏源：《圣武记》卷十四《武事余记·议武五篇·水守篇》，第 535 页。
⑤ （清）魏源：《圣武记》卷五《外藩·乾隆征廓尔喀记》，第 238 页。

所提出的以夷击夷的策略在当时还是有其现实意义的。然而由于清朝国势衰弱，且俄、美、法诸国各怀叵测之心，不可能真心援助中国以制英国。所以魏源的策略并未能得以采纳和实施。

（二）魏源论我国山川形势

关于我国各地区的山川形势，魏源在《圣武记》中也有许多精辟的论述。例如，在论述内蒙古鄂尔多斯地区“可战可守”的形势时，他说：“鄂尔多斯在河套中，东西北三面皆距河，东西袤二千里，南北广八九百里，首尾或五六百里、三四百里，秦蒙恬所夺匈奴河南地，以阴山为塞，而汉、唐之朔方郡也。前代城堡边墙故迹棋布，而花、马二池盐与河东盐并行，地宜马、驼。有麦垛山铁为兵，河柳可为笴，赫连、元昊屡为霸国，形胜可战可守。”① 对于西北边疆，魏源论之更详：“以山川形势论之，中国水入北海者二：一则准部之鄂尔齐斯河，一则喀部之色楞格河。（原注：土腊河、鄂尔坤河之水皆入色楞格河，河宽五六十丈，水清驶。）皆发源中国，经俄罗斯入北海。两山之间必有大川，则两川之间亦必有大山。故鄂尔坤河之东为兴安大岭，至黑龙江濒海，凡千余里，为蒙古、满州与俄罗斯之界，是为大漠东北一大干；鄂尔坤河以西，额尔齐斯河以东，则阿尔泰山至杭爱山千余里，为喀部蒙古与俄罗斯之界，是为大漠西北一大干；再西则为葱岭万山之祖，而哈萨克、准部与俄罗斯之界矣。我朝与准部兵争，皆在阿尔泰至杭爱山一干内。（原注：蒙古语‘杭爱’，马鞍也，山以形似得名。）阿尔泰山，即唐史所谓金山也，高入云霄，三垂斗绝，为西北诸山大宗。其北支，循额齐河入俄罗斯；其南支，一则横截大漠，一则东走杭爱山，为回纥牙帐及元之和林，历代漠北建庭之所。自康熙用兵，修攘恢复，增赛音诺颜部，而准夷不敢南牧，盖地利形势然哉。”② 这说明了西北边关有利的自然形势在防守上所起的积极作用。

对于内地的形胜，魏源也有自己的看法，如其论清初吴三桂反叛之败时就说道：“初，三桂举兵，诸将或言宜疾行渡江，全师北向；或言直下金陵，扼长、淮，绝南北运道；或言宜出巴蜀，据关中塞殽函自固。三桂年老更事多，欲出万全，不肯弃滇、黔根本，初得湖南，即下令诸将毋得过江，以为事纵不成，可画长江而国，故用兵数载，未尝长驱东北。及大兵四合，境蹙身死，诸贼聚谋，不知所出。夏国贵复倡弃滇之议，谓为今日计，有进死，无退生。宜舍湖南不顾，北向以争天下。一陆军出荆、襄，合蜀贼，直趋河南；一水军下武昌，掠舟舰，顺撼江左。诸贼俱重弃滇，马宝首梗议，盖贼知是时南北俱已戒严，大兵鼓行随其前后，纵冒死冲突，无能为也。”③ 顺治十六年，吴三桂出镇云南，阴蓄异志，厉兵秣马十数年。于康熙十二年反叛清廷，贵州巡抚曹申吉、提督李本深，云南提督张国柱，襄阳总兵杨来嘉，广西将军孙延龄、提督马雄，四川巡抚罗森、提督郑蛟麟、总兵谭弘和吴之茂，福建靖南王耿精忠，陕西提督王辅臣等先后应之，江南半壁为其所得，吴三桂如果采纳了过江争夺中原的策略，则鹿死谁手就很难说了。不过清廷之所能很快平灭三桂叛军，与康熙善于用兵不无关系，正如魏源所述：“其时，乱起多方，所在鼎沸，情形日日不同，故中原腹地，皆屯重兵以备应援。楚急则调安庆兵赴楚，河南兵移

① （清）魏源：《圣武记》卷三《外藩·国朝绥服蒙古记一·内六盟蒙古》，第99页。

② （清）魏源：《圣武记》卷三《外藩·雍正两征厄鲁特记·青海部准部》，第147—148页。

③ （清）魏源：《圣武记》卷二《藩镇·康熙戡定三藩记上》，第68页。

安庆，又调兵屯河南以继之；蜀警，则调西安兵援蜀，而太原兵移西安，又调兵屯太原以继之；闽警，则调江宁、江西兵赴闽、浙，调兖州兵赴江宁，又调兵屯兖州以继之；使贼渠不得出湖南一步。各边虽乱，而江、淮宴然，得以转输财赋，佐军兴之急。而贼惟以一隅敌天下，晌匮财竭，重敛劳怨，遂臻瓦解。”① 由此可见，三桂起兵，尽失天时、地利、人和，身败名裂，理所当然。

秦、蜀地控黄河、长江之上游，而秦岭形势尤重，历来为兵家必争之地，魏源对此也有论述。他说：“南山（即秦岭——引者注）起陇西，尾商、郧，阻奥千余里，据川、陕、湖之腹。而五郎（在今陕西省宁陕县——引者注）形势要害，又据南山、秦岭之腹。”② 至于湖北形势，魏源援引长麟之奏言云：“湖北边界与川、陕犬牙相错二千七百余里，出川、陕即入楚，出楚即入川、陕，层峦叠嶂，四路可通。”又云：“湖北如郧阳之郧、房、二竹，宜昌之巴东，此五县接壤川、陕，屏蔽内地，形势最重。”③

临清地控南北大运河，在军事上的地位也十分重要，魏源对此也曾论及：“国家岁漕东南数百万，由运河供亿京师。而临清州绾毂南北水陆咽喉，有新旧二城，皆濒运河东岸。”④ 既指明了其交通地位，也强调了其军事地位。

对于台湾形势，魏源分析得更为精辟。首先，他从自然地理形势入手，论道：“中国山川两干，北尽朝鲜、日本。南尽台湾、琉球。过此则为落漈尾间，亦名万水朝东，舟楫所不至。故琉球、日本以东之国无闻焉。台湾地倍于琉球，其山脉发于福州之鼓山，自闽安越大洋为澎湖三十六岛。又东渡洋百里至台湾，为中国之右臂，可富可强，可战可守。”⑤ 正因为台湾特殊的战略地位，故要守东南必须据有台湾。魏源论之云：“方郑氏之初平也，廷议以其孤悬海外，易薮贼，欲弃之，专守澎湖。施琅以为‘天下东南形势在海而不在陆，陆之为患有形，海之薮奸莫测。台湾虽一岛，实腹地数省之屏蔽。弃之，则不归番不归贼，而必归于荷兰；恃其戈船水器，又踞形胜膏沃为巢穴，是籍寇兵而资盗攘。且澎湖不毛之地，不及台湾什一，无台湾，则澎湖亦不能守’。诚深识遐虑之言哉。”⑥

（三）魏源论明清省制之弊

我国历史上的一级行政区划，如汉州、唐道、宋路，大多因自然山川形势而划分，至元代始有较大的变化。行省制创始于元代，明、清因之而又有所发展。元代行省的划分，由于受前代行政区划的影响，边界线在很大程度上还是受自然山川形势的限制。如腹里（即中书省）地介大漠与黄河之间，乃是一个完整的自然区域。河南行省北起黄河南岸，南境止于长江，在形态上也比较完整。而长江以南则是江浙、湖广、江西等行省的地域。到了明代，情况为之一变，河南行省地跨黄河南北，湖广、江苏、安徽地跨长江两岸，省与省之间犬牙交错，形态极不规整。之所以造成这样的现象，主要是因为统治者在划分省界时过多地考虑了军事上的因素。省际间境域相互交错有利于互相牵制，防止地方割据势力的形成。清初因袭明朝旧制，行省划分也存在这样的特点。然而凡事有利也有弊，魏源

① （清）魏源：《圣武记》卷二《藩镇·康熙戡定三藩记上》，第73页。
② （清）魏源：《圣武记》卷八《海寇民变兵变·嘉庆宁陕兵变记》，第365页。
③ （清）魏源：《圣武记》卷十《教匪·嘉庆川湖陕靖寇记》，第433—434页。
④ （清）魏源：《圣武记》卷八《海寇民变兵变·乾隆临清靖贼记》，第373页。
⑤ （清）魏源：《圣武记》卷八《海寇民变兵变·康熙戡定台湾记》，第341—342页。
⑥ （清）魏源：《圣武记》卷八《海寇民变兵变·康熙戡定台湾记》，第342页。

引证宜兴储氏之语云："至于宜兴储氏大文，极论元代分省建置，惟务侈阔，尽废《禹贡》分州、唐宋分道之旧。合河南、河北为一，而黄河之险失；合江南、江北为一，而长江之险失；合湖南、湖北为一，而洞庭之险失；（原注：今惟此条改正。）合浙东、浙西为一，而钱塘之险失；淮东、淮西、汉南、汉北州县错隶，而淮、汉之险失；汉中隶秦，归州隶楚，又合内江、外江为一，而蜀之险失。故元、明二季流贼之起也，来无所堵，去无所侦，破一县，一府震；破一府，一省震；破一省，各直省皆震。经略或至七镇，总督总理或至八省七省五省，又或总督以下并听节制，地无常界，兵无常将，而藩镇、控制之宜并失。崇论闳议，上下古今。虽云地利不如人和，而王公设险以守其国，则形格势禁，未尝不可以扩论世之胸，资远猷之告。"① 魏源所论是从当时统治阶级的利益出发的，不过也道出了行省制度的一些弊端。

明清省界划分有些不切合实际情况，在西南土司地区表现尤为突出。乌蒙、乌撒、东川、芒部诸地元时隶于云南行省，而播州隶于湖广行省。明朝灭元先蜀后滇，故上述诸地皆改隶四川。清初因之不改。然而诸土司皆去川远而去滇、黔近，乌蒙、东川近滇，乌撒、镇雄（即芒部）、播州近黔，隶于四川，甚是不便管理，以至形成"滇、黔有可制之势而无其权，四川有可制之权而无其势"② 的怪现象。这对中央政府的管理是十分不便的。例如，雍正三年冬，一乌蒙土府攻掠东川，东川与滇一岭之隔，至滇省城仅四百余里，而距四川成都则达一千八百里，所以滇省清军已击退乌蒙叛军，而川省令箭方至。有鉴于此，雍正皇帝采纳了鄂尔泰的建议，对行政区划做了一些调整，以东川、乌蒙、镇雄三土府改隶于云南，以便加强统治。③

川、陕、湖交界地区山高林深，地形复杂特殊，魏源认为应该另建行省以便管理。他建议道："以今准古方域，陕西雍州，四川益州，而汉中兴安，则华阳、黑水、梁州之域，自古别为一道，明代尝置郧阳巡抚以统治之。界以汉、沔，夹以南山、巴山，襟带背负，据秦、陇、楚、蜀之交，旁薄二千余里，多林木、竹箭、五金、百谷。流甿奸宄之所托命，天下有事，常先叛后服。由四省犬牙交错，出此入彼，且建官少，距都会远，声教不暨，控驭所不周也。当军兴之际，天子蒿然议移巡抚，移提督，屡下廷议，或可或否。愚以为宜割四川、陕西、湖北山内之地，设置行省，以巡抚兼提督，建阃兴安，居中控制。西枕汉中府，而割宝鸡、秦州、徽县、两当以属之；东抵郧阳府，而割兴山、南漳、巴东、归州以辅之；东北屏商州、雒南，而割孝义、宁陕二厅以属之；南屏绥定府，而西南割宁羌、南江、通江，东南割太宁以属之。其衺僻寥阔之区，非徒增营汛，且必增州，使有城池、廨署、学校、仓库、监狱。"④ 核诸当时的区域政治、军事情况，魏源的建议还是比较可行的，惜未被当政者采纳。

（四）魏源论清代军事人才的地域分布

魏源认为用兵打仗之事，"择将为上，练兵次之"⑤。当时有些人认为"南兵不如北兵，北兵不如口外之兵，安能使吴、越之文弱，皆成西北之劲旅乎"。针对这样的观点，

---

① （清）魏源：《圣武记》卷十二《武事余记·掌故考证》，第500—501页。

② （清）魏源：《圣武记》卷七《土司苗瑶回民·雍正西南夷改土归流记》，第284页。

③ （清）魏源：《圣武记》卷七《土司苗瑶回民·雍正西南夷改土归流记》，第284—285页。

④ （清）魏源：《圣武记》卷十《教匪·嘉庆川湖陕靖寇记》，第451页。

⑤ （清）魏源：《圣武记》卷十四《武事余记·议武五篇·军政篇》，第542页。

魏源反驳说“此将兵之恒言，而非将将之至言也”，“兵无强弱，强弱在将”。[①] 所以他对军事人才的研究十分重视，指出西北诸省、东三省、四川及闽、广诸地都是清代出名将的地区。

“关东出相，关西出将”，秦汉时期便是如此。自西晋末年永嘉乱离以后，羌胡内侵，杂居中原，关东地区的社会环境骤然变化，当地人民尚武风气渐盛，遂使关东与关西一样也成为英雄辈出之地。然而由于受地理环境的影响，西北边地仍是最主要的军事人才荟萃区。这种情况，到了清代也未有多大的改变。魏源对西北将才颇为推崇，《圣武记·武事余记·事功杂述》中所列清代名将就以西北诸省为最多，计达39名[②]，而其他地区则相对逊色多了。

“东三省世出名将”[③]，这是因为东北为满族兴龙故地，民俗尚武。八旗子弟在清代曾涌现出许多优秀的军事人才，如额勒登保在乾隆、嘉庆年间便屡立战功，故为魏源重点提及。

除了西北和东三省外，地处西南、东南边境的四川、闽、广也是出将之地。魏源云：“及三省（引者按：即川、湖、陕）教匪（引者按：此指白莲教义兵）靖，而蜀将竞兴；东南海贼横，而闽帅继起。”[④]

对于西北等地区军事人才荟萃的原因，魏源从风俗地理的角度进行了分析。例如，他论西北回民尚武风气时就指出：“撒拉尔黑帽回者居西宁番地，俗介番、回，鸷悍好斗。”[⑤] 又说，“（西北）广谷大川异俗，民生其间，风气异宜。高宗之赞哈国兴曰：‘中土回人性多拳勇，哈其大族，每出将种’。”[⑥] 其论川兵则云：“金川屯练之可用，曰川兵。以金川屯练为强，尤长于山战。地苦寒，所食惟包谷、油麦、青稞、苦荍、牛、羊，人皆悍鸷贪利。”又说西南地区土兵强悍之状及乐于应征入伍之习尚：“明代征剿，动调土兵，而土司兵中又以广西之狼兵，湖广永顺、保靖之苗兵为最。以少击众，十出九胜，天下莫强焉。土兵亦踊跃赴调，往往私倍于在官之数。”[⑦]

一省有事，则调邻省客兵参战，这是清政府的一贯政策。实践证明，这种做法有许多弊端，将士不服水土，又常常耗靡军饷。所以魏源认为打仗应以土兵土将为主。“平海贼必用闽、广之将，而击番、羌必资西北之兵，易地弗能为良，亦生材各种所独。”[⑧] 这些论述颇能反映魏源的军事人才地理思想。

自班固《汉书·地理志》以来，有关军事地理的著述不乏其作。如唐代李吉甫的《元和郡县图志》便有许多军事地理的内容，而明清之际顾祖禹所著《读史方舆纪要》更是历史军事地理的集大成之作。魏源的《圣武记》一书，虽不是军事地理专著，但其中论述颇能反映魏源的军事地理思想。归纳而言，魏源对于军事地理的研究具有如下三个特点：

---

① （清）魏源：《圣武记》卷十四《武事余记·议武五篇·军政篇》，第544页。
② （清）魏源：《圣武记》卷十三《武事余记·事功杂述》，第521页。
③ （清）魏源：《圣武记》卷十三《武事余记·事功杂述》，第516页。
④ （清）魏源：《圣武记》卷十三《武事余记·事功杂述》，第521页。
⑤ （清）魏源：《圣武记》卷七《土司苗瑶回民·国朝甘肃再征叛回记》，第310页。
⑥ （清）魏源：《圣武记》卷七《土司苗瑶回民·国朝甘肃再征叛回记》，第313页。
⑦ （清）魏源：《圣武记》卷十四《武事余记·议武五篇·军政篇》，第549页。
⑧ （清）魏源：《圣武记》卷十三《武事余记·事功杂述》，第521页。

（1）重视际海形势的研究。以往的学者，因时代背景和视野的限制，对于军事地理的研究仅限于我国历代山川形势方面。当魏源之世，我国长期闭锁的大门业已被西方资本主义列强所叩开。闭关自守的政策再也行不通了，为了抵御侵略，必须了解世界形势。这是时代刻不容缓的要求。另一方面，当时人们所具备的世界地理知识也为魏源研究际海形势提供了便利条件。

（2）重视当代军事地理的研究。无论是论际海形势、国内形势，还是论军事人才、地域分布，魏源都以清代的情况为主，通过深入的研究，魏源每每能提出一些建议，以备当世者采择。如他提出的联俄、美、法等国抵御英国的策略，川、陕、湖交界地区建省以便军事统治的提案，训练土将土兵用于战事的意见等，都是具有现实意义的。可是由于清室昏聩无能，魏源的种种倡议并未引起其多大的重视。

（3）重视军事人才地理的研究。自班固以降，虽然重视军事地理者不乏其人，如李吉甫《元和郡县图志》、顾祖禹《读史方舆纪要》皆其著名者，但是对军事人才地理有较深研究的，大概就数魏源了。他不仅论述了清代军事人才的地域分布情况，还从地理因素上对其产生原因进行了分析，如其对西北将才和川兵的论述就是明显的例子。同时魏源还认为，调兵遣将时要考虑地理环境，应以土兵土将为主，所谓“易地弗能为良，亦生材各种所独”，便是这种思想的总结。

在魏源的其他著作中，也有一些军事地理方面的内容，如《关中形势论》《海国图志・筹海篇》等。不过比较而言，《圣武记》中的有关记述最能全面反映魏源的军事地理思想，其在中国地理学史上占有十分重要的地位，这是不容忽视的。

第三章

中国近现代历史地理学思想的新探索

一、民国水利学家李仪祉的生物治黄思想及其启示

李仪祉（1882—1938），陕西蒲城人，是民国时期最著名的水利学家。他早年曾留学德国，尽知欧美水利科学之先进理论。1915 年归国后，他立志兴复我国水利事业，倡办黄河水利委员会，一生鞠躬尽瘁，功勋卓著。这位中国近代水利科学的先驱，在具体实践的同时，也十分重视理论探讨，学术著作颇丰，对于治理黄河曾提出过一套完整的理论，至今仍有一定的借鉴意义。李氏治理黄河的学术思想，不仅是水利史方面的重要研究领域，而且也涉及历史自然地理尤其是历史环境变迁与治理研究的相关方面，值得系统总结和探索。

（一）上中游广种牧草与“植畔柳”学说

黄河以善淤、善决、善徙而闻名于世，历代治理黄河者多把整治的重点放在黄河下游的防洪工程建设方面。实际上，徙由于决，决由于淤，而淤由于沙。鉴于黄河下游的泥沙主要来自上中游，所以李仪祉提出治理黄河宜注重上中游之说。据张含英《治河论丛》一书之引述，李仪祉是这样说明自己的治理黄河的基本观点的：“导治黄河，在下游无良策，数十年来，但注重下游，而漠视上游，毫无结果，故惩前毖后，深望研究黄河者，知所取择也。”①

为什么黄河上中游的泥沙易于被冲刷到下游呢？李仪祉认为这与上中游的土壤、地貌及生产方式有很大的关系：“如取各水文站所得含沙量记录，绘成累积曲线，则含沙量之来源，及其停积之时期、地段、数量，均易推寻，大致泾渭流域为一区，托克托至韩城黄河流域为一区，潼关至汜水流域为一区，其含沙来源均极富。泾渭区及潼汜区属黄土地带。溪涧所经，土崖壁立。或坡地垦为梯田，土质疏松，夏秋两季，雨量很多，辄因雨水

① 张含英：《治河论丛》，国立编译馆，民国二十五年（1926 年），第 32 页。

淋刷，崩裂坍陷，倾坠河流，溶解为沉淀质。”①

那么，如何才能防止黄河上中游的泥沙的产生呢？李氏提出了两种方法：一是防止冲刷，以减少其来源，如严防两岸冲塌，及另选避沙新道。再者为培植森林，平治阶田，开抉沟洫。二是设置谷坊以堵截其去路，山谷间设置横堵，既可节洪流，且可淀淤沙，平丘壑②。可见，在治沙问题上，李仪祉并非只是单纯的“沟洫主义”提倡者，而是工程措施与生物措施并重。

至于如何实施生物措施，李仪祉最为重视的是广种牧草与“植畔柳”两个方案（他对森林治黄河的看法详后）。在黄河上中游地区广种牧草，既可防止水土流失，又可兼事畜牧。牧草种类，李氏尤其推重苜蓿，他论述说：“苜蓿根甚深，纠结土质牢固。防制冲刷之力，胜于树木。其性耐旱，不用灌溉。只需种一次，年年可以滋长，无养护之费。每年只需镰割三次，存干亦可供刍料，或放开牛羊自食。其嫩芽人亦可食。故美国西方旱干之地广种苜蓿，良有以也。”③ 对于广种苜蓿的生态效益和经济效益，李仪祉先生作了比较乐观的估计：“诚能使西北黄土坡岭，尽种苜蓿，余敢断言黄河之泥沙至少可减三分之一。”“吾国人衣料宜改服呢革，以利工作。食料宜多增肉乳，以强身体。西北畜牧发展，不惟黄河受其利，国人衣食亦受其大赐也。”④ 这样的论点，以往的治黄者恐怕是连想都不敢想的。

在广种苜蓿之外，李仪祉又提倡“植畔柳”一说，即建议在阶田（梯田）之畔种植柳树以遏制水土流失。按照李氏的观点，“黄壤区域，其田大抵皆为阶田。每次暴雨，上田泄水，下田承之。逐段而下，以至于河。而所刷田间之沙，亦随水而去。若于每田之三畔，植所谓矮柳一行，则水自柳间流出，速率因碍物而顿滞，则沙停其后，不啻滤器。迨田畔高仰，柳根繁殖，则畔亦固矣”⑤。这样，不仅黄河支流的泥沙可以大减，农田不致朘削日低，同时植柳者还可为栝棬之利⑥，可谓一举三得，当然是值得积极推广的。

李仪祉提出的广种牧草与“植畔柳”设想，在后来的水土保持实践中，被证明都是切实可行的。苜蓿至今仍是黄河上中游地区人工种草的主要品种之一，而李氏的“植畔柳”方法后来也为人们广泛采用，如20世纪50年代初期，甘肃庆阳西峰镇西边的南小河沟，利用“插柳谷坊”技术保持水土，成效十分显著⑦，这显然是李仪祉“植畔柳”理论的具体应用和发展。

（二）对森林治黄的认识及其转变过程

作为治理黄河宜重视上中游学说的首倡者，李仪祉不仅重视工程措施，而且也重视生物措施。就生物措施方面而言，他本人曾积极提倡在上中游地区广种牧草与“植畔柳”，但对森林治黄的作用却持否定态度。这种思想，在其早期的论著中表现得尤为明显。

---

① 李仪祉：《黄河治本计划概要叙录》（1935年），参见李仪祉原著、黄河水利委员会选辑：《李仪祉水利论著选集》，水利水电出版社，1988年。下引李仪祉论著未加说明者皆出此书。

② 李仪祉：《黄河治本计划概要叙录》（1935年）。

③ 李仪祉：《请由本会积极提倡西北畜牧以为治理黄河之助敬请公决案》（1933年）。

④ 李仪祉：《请由本会积极提倡西北畜牧以为治理黄河之助敬请公决案》（1933年）。

⑤ 李仪祉：《黄河之根本治法商榷》（1922年）。

⑥ 李仪祉：《五十年来中国之水利》（1921年）。

⑦ 华山：《把防洪堤搬到黄土高原上》，载中华人民共和国水利部办公厅宣传处编：《根治黄河水害 开发黄河水利》，财政经济出版社，1955年。

1919 年，李仪祉发表了《森林与水功之关系》一文，提出了不能依靠培植森林来防止上中游地区泥沙流失的三个理由：①森林覆盖地面水分蒸发较少。“活物掩覆之地面，其蒸发固大于死物掩覆者矣。但森林掩覆之地面，其蒸发量则远不及草卉五谷所掩覆之地面也。”②森林覆盖地面雨水渗漏较差。“不毛之地，渗漉最多，而森林掩覆，实足以大减渗漉之量也。”③低原区森林增加雨量并不显著。“森林区中所以能增加雨量者，由其有低落天气温度之功，保持太空润湿之效，故湿气得易凝结为雨也。但此种功效，惟于山林之地易得，至低原则其效甚微。”今天看来，上述论断基本是错误的。现代科学观测试验表明，在湿润的热带和温带，林地与无林地节蒸发量不相上下，而在干旱、半干旱地区，林地蒸发一般显著大于无林地。森林加上地面残落物及林下土壤具有较无林地大得多的留存雨水与渗漏、容蓄水流的能力[①]。更为重要的是，森林枝叶（包括地面上的落叶）可以减缓雨点对地面的直接打击，其根系对土壤有固结作用，从而起到减少水土流失的功效。李氏在森林防沙问题上未抓住本质，因而其文章发表以后，即引起了一些水利学家的异议，如王廷翰就指出，“造林之主要目的，原在节制泥沙，其重心不在径流不径流耳”[②]，显然与李仪祉持相反的看法。

李氏早期在森林治黄问题上存在偏见和错误，但是后来随着实践的步步深入及理论水平的不断提高，他愈来愈认识到森林的重要性，早期的观点也逐渐有所松动。这个变化大约发生在 20 世纪 20 年代后期。1929 年，他在《指导永定河上游民众兴办灌溉工程方法》一文中，明确指出“西北森林缺乏为永定河难治主因”，并设想如果“西北山野除农垦地外，尽成森林，永定河已治其大半矣”。永定河如此，黄河同样也不例外，“黄河之所以甚劣于扬子江者，以其含泥沙太多故也，泥沙之所以特多，一由于西北黄壤之广播，二由于西北地面秃露者多，蕃殖者少。故宜指导人民山间植林木，平原设沟洫，以节制洪水之泻，兼以汰除其泥沙”。[③] 对于森林调节径流的气候的作用，李氏后来也有了更为正确的认识：“截留蒸发到空中去的水，最有效力的方法，就是培植森林。因为地面上有高大的树木，有扶疏枝叶，遮蔽着阳光，当然地面的水分不容易蒸发……森林之中大抵地面为积年落叶所盖，可以拘留水分，不能流至田间。可是渗入地下之水，也多由泉眼透出地面，终归人用。况且林木的用途，将来势必日见发达，其利益且较农田为厚。而森林调节气候的功用，尤不可忽视。”[④]

这一认识上的转变，对李仪祉后来的治黄实践造成了重大影响，他在 1934 年为黄河水利委员会所制定的工作纲要中，植树造林已被明确地列入八项重大工作之一[⑤]。在实践过程中，李仪祉总结出了一整套培植森林的理论。他认为在西北干燥地区植树，要做到以下四点：一要审地址；二要择种类；三要乘时机；四要勤管理[⑥]。按照他的观点，西北地区并非都是宜林地区，山地气候相对温和、湿润一些，又不与田争地，最宜广植林木[⑦]；

① 黄秉维：《再谈森林有作用》之（二）、（四），刊《地理知识》1982 年第 2、4 期。
② 成甫隆：《黄河治本论（初稿）》附《对王廷翰先生对本书批评的申辩》，平明日报社，民国三十六年（1947 年）。
③ 李仪祉：《黄河水利委员会工作计划》（1933 年）。
④ 李仪祉：《蓄水》（1936 年）。
⑤ 李仪祉：《治理黄河工作纲要》（1934 年）。
⑥ 李仪祉：《蓄水》（1936 年）。
⑦ 李仪祉：《黄河水利委员会工作计划》（1933 年）。

再者就是要在“沿河培植森林，使黄河为西北输出木材孔道”,[①] 尤其是在上游绥远（今内蒙古地区）沿河造林，还可兼收遏止下游沙患之效[②]。这些建议和设想，在今天仍有一定参考价值。

（三）林草护堤与巩岸学说

黄河下游的泥沙主要来自上中游地区，治理的重点自然应该放在上中游地区。但是，黄河下游同样也是黄土分布区，土质疏松，护河堤岸的侧蚀崩塌也加重了河道的含沙量。有鉴于此，在治黄策略上主张生物措施与工程并重的李仪祉，不惟强调在上中游地区积极培植森林、广种牧草和“植畔柳”，还认为应该在下游地区展开林草护堤与巩岸工作。

用种植林木的办法来保护黄河大堤，早在北宋时期就已形成制度[③]。后来明代著名水利学家和治黄专家刘天和总结了历代黄河堤岸植柳的经验，提出了著名的“植柳六法”：卧柳、低柳、编柳、深柳、漫柳、高柳。前三种方法，皆将柳树植于堤身之上，以防风浪冲激；深柳法是植柳于近河及河势将冲之处，以杀水势；漫柳法是随河植于坡水漫流无堤之处，依自然之力筑成堤岸；高柳法是于堤内外植高大柳青桩成行，防御风浪冲堤[④]。刘天和的前三种植柳方法后世治河一直采用，而其深柳、漫柳、高柳诸法则很少有人遵从。李仪祉则对深柳、漫柳、高柳诸法较为推重，不太赞同堤身植柳的传统方法，这在其所著《水功学》一书略有体现：“树木种于堤身本不相宜，因其根粗易圮，若树死根腐，更留一入水之道。而中国河工，则于堤身内外，种植杨柳，奉为护堤之金科玉律。清乾隆树碑永定河金门闸，言种柳事，但云‘堤柳以护堤，宜内不宜外。内则根盘结，御浪堤弗坏。外惟徒饰观，水至堤仍坏。此理本易晓，倒置敞有在。而况其精微，莫解亦奚怪’，所谓内外，系指水为内，靠田为外。文宗自恃聪明天亶，奚落河臣而不自知其为谬论也。盖树根盘结，固足以束缚土脉，惟若遇泛涨急流，风撼波摇，其根松动，甚至拔起，此时尚足以恃以固堤身乎？故予以为种柳内外皆可，而不宜种于堤身。宜种于坡脚下数丈以外。米细西比亚凡坡脚下百尺以内之树皆除之，种于靠水坡面，尤属荒谬。”[⑤] 李氏认为，“堤坡种草自为护堤善法”[⑥]，铺草坡之法分平铺和叠铺二类，草种则选用笆根草，或相底土之宜用混合种子[⑦]。

护堤的最佳方案，李氏认为应当采取草皮、矮柳（或灌木）、高柳配合的方式，“矮柳种于外滩，必得其益。若坡面则以种草为宜。高树则宜远去之也”[⑧]。这大约借鉴了刘天和的深柳、高柳的理论。

另外，李仪祉还提出了巩岸胜于筑堤一说。凡在无堤防的河段，首先考虑巩岸。巩岸也要依靠植柳，其具体办法是：“（两岸）植柳成行，疏密高下，亦惟人意，则含沙泥之洪水，漫溢过之而淤积成丘矣。丘上复植柳，则丘积愈高，连亘不断，自然成巩固之高岸

① 李仪祉：《黄河治本的探讨》（1933 年）。
② 李仪祉：《治黄意见》（1934 年）。
③ 水利部黄河水利委员会：《黄河水利史述要》，水利出版社，1984 年，第 185 页。
④ （明）刘天和：《问水集·植柳六法》。
⑤ 李仪祉：《水功学》，沈云龙主编：《中国水利要籍丛编》第四编，（台北）文海出版社，1971 年，第 174 页。
⑥ 李仪祉：《水功学》，第 174 页。
⑦ 李仪祉：《水功学》，第 162—163 页。
⑧ 李仪祉：《水功学》，第 174 页。

矣。”[①] 这种方法大致是刘天和漫柳法的翻版。不过，李仪祉的说法更精细一些，他提出“柳的种类，以柽柳、矮柳为宜”，其具体的插柳方法也有讲究，“使株略斜向上游，二十公分入土，十公分露出地面，听其自长，及枝条发生，则互相编织，如篱如网，可以纠土，可以助淤。”[②] 李仪祉认为，以柳巩固之岸，与堤比较起来，还具有如下四个优点：“（一）树为骨，其身坚矣。（二）与地为一，其基固矣。（三）水自为之，水不易侵矣。（四）无堤之名而有堤之实，防守之责轻矣。”[③] 不过，黄河下游的堤防由来已久，而且发挥着重大作用，全部废堤再行巩岸显然不切实际，故巩岸学说实际上只宜应用于无堤防之河段，尤其是利津以下河水漫流的地区。

通过以上论述可以看出，李仪祉先生最先提出治理黄河应当注重上中游的思想，这在近代水利史上实在是一个重大的突破。作为一个杰出的水利学家，他不仅重视防洪防沙的工程方面，也提出了一整套生物治黄理论。他曾倡导在黄河上中游地区积极培植森林、广种牧草和“植畔柳”以减少水土流失，在下游地区培植林草来保护堤岸。他的生物治黄思想与具体措施，在黄河上中游地区水土流失、下游泥沙堆积问题日益严重的今天，仍不失其重要的参考意义。更值得一提的是，在治理黄土高原水土流失的问题上，时下仍有不少学者和工程技术人员，由于认识上的偏差，或者只顾眼前成效，往往偏重于工程手段，而忽视了对林草措施的运用。李仪祉在森林治黄认识上的转变历程，无疑会给人们带来一些有益的启示。

二、李长傅对历史地理学理论的探索

李长傅（1899—1966），又名李震明，祖籍浙江杭州，是我国近现代著名的历史地理学家，兼通地理学和历史学两门学科，早年特别对南洋史地方面钻研至深，后期则主要致力于历史地理学研究，一生先后出版相关专著、译著 40 余部，论文 100 多篇，近 20 种（幅）地图，共计约 400 万言，是 20 世纪尤其是民国时期和建国初期中国历史地理学发展史上一位举足轻重的人物。但可能是由于李长傅先生英年早逝，相关论著出版时间较早，不易被学界同仁看到，故而其学术影响有一定的局限性，其在历史地理发展史上的学术贡献也往往被人们所忽略。尽管已有一些学者对李长傅先生在地理学研究方面的建树有所论及，[④] 但在历史地理学界，却很少有人提到他的学术贡献，如林頫（华林甫）新作《中国历史地理学研究》，对 20 世纪中国历史地理学科学术史进行了系统总结，但此书除了在列举研究开封的专著时提到李长傅著《开封历史地理》的书名以外，[⑤] 对李长傅先生的历史地理学思想和其他相关论著并无一言道及。据笔者管见所及，对于李长傅先生在历史地理

① 李仪祉：《利津以下筑堤不如巩岸论》（1935 年）。

② 李仪祉：《利津以下筑堤不如巩岸论》（1935 年）。

③ 李仪祉：《利津以下筑堤不如巩岸论》（1935 年）。

④ 如张九辰《中国地理学近代化过程中的理论研究》一文（《自然科学史研究》2001 年第 3 期）提及李长傅先生的《地理学本质论》一文（《地学杂志》1935 年第 1 期）对 10 多位国外学者有关地理学的定义的总结；江金波、司徒尚纪《论我国文化地理学研究的前沿走向》一文（《人文地理》2002 年第 5 期）提到：“我国传统的文化地理研究的另一个重点是我国文化起源问题。30 年代以来，李长傅、林惠祥等对我国文化起源的‘西来说’、‘新西来说’进行了批评。”

⑤ 林頫：《中国历史地理学研究》，福建人民出版社，2006 年，第 237 页。

学方面学术贡献论述略多的，仅有陈代光、李平撰写的相关传记[①]，以及黄盛璋、褚绍唐等人所写的序言类文章[②]，另外就是笔者等新近发表的相关论文。[③] 但是，这些文章囿于体例和篇幅，论述仍然显得不够充分。所幸近年来随着李长傅先生旧作《中国殖民史》等的重印，[④] 尤其是《南洋史地与华侨华人研究——李长傅先生论文选集》[⑤] 和《李长傅文集》[⑥] 的相继整理出版，为我们进一步研究和总结李长傅先生的历史地理学思想提供了较大的便利。根据对李长傅先生上述相关论著的全面研读，笔者认为其在历史地理学研究的学术贡献是相当大的，主要体现在历史地理学理论研究、南洋历史地理研究、西域历史地理研究、河南历史地理研究、历史文化与军事地理研究、历史地理文献研究等方面。限于学识和篇幅，本文仅对李长傅先生在历史地理学理论方面的研究成果略作论述。

（一）对人地关系原理的全面探讨

人地关系原理是地理学尤其是人文地理学的基本原理，作为人文地理学的分支学科的历史地理学历来也是将探讨历史时期的人地关系或者说人地关系的历史演变视为研究的主线。作为现代中国历史地理学奠基人之一的侯仁之院士，20 世纪 60 年代初期发表了《历史地理学刍议》一文，提出："历史地理学是现代地理学的一个组成部分，这是无可置疑的。""历史地理学的一个根本观点，就是说人类的生活环境，经常在变化中，而不是一成不变。属于自然的景观如此，属于人为的景观更不例外。""当前的地理，乃是从过去的地理发展演变而来，而在这一发展演变的过程中，人的缔造经营，占了最重要的地位，如果不是因为人的活动而引起的周围地理的变化，在这几千年的历史时期中那是非常微小的。同时，还须注意，作为一个有异于其他动物的人，正是在改造自然环境的过程中，才终于发展了自己的智能，改造了自己的面貌，使自己提升到'万物之灵'的卓越地位。"并且还认为："研究在历史时期主要由于人的活动而产生或影响的一切地理变化，这是今日所理解的历史地理学的主要课题。至于在人类历史以前的一切变化——或更进一步说，在人类活动还没有能够在大地表面上引起显著的改变，或留下显明的痕迹以前的一切变化，则

---

① 参见陈代光、李平：《李长傅传略》，（清）陈伦炯撰、李长傅校注、陈代光整理：《〈海国闻见录〉校注》附录，中州古籍出版社，1985 年；李平、陈代光：《李长傅先生传略》，载《地理学与国土研究》1990 年第 2 期，又见李长傅等：《南洋史地与华侨华人研究——李长傅先生论文选集》卷首，暨南大学出版社，2001 年；李平、陈代光：《李长傅先生传略》，见李长傅：《李长傅文集》附录，河南大学出版社，2007 年。

② 参见黄盛璋：《南洋史地与华侨华人研究——李长傅先生论文选集》序（一），褚绍唐：《南洋史地与华侨华人研究——李长傅先生论文选集》序（二），暨南大学出版社，2001 年。

③ 吴宏岐、周玉红：《李长傅先生对南洋历史地理研究的贡献》，载郭声波、吴宏岐主编：《南方开发与中外交通——2006 年中国历史地理国际学术研讨会论文集》，西安地图出版社，2007 年。

④ 李长傅：《中国殖民史》，商务印书馆，1937 年第 1 版，1998 年影印第 1 版。

⑤ 李长傅等：《南洋史地与华侨华人研究——李长傅先生论文选集》，暨南大学出版社，2001 年。该书除卷首两篇序文和《李长傅先生传略》，以及卷末附录《李长傅先生主要著作目录》以外，正文收录李长傅先生在华侨华人、中外交通、南洋古国和南洋地理等方面的论文共 47 篇，另收陈代光先生中外交通方面的论文 3 篇，合计约 43 万多字。

⑥ 李长傅：《李长傅文集》附录，河南大学出版社，2007 年。该书除附录《李长傅先生主要论著与地图目录》和《李长傅先生传略》以外，正文收录李长傅先生在地理学概论、中国区域地理研究、中国历史地理与地理古籍研究和河南历史地理研究等方面的论文 38 篇，著作 3 部（分别是中州书画社 1983 年出版的《〈禹贡〉释地》、中州古籍出版社 1985 年出版的《〈海国闻见录〉校注》和商务印书馆 1958 年出版的《开封历史地理》），另有地图 10 幅，合计近 55 万字。

应当属于‘古地理学’的研究范围。”①

史念海对于中国历史地理学也下了这样的定义：“中国历史地理学是探索中国历史时期各种地理现象的演变及其和人们生产劳动、社会活动的相互影响，并进而探索这样的演变和影响的规律，使其有利于人们的利用自然和改造自然的科学。”② 在上述定义中，史念海将“中国历史时期各种地理现象的演变”与“人们的生产劳动、社会活动的相互影响”也纳入历史地理学的研究范畴，特别强调历史时期人地关系及其演变规律的探索。

近年来关于历史地理学的学科属性问题出现较大的争议，但强调人地关系研究的重要性仍然是学者们的共同点。如孙天胜、曹诗图等最近撰文，对传统关于历史地理学的定义提出了颇具影响力的新说，认为“几乎所有的地理分支学科都可以按照其学科名称的偏正结构去理解，如文化地理学主要是从地理学的角度去研究人类文化，经济地理学主要是从地理学的角度研究经济，政治地理学主要是由地理学角度研究政治……为什么唯有历史地理学例外，不是由地理学角度研究社会历史呢？现实的历史地理学根本没有走从地理学的角度去研究社会历史这一条路，相反倒是由历史角度（或时间维度）研究过去的地理环境。其实，这种意义上的历史地理学应正名为‘地理历史学’（由时间角度研究地理），似乎应将其归类于历史学科。而真正意义上的名正言顺的历史地理学（即由地理学的角度研究社会历史，研究人类历史发展与地理环境的关系）应归属于地理学”。③ 但是他们仍然强调指出，地理环境对人类历史的作用，其实始终应该是历史地理学研究的核心内容。人类社会的历史，实质上是人类活动和地理环境相互作用及相互制约的历史，并且“相信随着历史地理学的实至而名归，将会使‘人类社会历史发展与地理环境关系’的研究步入一个健康的发展时期”。④

然而，早在20世纪30年代，李长傅就已对人地关系问题在地理学研究中的重要意义进行了较为系统的探讨。1935年，李长傅在《地理学本质论》一文中，简要地论述了地理学的概念和中外地理学发展的过程，高度评价了德国地理学家洪波德（1769—1859，即Alexander Von Humboldt，或译作洪保德、洪堡德、洪堡、洪波特等）、立德尔（1779—1859，即Karl Ritter，今多译作李特尔）、拉赛尔（1844—1904，即Friedrich Ratal，今多译作拉采尔）等在近代地理学建设方面的贡献，认为洪波德“晚年之大作《宇宙论》为自然的宇宙观之集成。其所述气候与人类之关系，给予拉赛尔之影响不小。洪氏观察任何现象时，必先考虑其环境，再考虑其适应，又究明对于环境适应之一般原则。即于类似的环境，寻求其现象的统一。如此以前个别发展的地志的地理学与物理的地理学，完全统一，而告成功。洪氏之对于地理学之贡献，即其研究之主题，在地上的自然现象，而究明其各地域相关及相互的因果关系”；立德尔“可称比较地理学的开山祖。其伟著《比较地理学》十九卷，更较洪氏深入而表明适应原则与分布之原则。彼就各地域之人类观察之，明了其相互关系，探求人类之分布与文化诸要素，讨论历史之发展与地理之关系”；拉赛尔则是“细味洪氏之学说，而成立人文地理为一独立的科学。彼以为究明文化与地理环境之相互关系，为地理学之任务。其名著《人类地理学》研究人类一切活动与地理的要素之相

① 侯仁之：《历史地理学刍议》，原载于《北京大学学报》（自然科学版）1962年第1期，收于侯仁之：《历史地理学四论》，中国科学技术出版社，1994年。

② 史念海：《中国历史地理纲要》上册，山西人民出版社，1991年，第1页。

③ 孙天胜、曹诗图：《历史地理学的名实之辨》，载《晋阳学刊》2000年第6期。

④ 孙天胜、曹诗图、陈国忠：《历史地理学的学科属性辨析》，载《人文地理》2001年第5期。

互关系，《政治地理学》讨论国家组织及政治现象与地理的诸要素之相互关系，就是他用科学方法，阐明文化现象（人类之政治的经济的诸活动）如何受地理或广义的自然之影响。依他的主张，其当然之结果，人类文化的发展变化必然地受环境制约，各民族所有的文化特异性与自然的环境呈函数关系，诚所谓地理的唯物论之先驱。自彼以后，人文地理学者受他的影响，可无待言”。在总结前人研究的基础上，李长傅先生在该文中还提出了自己给地理学所下的定义：“地理学是对于地球表面自然及文化诸现象之分布，作系统的观察，且究明其相互关系与现象分布之因果。”① 这个定义代表了李长傅先生对整个地理学的总的看法，也是其历史地理学理论的基本支撑点。

值得特别指出的是，李长傅虽然高度评价了洪波德、立德尔、拉赛尔等对近代地理学的奠基之功，但却不同意他们的地理的唯物论（即地理环境决定论）观点。在《地理学研究的新阶段——温特福噶尔氏学说之介绍》一文中，他引述德国经济地理学家温特福噶尔（K. A. Wittfogel）观点，指出“历史地理学者之唯物论的方法，自身也有几多谬误与方法论的局限”，其主要的谬误或局限至少有以下三个方面：一是“总括法，即无论如何主义。所谓地理的唯物论者，仅列举‘气候’、‘土地’、‘自然状态’，此等之要素在其内部之关联，毫无理解。又在此中，大部分与历史阶段共同变化的，理解把握支配要素的方法没有”。二是“短急推论的方法。持这种方法的人把分析上最重要的媒介物之一或几个看漏掉了，因而他们完全恣意地下决论。这有时也偶然真实，但是多半只是推测，并不是向科学开展的，故而仅有一半正确，甚至全然谬误。或者所分析要素之中脱去劳动过程，或者对于‘社会的生活过程’丝毫未加以说明。这是地理的唯物论者一般相同之点”。三是“解放观。这个错误不是方法的，而是内容的。他们说人类渐次成了自然之‘王’，脱去自然影响，但此命题正当之部分与谬误之部分，只有以辩证法的而且以唯物的考察之，可以明白。此处是对于地理的唯物论者，课以历史哲学最根本的问题”。② 正因为看到了地理环境决定论者的种种不足，李长傅睿智地洞察到，只有马克思主义的辩证唯物论才带来了地理学理论的革命，使包括历史地理学在内的整个地理学步入了新的阶段，认为“所谓社会的契机与自然的契机，何者规定何者，这是‘历史哲学’上穷究的问题”，“除从辩证法的唯物论的立场来答复人类与自然之关系问题以外，没有另外的方法的”。③ 类似的观点，李长傅在其《转型期的地理学》一书④及《科学的地理学之新转向》《转型期的地理学浅释》《自然环境之真义——历史的自然之研究》《经济地理学之新阶段》《辩证唯物论与地理学》⑤ 等论文中也有进一步的阐述。

近现代意义上的历史地理学（Historical Geography）的学科名称，是在20世纪初即1901—1904年间随日本近代学制而传入我国，其后在国内学术界渐有介绍，1935年被《禹贡》杂志用作英文刊名⑥。但受学科发展水平的限制，这一学科名称在民国时期的中

① 李长傅：《地理学本质论》，载《地学杂志》1935年第1期。

② 李长傅：《地理学研究的新阶段——温特福噶尔氏学说之介绍》，载《地学季刊》1935年第2卷第1期。

③ 李长傅：《地理学研究的新阶段（续）——经济地理学方法论》，载《地学季刊》1935年第2卷第2期。

④ 李长傅：《转型期的地理学》，上海三五书房，1935年。

⑤ 李长傅：《科学的地理学之新转向》，载《地学季刊》1935年第2卷第3期；《转型期的地理学浅释》，载《地学季刊》1935年第2卷第4期；《自然环境之真义——历史的自然之研究》，载《地学季刊》1935年第2卷第4期；《经济地理学之新阶段》，载《中国经济》1935年第3卷第5期；《辩证唯物论与地理学》，载《新地理之友》，1951年第1集。

⑥ 侯甬坚：《“历史地理”学科名称由日本传入中国考》，载《中国科技史料》2000年第4期。

国学术界使用并不广泛，李长傅先生也是偶尔用到这一名词，[①] 在他的地理学分科体系中也没有历史地理学的位置。[②] 不过，笔者注意到，如果从论述的主旨来看，他所谓的地理学或者人文地理甚至经济地理学，的确是包括现今所谓的历史地理学的内容的，这可从他所说"所谓社会的契机与自然的契机，何者规定何者，这是'历史哲学'上穷究的问题"这样的言语中明白地体会出来。在《科学的地理学之新转向》一文中，他解释说自己所著的《转型期的地理学》一书，收录的是"关于辩证法的地理学论文"，"其中有介绍批评威氏学说的，有批评地理唯物论人地关系及讨论史地关系的"。[③] 在《转型期的地理学浅释》一文中，他坚持认为"最正确的地理方法论"是"辩证法的唯物论"，"这辩证法的唯物论，和以前机械的唯物论相比，是进化的、发展的，其应用于社会学方面则为唯物史观，应用于自然科学方面则为自然辩证法，实在是近代科学研究的最高阶段"。他在该文中举了不少例证来说明唯物史观在研究人文地理学问题时的作用，"譬如英国这个岛国，大家都承认它是欧罗巴的门户，在地理上占有优越的地位。可是它握有海权，不过近三四世纪事。以前英国在世界史上并不占什么地位，一直到世界的商路交通和新大陆发现，才占有相当地位，再到后来资本主义发达，遂成了世界经济政治之中心了。所以英国的发达，不是单纯的地理位置和英吉利的人民的作用，而其推动力在生产力呢"。在该文中，他还论述说"所谓自然，并不是如自然科学者所谓固定不动的，而是活动的东西。如海洋在原始社会，有'水之沙漠'之称，自十五世纪地理大发现之后，转变为世界的交通路了。所以威特福噶尔曾予以'历史的自然'之称。此自然与社会并不是严格对立的。自然要素，由生产过程之媒介在历史过程中时有增减"；"川西正鉴氏曾说：'历史是辩证法的发展之纵断面而立体地观察之，地理是其横断面而平面地考察之。''地理学不仅是现在的科学，而且是将来预见的科学'。现在就拿他的话作为结论吧！"[④] 可见李长傅先生所谓的人文地理学（他又称为人生地理学）大致就是现今所说的历史人文地理学，他所谓的自然地理学则包括现今所说的历史自然地理学，甚至在他眼里，历史与地理都是"辩证法的发展"，都需要用"辩证法的唯物论"的眼光研究之。

这种辩证法的分析方法，在李长傅1937年所发表的《中国文化起源与世界文化移动之研究》一文中也有所体现。当时外国学术界多有持中国文化西来说者，对中国学者也产生了较大的影响，但具体说法不一。有持文化移动南线说者，斯密斯称之为阳石复合文化分布线（Theory of Distribution of Heliolithic Culture），即认为欧洲的新石器时代文化，自埃及传入，而埃及人于西历纪元前三千年前，向外求铜与黄金，教授金属武器之价值于亚细亚，此文化线在亚细亚者，行于红海、阿拉伯、苏米尔、伊兰（朗）、印度，其一自伊兰（朗）向土耳其斯坦方面，流入青铜工业故乡波拉萨，分而为二，向西伯利亚与中国移动；有持文化移动北线说者，即斯密斯之探矿线，认为青铜时代初期，由岩石雕刻所表现之古代埃及型船，古代探矿者之遗迹石筑构筑，自埃及、土耳其斯坦二分而为西伯利亚与中国

① 除了前引《地理学研究的新阶段——温特福噶尔氏学说之介绍》一文中提到"历史地理学者"以外，李长傅先生的《诃陵阇婆今地考》（《南洋研究》1930年第3卷第1期）一文中提到"南洋历史地理"一词，其《泰国华侨之发展》（《南洋研究》1940年第9卷第2期）一文中也曾提到："因前述中、暹历史地理关系之密切，故暹罗对于中国人之移入，非但不加反对，且有欢迎之势。"

② 李长傅：《地理学本质论》，载《地学杂志》1935年第1期。

③ 李长傅：《科学的地理学之新转向》，载《地学季刊》1935年第2卷第3期。

④ 李长傅：《转型期的地理学浅释》，载《地学季刊》1935年第2卷第4期。

线；持文化移动中线说者最众，有拉克伯里的巴比伦起源说、德人李希霍芬的东土耳其斯坦之西南和阗（于阗）起源说、英人保尔的苏米尔同源说及美人亨丁顿的气候变化说等。在《中国文化起源与世界文化移动之研究》这篇论文中，李长傅对中国文化西来说的诸种论点分别进行了批判，认为各说所犯同一之错误：“第一，将文化之移动与人种起源合为一说。一民族其生产过程，达某一程度不同，其文化即达某一阶段，自有能模仿其同一阶段民族文化之可能。如李希霍芬之中国民族发源中亚说，多数学者，如前述之亨丁顿，以及摩卡夫、潜夫罗夫等根据气候及地理环境皆以为可能。此说即假定可能成立，决不可谓中国文化，即来自中亚细亚也”；“第二，一民族之文化，决不能均谓来自他方。换言之，即一民族达一定之发展阶段，既不受他民族文化之影响，亦有完全独自的，一定文化发生之可能性。谈中国文化移动者，均为西方学者，彼等早具成见，吾人应另具目光视之。”所以，他同意夏德博士的中国文化发生于本土说，力主“中国文化渊源，当于中国求之”，并根据北平（京）、甘肃、陕西、河南、蒙古、满洲等地不断发现的旧石器、新石器遗址，证实“北中国新石器时代之居民，确为今日中国汉族之祖先，在当时已有相当之文化”。他还辩证地指出：“北京人已知用脑、用火，则我国文化之基础，已肇始于其时，不必近求之仰韶时期，或谓北京人非汉族之祖先。但此非讨论之焦点，文化移动与人种来源，不能混为一谈。”“如不能证明北京人遗于后世之文化完全形迹消灭，则不能证明北京人与今日中国之人种，直接的间接的，在文化上毫无关系可言。是以中国文化早肇基于旧石器时，经新石器时而至金石并用时代，始有文字记载可寻。试观其文化之进展，为相应其物质发展阶段必然。谓其受外来文化一部分之影响容或有之，若以其遗物之一端，遂附会其文化自外移动而来，此在科学上历史立场上，决对不容许者也。”①

当然，最能明确反映李长傅历史地理学理论见地的，还要算其《自然环境之真义——历史的自然之研究》和《辩证唯物论与地理学》两文。他在《自然环境之真义——历史的自然之研究》一文中提出，“自然地理环境之变化”是地理学的重要研究领域，这个自然“不是物理的自然，而是辩证法的自然”，也就是威特福噶尔所说的“历史的自然”，“此历史的自然与人类历史关联，而不断地变化”。他引用马卡尔（马克思）的话论述说：“历史从两方面看来，分作自然的历史与人类的历史二者。但是这两方面是不可分离的。人类的生存，是自然的历史和人类的历史互相制约的。”至于如何研究“历史的自然”，他又引用恩格斯的观点论述说：“同样的辩证法的运动法则，如历史支配各事件之外见的偶然性，而自然也在无数的变化的错杂中，贯彻它自己的。”“自然是辩证法的证明，吾人在近代自然科学中，欲证明其说，可举出丰富而日增月盛的材料，而且在这样自然中事物的过程，其结果是辩证法的，而非形而上学的，必定用不着说的。”他的结论是：“所谓真正科学的地理学范围之自然，所谓‘历史的自然’，要用唯物辩证法来解释它，这才是属于地理科学的事物。若是如历来僵化的‘机械的唯物论的地理学’，把自然常常抽象地把握之，常常原则地作为固定的自己的同一的、恒常不变的性格，那是无论如何不能彻底认识的。”②

在《辩证唯物论与地理学》一文中，李长傅系统地总结了自己对人地关系原理的基本认识。这篇论文涉及六个方面，即自然地理的辩证法、地理环境在人类社会之意义、自然

---

① 李长傅：《中国文化起源与世界文化移动之研究》，载《东方杂志》1937 年第 34 卷第 7 期。

② 李长傅：《自然环境之真义——历史的自然之研究》，载《地学季刊》1935 年第 2 卷第 4 期。

环境与社会环境、各种自然条件与人类社会生活之关系、人类对自然矛盾的斗争和人类最后征服自然。对于自然地理的辩证法，他认为“马克思主义的辩证法，是把自然看做联结着的统一整体，不断地运动不断地发展的”；对于地理环境在人类社会之意义，他认为“讨论地理环境在人类社会发展中的作用，这是历史唯物论中心课题之一”，“地理环境当然是社会发展经常必要条件之一，而且无疑是影响到人类社会发展加速或延缓社会发展进程的，但是它的影响是没有决定的影响”；对于自然环境与社会环境，他认为“第一，人类从事物质生产，以维持生存，是需要自然条件的，但是要经过劳动生产过程的加工改造工作，是人类积极地征服自然，而不是消极地依赖自然。第二，人类从自然环境内创造人类环境，营社会生活，所以人类虽然是自然的一部分，但是和动物不同，他在自然界中已日益升高到主导地位，而不是完全被自然所支配了”；对于各种自然条件与人类社会生活的关系，涉及土地、气候、天然财富和原料诸项，他认为“地理环境对于社会生活影响的性质，是由生产力的发展水平和社会经济制度来决定的”，其中，论及气候条件与人类社会生活之关系问题时更颇具唯物辩证法的观点：“在农业社会中，气候对社会生活有相当大的影响。我国华北雨量集中在夏季而且雨量变率很大。如遇到一年雨量不规律，就会引起水旱荒，以致中国有饥馑国之称。水旱灾的迭见，就会造成荒歉频年的现象。中国过去农民革命，往往起于严重水旱灾之时。但是如果把农民的贫困和农民战争的发生，完全归因于气候，那是绝对错误的，因为水旱灾之所以酿成，还是生产落后、社会政治经济不合理之故，气候只是酿成水旱灾的一种因素。如若以为气候支配农民革命，那就落入地理唯物论的错误了。”对于人类对自然矛盾的斗争，他认为“人类利用地理环境改造地理环境向自然斗争，是由生产力的发展水准和社会经济制度来决定”，“因此，在进步的社会制度下，人类才能无限制地发挥能力，以充分运用自然条件，利用天然财富以造福于人民”。对于人类最后征服自然，他认为“地理条件差不多相同的国家，因政治经济制度不同，而产生很大差异”，而同一国家在不同的政治经济制度下，也会出现不同的情况，并举证苏联和我国的变化以说明之，最后他还引用苏联生物学家米邱林的话作为全文的结论：“人类最高任务，不是了解自然界，是如何改造自然界。”①

上述李长傅关于人地关系问题的言论，充分体现出他确实是将马克思主义的辩证唯物论视为历史地理学研究的最高的方法论。正如有的论者所说的那样：“在资产阶级唯心论风靡一时的20世纪30年代，先生能跳出资产阶级思想窠臼，来介绍、宣传马克思主义地理学，并认识到马克思主义辩证唯物论是指导地理学研究唯一正确的理论，确实是难能可贵的！”② 这个评价应该说是大致无误的。不容否认，李长傅先生有些具体的学术观点在强调可持续发展的今天看来已不太合时宜，但在当时的确可以说是最先进、最科学的观点，即使对今天的地理学和历史地理学研究而言，仍不乏积极的参考借鉴意义。

（二）积极提倡历史文献考证与野外考察并重的研究方法

除了以辩证唯物论作为最高的方法论以外，在具体的历史地理学研究过程中，究竟应当采取什么样的方法呢？对于这个问题，侯仁之、史念海等均强调指出，只有历史文献考

---

① 李长傅：《辩证唯物论与地理学》，载《新地理之友》1951年第1集。

② 李平、陈代光：《李长傅先生传略》，见李长傅：《李长傅文集》附录，河南大学出版社，2007年。

证与野外考察相结合，才是正确的研究途径。[1]

侯仁之、史念海的有关观点对现代历史地理学的研究方法有着重要的启示作用。不过，客观地说，具有深厚地理学素养的李长傅，应该算得上是历史文献考证与野外考察并重的较早的一位提倡者和实践者。李长傅曾经这样概括自己对历史地理学研究方法的基本看法："写东西是给别人看的，既不能骗自己，更不能骗别人。材料不确定，观点有错误，就会贻误他人。""研究历史地理，牵动古今各种自然和经济现象，千头万绪，史地之难治，向为学者所慨叹。比如研究南洋历史地理，文献记载本属缺略，而且在仅有的记载中，又往往是名称混淆，钩辀格磔。有鉴于此，要做到材料准确，观点无误，就不但要采录群书，而且要参以南侨之口碑。"这里所谓的"采录群书"，即广泛收集、整理各种文献资料，细心加以分析整理，不望文生义，也不盲目从信，而是力求弄通文献资料的全部内容，从中引出独创性的结论；所谓"参以南侨之口碑"，意即研究南洋问题时，除重视收集整理文献资料外，还进行实地调查，掌握第一手材料，与文献材料互相参证，补充文献资料的不足。这是提高科研成果质量的重要手段。研究南洋问题如此，研究其他历史地理问题亦无不如此。可以这样说，李长傅在其研究著述过程中，凡有条件实地考察的，都务必进行实地考察。[2]

对于有些不认真读史书就乱发议论的现象，李长傅曾提出过尖锐的批评。例如，他在《汴梁识小》一文中曾考证说："陈桥为赵匡胤发祥之所，今在黄河北岸。当时黄河不近开封，自陈桥至开封无黄河阻隔。某君谈开封自然地理说陈桥本在黄河南，因黄河向南曲流故移到北岸。又某君说开封宋代城外商市长达数十里，西南连朱仙镇。他不知朱仙镇是因宋以后汴河淤塞，贾鲁河成为豫东对外水运而勃兴的。朱仙镇在宋代不过是开封附近一个普通集镇。中国四大镇是清中叶之说。宋开封城市西连朱仙镇，是无中生有之说。此皆由于不读史之故。""贾鲁河相传为元丞相贾鲁所开，是后人附会。按贾鲁所开的贾鲁河是指贾所修的黄河，自今兰封到曹县一段，今贾鲁河明代名孙家渡河（见《汴京遗迹志》）。"对于自己所犯的类似错误，他也进行过一些反省：开封"繁塔读婆塔，在新南门外，本为九级，现存下二级与上一级，所以形状特殊。我初以为这是印度式的塔，和我在暹罗所见的相似，后读志书，才知其不然。其中间几级是明代拆去的。不究历史，只看形式，什么问题都会弄错的"。[3] 与此同时，李长傅对于不重视实地考察，只在古书堆打转转的研究方法也提出了中肯的意见。例如，他曾议论说"江宁邓之诚注《东京梦华录》，以宋人笔记为主要来源，以笔记注笔记，没有多大发明。如《东京梦华录》的许多食品，就没有考证出来"；"常茂徕字秋崖，祥符人，清道光间拔贡，曾任偃师、登封两县教谕，治朴学。著书二十余种。刊行的有《春秋世族源流遏考》、《春秋女谱》、《怡古堂文抄》、《洛阳石刻录》、《石田野语》、《增订如梦录》等书。他考证《东京梦华录》著者是孟揆，自有他的见解。邓之诚轻加批评，说他不学无术，未免太武断了"；"浚县吴世勋，字干卿，历任河南各中学教员。据其亲历调查所得，著有《河南地志》。实际著作，远非汇抄书志者可比。他所述开封地理，正反映民国十几年间的情形。其中说开封奇俗'贺生子'

① 请参侯仁之：《历史地理学刍议》，载《北京大学学报》（自然科学版）1962 年第 1 期；史念海：《中国历史地理纲要》上册，第 11—12 页。

② 李平、陈代光：《李长傅先生传略》。

③ 李长傅：《汴梁识小》，见李长傅：《李长傅文集》，河南大学出版社，2007 年，第 487—500 页。

云：‘得子之家，以鸡鸭蛋遍送戚友。蛋壳画龟或便壶，以示添丁之喜。戚友受之，即往庆贺，以五色油或墨涂新儿面。戚友簇拥，导以鼓乐，后载贺物，绕游街市，以为荣幸。主人或倒骑驴背，作种种怪状。甚至以便壶盛酒，时送父唇边作劝饮状者。喧哗欢笑，有若疯狂。’这个陋俗，解放初在街道上还可以看到”[①]。在《朱仙镇历史地理》一文中也有不少类似的论述，他在这篇论文的小序中就特别提到：“朱仙镇在河南开封城西南四十五里。自宋以来，为军事要镇。明末清初最盛，称我国四大镇之一，与汉口、景德镇、佛山镇齐名，清末开始衰落，是典型的历史商业城市之一。兹据个人考察调查，参证文献资料，论述其诞生的由来，兴盛的条件与特征，衰落的原因，现状及今后发展如次，以供研究城市历史地理，制订地方经济规划的参考。”短短数语，便揭示了城市历史地理研究的基本方法、内容与意义。而李长傅还在该文末尾的附识中特别注明：“作者调查时承王鸣皋老先生、张治安同志的协助之甚多，又张邃青先生对本文提供宝贵的意见。”[②] 这更充分体现了作者非常强调实地考察、调查与参证文献资料并重在研究城市历史地理问题时的重要性。

1937年夏秋之际，李长傅曾赴南洋考察。在长达三个多月的考察期间，他先后到新加坡、马六甲、槟榔屿、曼谷、西贡等地，细致考察、调查各地风土民情、自然条件与社会经济状况，搜集各种文献资料。毋庸置疑，重视实地调查、考察，掌握了比较丰富的第一手资料，这是李长傅先生在南洋历史地理研究方面取得突出成就的一个重要原因。但是李长傅先生也非常真诚地说过：“我研究南洋，从地理教学与编地图开始，是教书兼编辑职业，为谋生需要，后来志趣主要是在历史地理。南洋受条件限制性有三：一是一般不能实地考察；二是本地语言文字、图书利用也有很多困难；三是历史地名如不在本地居住，不能实地调查考察，不易落实。”新中国成立后，李长傅将自己的研究重心转向新疆地区，然而由于工作单位是在河南大学（一度改称开封师范学院），地处中原腹地，受主客观因素的影响，李长傅先生一直没有获得亲自考察新疆的机会，1957年发表的《罗布淖尔的历史地理问题》一文[③]与1935年发表的《罗布淖尔考》一文[④]一样，主要是利用外国人的考察资料而写成，对此他“深感遗憾”。[⑤]

相比较而言，李长傅在历史文献考证与野外考察并重方面最为成功的主要是河南历史地理的研究成果。河南历史地理是李长傅先生建国后的研究重心所在，主要涉及河南省域的城市历史地理和历史自然地理，其中，《开封历史地理》一书更是他到河南大学以后首先潜心研究的代表作。此书于1951年着手，到1958年完成出版，倾注了李长傅八个年头的心血，其间四易其稿。该书篇幅不大，仅38 000字，但论点明确，资料翔实，文字精练，图文并茂，多有创见，被认为是“开封历史地理研究上第一部全面、系统的专著，也是国内最早全面、系统地研究城市历史地理，特别是古都历史地理的重要专著之一。该书出版后受到了国内同行一致的好评，在理论上和实践上均产生了深远的影响”。[⑥] 值得注意的是，在这部著述的序中，李长傅还较早地提出了自己对历史地理学的定义、目的和学

① 李长傅：《汴梁识小》。
② 李长傅：《朱仙镇历史地理》，载《史学月刊》1964年第12期。
③ 李长傅：《罗布淖尔的历史地理问题》，载《开封师范学院学报》（社科版）1957年第6期。
④ 李长傅：《罗布淖尔考》，载《新亚细亚》1935年第10卷第5期。
⑤ 黄盛璋：《南洋史地与华侨华人研究——李长傅先生论文选集》序（一）。
⑥ 李平、陈代光：《李长傅先生传略》。

科属性的理解，并相应地阐述了城市历史地理学的基本研究范畴：“历史地理学是研究不同的历史时期的历史自然地理与历史政治经济地理的科学。它的目的在阐明地理环境在具体的历史中所发生的作用和政治经济具体的历史因素。在目前，历史地理还是历史学的辅助科学，没有成为一个独立的科学部门。但是历史地理自有它的对象和任务。所以城市历史地理，不同于地方经济史，也不同于建制沿革志，更不同于名胜古迹志。又考证只是研究历史地理的初步工作之一，所以城市历史地理也决不是地名、境域、名胜古迹的考证与纪述。它是研究一个城市的历史自然地理和历史政治经济地理的科学。”①

侯甬坚教授新近撰文论述说，“早在50年代的中苏友好时期，一位名为B. K. 雅尊斯基的苏联历史地理学者的作品介绍到国内，文章题目是《马克思主义历史地理的目的和任务》。该文运用马克思主义的立场、观点和方法，注意研究生产力和生产关系的发展史，阐述了马克思主义历史地理包括历史自然地理、历史人口地理、历史经济地理和历史政治地理四个方面的看法和根据，属于最早见诸于文字的历史地理分支学科名称”，并认为在“海外引入及大陆学者提出的历史地理分支学科”中，最早提出城市历史地理这个分支学科的是侯仁之先生发表于《地理学报》1979年第34卷第4期上的《城市历史地理的研究与城市规划》一文。② 结合上引李长傅的言论就可以知道，在中国大陆学者中，李长傅应当是最早论及历史地理分支学科、同时也是最早提出城市历史地理这个历史地理学分支学科的学者，他的学科分类方法与B. K. 雅尊斯基有所不同，大概是受到了欧美学者与苏联学者的双重影响。当然，由于李长傅是在《开封历史地理》卷首简短的自序中论及历史地理学及其分支学科城市历史地理问题的，没有展开论述，力度有限，未能引起后来学界同仁的充分重视。就李长傅先生本人而言，他似乎也并未意识到自己是中国学者中最早提出城市历史地理学科范畴的，但其对于自己的《开封历史地理》的学术价值还是充满信心的，同时也相当看重这部著述的研究方法，所以特别向同行学者强调说自己“如果不在开封，就没有好的研究条件，不能进行实地考察，就写不出像《开封历史地理》那样的专著”。③

除了《开封历史地理》一书以外，李长傅还撰写了多篇河南历史地理方面的论文，这些论文均不同程度地吸收了作者实地考察的相关成果。如在前引《汴梁识小》这篇具有随笔性质的论文中，他提到开封城内“曹门内的教经胡同，本名挑筋胡同，为犹太族居住地。原有挑筋教堂，今已无遗迹可寻”；“开封城四隅空旷，多盐碱地和沼泽（俗称坑）。扫土制盐、碱、硝，为市民生产之一。但旷地多积粪肥，为城市卫生的妨碍”；“回教自称是唐贞观二年传入，不可信。今城东南的东清真寺（东大寺），据它的碑文，是明永乐五年增修的。创建年代不详，但从回族形成的历史看来，最早不过元代”；“开封地势低洼，就附近讲，西北高而东南低。就开封城讲，城外高而城内低，俗说黄河大堤与铁塔尖一样高，这是过甚其辞。据实测，黑岗口最低水位，比城内高至6公尺。城西城北沙丘环绕，高74至75公尺，城内一般高71至72公尺。所以形成盆地，这都是宋以后黄河在开封四

① 李长傅：《开封历史地理·序》，商务印书馆，1958年，第1页。

② 侯甬坚：《历史地理学的学科特性及其若干研究动向述评》，《白沙历史地理学报》第三期，“历史地理理论·秦汉历史地理”专号，国立彰化师范大学历史学研究所，2007年4月，第31—74页。按：该文第49页注29注明B. K. 雅尊斯基《马克思主义历史地理的目的和任务》一文刊于“《新建设》1951年10号”，但第53页表4中又说此文的发表出处是“《地理知识》2（10）－1951”，或雅尊斯基原文本系一稿两发，兹录以备核。

③ 黄盛璋：《南洋史地与华侨华人研究——李长傅先生论文选集》序（一）。

周泛滥淤积的结果”；“开封附近沙丘四布，而以西郊北郊为发达，地理学上称为沙丘地形，这是宋以后黄河在开封四周泛滥改道所形成的。宋以前并不如此。《汴京遗迹志》记开封地形，分为岗、堆、坡、陂洼地四类。岗有牟驼岗、凤城岗、望牛岗、百岗、独乐岗等四十二处。堆有青堆等三处。坡有幕天坡等二处。陂有夏侯陂等七处。并说：‘诸岗屡经黄河冲淤，存者无几，而居人犹能指其遗址焉。’则沙丘地形的前身，可以称做岗堆地形。”类似论述颇多，恕不一一列举。

李长傅还十分注意向学生传授历史文献考证与野外考察并重的研究方法。1957 年 5 月，他在带学生赴洛阳进行野外实习时，专门撰写了《洛阳历史地理》一文，简要论述了洛阳历史沿革、洛阳地理环境对历史发展的影响、九朝古都的洛阳、没落的古城、半封建半殖民地城市的形成和新洛阳的建设等相关问题，[①] 为学生提供了相关洛阳城市发展变迁的基本线索，保障了历史地理学教学实习能够收到令人满意的效果。李长傅还另有若干篇未曾刊发的类似体裁的手稿，[②] 估计都是为学生实习参考而写作的。这种勤奋敬业的精神，非常值得我们借鉴和学习。

（三）对区域历史环境变迁问题研究方法的深入探索

虽然说历史文献考证与野外考察相结合是历史地理学最基本的方法，但这种方法多适用于定性描述，要深化历史地理学研究，实现从定性描述走向定性描述与定量分析相结合，还必须广泛地采用各相关学科尤其是现代地理学的最新理论与研究方法，并且要充分利用各种现代科学技术手段。正如侯仁之在《历史地理学研究中的认识问题》一文中阐述的那样：“现在需要指出的是目前在历史地理学的研究中，利用有关史料仅作某种地理现象前后变化的说明是容易的，而要深入探讨以揭示其内在变化的规律，却是困难的；更不易从定性进入到定量的探讨。要做到这一点，就必须把现代的科技手段引入到历史地理学的研究中来，这就是学科发展中在认识上所面临的主要问题。”[③]

李长傅同样也相当重视在区域历史环境变迁研究中借鉴相关学科的成果和方法，以便提高研究质量，但同时也强调指出，对于前人的观点和方法不可全盘吸收，要做到具体问题具体分析。这可从他的有关论著中得以窥见。如在《禹贡与古代地理学》一文中，作者论述道：“禹贡载兖、青、徐、豫诸州贡絺、丝、枲（麻）等，今人根据这个记载，又因周礼职方载豫、兖、幽、并诸州产稻，又以禹贡、尔雅、职方所记载的北方诸湖泽，两汉以后渐次消灭，而说明古代黄河流域气候温暖湿润犹如今日长江流域，以后渐次凉冷干燥，使文化中心南移。这是受帝国主义分子亨丁顿、博克斯登、苏韦佩等中亚华北气候变干说的影响。丝麻稻，现今北方还有出产，这不用解释。关于湖泽的消灭问题，我们必须要了解：湖泽是地质上的一时现象，湖泽因自然的堆积，它在成立之初，就已经注定了消

① 李长傅：《洛阳历史地理》，李长傅：《李长傅文集》，第 382—397 页。此文文末注明：“该文乃一九五七年五月为学生野外实习参考而作。”

② 如《河南经济地理》《河南历史地理》《开封地理环境的变迁》和《开封水道的变迁》四文的具体内容分别见《李长傅文集》第 142—170 页、第 369—382 页、第 432—443 页和第 443—450 页；另有《南阳历史地理》《新乡历史地理》，只见于李平、陈代光所撰的《李长傅先生传略》一文中有提及，但是《李长傅先生主要论著及地图目录》中无，《李长傅文集》中也未见收录，是未竟之作，还是原稿已佚？有待进一步研究。

③ 侯仁之：《历史地理学研究中的认识问题》，原载于《北京大学学报》（哲学社会科学版）1993 年第 4 期，收于侯仁之：《历史地理学四论》，中国科学技术出版社，1994 年。

灭的命运。古代北方的湖泽都是面积不大的浅泽，已经走向消灭之途，加以北方经济的开发，人为的埋没，所以就很快地消灭了。这是不能说明北方气候变化的。前人以潜流龙脉之说来考证地理，今用地盘升降、冰河萎缩、河流劫夺、气候变化等学说，不考虑时间地点条件，来解释古地理，同是牵强附会，这是很危险的。”① 类似的观点，在其《〈禹贡〉释地》一书中也有较多的体现。②

李长傅曾写过两篇关于罗布泊的论文，也比较能够反映出他善于批判性继承的学术理路。如他在1935年发表的《罗布淖尔考》一文考证罗布淖尔的变迁时，就不仅充分利用了《史记·大宛传》《汉书·西域传》《水经注》《括地志》《水道提纲》《西域见闻录》《西域水道记》《汉书·西域传补注》《法显传》《释迦方志》《新疆图志》等“旧籍中之记载”，而且广泛征引了西洋探险家如俄人普什华尔斯基、科斯罗夫，英人斯坦因、瑞典人斯文赫定，德人汉纳，以及日人橘瑞超及中国考察者陈宗器等的“新探测之成绩”，得出了自己对罗布淖尔变迁的总体认识：“总之，罗布淖尔之变动可得而言者，古代北河（塔里木河）南河（且末河）同北注盐质地潴为盐泽。自第四世纪后南徙位置不明，但十七世纪时确在北纬四十度三十分间，面积颇广，即清初记载中之罗布淖尔。十八世纪后且末河更南徙注入喀喇布朗、喀剌库顺，即清末记载之罗布淖尔。至一九一零年喀剌库顺缩小而中部之罗布淖尔干涸，塔里木河复北徙注入孔雀河下流称浣溪河或库鲁克河，东入盐泽故址，潴为孔雀海，即今日之新罗布淖尔云。”③ 在后来所作《罗布淖尔的历史地理问题》一文中，李长傅对罗布淖尔的名称、罗布淖尔的地理环境、罗布淖尔与黄河重源说、罗布淖尔位置的争论、罗布淖尔与塔里木盆地气候变旱说等问题进行了更为深入的探讨，认为“塔里木盆地气候变旱说，它的思想基础，是气候决定论”，“罗布淖尔，在目前只有少数渔民从事渔猎游牧，经济落后。这是由于还未经营开发之故，并不是由于地方不利气候干燥所致。今后我们应当对罗布淖尔作普查工作，探究如何改造和利用，发展罗布淖尔经济，为祖国建设服务”。④

不过，最能反映李长傅的历史地理学独特识见的，还是其关于区域历史气候研究的观点与方法。李长傅在与人合作的《略论历史时期气候研究的观点与方法问题——以河南历史干旱研究为例》一文中，对气候日趋干寒说、气候脉动说、周期说等学术流派提出了质疑，认为以蒙文通、胡厚宣等为代表的气候日趋干寒说，其实是根据“殷墟卜辞和《禹贡》《周礼》《尔雅》等古代文献中有关自然和经济方面的资料”，“肯定上古时期黄河流域气候如同今日之长江流域，所以黄河流域在历史上长期是我国政治、经济和文化中心。以后气候干旱，导致经济文化中心的南移”。但是，“上述观点是片面的，不符合实际情况”。

对于竺可桢、吕炯等提出的气候脉动说，李长傅则认为“表面上看来，脉动说比干寒说科学性较强”，但其实是建立在两个错误的观点之上的：“一是以历史文献记载的水灾、旱灾作根据，判断雨量的丰歉。诚然，水旱灾害受降雨量的影响，但不能因此将这些记录与实际的水旱灾害等同视之。因为雨量之多寡是自然现象，而水旱灾害是社会现象。……

① 李长傅：《禹贡与古代地理学》，《光明日报》1954年8月19日，《史学》第37号。

② 李长傅遗著、陈代光整理：《〈禹贡〉释地》，中州书画社，1983年。

③ 李长傅：《罗布淖尔考》，载《新亚细亚》1935年第10卷第4期。

④ 李长傅：《罗布淖尔的历史地理问题》，载《开封师范学院学报》（社会科学版）1957年第6期。

在封建社会，水利失修、苛政的侵夺、战争的影响等，是酿成或加剧水旱灾害的因素。在这里，脉动论者用社会现象代替自然规律。二是以水旱次数的多少与比率来论定气候的干旱与湿润，不问每次水旱的程度，将水旱程度不同的次数等量齐观，机械地进行统计，因而得出某一时期气候干燥、某一时期气候湿润这一错误的脉动论。"所以，"无论是气候干寒说，还是气候脉动论，其理论基础都是气候决定论，其研究目的是解释气候变迁对社会历史发展的影响。如脉动论者竟说金、元的南侵也受气候变化的影响。因为蒙古族居住在气候干燥的漠北地区，他们垂涎于气候温暖潮湿的中原，由此，发生了蒙古游牧民族入侵中原之历史事件。事实是，成吉思汗在征服自然条件比较优越的中原地区以后，并没有在中原地区长住久安，而是悠然回到了他的老根据地——漠北去了"。

对于周期说，李长傅也持不同的看法："在历史气候研究中，除了上述变旱说和脉动论外，还有周期说等流派。例如，谢炳义和张汉松根据《清史稿·灾异志》和《明史·五行志》中有关水旱灾害的记录，进行水旱灾害次数计算，从中得出周期性的结论。其他如史学工作者陈高佣编的《中国历代天灾人祸表》，也是从各种史书中统计出水旱灾害的次数，求其百分比，研究其发生频率的高低。有些气象部门，在实际工作中也普遍使用这种统计方法。如河南气象局利用九十一种县志，统计清代春、夏雨季干旱情况，从而得出每隔一二年出现干旱率最高的结论。总而言之，不管那一流派，其研究气候的基本方法，均是统计法。"

在李长傅看来，在研究历史气候时，运用统计的方法当然是必要的，但在实际工作中，"对历史文献记录进行统计时，必须具备某些先决条件，因为历史记录终究不是气象记录。在气象记录上使用统计方法无疑是正确，运用在历史记录上则会矛盾百出"。所以他建议，在历史气候研究中要注意避免以下两种倾向："①将反映社会现象的历史记载简单地当做反映自然现象之气象记录；②对历史记载中有关灾情的材料不作具体的分析研究，辨其真假，验其轻重，却满足于简单的统计方法，做数字游戏，结果不可避免地重复了某些外国学者的错误结论。"

李长傅认为，"研究历史气候，由于缺乏完备的气象资料，只有以历史文献记载为依据。但是，历代有关水旱灾害的记载，是立足于农业生产的。雨量的大小、地区的分配等，足以影响农业生产的丰歉的灾害的形成，只有在这种情况下，才有记载。否则，就缺乏而不记。历史的记载，可以反映水旱的变化，但不一定与气象记录相吻合"。"所谓历史记载，不外乎正史、各种政书及地方志等的记录。各种史书的记录彼此详略不同，可靠性各异，相互间存在矛盾者也不乏其例。就地方志而论，一般地说，县志记载详于省、府志；省、府志又往往较其他正史翔实。原因是，在封建社会，灾情重，则层层上报，直到中央，目的是请求赈济；灾情轻者，则往往压而不报，在地方者知之，在中央者惘然无知。记录时也大体如此。""在封建社会中，灾情发生之时，就是赃官巧取豪夺的好时机。为了捞到好处，不惜虚报、滥报、夸大或缩小灾情，这也是历史记录失实的社会基础。因此，对历史记录不可不信，也不能尽信。如果仅仅根据一、两部官书的记录，就计算出水旱灾害的次数及发生的频率，那是自欺欺人的。"

那么，怎样才能揭示历史气候"内在发展变化的规律"呢？李长傅给出的答案是："为了达到这一目的，必须着眼于大面积的、连续性的严重的干旱进行具体的分析研究。"按照李长傅的分析认识，"一般地说，文献中记载的干'旱'有三种形式：'旱'，指某一年份的一般旱情而言；'某季'、'某月'旱，表示时间不长；'连岁旱'或'连月旱'，及某季、某月‘不雨’，指明旱象的连续性，既可能跨越季节，也可能跨越年度，持续越长，旱情就越严重。将这样的连续性旱象作为一个统计单位，远比机械地以年、季、月来划分，更为科学，因为它反映的是一个完整的自然过程。干旱的形成，是大气环流反常变化的结果。大气环流从正常到反常，又从反常到正常，是一个由量变到质变的过程。文献中所记载的连续旱，正好反映这样的过程”；“可以肯定，这种‘连续旱’（或者名之曰‘旱期’）是经常出现的，所不同的是轻重之分及地区间存在一定的差异性。如果一个地区经常出现连旱的现象，那么这一地区就是干旱的中心。在大的连续旱中间，往往夹着几个小的连旱现象，即月旱或季旱等”。①

上述精辟的理论阐述不是空穴来风，而是有区域环境变迁实证研究的有力支持的。

李长傅根据文献记载发现，近几百年来河南省特大连旱的出现，间隔为 70 ~ 80 年，持续时间约三个年头。一般从夏旱开始，经历一年旱期，经第三年春旱结束，其间雨量几乎全无的时间长达十二个月（如 1877 年至 1878 年河南省西部的旱情），干旱的中心为黄河沿岸，中部丘陵地区边缘，豫北、淮河流域及南阳盆地。所以他进一步得出了这样的研究结论：“利用这种观点和方法，研究河南的干旱规律，可以取得较好的效果。这种方法不但适于干旱的研究，还适用于历史气候变迁研究。当然，有关历史时期气候问题的研究，关键是广泛收集材料，并对这些材料进行认真细致的分析鉴别工作。这样做无疑较单纯根据一两部史书的记录，运用简单的计算程序，统计其次数及比率所付出的劳动要多得多，但可以肯定其收获将丰盛得多。”②

李长傅在与人合作的《河南省历史时期干旱的分析》一文中，清晰地阐述了在历史气候研究过程中处理历史文献资料记载的基本原则：“（1）不以之与近代气象记录相比拟，对于任何资料，必先根据时间、地点、条件多方考订参证，然后再批判地运用；（2）尽量求算干旱次数占记录年代的百分比，以消除记录年代长短不一的影响；（3）根据‘旱一片’的规律，采用插补的方法，如果四周各县皆有旱情，而某县并无记载，则予补入。”该文还探讨了河南省历史时期干旱指标与干旱等级的划分、旱与大旱、特大干旱、干旱形成的因素与干旱分区、干旱与太阳活动的关系等相关问题，其中，关于干旱指标与干旱等级的划分尤其具有方法论上的意义。李长傅认为，“分析探讨干旱的情况、特点与规律，必须根据明确的干旱指标来正确地划分干旱等级”，“历史时期的干旱指标，由于所根据的文献资料性质的特点，不可能以确切数值用公式表示。但是根据描述干旱现象的用语遣词，也是可以清楚地确定干旱指标，划分干旱等级的”。也就是需要在总结有关干旱的历史文献的记载基础上，以干旱地区范围、干旱持续时间和干旱严重程度为指标，将历史时期河南省所发生的干旱划分为“旱”“大旱”和“特大干旱”三级。至于干旱地区范围、干旱持续时间和干旱严重程度这三种指标，又可细分为若干具体的指标，例如，“关于干旱严重程度系根据干旱在自然方面和社会方面的反映来确定的。这些反映包括降水量、水文状况、作物的播种生长与收成、风、蝗，以及谷物价格、饥荒、疫疠、赈济和蠲免，等等。其中以降水量、水文状况、作物的生长与收成等三者为主导指标”。当然，李长傅同时也指出：“在运用上述三种指标时，自应综合考虑，全面分析，不能只执一端，而且忽

① 李长傅、彭芳草：《略论历史时期气候研究的观点与方法问题——以河南历史干旱研究为例》，载《河南师大学报》1983 年第 3 期。此文初稿写成于 1963 年，1982 经陈代光整理正式发表。

② 李长傅、彭芳草：《略论历史时期气候研究的观点与方法问题——以河南历史干旱研究为例》。

视其他。例如干旱纵很严重，但所及范围狭小，持续时间又很短，自不宜列入‘大旱’；相反地，干旱严重程度虽与一般‘大旱’相若，但如地区范围扩及全省，而持续时间又达三、四年之久，则应属于‘特大干旱’的范畴。此外，对于文献资料中所载的有关干旱严重程度的描述，进行分析参证是异常必要的，例如关于河流行人可涉，必先查考其上游当时有无决口现象；关于蝗害则要考虑蝗系当地所生，还是来自外地，如系当地所生，也还应尽可能地考虑其生境条件；关于赈济和蠲免更须分析当时的社会情况和政治背景，否则往往能得出事实相反的结论。”① 这些学术见解，充分体现了李长傅先生缜密的科学思维能力，于今仍不乏启示意义。

（四）余论：何以李长傅先生未见重于中国历史地理学界

从上面的有关论述中，我们不难发现，李长傅对历史地理学理论的若干问题的确曾经进行过较为系统、深入的探讨，尤其是在对人地关系原理的全面探讨、积极提倡历史文献考证与野外考察并重的研究方法、对区域历史环境变迁问题研究方法的深入探索等方面，其不仅是一位先行者，而且颇有学术广度和深度。笔者认为，不论李长傅的具体学术观点是否有不够完善甚或错误之处，仅就其长期对历史地理学研究的孜孜不倦的追求和所留下的丰厚学术遗产而言，就足以赢得后世学人的尊重。也就是说，在20世纪的中国历史地理学发展史上，李长傅应当占有一席之地，其学术思想应当得到充分的发掘和整理，通过继承、扬弃和创新，使其有裨于这门学科的繁荣和进步。

但何以长期以来李长傅的历史地理学贡献未得到学界同仁的普遍认可？在本节的开端，笔者提到可能主要是与李长傅英年早逝、相关论著出版时间较早有关。这里还想再补充以下若干的原因及笔者的相关认识：

（1）学术上的门户之见。这一现象在中国学术发展史上由来已久。正如史学史上的所谓“班马之争”一样，历史地理学界对于这门学科的属性和研究方法历来存在争议，尤以地理学派和历史学派的分歧最大，迄今犹然。尽管目前大多数同仁都认为历史地理学是地理学的一个分支学科，但一个明显的事实是，历史学出身的学者明显居多，史学功底和史学方法更为人们所看重，地理学派一直未曾取得优势，即使是地理学出身后来兼擅地理学和历史学两门学问的学者，也更为看重自己在历史学方面的修养，而较为重视地理学方法的学者则往往更倾向于向人文地理学和环境变迁研究方面上发展，对于历史地理学科本身的学科建设通常采取超然的态度。李长傅虽然兼通地理学和历史学两门学科，但其早期主要致力于南洋史地和人文地理学研究，新中国成立以后才开始专攻历史地理学。尽管他的南洋史地和人文地理学颇具历史地理学的特色，但就其20世纪20至40年代的历史地理方面的相关科研成果而言，显然地理味更为深重一些，这就在一定程度上限制了他的学术成果在当时中国历史地理学界的影响。这一时期他的学术成果也主要发表在《南洋研究》、《南洋情报》等南洋研究方面的期刊和《地学杂志》等地学期刊，在历史地理学的专门性刊物《禹贡》半月刊上并无一字发表。民国二十六年（1937年）1月出版的《禹贡》半月刊第六卷第八、九合期为“南洋研究专号”，该期共发表文章13篇，依次分别是陈增敏《南洋群岛的自然环境与其在国际上所发生的关系》、罗香林《罗芳伯所建婆罗洲坤甸兰芳大总制考》、许道龄《南洋地名考异》、张维华《明季西班牙在吕宋与中国之关系》、张

① 李长傅、肖廷奎、彭芳草等：《河南省历史时期干旱的分析》，载《地理学报》1964年第3期。

天护《法国与安南》、温雄飞《读〈苏门答剌古国考〉书后》、冯承钧《海录笔受者究属何人》、张美翊《张美翊先生遗著五种》（包括《巫来由部落志》《苏门答剌岛志》《婆罗洲志》《檀香山群岛志》和《澳大利亚洲志》）、许道龄《南洋华侨没落之原因》、傅振伦《所见南洋侨胞之情况》、周少鹏《漫谈婆罗洲的蛇》、许道龄《南洋书目选录》和郭敬辉《小方壶斋舆地丛钞所辑南洋诸篇题要》，涉及南洋地理、南洋华侨史、南洋地志、南洋古地名考证、南洋研究书目等诸多方面。按此前李长傅已出版了《南洋地理地略》（国立暨南大学，1928）、《南洋华侨殖民伟人传》（国立暨南大学南洋文化事业部，1928）、《华侨》（上海中华书局，1928）、《南洋华侨史》（国立暨南大学南洋文化事业部，1929）、《南洋华侨移殖史》（国立暨南大学，1929）、《南洋华侨概况》（国立暨南大学，1930）、《爪哇考讨论集》（国立暨南大学南洋文化事业部，1930）、《南洋概况》（国立暨南大学，1931）、《南洋华侨》（商务印书馆，1933）、《南洋通史》（国立暨南大学，1933）、《南洋华侨史》（上海商务印书馆，1934）、《南洋各国史》（国立暨南大学，1935）和《南洋华侨史》（上海商务印书馆，1935）等南洋史地方面的著作多达13部，另有相关译著《中华民族之国外发展》（国立暨南大学南洋文化事业部，1929）和《菲律宾史》（上海商务印书馆，1936）2部，以及相关学术论文30余篇，可谓成就卓然，是南洋历史地理研究的重要奠基人和开拓者之一，时人顾因明就曾评论说其“用力之专，侪辈诚无出其右”。[①]但是这期《禹贡》半月刊并未征用李长傅的稿件，倒是南洋史学家温雄飞在所撰主要针对法人费琊（Ferrand）《苏门答剌古国考》的商榷性论文中，也顺带尖锐地批评了李长傅此前与自己商榷的论文《读〈阇婆非爪哇考〉》（刊于《南洋研究》第3卷第4期，1931年5月）之研究方法：“李君之文，对于阇婆即爪哇之考订，未有新证，仅摭拾日人之绪论，资以成篇，末复殿以‘最近彼邦史学界之著作，及国定教科书，皆承认诃陵阇婆之在爪哇’。又云：‘阇婆之在爪哇，已为史学界之定案。’夫商讨学术，至于以日人之国定教科书，视为定案，只字不易，刚愎自满，自无讨论之必要也。”[②] 温氏之说法容有商榷之余地，但本期杂志的编辑者为顾颉刚与冯家昇两位史学名家，在编发文章时，保留了温氏的尖锐说法，大约多少也可以看出禹贡学派的学者对于同为南洋史地名家的李长傅学术风格的基本态度。当时的禹贡学会虽然有一些地理学家参与，但会员基本上都是历史学方面的教员、编辑和研究人员，这就决定了当时的历史地理学研究更多地体现出历史学特色，而不是地理学特色。当时在中国历史地理学研究上占主流地位的禹贡学派，实际上是以研究中国沿革地理为主旨的，仍未完全脱离传统中国历史地理学的研究框架。[③] 受传统学术思想的影响，20世纪的历史地理研究仍以沿革地理为主，以至1950年教育部所规定的大学历史系选修课科目中，还列为“中国沿革地理”。[④] 这样，我们就不难理解，当时历史地理学界学术上的门户之见，并非仅仅针对李长傅个人而言，庶几可以看成是近代中国历史地理学科发展阶段性特征的一个外在表现。

（2）中国历史地理学科发展史研究上的局限性。掌握资料不够全面，尤其是对地理学家的相关历史地理学研究成果重视不够，是目前20世纪中国历史地理学科发展史研究的

---

① 李长傅编著：《南洋史纲要》卷首“顾序”，商务印书馆，1938年，第1页。

② 温雄飞：《读〈苏门答剌古国考〉书后》，《禹贡》半月刊第六卷第八、九合期，“南洋研究专号”，1937年1月。

③ 徐兆奎：《“禹贡学会”的历史地理研究工作》，见中国地理学会历史地理专业委员会《历史地理》编辑委员会编：《历史地理》创刊号，上海人民出版社，1981年。

④ 吴宏岐：《中国历史地理学的历史、现状和发展趋势》，载《河北师范大学学报》（社科版）1999年第4期。

主要局限所在。如前述林頫（华林甫）新作《中国历史地理学研究》，可称得上是中国20世纪历史地理学发展研究方面的力作，该书第四章《学科成长的历程》第二节“从沿革地理向历史地理学过渡阶段”，曾对中国地学会及其会刊《地学杂志》在中国历史地理学史上的地位与作用进行了比较客观的评述，认为1909年9月28日成立的中国地学会，“积极引进西方资本主义国家的新地理学，并把中国的传统舆地之学与它紧密结合起来，以促进中国新的现代地理学的萌芽和成长”，而《地学杂志》自1910年2月以来，“在自筹经费非常困难的情况下，直至抗日战争前夕，坚持出版了181期，共刊载地理学论文1 520余篇，涉及自然地理、文化地理、医学地理、人口地理、城市地理、历史地理、经济地理、政治地理、军事地理等众多领域，对中国现代地理学的研究作出了巨大贡献，其中属于历史地理学范畴的也为数不少”。但不无遗憾的是，作者在列举《地学杂志》发表的历史地理方面的论文及该刊作者群体时，均没有提到李长傅及其相关成果。[①] 其实，李长傅是《地学杂志》作者群体中的核心学者之一，因为他在这个期刊共发表了7篇论文，分别是《江浙海岸变迁之研究》（1922年第13卷第3—5期）、《东沙岛及西沙群岛》（1922年第13卷第8—9期）、《旅大租借地志略》（1923年第14卷第5—6期）、《中国山脉新论》（1931年第19卷第2期）、《中国地理区域概论》（1932年第20卷第1期）、《中国地形浅说（附图）》（1932年第20卷第2—3期）和《地理学本质论》（1935年第1期），从内容上来说，其中至少前三篇论文都可算是历史地理学论文，而最后一篇论文如笔者前文所揭示的，是关于人文地理学（包括历史地理学）中的人地关系理论方面的论文。这就是说，如果要论及中国地学会和《地学杂志》的作者群体，不论从中国地理学发展史角度还是从中国历史地理学发展史角度来看，都不应当将李长傅忽略掉。又如，蓝勇曾撰有《20世纪运用人地关系思维研究中国历史文化的理论与实践述评》一文，[②] 备述20世纪20年代有关论著，但亦未曾提到在这个方面进行过系统研究的李长傅，也可以认为是一个不小的遗憾。客观地说，作为一门既古老又年轻的学科，中国历史地理学目前尚处于发展阶段之中，虽然说学科队伍不断壮大，相关成果不断涌现，但是还算不上是一门成熟的学科，其中一个原因或者说是标志之一，就是学术界对这门学科的发展史研究还不够深入、细致，目前还没有一部全面系统地总结中国历史地理发展历程、内容相对完整的学科史著作问世。学者们对中国古代历史地理学发展史的研究往往与中国地理学史混为一谈，而对近代以来尤其是20世纪中国历史地理学发展史的总结，现在看来仍然略显薄弱。笔者认为，对于中国古代历史地理学发展史的研究，有必要在研究思路上适当更新，即需要跳出传统沿革地理学的框架，从现代历史地理学角度对古代历史地理学著作和学者的思想和贡献进行全新的阐发，笔者等所著的《司马迁与中国地理》一书已经在这方面作了一些尝试，但深度与广度仍显不够，有待继续努力。[③] 对于近代以来尤其是20世纪中国历史地理学的发展史而言，主要是需要克服认识上的褊狭倾向，在尽可能全面占有资料的基础上再作更为客观的论述，至少要对地理学家或者说是属于地理学派的历史地理学家的相关历史地理学研究方面的作品有较为充分的研究和评介，其中，李长傅及其相关论著理所当

① 林頫：《中国历史地理学研究》，福建人民出版社，2006年，第63—64页。

② 蓝勇：《20世纪运用人地关系思维研究中国历史文化的理论与实践述评》，载《西南师范大学学报》（人文社会科学版）2000年第5期。

③ 参见吴宏岐、王元林：《司马迁与中国地理》，陕西人民教育出版社，2006年。

然是值得关注的对象之一。

三、李长傅对南洋历史地理研究的贡献

李长傅早年特别对南洋史地方面钻研至深，先后出版相关专著、译著十余部，论文数十篇，是南洋历史地理研究的重要奠基人和开拓者，时人顾因明就曾评论说其“用力之专，侪辈诚无出其右”。[①] 关于李长傅的学术贡献，近年来已有一些学者作了初步探讨，但对其在南洋历史地理研究方面的贡献涉及不多。这里拟从历史地理学科发展史角度，对李长傅在南洋历史地理研究方面的贡献略作论述。

（一）对“南洋”一词名称来由和地域范围的研究

南洋是我国近代以来对东南亚及其附近地区的传统称谓。关于这一名词的来由及其所指范围，20 世纪 20—30 年代，李长傅曾在多篇（部）论著中作过专门讨论，而以其《地理学上所见之南洋》一文最为系统和深刻。在这篇论文中，李长傅论证说：“南洋之名词，在我国已成地理上习用之名，而其名称之由来，尚无讨论及之者。窃按南洋之名，本为地理之普通名词，习用已久，乃成专门名词。夷考其意，南者指方向，洋者指海外，与东洋、西洋成对立之情势，其习用为地理名词，不过近数十年事耳。我国通南洋虽早，而唐宋以前，只有南蛮、南夷之称，并无所谓南洋。明代大开海外航路，南洋群岛，船舶往来如织，然亦无南洋之名，而只有东洋、西洋。据明人之东西洋针路，大约以渤泥（今文莱一带）为东西洋之界，渤泥之东如苏禄、吕宋、台湾是为东洋，渤泥以西，如安南（今越南）、暹罗（今泰国）、马来半岛、爪哇及苏门答腊，是为西洋。故郑和之航行海外，只有下西洋之说也，清人记载始有南洋之名，如《海国闻见录》，有东洋、东西洋、南洋之名称，《瀛环志略》有南洋各岛章，然不习用，至于通用于官牍及报章，则不过清末之事耳。但当时国内另有南北洋之名称，北洋指黄河流域，南洋指长江及粤江流域，官制有南洋大臣北洋大臣之设立，海军有南洋舰队北洋舰队之区分，而此海外之南洋则通称为南洋群岛（如薛福成有《南洋群岛宜设领事疏》，《申报》常论及南洋群岛之华侨）。自民国成立，国内南北洋之名称，渐不习用，而南洋群岛简称为南洋，遂成地理上习用之名称矣。”[②] 这里不仅清晰地阐述了“南洋”一词的由来、最早习用的时间，而且论述了海外南洋与国内南洋的区别。在同一篇论文中，李长傅还研究了南洋在广义与狭义上的范围：“南洋者指南方海外之地，自无一定之范围，我国学者遂分为广义狭义二说，其范围亦各自有说，莫衷一是。此种种学说，大多源出自日本之纪载。日人所谓南洋大抵指东南亚洲及海洋洲（即大洋洲），即台湾琉球小笠原群岛，彼人亦有包括之于南洋以内者，彼邦学者又因其包括太广，是以其缩小其范围者，遂有广狭义二说。我国之所谓南洋固亦无明显之界限，然以习惯上言之亦略有准标。大约一般人之所谓南洋，不外下列之地：（1）安南（今越南）（2）暹罗（今泰国）（3）缅甸（4）英属马来半岛及婆罗洲（今加里曼丹）（5）荷属东印度（今印度尼西亚东部）（6）菲律宾群岛。此一带与我国之关系：（1）地

---

① 李长傅编著：《南洋史纲要》卷首“顾序”，商务印书馆，1938 年，第 1 页。

② 李长傅：《地理学上所见之南洋》，载《南洋研究》1931 年第 3 卷第 6 期。

理上与我国或陆地相连，或隔海相望，（2）在历史上或为我属邦，或为我势力范围，（3）在现势上，以上之地，为华侨之集中点，而经济上与我国关系最密。故鄙意以此为南洋之标准，较为适宜。”在《南洋史纲要》的“绪言”中，李长傅也有类似的观点：“所谓‘南洋’者，以其在我国之南方，而远隔重洋也。其地位殊难确指，说者谓有广狭义二说：广义之说，自后印度半岛、马来半岛、马来群岛，以迄澳大利亚、纽丝伦，东括太平洋群岛，西包印度，皆谓之南洋。狭义之说则仅指马来半岛及马来群岛为南洋也。据作者管见，南洋之名词，当然指广义之南洋。唯以中国为本位，可分里南洋与外南洋二部，后印度半岛、马来半岛、马来群岛为里南洋。澳大利亚、纽丝伦、太平洋群岛为外南洋。本书则以里南洋为标准。外南洋在地理上属于海洋洲，其历史与里南洋亦迥不相同，当归入海洋洲史研究也。”① 在这些论述中，李长傅不泥于日人之陈说，不仅分析了南洋在广义与狭义上范围的不同，而且根据其在地理、历史及经济上与我国的关系，确定了南洋的地域范围。

值得一提的是，李长傅还从自然地理学角度，将整个南洋地区分为大陆部和海洋部，即所谓印度支那半岛（南洋半岛）和马来群岛（南洋群岛），并认为印度支那半岛为亚洲大陆之一部，马来群岛则分属于两个大洲，其中西部属亚洲，东部属海洋洲（即大洋洲，又称澳洲）。至于亚澳两洲具体分界线，则与当时多数地理学者的观点相同，采用荷兰鱼类学家威伯尔（Weber）的说法，即“经阿卢（今称龙戈岛）及喀噫二岛间折而向西，经西兰（今称苏拉贝西岛）与 Olri 岛（今称奥比岛）间更折，而北经西里伯与摩鹿加群岛间名之曰威伯尔线”。同时，他又从政治区划即政治地理学角度，对当时南洋之法属印度支那、暹罗、缅甸、英属马来半岛、荷属东印度、英属婆罗洲、菲律宾等地区的政治归属及其内部各区的政治性质分别进行了简要的论述，如他指出：“英属马来半岛为若干英国之殖民地及保护国组合而成。就其性质上分为三者，（1）海峡殖民地为英国之直辖殖民地，分为三部曰新加坡、马六甲、槟榔屿。（华侨名之曰三州府）（2）森美兰、雪兰莪、彭亨、霹雳，四邦为保护国而联合为一邦，曰马来联邦。（3）柔佛、吉打、加央、丁嘉楼、吉兰丹，五邦为保护国。所谓英属马来半岛，为地理上之名词，非政治上之名词也。”②

李长傅兼通地理学和历史学这两门学科，因而对于“南洋”一词的名称来由及其所指地域范围的研究不仅具有开拓性质，而且颇有科学价值，这可从与其他学者观点的比较中看出来。中西交通史、西域南海史地研究大家冯承钧1936年在其所著《中国南洋交通史》一书卷首《序例》中称：“今之所谓南洋，包括明代之东西洋而言。东西洋之称，似首见《岛夷志略》著录，然至明代始盛行。大致以马来半岛与苏门答剌以西，质言之，今之印度洋为西洋，以东为东洋，昔大食亦以此两地为印度与中国之分界。然在元以前则概名之曰南海或西南海。兹编研究之范围，东起吕宋，西达印度西岸，阿剌壁海西岸诸地不录，

① 李长傅编著：《南洋史纲要》，商务印书馆，1938年，第1—2页。关于所谓“后印度”及其所指范围，李长傅在《安南史略》（《南洋研究》第4卷第2期，1931年11月）中有所解释：“亚洲之南部有二大半岛，西为印度国，东亦呼印度，地理学家呼前者曰前印度，后者曰后印度，后印度半岛一名印度支那半岛，因其界印度与中国之间也。后印度半岛自中国本部向南突出，政治上分为三国，东曰安南，中曰暹罗，西曰缅甸。安南在历史上分为三部：北接中国，名曰交趾，今呼北圻，中曰占城，今呼中圻，南曰真腊，今为南圻，与柬埔寨二地另合老挝国，即今法属印度支那，是之三国也，在历史上各自发展，即我国史书所谓南蛮是也。”

② 李长傅：《地理学上所见之南洋》，载《南洋研究》1931年第3卷第6期。

安南、占城、缅甸、暹罗四国不著于编：安南原列中国郡县；昔之占城为今安南之中南圻；缅甸与中国交通常遵陆路而不循海；暹罗至元代始合为一国，元以前其境先隶扶南，后为杜和钵底国也。”① 此说将历史上的南洋与南海或西南海等同，而将印度支那半岛（今称中南半岛）北部诸国排除在外，显然颇不可取。台湾近代史学者王尔敏于1985年曾撰写《近代史上的东西南北洋》一文，专论中国近代史上的东洋、西洋、南洋、北洋诸词汇之意义，论证南洋“其所包括地域，略计有越南、交趾、占城、柬埔寨、暹罗、丁噶奴、彭亨、柔佛、麻喇甲、亚齐、葛喇吧（即爪哇）等地，俱由元明以来所谓西洋地带转变而来”。② 其说则将南洋的范围与历史上西洋的范围等同，考证也略嫌粗疏。又，南洋一词所指地域范围，今人多谓与东南亚相同，如《辞海》释“南洋”一词即作：“①地区名。清末至民国时称江苏、浙江、福建、广东等沿海各省为南洋，称江苏以北各省为北洋。②即‘东南亚’。”③ 按《辞海》将“南洋”释为“东南亚”大致不误，但如果精确地说，清末民国时期所谓的南洋还应该包括马来群岛东部在地理区划上被人们划入大洋洲的那一小部分，而李长傅先生在70多年前就以地理学家的眼光揭示出了这一点，确属难能可贵，宜引起南洋问题研究者的注意。

（二）提倡中西史料互证、“参以南侨之口碑”的治学方法

民国时期的南洋研究是以南洋史地研究为主流的，从事这方面研究的学者不少，但以李长傅的成绩最为显著，代表性的专著有《南洋地理志略》（暨南大学，1928）、《南洋华侨概况》（暨南大学，1929）、《南洋华侨移殖史》（暨南大学，1929）、《南洋华侨史》（暨南大学，1929）、《南洋通史》（暨南大学，1931）、《南洋概况》（暨南大学，1931）、《南洋各国史》（暨南大学，1935）、《中国殖民史》（商务印书馆，1937）、《南洋华侨》（商务印书馆，1937）、《南洋史纲要》（商务印书馆，1938）、《南洋地理》（中华书局，1940）等，④ 译著有《菲律宾史》（商务印书馆，1936），编制的地图主要有《南洋物产交通略图》（暨南大学，1928）、《南洋大地图》（合编，中南文化协会）、《菲律宾全图》（合编，中南文化协会）、《缅甸全图》（合编，中南文化协会）等，在《南洋研究》《南洋情报》《南洋学报》《学生月刊》《中日文化》和《真知学报》等期刊上发表的相关论文也有数十篇。⑤ 通过李长傅的相关论著和言论可知，他在南洋史地研究方面是有自己独到的方法的，其治学方法可概括为：提倡中西史料互证、“参以南侨之口碑”，具体为：

（1）中文汉籍史料记载的考证。

南洋各国除安南外，都没有完整的历史体系，古代史几乎全部缺失，其相关史地情况，主要见于中国史书的记载，所以研究南洋史地尤其是古代南洋史地问题就不能不着重依靠中文汉籍史料，李长傅也不例外。李长傅出身于商人家庭，幼年读私塾，接受旧式私塾教育，中学毕业后更是喜读史地方面的史籍，因而在相关中文汉籍史料方面有较深的功

---

① 冯承钧：《中国南洋交通史》，上海古籍出版社，2005年，第1页。

② 王尔敏：《近代史上的东西南北洋》，见所著《五口通商变局》，广西师范大学出版社，2006年，第10—29页。

③ 辞海编辑委员会编：《辞海（1979年版）缩印本》，上海辞书出版社，1980年，第136页。

④ 据李长傅：《南洋华侨移殖史鸟瞰》一文（《新亚细亚》第1卷第4期，1931年）的注释，他还著有《改订南洋华侨史略》一书，唯出版地点与时间不详。

⑤ 其中的重点论文后来收入李长傅等著：《南洋史地与华侨华人研究——李长傅先生论文选集》，暨南大学出版社，2001年。

底。据其《自传》:“自1915年至1919年，除学习英文及农业课外，暇时在家自学。因为自己对史地颇有兴趣，专读些史地书。历史我读《史记》《汉书》《纲鉴易知录》《清朝全史》《中国历史》《东洋史》等；地理我读《方舆纪要》《中国地理》《水道提纲》《朔方备乘》《海国图志》《蒙古游牧记》等。”① 其中所提到的诸书，如东汉班固《汉书》中的《地理志》、清顾祖禹《读史方舆纪要》、齐召南《水道提纲》、何秋涛《朔方备乘》、魏源《海国图志》、张穆《蒙古游牧记》等，都是历史地理的名著，而西汉司马迁所作的《史记》是中国历史上第一部通史，但从某种意义上来说，也是一部历史地理学著述，其记事上起轩辕，下至汉武，所述历史地理内容涉及自然与人文地理的诸多方面，不仅有像《河渠书》《货殖列传》这样的地理名篇，而且还有大量的相关内容集中或散见于诸卷帙之中，例如，在《史记》的70篇列传中，有6篇就是专门记述周边地区的，分别是《匈奴列传》《南越列传》《东越列传》《朝鲜列传》《西南夷列传》和《大宛列传》。另外，《吴太伯世家》《楚世家》《越王勾践世家》中也记录了许多有关东南地区地理内容的史料。② 历史地理学尽管在学科属性上与现代地理学一致，但因为是研究历史时期的地理问题，所以主要是依靠历史文献记载。所以正如陈代光所说，“先生这种深厚、扎实的幼学功底，为他以后进一步深造、成就事业打下了坚实的基础”。③

（2）西文（含日文）史料与研究成果的吸收。

南洋各国的近代史几乎是欧美列强的殖民史。从16世纪起，南洋地区逐渐成为早期欧洲殖民者的掠夺对象，继葡萄牙、西班牙之后，荷兰和英国、法国等殖民势力也侵至东南亚地区。西方学者出于为殖民者进行政治统治和经济掠夺的需要，对当地也进行了较多的研究。但在当时西方人眼中，没有“南洋”这一特殊地域观念，南洋研究也就不是一门特殊学问，只是归纳在汉学（Sinology）内，算作东方学研究的一部分。到了近代，日本也加强了对南洋地区的渗透，因此也有较多相关研究成果问世。尽管早期西方的南洋研究仅仅是汉学家的副产品或旁支，但西方学者包括日本的一些汉学家或东方学家在内，一时名家辈出，在南洋史地方面的研究成果却是相当可观的，研治南洋历史地理当然需要积极吸收、借鉴或批评。正因如此，晚清、民国时期的不少中国学者，在研治中外交通史和南洋史地之时，大多重视对于西文（含日文）史料与研究成果的翻译和吸收，如洪钧《元史译文证补》、张星烺《中西交通史料汇编》、冯承钧《西域南海史地考证译丛》和《中国南洋交通史》、向达《中西交通史》和《中外交通小史》、岑仲勉《中外史地考证》等，皆其著者。李长傅在年青时即喜好学习英文，1929年至1931年春，又获东方舆地学社资助，东渡日本，先在东亚高等预备学校补习日语，在研数学馆学英语，继而入早稻田大学研读史地，④ 这为他打下了较好的外文基础。大概从1922年开始，李长傅就开始借助外文资料开展地理、历史等方面的研究工作，先后出版了《人文地理学》（中华书局，1927）、《地理政治学》（商务印书馆，1935）、《菲律宾史》（商务印书馆，1936）、《中西交通史上之南洋——节译日本关卫〈西域南蛮美术东渐史〉》（《中南文化》创刊号，1934年12月）、《南海贸易之摇篮时代》（《南洋学报》第1卷第2期，1940年12月）等相关

① 李平、陈代光：《李长傅先生传略》，载《地理学与国土研究》1990年第2期。
② 吴宏岐、王元林：《司马迁与中国地理》，陕西人民教育出版社，2006年，第286—299页。
③ 李平、陈代光：《李长傅先生传略》。
④ 李平、陈代光：《李长傅先生传略》。

译作。

李长傅特别提倡中西史料互证的方法，用他的话来说，对于不少史实的记载，“中西史书，各异其辞”，所以“研究中南历史者，苟能利用外国纪载，与中史参照比较，必有新史实发见，亦甚有兴味之工作也”。[①] 例如，他在《南洋华侨史》等论著中，论定诃陵阇婆在今爪哇岛，不少学者赞同此说，但当时也有学者持不同意见，如温雄飞就先后撰写《唐代诃陵阇婆是否今爪哇之研究》《阇婆非爪哇考》诸文提出反对意见，并质疑其考证历史地名的方法。李长傅亦先后发表《诃陵阇婆今地考》和《读〈阇婆非爪哇考〉》两文进行商榷，通过大量英文史料与中国古籍反复考证，以澄清其确切位置、命名原因及其演变规律，并认为温先生的“前文专就中国史书考证，后文加入外人方面之史料，定阇婆之在马来半岛，征引甚渊博，不幸所得之结果，纯系误解”。[②] 他还特别从历史地名学方法论的角度强调指出：“古地名之考证，为历史上重要之工作，一有错误，则历史上记载之史实，失其根据，以致全盘谬误，遗误非浅。”“惟诃陵、阇婆，二地之在爪哇，并非著者创见，乃东西洋学者所公认，而著者所深信者，故敢采入拙著中”，“惟中国人对于数字之观念，不甚准确。若胶柱鼓瑟，加以不明南洋历史地理，专就中国史书考证，易入歧途，章太炎先生将耶婆提考往南美洲，即前车之鉴也”。[③] 客观地说，不论李长傅考证诃陵阇婆在今爪哇岛的结论是否完全正确，他提倡的中西史料互证方法却是值得充分肯定的。实际上，李长傅有关南洋历史地理问题的研究成果，大多是在翻译并运用英文、日文史料的基础上将之与中文史料进行互证后而取得的。当然，对于外文史料和研究成果，李长傅并非全盘照搬，而是取其“为著者所深信者”，即根据自己的判断和理解，择善而从之；对于中国史书记载，也能认识到其局限性，认真鉴别，“详加考证”。[④] 这种科学严谨的治学态度和研究方法，是值得我们学习和借鉴的。

（3）南洋华侨口碑传说、家谱、碑刻资料的运用。

对于南洋史地问题的研究，李长傅提出不但要“采录群书”，而且要“参以南侨之口碑”。依笔者的理解，李长傅所说的“参以南侨之口碑”中的“口碑”两字，并非单纯指当地华侨的口碑传说，还应当包括家谱、碑刻资料在内。兹据先生有关论著中的实例以说明之。

李长傅对于南洋华侨口碑传说的运用，在其《中国殖民史》一书中有较多的体现。如他在论述元代中国与南洋地区贸易往来情况时就曾加过这样的脚注（李长傅称之为“足注”）：“据角田政治《外国地理集成》上卷，引华侨陈福禄之说：望加锡附近之莪哇（Gowa）武乞族（Boegis）部落，其酋长有刀，为元时之物。相传酋长之祖先，当时直接得之中国人，以传至今日。”[⑤] 在论及元之婆罗洲殖民地问题时，也说道：“婆罗洲北部与我国一海相隔，唐宋皆入贡中国，宋代曾与我国通贸易。据土人传说，与中国关系颇深，而元代曾设行省于北婆罗。”[⑥]“尚有内部之蒲打坦人（Putatan）蓄有辫发，可见受蒙古人之影响甚深。据杜生人传说，系华人后裔。缘有中国人初自文莱至喀亚斯（Klias）河，从

① 李长傅：《十六世纪中国海盗 Chang－si－lao 汉名考》，载《中南文化》第2号，1935年5月。
② 李长傅：《读〈阇婆非爪哇考〉》，载《南洋研究》第3卷第4期，1931年5月。
③ 李长傅：《诃陵阇婆今地考》，载《南洋研究》第3卷第1期，1930年。
④ 李长傅：《诃陵阇婆今地考》，载《南洋研究》第3卷第1期，1930年。
⑤ 李长傅：《中国殖民史》，商务印书馆，1937年，第73页。
⑥ 李长傅：《中国殖民史》，商务印书馆，1937年，第93页。

事胡椒之栽植，纳杜生妇女为妻，并招致中国亲友前来。后因避洪水之患及摩鲁莽斯人（Muruts）之袭击，移居邦都（Bundu）高地，子孙繁衍，即今日之杜生人。其人在中国新年，敬神焚香，尤完全守中国习俗云，据杜生人传说，更有中国人与支那巴鲁神龙之神话。相传多年前，有中国人三千人，居住在蒲打擔。中有一人名宝公者（Po Kong）与杜生酋长之女恋爱，酋长以女已订婚于其族人，不之许。二人乃逃往支那巴鲁山中。夜见有白光往来，审知为一神，每夜出穴，于口中吞吐红色宝石以为戏。宝公乃与其妻暗倏之，各两手握泥，待龙出穴，正吐出宝石时，以泥掷其目，使半盲。宝公取其石，天忽暗。宝公急劫石而逃，其妻则死于怒龙之手。卑劣之宝公亦不回寻其妻，终至单巴苏（Tempassuk district）之沙亚孛（Saiap）久住，其所藏之瓦瓮，至今犹存。今沙亚孛之杜生酋长，即其后裔云。"[①] 口碑传说资料固然可补正规史书记载之不足，但有些纯属误传或伪造，所以在李长傅看来，有些口碑传说资料是不可尽信的，使用时需要相当谨慎。如他在《南洋华侨移殖史鸟瞰》一文曾述及："蒙古灭宋，宋遗臣多亡命南洋，而至安南者最多。爪哇相传亦有遗迹可寻焉。"对于前一句，文中加脚注引用郑所南《心史》和吴大连《大越史记》的相关记载互证之；而后一句，李长傅则加脚注谨慎地说明："据南洋口碑，谓郑所南曾至吧城，曾录入拙著《中国殖民南洋小史》（《东方杂志》第二十三卷第五号）为国内谈华侨史者所采用，然据《郑所南文集》，及《郑所南传》，郑代终老吴下，足未出国门一步，此说恐不可据也。"[②]

家谱资料的运用，在《中国殖民史》一书中也有体现，但李长傅对这类资料也持比较谨慎的态度，这可从他考证元世祖是否曾设中国河行省及所谓黄昇平总督一事中得到印证。西人记载有元世祖建设北婆罗洲中国河行省之说，谓 1292 年（至元二十九年）元世祖征服婆罗洲，于中国河设行省，其管辖地域兼辖苏禄群岛，中国总督名黄昇平（Ong Sum－ping）。又据苏禄王室家谱所载，黄昇平初至文莱，率中国人甚多，盖受元帝命求山顶神龙之宝石，此山后名支那巴鲁山（Kina－balu）。黄昇平有女嫁文莱苏丹阿克曼德（Akhmed），时在 1375 年。但是中国河行省及黄昇平事，中国史书俱无记载。两事是否可信，必须认真考证。对于黄昇平问题，温雄飞在其《南洋华侨通史》中曾有考证，他引用其同乡（广东人）黄卓如所述婆罗泥（即文莱）苏丹祭墓时所衣之服半作中国式，郊外也有"黄总兵之墓"的说法，考证该墓为黄昇平墓无疑，并且认为黄称总兵，可能是受命于朝而用的原衔，即使实际上是个海盗，也是比拟其所挟势力之大小，僭窃此号自娱。对于温氏的考证，李长傅的看法是："温君确信苏禄王室家谱之可据，又发见黄总兵墓，故推定黄昇平为当时中国人领袖，而有女嫁于苏丹者，其推定尚可信。惟温君更谓此女非黄之亲女，必其来时，掠诸贫家，伪己女，未免故甚其辞矣。"至于中国河行省及所谓黄昇平总督问题，李长傅经过综合分析，认为其真相实际是："据苏丹王室家谱系黄昇平女，下嫁文莱为一三七五年事，当明洪武八年，而西人谓元设中国河行省，而任黄昇平为总督，为一二九二年。据菲律宾克来（Craig）教授之说，是同为元征爪哇之附会。其言亦可信，因欧洲东来，南洋地理不明，于中国人所称之爪哇，不知确指何岛，而以婆罗洲土人之口碑纪载，与元征爪哇事混为一谈，此一可能之事也。"[③] 其对家谱资料之谨慎，于

---

① 李长傅：《中国殖民史》，商务印书馆，1937 年，第 95 页。
② 李长傅：《南洋华侨移殖史鸟瞰》，载《新亚细亚》1931 年第 1 卷第 4 期。
③ 李长傅：《中国殖民史》，商务印书馆，1937 年，第 96—97 页。

此可见一斑。

关于碑刻资料的运用，也可举几例。如在《泰国华侨之发展》一文中，李长傅就曾利用浏河口发现之《诸番事迹记碑》与长乐发现之《天妃灵碑》，认为“郑和七下西洋，永乐六年第二次出使时，曾至暹罗”；[①] 而在《明代中国满剌加交通史考》一文中，又据长乐《天妃灵碑》，论定马欢初次随郑和出行为郑和第四次下西洋之时，而不是西方学者所说的第三次；[②] 在《诃陵阇婆今地考》一文中，则“据荷兰史学家得之爪哇碑碣上之纪载”，将诃陵“定为中爪哇之一古国，马来文为 Kalinga”。[③] 从实际情况来看，李长傅引用南洋地区之碑刻并不以华侨所立汉字碑刻者为限，而是力求多方征引，此亦可以《明代中国满剌加交通史考》一文为证：“在十四世纪以前，马来半岛大多在苏门答剌与爪哇势力之下。在六坤（Ligor）七五五年之碑文，乃室利佛逝王所建者。一〇四六年之梵文碑文曾举 The son Sri Maravijagottungavarman 王名，谓彼为 Kataha 与 Sri Vijaiya（室利佛逝）之王。Kataha 一〇四四年达米尔文之碑文称 Kadara，又称 Kidar，殆即义净《南海寄归内法传》之羯荼今之吉打（Kedah）。注辇（Chola）王罗荼印佗罗注罗一世（Rajendracola I.）在十一世纪初期，与室利佛逝之马来殖民地战争，一〇三〇年丹戎（Tanjora）之碑文有制胜羯荼（Kadah）、室利佛逝（Sri Vijaiya）、凌牙斯加（Langkasuka）、丹马令（Tamrulingga）之纪念。一〇六八年有注辇王征服三佛齐、吉打之事。但据《诸蕃志》，三佛齐之詹卑（Jambi）时代，蓬丰（Panhang）、登牙浓（Trengganu）、凌牙斯加、吉兰丹（Kelantan）等马来半岛诸地方，皆为其属国。一二三〇年斜仔（Jaiya）之碑文，六坤当时不属于三佛齐，而自有其国王。”其中征引各种文字碑刻之广博，让人叹服，从中也可略知，相对于口碑传说、家谱资料而言，李长傅在研究及行文时，似对碑刻资料更为看重一些。

（三）对南海丝路交通相关问题的研究

南海丝路交通兴起于西汉初年，发展于唐宋时代，鼎盛于元、明、清三代。自近代以来，西方学者和中国学者对南海丝路交通的研究十分关注，名家辈出。李长傅因究心于南洋史地研究之故，对于南海丝路交通（或如他所说的“中国与南洋之交通”）相关问题的研究也相当重视，虽然没有如日本藤田丰八《东西交涉史之研究·南海篇》、法国伯希和《郑和下西洋考》及《交广印度两道考》、法国费琅《昆仑及南海古代航行考》及《苏门答剌古国考》、冯承钧《中国南洋交通史》等这类专门性的论著问世，但也发表了不少相关论文、译作，有些论著如《中国殖民史》也不乏涉及这一领域的研究成果。

如在《中泰古代交通史考》一文中，李长傅认为，“暹罗与中国之交通，有史可稽者，早在速古台王朝初期”，“明代中、暹之友谊，往来甚繁，故商船之往来亦繁”，文中依据《皇明实录》、《明史》本纪、嘉靖《广东通志》、日本东洋文库所藏《华夷译语》、张燮《东西洋考》、黄衷《海语》等史书中的有关资料，较为系统地研究明代暹罗入贡的情况，并援引富里特氏（Jeremias van Vliet）之说指出：“明代中国皇帝遣四学者至大城王宫永久任职。暹罗国王兄弟、王子，每年有船一艘，满载货物往广州。有沙船二三艘，往中国其他各地。因暹罗由旧例获得中国皇帝之特典也。”“当海澄开东西洋之禁，据万历十

---

① 李长傅：《泰国华侨之发展》，载《南洋研究》1940 年第 9 卷第 2 期。
② 李长傅：《明代中国满剌加交通史考》，载《南洋研究》1941 年第 10 卷第 2 期。
③ 李长傅：《诃陵阇婆今地考》，载《南洋研究》1930 年第 3 卷第 1 期。

七年之定制，暹罗船四只与下港（爪哇）、旧港、交趾，占西洋之第一位。据富里特氏之说，欧人东来初期，自漳州及交趾来之中国人，以前较当时为多。彼等运来中国商品，而输出苏木、铅。又富氏谓暹罗与邻国詹卑、满剌加、大泥贸易衰退之原因，举出葡萄牙人竞争，大泥之乱，国王限制米粮之输出。又中国商人通商衰退之原因，富氏举出中国官营贸易之限制，在暹中国人对华贸易之拘束等。总之，主要之原因，不外十六世纪之葡萄牙人与次世纪荷兰人之东来，垄断东方贸易，对于明之南海通商，给予最大之打击而已。”[①] 在《明代中国满剌加交通史考》一文中，李长傅则专门论述了满剌加王国成立之经过、满剌加王国与明代朝贡及通商之关系、满剌加之被葡萄牙占领及其与中国之关系。[②] 其所作《郑和小传及其航行南洋之概略》《台湾与南洋——读史札记》《十六世纪中国海盗 Chang-si-lao 汉名考》《“菲律宾史上 Limahong 之真人考”补遗》诸文，[③] 对相关问题也有较为深入的研究。

从系统性方面来看，李长傅对于南海丝路交通的研究成果集中体现在其《中国殖民史》一书的相关章节之中。在他看来，“本国对外国之通商通使以及旅行，不能决定其与殖民一致，但此种交通——通商通使及旅行，每为殖民之先导。设中外交通而无之，则亦无从而殖民也”。[④] 正是基于这样的考虑，他在论述中国历代殖民（按：实际是海外移民）的过程时，每每先论当时中国与外国交通发展的状况，而又因历代中国海外移民实以南洋移民为主流，所以在他的《中国殖民史》一书中就多见关于中国与南洋交通的详细论述。如《中国殖民史》第二章《中国殖民之初期》第一节即为《中外交通与中国殖民之端绪》，其中又专门辟有《中国与南洋之交通》一节。在此小节中，李长傅论说“中国之通南洋，以海道为主，略与大秦使者之回航马来半岛而东来同时”，并对《汉书·地理志》[⑤] 的相关记载进行了研究，认为“设使儋耳珠崖郡之大洲为海南岛，徐闻、合浦在今广东境，日南、象郡在今安南境，此人所周知者。汉使所至之地，市明珠（即真珠）壁流离（一作吠琉璃为梵语 Vardurya 之对音，阿剌伯文作 beulaur，拉丁文作 beryllos，英文作 beryl，皆出梵文，隋唐以后，与玻璃 glass 相混，汉代则指宝石之名），奇石，又使献生犀牛，其为马来群岛及印度一带，可无疑意”。[⑥] 其书第三章《中国势力时代》中专门对“元代之海外交通及殖民情况”作了论述：“元代之海外贸易，承唐宋以后，繁盛不亚于前。沿海所设之市舶司，据《元史·食货志》所载，元正[⑦]十四年（一二七七年）立市舶司一于泉州，令忙古 领之，立市舶司三于庆元、上海、澉浦。令福建安抚使杨发督之。每岁招集舶商，于番邦博易珠、翠、香货等物，及次年回帆，依例抽解，然后听其货卖。而以泉州为最盛，代替唐宋之广州。当时一称刺桐城（Zayton）马可孛罗曾经其地，于其游记中纪其盛况，称为世界最大贸易港之一。当时船舶之建置，更较前朝进步，阿剌伯人 Ibu Batuta 纪载元末中国船舶之构造，设备载量，冠绝以前之纪载。中国与南洋及西亚往来频

① 李长傅：《中泰古代交通史考》，载《南洋学报》1940 年第 1 卷 1 期。

② 李长傅：《明代中国满剌加交通史考》，载《南洋研究》1941 年第 10 卷 2 期。

③ 分别载《南洋学报》第 3 卷第 6 期（1931 年 6 月）、《南洋学报》第 5 卷第 1 期（1948 年 6 月）、《中南文化》第 2 号（1935 年 5 月）和《燕京学报》第 9 期（1931 年 6 月）。

④ 李长傅：《中国殖民史》，商务印书馆，1937 年，第 21 页。

⑤ 按：原书引作《后汉书·地理志》，误。

⑥ 李长傅：《中国殖民史》，商务印书馆，1937 年，第 25—26 页。按：广西合浦旧属广东。

⑦ 元朝无“元正”年号，此处“元正”，当为“至元”之讹误。参见《元史》卷九十四《食货志二·市舶》，中华书局，1976 年，第 2 401 页。元世祖十四年，正为公元 1277 年，与李长傅先生所注者合。

繁。中、南贸易范围，较前代为广，据汪大渊《岛夷志略》，如文老古（Maluka）、吉里地闷（Geli Timor）均与中国通贸易，为前代未闻而西里伯岛亦与中国人直接往来。可知中国通商地域已推广至香料群岛及小森达群岛矣。"① 此章对"郑和之航程"的研究更是经典之作，在这个小节里，李长傅依据《明史》《大明实录》及郑和《通番事迹记》等历史文献，以及相关碑刻资料、西人研究论著等，对郑和七次下西洋的具体时间、航船规模、航行路线、登陆贸易地点、通商货物、实际所历并有迹可循之国家数目等，皆有精辟的考证，迄今仍然有一定的学术参考价值。②《中国殖民史》一书中此类研究成果颇多，在此不一一列举。

（四）对南洋诸国历史地理问题的开拓性研究

近现代的历史地理学（有些历史学者将其简称为史地学）与中国古代传统的沿革地理学（旧称舆地学）有一定的区别，是采用地理学的理论与方法，分析历史上的地理问题，即研究历史时期自然、人文地理现象以及人地关系发展演进规律的科学。③ 但由于种种原因，这一学科名称在民国时期的中国学术界使用并不广泛，不少学者仍以中国古代传统的沿革地理学视之，研究内容多以传统沿革地理的政区沿革、地名考证为限，研究方法主要采用的是考据学方法，这一时期中国史学家所撰写的涉及南洋史地的论著，如冯承钧《西域南海史地考证译丛》、岑仲勉《中外史地考证》等大致都不出传统沿革地理学的范围，国外汉学家的著作同样也不例外。张星烺在其《中西交通史料汇编》的《自序》中曾谓："史学（History）、地学（Geography）与立于史地二学中间的史地学（Historical Geography）皆为吾国固有之学。研究斯学者，代有其人。至于清代，乃更辉煌。研究域外史地者有魏源、徐松、何秋涛、张穆、洪均、屠寄、丁谦等。云蒸霞蔚。史地学可谓臻于开明之境界矣。"④ 此论显然混淆了中国古代传统的沿革地理学与近现代历史地理学的区别。⑤

李长傅的情况则略有不同，其因早年曾翻译过近代西方地理学家的相关论著如《人文地理学》（中华书局，1927），对于地理学的理论和方法比较熟悉，并撰写过诸如《江浙海岸变迁之研究》⑥ 这类历史自然地理学的论文，所以其南洋史和南洋地理的相关论著虽然受当时学科整体发展水平的影响，只是偶尔使用"历史地理"一词，⑦ 并无以"历史地理"名篇的专门性论著，在南海丝路交通等方面的研究上也基本上不出传统史学和沿革地理学的范围，但其有关历史时期南洋政区地理、民族地理、文化地理、经济地理、城市地理等方面的研究成果，则早已突破了沿革地理的局限，而从历史地理学角度对相关问题进

---

① 李长傅：《中国殖民史》，商务印书馆，1937 年，第 72—73 页。

② 李长傅：《中国殖民史》，商务印书馆，1937 年，第 110—122 页。

③ 吴宏岐：《中国历史地理学的历史、现状和发展趋势》，载《河北师范大学学报》（社科版）1999 年第 4 期。

④ 张星烺编注、朱杰勤校订：《中西交通史料汇编》，中华书局，2003 年，第 6 页。

⑤ 按：现今仍有不少学者习用"史地学"来概括清代边疆地理学或边疆史地研究。但在笔者看来，所谓"史地学"，其与现代历史地理学还是有区别的，前者在研究内容与方法上均不出传统沿革地理学或舆地学的范畴，较之后者显得历史味更浓重一些。有学者解释"边疆史地学"的概念时称："边疆史地学就是研究边疆地区历史地理的学问，那些以研究边疆地理为主，以地系史的著作才是边疆史地著作。"（侯德仁：《清代西北边疆史地学》，群言出版社，2006 年，第 3 页）其对"史地学"的理解，与张星烺接近，但点明边疆史地著作的特征是"以地系史"。这样的说法可以比较准确地概括清代边疆史地研究的特点，但没有揭示其研究方法和水平与现代历史地理学的差距。

⑥ 李长傅：《江浙海岸变迁之研究》，载《地学杂志》第 13 卷第 3—5 期，1922 年。

⑦ 除了前引其《诃陵阇婆今地考》一文中提到"南洋历史地理"一词外，在前引其《泰国华侨之发展》一文中也曾提到："因前述中、暹历史地理关系之密切，故暹罗对于中国人之移入，非但不加反对，且有欢迎之势。"

行了开拓性研究，值得略事介绍。

南洋的历史地理问题相当复杂，其原因正如黄素封所言，是因“地域辽扩，种族繁颐，以前大小王国，为数之多，指不胜屈；且此起彼蹶，存亡兴替，遝杂万分”。[①] 而李长傅在《南洋史纲要》中，征引中外史籍和相关研究成果，不仅尽可能地对南洋历史演进中各相关地名、种族名、酋长名及文物名称等进行了审慎考释，并系统复原了南洋地区历史政区演变的状况，附有七幅插图，用地图语言直观展现了自己的研究成果。[②]

在《古代的南洋》一文中，李长傅对古代南洋的民族地理、文化地理作了较为深刻的论述。他认为南洋史的开幕期大概在西历纪元初期前后，当时在南洋活动的民族主要有四个，“其中人数多而比较有文化的，是猛吉蔑族（Mon - Khmer）（即高棉族），占据印度支那半岛南部，从南金沙江（即伊洛瓦底江）低谷地东向拥有昭披耶江（即湄南江）平原的大部分，一直到澜沧江（即湄公江）的下流平原。猛吉蔑族以北之南金沙江，怒江（即萨尔温江）的谷地，是西藏缅甸族（Tibeto - Bbnmans）居住地，他们和西藏族有近亲关系。在马来半岛和马来群岛的主人叫马来族（Malaysian），一称巫来由族，他们曾经和许多民族混血，在先史时代，已经居住南洋。又在猛吉蔑族以东的印度支那半岛东海岸地带有占族（Chams）和马来族同一语言系统。占族以北富良江（即红河）流域一直到南岭，是安南族（Anamese）（一称越族）居住地，他们似乎和掸族（Shans）或泰族（Thais）有关系。这泰族或掸族以后担任南洋史舞台上重要角色，但当时还在中国南部云南一带。除以上四语族外，还有小黑人族（Negrito），在先史时代，其是南洋的主人翁，他们的分布地从南洋一直到中国长江以南，后来被上述诸族所压迫，渐次退向内部。在南洋史的开幕期已经退到印度支那半岛和马来半岛的内部山地了。”[③] 在简明清晰地论述了西历纪元前后南洋地区民族种类及其分布变迁以后，李长傅还分析了中国和印度两个大国对南洋地区宗教文化格局形成的深刻影响：“在西历纪元初期南洋的西面和北面有两大邻邦中国和印度，文化已经很发达。印度支那半岛西邻印度，但是陆路有南北走向的横断山脉隔绝，交通不便，所以从印度到南洋的路径，是从南印度渡孟加剌湾到印度半岛沿岸和马来群岛的。中国当时则不由海道而由陆路从岭南一直到安南。”“印度文化对南洋的影响是宗教和艺术，而中国的影响则为政治制度和科学。中国直接统治安南，在公元以前，只限于印度支那半岛的东北隅。但是从公元以后，逐渐由海路和南洋各国发生朝贡通商关系，两方有使节往来，中国的政治制度、历法，也传入南洋各地。南洋受着印度和中国的影响，有史时代，就从此开幕了。”另外，李长傅还从区域差异的视角，对古代的安南、占婆、柬埔寨、暹罗、缅甸、马来西亚等国的历史文化演变特征及其形成原因进行了相应探讨，如认为从公元前3世纪末至公元10世纪中叶，安南一直为中国领土，“中国的儒教、佛教思想、汉文、中国政治制度，在安南的统治阶级中，根深蒂固。他们又因通婚的关系，更加中国化。但是一般民众对于此种文化，受影响较小”；“柬埔寨之艺术，与占婆相似，受印度之影响。初用木材，继用砖瓦，至九世纪始用石料。而印度式之建筑，并加入中国之影响，禄兀城及禄兀寺之建筑方式及其雕刻显然为印度式，而铜像等则受中国之

① 李长傅：《南洋史纲要》卷首“黄序”，商务印书馆，1938年，第1页。

② 七幅插图的图号和名称分别是：《第一图 真腊及暹罗之兴替》《第二图 一八五〇年之后印度》《第三图 古勃拉发之南洋殖民地》《第四图 室利佛逝王国》《第五图 麻喏八歇王国》《第六图 十五世纪东印度回教诸国》和《第七图 欧人东来初期之南洋》。

③ 李长傅：《古代的南洋》，《中国学生》第3期，国立中央大学研究所，1943年。

影响”；“马来西亚社会的进步和印度支那一样，受印度中国的影响。但是马来西亚的地理位置稍偏，所以受印度的影响大，受中国的影响小，所以进步也较迟”。[①] 这些论述都有较浓厚的历史地理学意味，很明显是受到了国外近代人文地理学理论的影响，[②] 在研究旨趣方面与传统的舆地学家也是迥然不同的。

值得注意的是，李长傅的《古代的南洋》一文还有不少关于南洋诸国历史经济地理方面的论述。如他在该文中辩证地分析了历史时期地理环境尤其是地理位置对占婆经济发展的双重影响：占族在印度文化影响之下，“从原始的渔猎生活，渐进入文化的农商阶段。此国可耕地域虽然不大，但是因为沿海港湾河口密布，使商业发展。北与中国，西与大食、印度及安息往来通商。此正式的通商，或海盗式的通商，使占婆获得莫大的财富，有时且统制自印度至中国各商港之香料贸易权。此海上之优良地位，使占城获利益。但亦畀以祸害。当第八世纪之半，占婆很繁盛，引起邻国的垂涎，沿海常为马来尤其爪哇海盗队所骚扰”。他在同一文中，又精辟地分析了苏门答剌岛之重要古国室利佛逝在七至九世纪初经济繁荣的地理背景：“室利佛逝的繁荣，和其地理位置有关。其殖民地控扼重要的交通海路。室利佛逝最初的发展沿满剌加海峡（今译马六甲海峡），南有苏门答剌沿岸，北包括新加坡岛及今日柔佛的附近，此外苏门答剌和爪哇岛的新掩海峡（今译巽他海峡）也在室利佛逝掌握之中。各大河口都有室利佛逝的商业根据地，所以能统治中国和南洋往来的商权。”

李长傅关于南洋历史城市地理的研究成果，主要集中于《缅甸之城市》《婆罗洲（今称加里曼丹岛）之自然环境及其现状》等文中。在《缅甸之城市》一文中，论及20世纪初缅甸城市10余座，虽然侧重于当时缅甸城市现状之介绍，但对于近代以来相关城市兴衰、市场发展、城市形态的演变过程等也多有简明的论述。如谓仰光（Rangoon）“在一八五二年英人占领以前，本一小渔村，自英人占领后，竭力经营，成印度之第三大埠（缅甸与印度在政治上联合为一单位，故称仰光为印度之第三大城）”；满德雷（Mandalay）“在缅甸中央平原之中心，濒伊洛瓦底江左岸，轮轨四达，交通甚便，本前王朝故都，市街分新旧二市，为正方形之城廓，周约三华里，高二十五尺，皆以瓦造，故华侨呼曰瓦城。宫殿皆华式，气象轩闳，大有汉家威仪，新市街在旧王朝时代，不过一小寒村，自英人竭力经营，四十年来，已成一新式之欧洲都市矣”；眉谬（Naymyo）“在漫德勒东北四十英里，沿腊戍铁道支线，高出海面二千英尺，在五十年前，本一寒村，因气候凉爽，夏季温度低于漫德勒二十度，为绝好避暑地，自铁道通后，英人多来此建屋避暑，遂日趋繁盛，缅甸巡抚亦有行署在此，有疯犬医院，为缅甸所罕见”；腊戍（Lashio）“为缅甸铁道腊戍支线之终点，当北纬二十二度五十六分，东经九十七度四十五分间，高出海面二千英尺，为掸人贵胄学校，附近之溪谷，昔日人口甚繁密，现渐减少”；八莫（Bhamo）“华侨呼之曰新街，濒伊洛瓦底江上流，左岸距江口九百英里，为伊洛瓦底航路之终点！自瓦城有轮船可达，上水四日，下水三日，若由瓦城乘火车至吉沙（Katha）可乘轮船至八莫，（一四五英里）尤称便利。自此东北至云南四川者，多取道于此；市街分新旧二市，旧市在新市之

---

① 李长傅：《古代的南洋》，《中国学生》第3期，国立中央大学研究所，1943年。

② 有学者认为：“19世纪下半叶一直到二次大战以前，是西方人文地理学的近代时期。与古典地理学不同的是：人文地理学已经形成为一门独立的地理学分支学科，古典地理学中人文地理知识只是现象的描述和粗浅的解释，李特尔以后，发展为探究人地之间的因果关系，力求用一般原则去认识地理现象，寻求科学的解释。”参见王恩涌等：《人文地理学》，高等教育出版社，2000年，第6页。

东，有城垣作长方形，现作兵营”。[①] 在《婆罗洲（今称加里曼丹岛）之自然环境及其现状》一文中也有类似论述，如谓“北婆罗之首府因气候风之转移，本在山打根及哥打基纳巴卢二地转移，一九三六年五月，乃固定山打根为首府”；“文莱（Brunei）一译婆罗及蒲卢尼，为文莱王国唯一都市，一名达尔乌尔沙拉姆（Dar－ul－Salam）为‘和平城市’之意义，距文莱河口十二英里。人口约一万二千，分新旧两市街，旧市街自土人之水上聚落而成，新市街一九一〇年所建，在上市街之对岸，有官衙店铺及住宅，华侨商店颇多”；“古晋（Kuching）或译龟祯，为沙劳越王国之首府，在该国西南隅，溯沙劳越河四十余仭。在旧文莱王国时代，为本地方之首邑，曾呼沙劳越，自一八七二年起，改名古晋。在布罗克建国以前，不过人口千人之小镇，其后逐渐发展，现有人口二万五千，为政治、商业之中心”。[②] 这些相关论述，虽然不是非常系统，但已涉及南洋历史城市的诸多方面，足见李长傅对南洋历史地理问题关注领域之广泛。

（五）对南洋华侨历史地理问题的系统研究

南洋华侨历史地理属于区域华侨历史地理性质，按理也属于南洋历史地理的组成部分。不过由于李长傅的南洋史地研究基本上侧重的是南洋华侨，所以他关于南洋华侨历史地理方面的研究成果相当系统，涉及华侨来源地、移民原因、人口数量、地区分布、经济形态、文化差异等多个方面，也达到了较高的学术水平，故值得专门进行评述。

南洋自古以来即为东方与欧、非之间居民海道往来的通道。自秦汉以来中国人移居南洋开始，经唐宋时期，由于人数增多，形成华侨聚居地。至明代，中国移民更盛，在越南、菲律宾、印度尼西亚、马来亚等地不断出现和形成唐人街。这个时期，华侨绝大部分未携家眷出洋，多与侨居地妇女通婚，造成中国混血儿，如越南的明香（乡）人、泰国的碌津、菲律宾的美斯蒂索、马来亚的岑岑、印度尼西亚的土生华人等。[③] 李长傅在其《中国殖民史》一书中，从历史地理学的角度，对于中国海外移民何以集中于南洋、南洋华侨何以主要来自福建和广东两省这两个相关的问题作了精辟的论述：“南中国前临太平洋之支海——南海，在原始时代，海洋虽有水之沙漠（Wasserwust）之称，但文化进步，人类利用海洋，由沿岸航海而进至远洋航海，此非交通的海岸，转变而为交通的。且隔海之后印度、马来群岛诸地域，气候炎热，物产丰富，生活容易，其自然环境与中亚沙漠高山地方相反对，诱惑之力甚巨。此我国海洋殖民之盛于陆地殖民也。……宋元而后以迄有明，移殖海外者日众，尤以南洋为壑。迨欧人东来，远洋航路大开，而轮船发明，中国侨民更由南洋而远至美、澳焉，南中国住民之移殖海外者，以闽、粤人占百分之九十五，其自然环境及人文之原因可得而言者：一、广东、福建与南洋一海相隔，往返颇便。如自福建至吕宋岛，不过三百数十海里，利用季候风之力，三日可达，其便利可知。二、中国人因家族观念及儒教思想，不愿弃其祖宗坟墓而远客他乡。闽、广因开化迟，此种思想浸淫未深，且民性慓悍，海盗横行。对于乡土观念甚薄，故人民富于远游之心。三、闽、广海岸曲折，人民与海相习，故视海洋为坦途。如唐、宋、元、明出征南海，多以为征集军队之

---

① 李长傅：《缅甸之城市》，载《南洋研究》1929年第2卷第3期。

② 李长傅：《婆罗洲（今称加里曼丹岛）之自然环境及其现状》，载《南洋研究》1941年第9卷第4期。

③ 周南京、刘宏：《华侨华人百科全书·历史卷》“前言”，中国华侨出版社，2001年。

根据地，人民因熟练水师，其习于海外生活，自视为当然。”①

在《华侨研究之基础问题》一文中，李长傅曾专门论述了“华侨移殖的原因”。关于这个问题，以往的学者曾从政治、经济、社会诸方面进行过探讨，但在李长傅看来，前人的相关研究存在着三点错误：“一、用罗列的方法，列举各种因素，而且把主因看错了，所以不能把握着全问题的中心。二、各种因素大多站在朴素的唯物论或主观的观念论观点，不免有虽不欺瞒而仅具片面观之嫌。三、把移民的现象误作移民的原因，犯了因果颠倒的错误。”在对过去的移民理论加以评估以后，他认为应当利用新的方法论来研究之，即“一、认识牠正确的主因和副因。二、说明各因素相互的关系。三、用历史的契机，说明整个的移民因素。”中国移民的主因在哪里呢？李长傅认为，“最初因为农业恐慌内的动因，与移住地的富庶外的诱因，而发生移民运动。嗣后更加上世界资本主义的需要劳动力，乃发生大移动”。但同时他又指出：“各因素都有相互的关系。列强输入中国的劳动力，何以以南中国为主呢？而北中国在后呢？全中国都是有适用的劳动者，国内农业恐慌并不限于中国一部分，而中国移民的区域何以又限于一隅呢？那就不得不以地理环境的原因来说明了。”② 这样的分析论证，有力地说明了李长傅早在20世纪30年代就已经既注意到了地理环境对人类社会发展的重大作用，又避免了地理环境决定论的错误，而以马克思主义辩证唯物论的基本原理作为分析研究历史地理问题的指导思想，尤显难能可贵，不仅应当给予充分的肯定，而且值得充分借鉴和学习。

在其他相关论著中，李长傅对于不同时期南洋华侨的人口数量和地区分布也有不少精辟的论述。早在1923年，李长傅在其《世界的华侨》一文中，就曾统计和分析过世界华侨的人数和分布情况，指出据1914年以前的数据，世界华侨的总人口合计为9 330 622人，“近七八年来，南洋、南美华侨之人数，岁有增加，大约在百万之间”，其中据侨工事务局在民国八年（1919年）的调查报告，世界各地华工人数为912 295人，“多是契约劳动，现在虽然遣回的很多（如法国），然而全数是有增无减的”；从地区分布上看，华侨人数以南洋为最多，共有3 484 076人，其中“华工以法俄英荷属地为多”，这就在很大程度上改变了当地的人口结构，“如暹罗全国，人口八百万，华侨竟有一百二十六万，占全国人口七分之一。更就盘谷京城而论，人口六十万，华侨二十多万，就占全城人口三分之一了。据一九二一年调查，英属人口三百十七万，华侨一百零七万，也占全数三分之一，更就海峡殖民地而论，人口总数八八一、九三九人，中有华侨四九七、四〇六人，更占到半数以上”；以华侨籍贯省别而论，“以闽粤二省人占大部分，沿海各省次之。在南洋，福建人占三分之一，广东人占三分之一。在日本及朝鲜，江浙山东人及闽粤各占其半。在法俄二国，各省人全有，山东，直隶人为多。在美国的可算全是广东人”。③ 1929年，李长傅又据各种最新统计资料，对海外华侨的人数及分布情况进行了研究。④ 在《中世南洋华侨发展史》一文中，则分阶段论述自8世纪中叶到15世纪末，即自唐以来，经宋、元至明时期，华侨流寓南洋各地的情况。⑤

对于法属印度支那、泰国、荷属东印度、英属马来亚、菲律宾等地华侨之发展，李长

---

① 李长傅：《中国殖民史》，商务印书馆，1937年，第5—6页。
② 李长傅：《华侨研究之基础问题》，载《南洋研究》1939年第8卷第1期。
③ 李长傅：《世界的华侨》，载《东方杂志》1923年第20卷第16期。
④ 李长傅：《海外华侨人数之统计》，载《南洋研究》1929年第2卷第5期。
⑤ 李长傅：《中世南洋华侨发展史》，载《中日文化》1942年第2卷第4期。

傅皆有专文论述，[①] 其中有些还涉及地区内部华侨分布、经济形态、文化差异等方面。如李长傅认为，法印之安南，“近代明确的集团移民当自十七世纪始”，“此外尚有由陆路逾北圻之界及利用季候风由海路移住者，络绎不绝，彼等结成规模大小不同之集团，向法印移殖，居住于都市，或分散于小市镇”，“经由陆路之移民，其稍具异点者，为云南而来之移住民”，这些移民“最初并无移殖之目的”，故而“移住后之生活状态以农业为主，定住地方为现在之北圻”。另外，“实则自十七世纪末叶以后，中国移民之目的地以现在之南圻占主要之地位，此种倾向至今犹然。推究原因，盖安南政府在其国土之偏僻地域欢迎人口之增殖；南圻在安南领土中，气候最温暖，而人口极稀薄，水路纵横，通商便利；至北圻与中圻，人口较稠密，交通不便，盗匪为患。华侨之移殖所以偏于一隅者，实有其积极的与消极的原因在也”。至于法印之柬埔寨华侨的情况则是：“柬埔寨王国中国人之移住，自古有之。自四川、云南之山岳地，沿湄公河之溪谷南下者有之；由闽、粤利用季候风乘沙船而来者亦有之。其安南之移民异趣者，即在柬埔寨之中国人，以从事农业及渔业为主。但来自福建、广东之移民则多从事商业，四川、云南之移民则多从事农业，而以后者占大多数。”[②] 在李长傅看来，移居海外的华侨尽管有职业上的差别，但因籍贯不同而形成的文化差异却更为明显，尤其是“闽、粤因语言关系，乡土观念并不比中部为薄，地方及家庭的团结，在南洋、美洲到处可以见到”，[③]“华侨的结社，有中华会馆，差不多各埠皆有。可惜太分界限，闽人粤人不联合，新客侨生，又分界限，多半由于语言不同的原因”，“南洋的学校，比较华侨的别样公益事业，可算发达了”，“可惜华侨自分界限，粤人设一校，闽人又专设一校”。他还深刻地指出，由于乡土观念太重，“闽粤皆视邻县如邻国，隔省更甚，语言且不能通晓，感情更难融洽了”，这不仅造成了不同籍贯的华侨各自形成自己的居住区和社区文化，而且造成党派林立，“容易发生堂斗等结果”，[④] 成为自身发展进步的障碍。李长傅这些关于南洋华侨历史地理的开拓性研究，开华侨历史地理研究之先河，对于今天的华侨华人研究和东南亚历史地理研究来说，都有一定的启示意义。

（六）对南洋相关历史地理文献的整理与校释

李长傅不仅是将近代地理学理论和方法引入南洋史地研究和南洋华侨研究的第一人，而且相当重视对相关南洋历史地理文献的整理和校释，这方面的代表作有《马哥孛罗游记中之南洋》《海国闻见录东南洋记笺释》《马哥孛罗游记海南诸岛新注》诸文[⑤]和《〈海国闻见录〉校注》一书，[⑥] 其中前三篇论文均发表于20世纪30年代和40年代，而后一书则

① 如《荷属东印度华侨略史》（《南洋研究》1928年第1卷第2期）、《英属马来西来华侨略史》（《南洋研究》1928年第1卷第4期）、《菲律宾华侨略史》（《南洋研究》1928年第1卷第5期）、《法印华侨之发展》（《南洋研究》1939年第8卷第4期）、《菲律宾华侨之发展》（《南洋研究》1940年第9卷第1期）、《泰国华侨之发展》（《南洋研究》1940年第9卷第2期）、《和印华侨之发展》（《南洋研究》1940年第9卷第3期）、《马来亚华侨之发展》（《南洋研究》1941年第10卷第3期）等。

② 李长傅：《法印华侨之发展》，载《南洋研究》1939年第8卷第4期。

③ 李长傅：《华侨研究之基础问题》，载《南洋研究》1939年第8卷第1期。

④ 李长傅：《世界的华侨》，载《东方杂志》1923年第20卷第16期。

⑤ 这三篇论文分别发表于《南洋研究》第4卷第2期（1931年）、《真知学报》第1卷第5期（1942年）和《真知学报》第2卷第4期（1943年）。另外，李长傅在《海国闻见录东南洋记笺释》的释文中曾提到“详《南洋记笺释》”，可见他还撰写过此文，唯是否正式发表不详。

⑥ 中州古籍出版社，1985年。

是《海国闻见录东南洋记笺释》的扩充，完成于60年代初，正式出版于80年代，篇幅都不算很大，但都有较高的学术水平，是其南洋历史地理研究工作成就的一个重要部分。由于李长傅具有近代地理学的素养，又专注于历史地理学的研究，所以他对于相关南洋历史地理文献的整理和校释，就不以版本校勘和言义训诂为主，[①] 而是"以注释地理，特别是地名为主，并涉及必要的历史说明和有关名词解释"[②]，使其相关作品超出了一般意义上的古籍文献整理的范畴，在南洋历史地理研究方面有了较高的学术参考价值。

马可·波罗（Marco Polo），一译马哥孛罗，是中世纪意大利杰出的旅行家，其所作游记，打开了中古时代欧洲人的眼界，在西方世界产生了极大影响。由于马可·波罗曾到过东南亚的一些国家，所以在其游记中也有不少关于南洋地区的记载，是研究南洋历史地理不可多得的珍贵文献，其中原书第三卷第五章至第十八章，涉及不少在中外交通史和南洋地理方面相当重要的历史地名，李长傅在翻译这些相关地名时均尽可能依据中文汉籍史料进行考证，予以准确翻译和定位，如将 Zai－tun 译为刺桐港，并释云："刺桐港即泉州，因城植刺桐故名，见《方舆纪要》。"将 Ziamba 译为占婆，并释云："占婆一称占城，即《西域记》之瞻婆，其地域在越南中部一带。"将 Lochac 译为罗斛，并释云："罗斛之名见《元史》。据《元史》所载，暹罗本为暹及罗斛二国，后并而为暹罗国。罗斛之地，当在暹罗之南部，或谓即六昆（Lakhon）（在马来半岛）是也。又原书谓自岷崙东南行，为婆罗洲系岛屿，非大陆之一部，则东南当系西南之误也。"将 Malaiur 译为马来由，并释云："马来由《佛国记》一作末罗游，即今苏门答剌之占碑（Djamlet）地方。当波罗以前百年，曾建设马来由国王（引者按：国王两字疑倒置），一二五二年间，其国王迁至马六甲，此马来由殆指马六甲而言。"将 Samara 译为苏木都剌国，并释云："苏木都剌名见《元史》，明人纪载作苏门答腊，即今苏门答腊岛之所由来也，在波斯西，今译作 Samalanga。"Dragoian 译为那孤儿，并释云："那孤儿名见《瀛涯胜览》，一作花面国。在今苏岛之西北角，名 Pedir。"将 Lambri 译为南无力，并释云："南无力名见《元史》，又《瀛涯胜览》作南渤里，在今亚齐之东南。"[③] 这些译名和释地，皆引中国史书之记载以证之，显示出作者深厚的传统汉籍史料功底。

《海国闻见录》为清初陈伦炯撰，是一部综合性的历史地理著作，具有丰富的自然地理及人文地理内容。《四库全书提要》评价此书说："凡山川之扼塞，道里之远近，沙礁岛屿之夷险，风云气候之测验，以及外番民风物产，一一备书。虽卷帙无多，然积父子两世之阅历，参稽考验，言必有征。视剿传闻而述新奇，据故籍而谈形势者，其事固区以别矣。"此说辩证地指出了这部书的优点和缺陷。对于《海国闻见录》中所涉及的地名，李长傅则更重视以中西史料互证的方法，对相关地名进行笺释，或指出古地名的今址所在，如释台湾岛东南之沙马崎："沙马崎今台湾南岬。《东西洋考·东洋针路》'澎湖用丙巳针

---

① 据李长傅在其《海国闻见录东南洋记笺释》一文末尾一段的说明："《海国闻见录》之版本有四库全书本，艺海珠尘本，并二卷。又昭代丛书合刻本，道光癸未刻本（易理斋藏本），明辨斋丛书本，今皆不可得。兹篇原文，仅录自《小方壶斋舆地丛抄》，故校勘一事，无能着手。且乱离之世，觅书为艰，外国文尤甚，本篇所引证之文献，亦不尽获自原书，每由他书转引而来，错误在所难免，尚希读者谅之。"可见，兼通地理和历史两门学问的李长傅是懂得版本之学的，其笺释《海国闻见录》不以版本校勘和言义训诂为主，除了研究旨趣方面的原因以外，也受到当时各种条件的制约。

② （清）陈伦炯撰、李长傅校注、陈代光整理：《〈海国闻见录〉校注》"凡例"，中州古籍出版社，1985年，第17页。

③ 李长傅：《马哥孛罗游记中之南洋》，载《南洋研究》1931年第4卷第2期。

五更取虎头山，用丙巳针七更沙马头澳’。藤田博士谓虎头山一称斧头山，在安平附近，沙马头澳即沙马崎。(《岛夷志略校注》三页)。”[①] 或述其地名的源流，如释安南之东京和西京：“十八世纪初，越南分南北二朝，北朝为黎氏，掌握政权者为郑氏，称大越国，即书中之交址国，都交都（今河内)，即书中之东京（称东都)；南朝为阮氏，建广南国，都顺化，即书中之西京（一称西都)。”[②] 对于西人的相关错误或不甚准确的解释，李长傅则尽可能进行补充或修正。如释《海国闻见录·东南洋记》所记红头屿之方位：“一作红豆屿，西人名烟草岛（Bateltobago)。夏德（HiRth)、柔克义（Rockhill）合译《诸蕃志》琉球条谓谈马颜之对音，显系附会。按 tobago 一词，十六世纪后才从美洲传入东方，今名兰屿，在台湾南角东偏北四十三里，面积三万平方公里，高 910 公尺，为高山族中 yami 族的居住地。另有小红头屿，在红头屿东南。”[③] 又如释恶党之方位：“恶党即《东西洋考》之屋党，和田博士考证为班乃岛南之 Aton（《东洋学报》十二号，《明代以前中国人所知之菲律宾诸岛》)。但与《海国闻见录》所载吕宋至恶党二十三更，宿务二十四更不符。当为宿务东南小岛 Mactan（即一五二一年麦哲伦被害处）之对音。”

由于时代的限制，加上著者主观上的原因，陈伦炯撰的《海国闻见录》一书中还存在许多错误和不足之处。对于原著的错误说法，李长傅认真考释，予以纠谬。如《海国闻见录·东南洋记》中说：“吕宋大山北从宰牛坑延绕东南，昔为大西洋、干丝腊、西班牙，是班呀国亦名吕宋国，故以名此岛。”李长傅在《海国闻见录东南洋记笺释》一文中笺释云：“大西洋指欧洲，干丝腊为 Castilla 对音，是班呀即西班牙，皆指西班牙。《清通考·四裔门》：‘干丝腊在西北海中，与英吉利相近，风俗与英吉利同，其国王姓名传国世次无考。每岁驾夹板船来广东互市，据吕宋、速巫（按即宿务）等处，为贸易之处，干丝腊国常分遣小王镇守吕宋云。’《海国闻见录》谓‘是班呀亦名吕宋国，故以名此岛’，不当，《瀛环志略》曾论之曰，‘或谓西班牙本名吕宋，故以马尼拉为小吕宋，殊不知西班牙之据此岛，在万历年间，而洪武七年入贡，其国即名吕宋，本系客袭主名，反谓主借客名，盖亦未考其缘起耳’。案一五二一年西班牙遣麦哲伦初至吕宋群岛之宿务，一五六五年正式占领群岛。”[④] 又如《海国闻见录·南澳气》篇还据《宋史·琉球传》中有关落漈的记载，对我国的千里石塘、万里长沙（今南海诸岛）的情况作了不切实际的描写和解释：“南澳气，居南澳之东南，屿小而平，四面挂脚，皆嵝岵石，底生水草，长丈余。湾有沙洲，吸四面之流，船不可到，入溜则吸搁不能返。隔南澳水程七更，古为落漈……试问入而不出，归于何处，岂气下另有一海以收纳乎！四入者从上而入，必从下而出，如溪流涌急，投以苇席，入而出于他处，此理甚明。”李长傅据《诸蕃志》《元史·史弼传》《郑和航海图》《海语》《海录》等相关史料的记载，考证“南澳气以地望准之，当为我国的东沙群岛”，但同时又指出“本篇所述，显系附会之说，不符合实际情形”。[⑤] 这从一个方面可体现出李长傅严谨的学风和良好的现代地理科学修养。

总之，在 20 世纪三四十年代，兼通地理和历史两门学科，谙熟日、英等国文字的李长傅，作为南洋历史地理研究的重要奠基人和开拓者，在南洋历史地理研究方面颇多致

---

① 李长傅：《海国闻见录东南洋记笺释》，载《真知学报》1942 年第 1 卷第 5 期。

② （清）陈伦炯撰、李长傅校注、陈代光整理：《〈海国闻见录〉校注》，中州古籍出版社，1985 年，第 56 页。

③ （清）陈伦炯撰、李长傅校注、陈代光整理：《〈海国闻见录〉校注》，第 46 页。

④ 李长傅：《海国闻见录东南洋记笺释》，载《真知学报》1942 年第 1 卷第 5 期。

⑤ （清）陈伦炯撰、李长傅校注、陈代光整理：《〈海国闻见录〉校注》，第 73—76 页。

力，其相关论著在“南洋”一词名称来由和地域范围、南海丝路交通相关问题、南洋诸国历史地理问题、南洋华侨历史地理问题及南洋相关历史地理文献的整理与校释文献等方面，均作出了不少有益的研究和探索，值得系统地加以总结并给予充分的肯定，而李长傅所提倡中西史料互证、“参以南侨之口碑”的治学方法，尤其是采用近代人文地理学理论、从人地关系角度对于南洋华侨历史地理问题的研究和探讨，不仅使他在近现代中国历史地理学思想发展史上占据一席之地，更值得当今在研究中外关系史、华侨华人史有关问题时参考和借鉴。

四、史念海对中国历史农业地理学研究的开创性贡献

史念海教授（1912—2001），山西平陆人，是当代著名历史地理学家和历史学家，作为现代中国历史地理学的奠基者之一，他一生勤于治学，在这门学科的主要领域都多所致力，著述等身，成绩斐然，为这门新兴学科的发展作出了不朽的贡献。

（一）对历史农业地理学学科理论的探讨

新中国成立以来，我国历史地理工作者经过50多年的艰苦努力，使我国的历史地理学得到了蓬勃发展，实现了由沿革地理学向更具现代学科意义的历史地理学转变。关于历史地理学的学科属性问题，学术界也已基本上取得共识，即认为它虽然具有明显的边缘性质，但仍属于地理学的一门分支学科①。历史地理学既属于地理学的范畴，也应和现代地理学一样，分为自然地理和人文地理两大部分，这一点，学术界基本认同。不过对于中国历史人文地理学应包括哪些分支学科，人们的看法不尽一致。以往学术界对历史农业地理方面的研究一直较为薄弱，所以这一学科的归属问题也鲜有人探讨。自20世纪80年代以来，史念海由于主持《国家大地图集·历史地图集》中的历史农牧图组的编绘工作，对历史农业地理领域的研究逐渐深入，相应地提出了建立历史农业地理学的动议。他认为：“在绘制农牧地图时还应先撰写出相应的论文，再根据论文绘制相应的图幅。或者不至出现若何纰缪。特别是有关农业部分更是如此，这样的论文按理说就应该属于历史农业地理，如果编印成册，就称之为历史农业地理，也是无可非议的。”② 至于历史农业地理与历史经济地理的关系，史念海也作了相应的探讨：“若是要撰著以中国历史地理学为名的著作，而以历史农业地理与历史民族地理、历史经济地理等相提并论，使之成为其中的组成部分，却似乎还要再作斟酌，因为这不免和历史经济地理有所重复。既讲历史经济地理，就不能不涉及农业的发展和凋敝。不论其为发展或凋敝，都会影响到整个经济的布局。在历史经济地理部分涉及农业，又另辟历史农业地理与历史经济地理并列，是难免叠床架屋之讥的。”③ 可见，在史念海看来，历史农业地理学应当是历史经济地理中的一门分支学科。

现代农业地理学是研究现代农业生产布局的学科，而历史农业地理学则应侧重于历史

① 吴宏岐：《中国历史地理学的历史、现状和发展趋势》，载《河北师范大学学报》（社科版）1999年第4期。
② 史念海：《中国历史人口地理和历史经济地理·序》，（台湾）学生书局，1991年，第I—VI页。
③ 史念海：《中国历史人口地理和历史经济地理·序》，（台湾）学生书局，1991年，第I—VI页。

时期农业生产布局研究。史念海认为，研究历史时期农业生产布局不应仅局限于“狭义”的农业，还应包括农、林、牧、副、渔等方面，就以种植农业而言，除了粮食作物而外，还应兼顾蚕桑、麻类、棉花、茶叶等经济作物的研究。探讨“人地关系”是人文地理学的主要任务，历史农业地理也不例外，不仅要研究历史时期农业生产布局发展演变的自然、社会经济等方面的因素，还要探讨农业生产布局发展演变对自然环境及社会政治的影响。这些学术思想在史念海教授撰著的有关论著中都有生动的反映。

由于历史时期自然环境和社会环境变化剧烈，仅凭历史文献的考证并不能完全正确地把握农业生产布局的变迁情况。有鉴于此，史念海积极提倡在历史农业地理研究中开展野外实地考察的工作，这在他的有关黄河流域历史农业地理、黄土高原历史农业地理等方面的论著中表现得尤为突出，为今后学者从事这一领域的研究提供了方法论上的借鉴。

（二）对北方地区农牧分界线变迁的研究

历史时期北方地区农业生产布局变化频繁，对自然环境的变化也产生了明显的影响，其间究竟有怎样的规律？搞清农牧分界线的变迁情况是解决这一问题的症结所在。关于战国时期农牧地区的分布格局，司马迁在《史记·货殖列传》中曾有过“龙门碣石北多马牛羊旃裘筋角”的说法，但对农牧分界线在龙门碣石间的具体记载则不甚清楚。史念海在20世纪50年代即已对这个问题进行了研究，对这一农牧分界线进行了初步复原工作，认为“如由碣石向西南作一曲线，沿今燕山南麓，至于恒山之下，再西至于汾水之源，循吕梁山而至龙门，其西其北，当为当时的畜牧区域，或农牧相杂的区域”①。后来经过深入细致的研究，史念海在《论两周时期农牧业地区的分界线》一文中又对战国时期龙门以西的农牧分界线作了确定：“龙门山以西还应继续向南延伸，达到陇山之下，再越过陇山，经嘉陵江上游西侧趋向西南，经今四川省平武、茂汶诸县之南，西南过岷江，再经天全县西，荥经、汉源诸县之东，又经冕宁、西昌诸县市之西，而达到今云南省剑川县及其迤西的地方。”② 战国时期的农牧分界线是由西周和春秋时期的农牧分界线发展而来的。西周和春秋时期北方地区族类众多，生活方式差异较大，且由于史料简约，各族类的居地范围也多有含糊之处。在这篇论文中，史念海又“钩稽史籍，参证野外考察所得”，对西周、春秋时期的农牧分界线也分别进行了研究，清楚地勾画了两周时期800余年间农牧分界线的变化情况。自秦汉以来，不断移民实边，战国时期形成的农牧分界线逐渐向北推移，南北朝时期曾有所反复，但隋唐以来又重新呈现不断北移的趋势。大体而言，农牧分界线的西段变化较东段变化更为明显和剧烈。史念海曾以黄土高原地区为对象，详细地探讨过历史时期农牧分界线西段的南北变化规律及其对自然环境和社会政治所带来的深刻影响③。这些都充分反映了史念海对历史时期北方地区农牧分界线变迁问题的重视。

（三）对黄河流域和长江流域主要农业区兴衰变迁的研究

黄河流域和长江流域是我国农业文明的两大重要发源地，从古至今我国的重要农业经

① 史念海：《春秋战国时代农工业的发展及其地区的分布》，载《西安师范学院教学与研究》1956年第1期。

② 史念海：《论两周时期农牧业地区的分界线》，载《中国历史地理论丛》1987年第1辑。

③ 史念海：《司马迁规划的农牧地区分界线在黄土高原上的推移及其影响》（上、下），载《中国历史地理论丛》1999年第1、2辑。

济区多分布于黄河中下游地区和长江中下游地区。由于自然环境的不同和人类开发程度的差异，这两大农业地区的生产布局的变化各具特色。大致在唐中叶以前，黄河中下游地区农业经济较长江中下游发达；唐中叶以后，长江中下游的农业经济水平则赶上并进而超过了黄河中下游地区，全国经济重心也随之发生了由北向南的转移。正是由于黄河流域和长江流域在历史农业地理研究上占有极其重要的地位，因而史念海对这两大农业地区的研究也倾注了大量的心血。在他已发表在历史农业地理方面的论著中，多半是有关这两大区域的内容。在《由地理的因素试探远古时期黄河流域文化最为发达的原因》① 一文中，史念海最早揭示出，关中渭河中下游平原，晋西南汾河下游平原，豫西北伊洛河下游平原，冀西南、豫北、鲁西北的河济平原等地及其附近地区，是黄河流域远古时期文化最为发达的地区，同时也是原始农业最为发达的所在。在《古代的关中》《春秋战国时代农工业的发展及其地区的分布》《释〈史记·货殖列传〉所说"陶为天下之中"兼论战国时代的经济都会》《战国至唐初太行山东经济地区的发展》《秦汉时代的农业地区》《开皇天宝之间黄河流域及其附近地区农业的发展》《隋唐时期长江下游农业的发展》《三门峡与古代漕运》②《黄土高原及其农林牧分布地区的变化》《两千三百年来鄂尔多斯高原和河套平原农林牧地区的分布及其变迁》《战国秦汉时期黄河流域及其附近各地经济的变迁和发展》《论唐代扬州和长江下游的经济地区》③《隋唐时期黄河上中游的农牧业地区》④《唐代河北道北部农牧地区的分布》⑤ 等一系列文章中，分别对春秋战国、秦汉、隋唐等重要历史阶段黄河流域及长江流域主要农业地区的农业发展及其地区差异进行了深入细致的研究工作。这些论文不仅解决了许多相关问题，也为历史农业地理研究者树立了典范，实际上也成为这门历史地理学分支学科的奠基之作。

农业经济的发展不仅受着自然环境和社会政治条件的制约，也对自然和社会环境的演变产生一定的影响。史念海所撰《隋唐时期农牧地区的变化及其对王朝盛衰的影响》⑥ 一文就阐发了这方面的思想，他以都城长安为中心，将隋唐的版图分为东西两部分，东半部是富庶的农耕地区，是粮食的主要来源地；西半部是半农半牧地区，为军马的主要来源地。他认为，这东西两半部"犹如左右两臂"，在内政清明、指挥裕如的前提下，就可保证国富兵强、郅治太平。唐朝前期，由于控制着这两个地区，所以国势颇为强盛。及安史之乱后，藩镇割据，威胁粮道，政府对"左臂"的控制实际上已经瘫痪；加之吐蕃伺机东侵，半农半牧地区沦于敌手，国家失去"右臂"，马匹的来源也几至断绝。"左右两臂，一边瘫痪，一边断绝，不仅指挥不灵，甚至无以指挥，所谓郅治太平，就都无从谈起了"。这样形象生动的论述，对中国政治史的研究当有一定的启迪。

（四）对黄河流域蚕桑事业盛衰变迁的研究

在我国相当长的一个历史时期里，黄河流域的蚕桑事业相当兴盛，发达的丝织业解决了人们的衣着问题，丝织品还通过丝绸之路被远销国外，在世界贸易市场上享有极高的声

---

① 收于史念海：《河山集·三集》，人民出版社，1988 年。
② 收于史念海：《河山集》，生活·读书·新知三联书店，1963 年。
③ 收于史念海：《河山集·三集》，人民出版社，1988 年。
④ 史念海主编：《唐史论丛》第 2 辑，陕西人民出版社，1987 年，第 1—37 页。
⑤ 史念海主编：《唐史论丛》第 3 辑，陕西人民出版社，1988 年，第 13—34 页。
⑥ 史念海主编：《隋唐时期农牧地区的变化及其对王朝盛衰的影响》，载《中国历史地理论丛》1991 年第 4 辑。

誉。而后由于种种原因，黄河流域的蚕桑事业渐趋衰落，甚至当地的丝织物还要依赖外地供给。种桑养蚕是当时一项关系国民经济的大事，所以探讨历史时期黄河流域蚕桑事业变迁的过程和原因，仍有一定的现实意义。

早在20世纪60年代初，史念海就撰写了《黄河流域蚕桑事业盛衰的变迁》一文①，依据大量的文献史料并结合当时考古发掘的成果，系统地论述了两周秦汉、魏晋南北朝、唐宋及其以后诸时期黄河流域蚕桑事业兴盛、衰落的过程和原因。他在这篇论文里阐明，北宋以前，除了南北朝时期由于社会动荡，蚕桑事业一度衰敝外，基本上都是相当繁荣的。北宋以后，黄河流域的蚕桑事业就有了较大的变迁，“无论就它的地区而论，或者就丝织品的质量和数量而论，都在逐渐衰落”。其衰落原因，史念海认为除了金元之际人口锐减、纺织技术逐渐外传而外，也与棉花的传入和植棉地区的逐渐推广有重要关系。史念海还以陕西米脂县和河南密县的事例，驳斥了气候变迁论者的错误说法，积极倡导恢复黄河流域的蚕桑事业，可惜当时有关部门囿于陈说，未能接受史念海的建议。后来又逢十年动乱，百业俱废，史念海谋求恢复黄河流域蚕桑事业的宏愿自然更是无以实现。

改革开放以来，农村经济也取得了可喜的成就。结合新形势的要求，史念海又鼓起勇气，踵继前业，发表了《陕西地区蚕桑事业盛衰的变迁》② 一文。在这篇7万余字的长篇论文中，史念海博采文献，并参证最新考古成果和野外考察所得，详尽地论述了自新石器时代以来陕西地区蚕桑事业兴衰变迁的历程。他认为陕西地区虽然不是黄河流域最重要的蚕桑地区，但这一地区蚕桑事业的兴衰却有其独特的方面。金元时期这一地区的蚕桑事业有所衰落，但明代则有了一定程度的恢复，只是到了清中期才完全走向衰落的。通过大量的实例，史念海批驳了一些旧方志中所提出的“风土不宜”的观点，同时也否定了有些人把陕西蚕桑事业衰落的原因归结为当地妇女懒惰的荒谬说法。在这篇文章中，史念海对如何解决桑业和棉业的矛盾问题也提出了自己的看法。根据新中国成立后安康地区荒山沙滩育桑的成果，史念海认为：“种棉和种桑在土地利用方面并不像从元朝以后数百年来人们所想象的那样，二者是不会冲突的。如果到处都能利用闲田空地，大量种植桑树，解决了衣服原料的问题，甚至棉花都可以少种，腾出土地，改种粮食或者其他作物，土地利用率不仅不受到影响，相反还要更为扩大。”陕西地区的养蚕和黄河流域其他地方一样，是只养春蚕而不养原蚕的，也就是说所养的只是一岁一化的蚕。这时棉花下种不久，还不需要多费人力。根据这一特点，史念海还建议，“乘此农闲的时候”，积极养蚕，“发展农家副业，提高农村的生活水平，促进国家经济的发展”。这些科学的论证和积极的建议，对陕西地区乃至黄河流域蚕桑事业的复兴当有重要的参考价值。

（五）对黄土高原地区农林牧分布地区变迁的研究

研究历史农业地理不能仅局限于农业生产布局本身，还应探讨土地利用与自然环境演变的相互影响。这个观点，是史念海对当代中国历史地理学的重大贡献之一。20世纪80年代以来，黄土高原的环境变迁问题日益引起人们的关注，为了推究其中缘由，史念海对这一地区农林牧分布格局的变迁状况进行了系统的研究，其《黄土高原及其农林牧分布地

---

① 收于史念海：《河山集》，生活·读书·新知三联书店，1963年。
② 收于史念海：《河山集·三集》，人民出版社，1988年。

区的变迁》《两千三百年来鄂尔多斯高原和河套平原农林牧地区的分布及其变迁》① 两文便是有关这一方面的代表性论文。

黄土高原是一个农牧兼宜的地区，由于历史时期国内各民族的矛盾和冲突，这个农牧兼宜的地区为农为牧，曾经有过几次大的改变。在《黄土高原及其农林牧分布地区的变迁》一文里，史念海认为，黄土高原由牧转农先后共有三次："第一次是战国后期至秦汉时期，第二次是隋唐时期，第三次则是明清以来。在第一、二两次之间，这里又恢复到游牧地区，当时游牧地区不仅得到恢复，而且有了扩大，远远超出于黄土高原之外。在第二、三两次之间，农业地区和游牧地区参差并存。虽是并存，游牧地区仍稍逊于农业地区。"在这篇文章中，史念海还探讨了黄土高原农林牧布局的变化对黄土高原本身和黄河下游地区环境变迁的影响，他认为："黄土高原在作为畜牧地区时，侵蚀就不甚显著，在作为农业地区时，侵蚀就较为严重。"由于黄土高原生态环境的变迁，进而影响到黄河下游河道的变迁。历史时期的黄河曾经有过两次相对安流的时期，一次是由商周至秦代，一次是由东汉初年至唐代后期；也有两次频繁泛滥的时期，一次是西汉时，一次则是唐代后期到新中国成立之前。"正是由于这两个长期相对安流时期黄河中游植被相当良好，侵蚀不甚显著，随河水下流的泥沙不多，黄河下游的河床不致因泥沙堆积而迅速抬高，所以能够长期相对安流。而黄河频繁泛滥的时期，正是黄河中游到处开垦，破坏草原，农业地区代替了畜牧地区，而森林又相继受到严重摧毁，林区相应地大幅度缩小。植被既已破坏，侵蚀就趋于严重，泥沙也随水流下"，基于这样的认识，史念海提出了两条治理黄土高原的原则：一是"应立足于保原治沟"，二是"调整农林牧分布的地区"。至于如何搞好农林牧的合理布局，他认为关键是要"解决农业地区的问题，甚至于在某些地方实行退耕还牧"。调整后的农林牧分布格局，大致是犬牙交错的景象，"利用河谷川道以及其他一些平坦地方经营农业，较高的缓坡地方则经营牧业，再高的陡坡地方就可以植树造林，使之成为林区"。如此精心的论证和设计，对当前黄土高原的经济建设和环境保护工作应该有一定的借鉴意义。

鄂尔多斯高原和河套平原与黄土高原毗邻，自然生态环境的演变过程与黄土高原有相似之处，属于广义的"黄土高原地区"范围，史念海的《两千三百年来鄂尔多斯高原和河套平原农林牧地区的分布及其变迁》一文，对这两个地区历史时期农林牧布局的演变情况进行了专门的研究。自秦汉以来，这两个地区或农或牧曾有过几次大的转变，但自清中、后期以来，垦辟日盛，明长城"这条长期存在的人为的分界线终究被冲毁了"，使这两个地区，尤其是河套平原，遂完全演变为农业地区。农牧格局的变化所带来的环境问题主要表现在沙漠化和盐碱化这两个方面。关于鄂尔多斯高原南部毛乌素沙漠的形成和河套平原西部乌兰布和沙漠的扩大的原因，侯仁之在20世纪60年代曾进行过研究，认为与人类的垦殖活动有一定的关系②。史念海在上引文章里进一步肯定了侯先生的论断。他还通过野外考察并结合有关文献，对鄂尔多斯高原北部的库布齐沙漠的形成过程作了深入细致的研究，得出了杭锦旗西北的库布齐沙漠的形成时代晚于清代的结论，并认为"在沙漠未形成之前，当地本来是有森林的，只是由于森林受到破坏，才引起沙漠的"。通过对河套

① 收于史念海：《河山集·三集》，人民出版社，1988年。

② 侯仁之：《从红柳河上的古城废墟看毛乌素沙漠的变迁》、《乌兰布和沙漠北部的汉代垦区》，收于侯仁之：《历史地理学的理论与实践》，上海人民出版社，1984年，第47—59、69—94页。

平原灌溉农业历史的研究，他认定，“由于多年来大水浸灌的不当，也由于黄河在河套平原这一河段河床的抬高，使灌溉的水流排泄不畅，引起地下水位的高起”，这是这一地区产生盐碱化的主要原因。另外，他还指出，后套地区的“黄河自来是无须修筑堤防的。可是近年为了防洪，也不能不加修堤岸，这是几千年来罕见的现象，也严重影响了后套农业的发展”。

（六）对中国历史农业地理研究人才的培养

史念海不仅自己为开拓历史农业地理这一新的研究领域作出了杰出的贡献，还为我国培养了一大批历史农业地理研究人才。自1985年以来，史先生所招收的20多名历史地理专业的研究生大多以历史农业地理作为研究方向设计博士论文或硕士论文，现已出版的即有郭声波《四川历史农业地理研究》（四川人民出版社，1993）、韩茂莉《宋代农业地理》（山西古籍出版社，1993）、《辽金农业地理》（社会科学文献出版社，1999）、吴宏岐《元代农业地理》（西安地图出版社，1997）、龚胜生《清代两湖农业地理》（华中师范大学出版社，1996）、耿占军《清代陕西农业地理研究》（西北大学出版社，1997）、陈国生《明代云贵川农业地理研究》（西南师范大学出版社，1997）、马雪芹《明代河南农业地理》（台湾洪业文化事业有限公司，1997）、周宏伟《清代两广农业地理》（湖南教育出版社，1998）、萧正洪《环境与技术选择——清代中国西部地区农业技术地理研究》（中国社会科学出版社，1998）、王社教《苏皖浙赣地区明代农业地理研究》（陕西师范大学出版社，1999）、李心纯《黄河流域与绿色文明——明代山西河北的农业生态环境》（人民出版社，1999）、李令福《明清山东农业地理》（台湾五南图书出版公司，2000）、吕卓民《明代西北农牧业地理》（台湾洪业文化事业有限公司，2000）、王双怀《明代华南农业地理研究》（中华书局，2002）等。即将出版的《国家大地图集·历史地图集》中的农牧图组分册由陕西师范大学历史地理学科研究人员承担完成。这些系列成果，在学术界均产生了不小的影响，标志着中国历史农业地理这一分支学科的成熟。

五、费孝通城乡社会发展研究中的历史地理学视野

费孝通（1910—2005），江苏吴江人，是中国现当代著名的社会学家，早年即以《江村经济》（又名《中国农民的生活》）、《乡土中国》等著述见重于世，自1980年开始将学术研究的重点转向小城镇和区域经济研究，发表了一系列论文，结集有《费孝通论小城镇建设》、《费孝通论西部开发与区域经济》等论著。

（一）乡村社会研究中对人文地理学理论与方法的借鉴

作为一位社会学家，费孝通毕生致力于城乡社会发展的实地调查与研究，这也是其在学术上取得巨大成功的根本所在。《江村经济》一书是他在1936年对太湖东南岸的江苏省吴江县开弦弓村农民社会生活进行了深入的实地调查后完成的博士论文，这一点，从此书的副标题“长江流域农村生活的实地调查”中也可得到印证。正因为如此，1938年10月，伦敦大学人类学系的布·马林诺斯基教授在为《江村经济》一书的英文版所作的序中曾经高度评价说，“我敢预言费孝通博士的《中国农民的生活》一书将被认为是人类学实

地调查和理论工作发展中的一个里程碑”，“此书的某些段落确实可以被看做是应用社会学和人类学的宪章”，“费博士著作中的原理和内容，向我们揭示了现代中国社会学派的方法论基础是多么结实可靠”，他还特别地引用了 E. 丹尼森·罗斯爵士在读了该书手稿以后的一段话来阐明其价值：“我认为这篇论文是相当特殊的。据我所知，没有其他作品能够如此深入地理解并以第一手材料描述了中国乡村社区的全部生活。”① 澳大利亚悉尼人类学系的 W. R. 葛迪斯在其所著《共产党领导下的中国农民生活——对开弦弓村的再调查》一文的引言中也评价说：“该书确实在一系列学者中产生了强烈的影响。因为它不仅是一个社区的社会经济情况调查的早期范本，而且还证明了以文明社区作为调查对象的这种研究工作的价值。”② 费孝通《江村经济》以实地调查为基本的社会学研究成果和方法，的确给他带来了至高的学术声誉。

而除了实地调查以外，费氏的社会学研究实际上还广泛地吸收了其他相关学科的理论与方法，如对人文地理学理论与方法的借鉴。

人文地理学（human geography）是地理学中关于人类活动的空间差异和空间组织及人为利用自然环境的学科。作为学科的重要分化，人文地理学从自然地理学中分离是近期的事。在 18 世纪后期和 19 世纪早期的德国和法国的文献中，人文地理学就已萌芽，而且大多数的英文著作一直涵盖人文和自然的内容，强调社会环境关系和区域变化。③《江村经济》一书是 1938 年费孝通在伦敦大学攻读博士学位期间完成的，当时他对于西方的人文地理学已有一定程度的了解，故已自觉地注意到借鉴人文地理学的有关理论与方法来探讨中国乡村社会的问题。1939 年，以英文形式正式出版的《江村经济》第一章前言中，费氏说明了撰写此书的宗旨：“这是一本描述中国农民的消费、生产、分配和交易等体系的书，是根据对中国东部，太湖东南岸开弦弓村的实地考察写成的。它旨在说明这一经济体系与特定地理环境的关系，以及与这个社区的社会结构的关系。”“这种小范围的深入实地的调查，对当前中国经济问题宏观的研究是一种必要的补充。在分析这些问题时，它将说明地区因素的重要性并提供实事的例子。”④ 从上述言论中，我们不难看出，费孝通在其乡村社会学研究中，通过开弦弓村的实地调查发现了问题并积累了相关的数据与资料，但研究的主旨却在于“说明这一经济体系与特定地理环境的关系，以及与这个社区的社会结构的关系”，并且特别强调地指出是要“说明地区因素的重要性并提供实事的例子”，由此可见其乡村社会学研究多少已明显具有人文地理学（或者更为准确地说是乡村社会地理学）的色彩。

从《江村经济》一书的正文中，我们也可发现不少涉及人文地理学的论述。社会学调查首先需要选择合适的调查区域，而如何确实合适的调查区域，这自然要受社会学研究特点所制约，费孝通认为：“为了对人们的生活进行深入细致的研究，研究人员有必要把自己的调查限定在一个小的社会单位内来进行。这是出于实际的考虑。调查者必须容易接近被调查者以便能够亲自进行密切的观察。另一方面，被研究的社会单位也不宜太小，它应

① 费孝通：《江村农民生活及其变迁》之《江村经济·序》，敦煌文艺出版社，1997 年，第 3—6 页。

② ［澳］W. R. 葛迪斯：《共产党领导下的中国农民生活——对开弦弓村的再调查》，见费孝通：《江村农民生活及其变迁》附录，敦煌文艺出版社，1997 年，第 291 页。

③ ［英］R. J. 约翰斯顿主编、柴彦威等译：《人文地理学词典》，商务印书馆，2004 年，第 302—303 页。

④ 费孝通：《江村农民生活及其变迁》之《江村经济》第一章《前言》，第 8 页。

当能提供人们社会生活的较完整的切片。”[①] 同时，他认为调查区域选择还需要具备人文地理学的眼光，他指出自己之所以选择开弦弓村这个调查区域，除了对这个村庄比较熟悉和有姐姐这个亲戚关系以外，主要是考虑到“这个村庄有下列值得注意和研究之处”：其一是“开弦弓是中国国内蚕丝业的重要中心之一。因此，可以把这个村子作为在中国工业变迁中有代表性的例子；主要变化是工厂代替了家庭手工业系统，并从而产生的社会问题”。其二是“开弦弓一带，由于自然资源极佳，农业发展到很高水平。有关土地占有制度在这里也有特殊的细节。开弦弓将为研究中国土地问题提供一个很好的实地调查的场地”。其三是“这个地区广泛使用水上交通，有着网状分布的水路，因而城乡之间有着特殊的关系，这与华北的情况截然不同。这样我们就能够通过典型来研究依靠水上运输的集镇系统”。[②] 由此可知，区域的代表性、特殊性和典型性是费孝通选择调查区域的主要依据，而且对于开弦弓村上述特性的确认，在很大程度是基于这个村庄在人文地理上的特征。

在《江村经济》一书中，费孝通对开弦弓村所处区域的地理状况进行了比较全面的论述，他首先明确地揭示开弦弓村“坐落在太湖东南岸，位于长江下游，在上海以西约80英里的地方，其地理区域属于长江三角洲”，并依据地理学家G. B. 克雷西所著《中国地理概况》（*China's Geographical Foundation*）一书有关长江平原的地理概况的论述，指出“这个地区之所以在中国经济上取得主导地位，一方面是由于其优越的自然环境，另一方面是由于它在交通上的有利位置”。费氏还结合自己的实地考察，从人文地理学的视角，论述了开弦弓村与上海、苏州、南京、杭州、嘉兴等长江平原各主要城市以及该村所依傍的市镇震泽的区位关系，并特别绘制了两幅地图（即《地图Ⅰ　长江下游流域》和《地图Ⅱ　开弦弓周围的环境》）。在对开弦弓村经济背景的论述中，费孝通还特别提到，“人文地理学者会正确地从人们所占据的土地的自然条件推论人们的职业”，借鉴这个思路，他指出开弦弓占户数约76%的人家以农业为主要职业，其发达的蚕丝业，与当地稻田的广泛分布和桑树的普遍栽植有一定的联系。另外，他还从人文地理学的角度，分析了开弦弓的土地类型及庄稼用地和居住用地的比例，指出住宅区仅占相当小的部分，就在三条小河的汇集处，而房屋则分散在城角圩、凉角圩、西长圩和谈家墩（吴字圩）这四个圩的边缘；他还研究了住宅区的规划与村子交通系统的联系方法，指出“由于船只在交通运输上的重要位置，为便利起见，房屋必须建筑在河道附近，这就决定了村子的规划。河道沿岸，大小村庄应运而生；大一些的村子都建在几条河的岔口”，并进而利用地名学的原理分析说，一条主流河“像一张弓一样流过村子，开弦弓便由此而得名。字面上的意思就是：拉开的弓”。对于开弦弓内部的布局，费孝通也按照人文地理学者的思路进行了比较细致的分析，他认为由于“这个村的陆路系统不能形成完全的环行路”，因此村中的几座桥便成了交通中心，这就造成“小店铺大多集中在各桥附近。特别是集中在村子西边的桥旁”；他还分析说，村子的总部设在村子东端合作丝厂里，“厂址的选择是出于技术上的原因。河A（引者按：指村子南部的小河）的水自西向东流。由于河A供给沿岸居民的日常用水，所以把厂子建在下游，以免污染河水”；“新的公共机构，例如学校和合作丝厂，只有在老的住宅区外围找到地盘。它们的位置说明了社区生活的变迁过程”。这些研究成果，

---

① 费孝通：《江村农民生活及其变迁》之《江村经济》第二章《调查区域》，第11页。

② 费孝通：《江村农民生活及其变迁》之《江村经济》第二章《调查区域》，第22页。

都集中反映在他所作的一张地图之中（即《地图Ⅲ　村庄详图》）。至于村子里的人，费孝通则研究了人口密度、外来户的职业和本籍、本地人与外来户的语言与文化差异。[①] 这些研究同样也属于人文地理学的研究内容。因此，《江村经济》一书的整个第二章《调查区域》，实际上就是专门针对开弦弓村人文地理状况的系统性描述和研究。

当然，除了第二章这一人文地理学的专章以外，在全书的其他章节也反映了费孝通在具体的社会现象研究过程中对人文地理学理论与方法的应用。如在第七章《生活》中，他研究了区域自然环境与文化传统对于消费的双重影响，指出“在农村社区中，由于生产可能受到自然灾害的威胁，因此，知足和节俭具有实际价值”，“但是在婚丧礼仪的场合，节俭思想就烟消云散了。人们认为婚丧礼仪中的开支并不是个人的消费，而是履行社会义务”；[②] 在第十一章《土地的占有》中也有专节论及湖泊、河流及道路等项的资源利用与管理方面的问题，其中提到“丝厂不得不建在河的下游，否则脏水就会污染河水，使得他人无法饮用”；[③] 在第十四章《贸易》中有不少贸易地理学方面的论述，如指出开弦弓村的“购销分成内部和外部两种，内部购销是在村庄社区范围内交换货物和劳务，外部购销是村和外界进行的交换”，“职业分化程度小，这使社区内部市场非常狭窄，人们靠外界供应货物或劳务”；从城镇来的小贩“都有一个习惯卖货的地区，有时是几个村，范围的大小取决于小贩能走多少路，能赚多少钱。售货的次数也取决于上述因素”；“三家杂货店在三座桥的附近。它们主要出售香烟、火柴、糖果、纸张、蜡烛、纸钱及其他带宗教色彩的物品”；“航船的存在使村庄的店铺处于一种辅助性的地位。村庄店铺无法与航船竞争。它们太小，不能像城镇商店那样直接向城市里的大批发商店订货。它们也像航船一样向城镇店铺购货。但航船代客买东西免收服务费，而村庄的商人零售时要赚钱”，所以“村庄小店里只有那些急需品及航船不能运输的货物才有买主”。[④]

费孝通关于贸易区域和集镇的研究更为精彩，他指出“贸易区域的大小决定于运输系统——人员及货物流动所需的费用和时间。消费者直接购买货物的初级市场局限于这样一个区域，即买者不需要花很多时间以致妨碍他的其他活动便可在其中买到货物。在这个村里我们可以看出来，有两个初级购销区域。住在河 B（引者按：指村子西北部南北向的小河）的桥附近的人们不会到河 A 的桥附近的商店去买东西。例如，理发店、肉店、杂货店和庙宇都分设在两个地区，大致与航船活动分工范围相当。但银匠、鞋匠和药店坐落在河 A 的西桥附近，是村内道路系统的中心。这些行业在村里各自只有这一家店。从这个意义上说，这个村子也是一个初级市场”；他认为中级市场就是初级市场的零售商用批发价格购买货物的地方，航船限制了村里初级市场的作用，并使远处的城镇成为消费者初级购买的中心，“专门从事这项工作的航船主能把他所有的时间用于这一活动。因此，购买者和出售者之间的距离便延长到适于当日往返的旅程。实际距离取决于船的速度，估计每小时为 1.6 英里。能够派出航船到镇上代购货物的村子，其最远的距离不能超出 5 英里以外。因此，这样一个购销区域的直径是 8 至 10 英里”；费孝通又从区域比较的视角分析了长江流域城镇市场规模与北方城镇市场规模的差异，“每个贸易区域的中心是一个镇，它与村

① 费孝通：《江村农民生活及其变迁》之《江村经济》第二章《调查区域》，第 12—21 页。

② 费孝通：《江村农民生活及其变迁》之《江村经济》第七章《生活》，第 12—21 页。

③ 费孝通：《江村农民生活及其变迁》之《江村经济》第十一章《土地的占有》，第 112—113 页。

④ 费孝通：《江村农民生活及其变迁》之《江村经济》第十四章《贸易》，第 152—157 页。

庄的主要区别是，城镇人口的主要职业是非农业工作。镇是农民与外界进行交换的中心。农民从城镇的中间商人那里购买工业品并向那里的收购的行家出售他们的产品。城镇的发展取决于它吸引顾客的多少。正如我们所了解的，航船的制度使这地区的城镇把附属村庄的初级购买活动集中了起来，从而减弱了农村商人的作用。这一类购销区域的范围比中国北方的购销区域大得多，中国北方主要是陆路运输，代购或代销体系不发达。杨庆堃的研究说明了在村庄初级市场之上的典型的中国北方购销区域的直径约为1.5至3英里。更高一级的购销区域，包含六个基本网区域，其直径约为8至12英里。后者与我们现在正在研究的城镇市场规模相仿”；与此同时，费孝通还注意到了城镇的市场竞争问题，他分析指出，开弦弓村所依托的城镇是在村庄以南约4英里的震泽，“这个镇没有垄断这个村庄的全部贸易活动。在北面，还有一个镇，叫大庙港，离村庄1.5英里，在太湖边上。这是一个专门与太湖里的岛屿进行贸易的小镇。镇附近有一座太湖神庙，镇由此而名。人们去庙宇的时候，通常在这个镇购买物品。徒步走去约1.5小时。但这个村庄和大庙港之间的贸易同这个村庄和震泽镇的贸易相比是无足轻重的”，尽管如此，他还是提醒人们，“关于城镇之间如何竞争以保持它们的附属村庄，将是一个有趣的研究。但是对这一问题的详细分析，需要对整个地区作更广泛的调查”。[①] 这些有关区域贸易系统的论述，尽管在当时的中国社会学者看来是必不可少的部分，但实际上已经涉及人文地理学的研究范畴，或者至少可以说是社会学与人文地理学之间的跨学科研究领域。

总之，从《江村经济》一书的有关论述来看，在费孝通的乡村社会研究中，人文地理学的色彩是相当浓重的，这也正是这部著作取得巨大成功的关键一环。

（二）小城镇研究中的历史地理学视野

尽管在费孝通早期的乡村社会研究中已经包含有城镇研究的内容，但其学术重心主要在于乡村社会结构和经济生活方式方面，有关城镇研究内容只在研究乡村贸易体系时有所涉及，并非其研究的重点所在。但是，从1980年开始，亦即费孝通进入其学术生涯的第二个阶段以后，他的学术兴趣似乎有了较大的变化，将小城镇研究视为自己致力的重要研究领域。

费孝通之所以被人们视为现当代中国小城镇学最重要的倡导者，一个基本的原因就是他不仅在小城镇的调查与研究方面身体力行，而且对这门学问理论体系的构建作出了巨大贡献，其中他对小城镇研究方法论的有关论述尤其具有理论指导意义。他的有关小城镇研究的一系列论著，不仅推动了中国小城镇学的兴起和发展，而且也可以看作是这门学问的最具代表性的经典论述。

费孝通在1980年率先提出了小城镇问题，随后撰写了《小城镇在四化建设中的地位和作用》一文，通过对集镇形成的历史过程的考察，首度系统地论述了小城镇的地位和作用，并指出要深入了解小城镇的发展规律就“有必要进行一次综合性的小城镇调查研究，包括精神文明、物质文明，诸如政治、经济、文化，各种体例、规章制度，都应全部综合起来看一看，理理清”，“在进行中必须依靠各方面的协作，不仅是社会科学方面，将来还

① 费孝通：《江村农民生活及其变迁》之《江村经济》第十四章《贸易》，第160—161页。

需要有自然科学方面”。[①] 在同年所写的另一篇论文里，他也曾呼吁对城市住宅问题社会学的研究不仅要积极开展社会调查，而且应当努力“与兄弟学科通力合作，共同发展，为研究和解决住宅问题提供科学的依据”。[②] 后来，他更是旗帜鲜明地提出“小城镇研究是个多学科交叉的，结合实际的，有理论指导的，科学的，实事求是，能用来解决问题的，为社会主义建设服务的，这么一个课题”。[③] 可见，在他看来，小城镇问题固然属于社会学的研究范畴，但研究的视角却不宜局限于狭义的社会学方面，更需要多种学科的协作，采用综合性的研究方法。

在如何提高小城镇研究的学术水平方面，费孝通提出要“首先学会从客观事物的发展里提出问题”，在社区研究中要关注“历史过程”，要观察、调查“整个中国的历史”对城乡社会变迁的深刻影响，[④] 并且他还特别提倡“搞典型的、深入的、直接观察的并用定性在前、定量为后的调查方法”，注意“历史过程中的变迁，从中总结出一些经验教训来”。[⑤] 类似的论文在其他论文中也有涉及，与早年乡村社会研究的方法有所不同，后来费孝通的小城镇研究，除了重视社会调查和人文地理学方法以外，似乎对历史学的方法有了较大的关注。也就是说，从某种意义上来看，他的小城镇研究多少已具有现代历史地理学的视野。例如，在前引《小城镇在四化建设中的地位和作用》一文中，就根据相关历史文献记载并结合自己在云南的实地调查所得，讨论了集镇的出现与古书里“日中为市”的问题，他认为“因为农民把自己生产的东西带来卖，从住的地方走到这儿，最远的地方要半天；再远处的人走到这儿是‘日中’，所以叫‘日中为市’。这是一个简单的算术问题。到日中的时候人最多，各地方的人都来了。买卖完毕，大家都各自回去”。在该篇论文中，他又结合《吴江县志》的记载，研究了吴江县城的基本结构，指出早期吴江县城主要有四样东西，一个衙门，一个监狱，一个文庙，一个城隍庙。县城很简单，很小，不是做买卖的地方，只在吴江城外一里有一个市，叫盛家埭，在长桥附近。城里何以没有“市”，他的解释是“因为各地方来的人，怪里怪气的，要偷东西，靠不住，不安全，小孩子害怕，所以要到城外”。联系到在云南的考察经验，费孝通得出这样一个推论：“早期的城（镇）同集（街）是分开的，一个是政治中心，一个是商业中心。”在《谈小城镇研究》一文中，费孝通又进一步研究了“城”与“市”的区别及“镇”的起源：“其实城和市不是一回事。传统的城是地主阶级的堡垒，他们和农民对立，所以害怕赶集、赶街之类的活动，主要是怕四乡的人聚集在一起闹事，不好维持和掌握秩序。一般城和集市的地点是分开的，常常在城区的外面设立固定的地点作为赶集的人交换货物的场所。以后定期聚合的赶集赶街的贸易方式发展到固定化和经常化，从 12 天一次，6 天一次，发展到 3 天一次和天天赶街。商人也随之在此开设固定的店铺，这就出现了镇。‘镇’，《康熙字典》解释为‘重也、压也’、‘言镇守也’。镇是有人管的集市。”[⑥] 费孝通的上述解释可能有片面的地方，但他作为一位社会学家，在其开展小城镇研究之初，即已能自觉地采用历史地理学等

① 费孝通：《小城镇在四化建设中的地位和作用》（1982 年），见费孝通：《费孝通论小城镇建设》，群言出版社，2000 年，第 37—46 页。

② 费孝通：《开展对城市住宅问题社会学的研究》（1982 年），见费孝通：《费孝通论小城镇建设》，第 47—49 页。

③ 费孝通：《继续开展江苏小城镇研究》（1983 年），见费孝通：《费孝通论小城镇建设》，第 122—128 页。

④ 费孝通：《怎样找问题》（1983 年），见费孝通：《费孝通论小城镇建设》，第 65—78 页。

⑤ 费孝通：《谈小城镇研究》（1982 年），见费孝通：《费孝通论小城镇建设》，第 50—64 页。

⑥ 费孝通：《谈小城镇研究》（1982 年），见费孝通：《费孝通论小城镇建设》，第 50—64 页。

其他学科的研究视角，可视为其社会学研究方法论已出现较大转型的一个表现。

当然，就理论上的系统性和学术深度方面而言，在费孝通的诸多有关小城镇的论文中，还是以他在1983年所写的《小城镇 大问题》一文最具有代表性。在此文中，费孝通提到他当年春末夏初在江苏省吴江县做了为期一个月的社会调查，“对该县十来个小城镇的历史与现状作了初步研究”，“打算写一篇关于小城镇的类别、层次、兴衰、布局和发展的文章”，但是因为“时间由不得自己支配，这个打算便落了空”，只能依据自己的腹稿，谈谈“在吴江调查的感受以及由此联想到的一些问题”。[①] 但是，在笔者看来，虽然费孝通自谦这篇论文不是满意之作，但其实已比较全面地反映了作者关于小城镇研究的理论框架。从费孝通的说明来看，他在小城镇研究上是历史与现状并重的，并且认为小城镇研究应当重点关照类别、层次、兴衰、布局和发展这五个方面的内容。这些问题已经涉及社会学、历史学、地理学等多个学科，所以他明确地指出，小城镇这样的社会实体，“无论从地域、人口、经济、环境等因素看，它们都既具有与农村社区相异的特点，又都与周围的农村保持着不可缺少的联系”，“小城镇研究是一个综合的、长期的科研项目”，“科学研究要对客观事物负责，即实事求是”，“但是实事求是的科学研究不等于消除了可能的片面性，每一个学科的研究，其片面性都是不可避免的。越是专家，其片面性或许会越大。为了不使决策陷入片面性，在决策和科研之间应有一个中间环节。这个环节就是综合各个学科对某一事物的认识，进行‘会诊’，然后才向决策机构提出若干建议及论证”。[②] 这段论述，高屋建瓴，不仅明确地说明了小城镇的特点及其影响因素，而且清晰地阐明了小城镇研究的意义及采用综合性研究方法的客观必要性。

从《小城镇 大问题》一文具体的研究论述来看，费孝通所谓的综合研究，就是在社会学研究中积极借鉴历史学、地理学等学科的理论与方法。例如，费孝通通过调查与研究，将吴江县的小城镇划分为五种类型，分析了其各自特点的形成与演变过程：民国时期的震泽镇通过几百条航船与周围乡村保持着商品流通，“说明震泽镇是以农副产品和工业品集散为主要特点的农村经济中心，是一个商品流通的中转站”；盛泽镇早在明代就有上万人口，家庭丝织手工业“这个传统在民间已存在近千年”，正是基于这样的历史地理基础，“盛泽镇现在是吴江县人口最多、产值最高的一个小城镇”，“是一个丝织工业中心，是具有专门化工业的小城镇”；松陵镇“在解放前后都是吴江县的政治中心，现在吴江县政府就设在松陵镇上。解放以来吴江县其他原有的小镇都处于停滞和萧条状态，惟独松陵是例外，它的人口不但没有减少，而且还比解放初有较大增长”；“同里距运河边上的松陵只有六公里，离东南自苏州到上海的水路要冲屯村镇五公里半。同里镇本身四面环水，似乎是一片藏于水泽中的岛屿。它的周围地区河塘交叉，漾湖衔接，是典型的湖沼水乡。解放前的同里不通公路，只靠摇小船进去。对于一个不熟悉水道的陌生人来说往往在水面上转悠半天也找不到进出之河道。正由于同里处于交通闭塞的地理位置，具有不同于一般的水乡地貌，它就被地主阶级、封建官僚选中作为他们的避难所和安乐窝。解放前这个小镇集居着大量的地主和退休官僚”。“同里过去可以说是一个消费、享乐型的小城镇，现在正在改造成为一个水乡景色的游览区，已经成为文化重点保护区之一”；“平望镇地处江浙之间，形成北通苏州、南通杭州的门户，历来是兵家必争之地”，不过这样的地理位置和交

① 费孝通：《小城镇 大问题》（1983年），见费孝通：《费孝通论小城镇建设》，第79—121页。
② 费孝通：《小城镇 大问题》（1983年），见费孝通：《费孝通论小城镇建设》，第79—121页。

通条件使它具有两面性，“一方面易遭战争攻击和破坏，因此在解放前曾经几度由兴而衰，一直未能稳固地发展起来；另一方面由于交通发达，物资流畅，具有发展经济的优越条件，使它常能衰而复兴”。在这篇大作中，尽管费孝通并没有使用“历史地理”这样的学科概念，但从他在具体行文中交织地使用“历史条件”“历史发展”“历史传统”“历史现象”“地理位置”“自然灾害”“自然地理”等学术名词，以及他一再强调各个城镇的特点“是各镇的具体历史形成的”、其兴衰演变是“由于自然灾害、地理发生显著变化等多种因素引起的”、区域小城镇研究“不能不从该地区的历史传统和特定的社会条件去考察”等言论来看，历史学分析和地理学分析相结合正是他的小城镇研究的主要特色所在，而这正是现代历史地理学研究的基本取向。

第四章 关于历史地理学的若干理论问题

一、历史地理学的研究对象、学科属性和研究意义

（一）历史地理学的研究对象

关于历史地理学的研究对象或者说是历史地理学的定义，学术界目前有多种不同的说法，并未完全达成共识。

1. 侯仁之关于历史地理学的基本观点

侯仁之在《历史地理学刍议》一文中提出：“历史地理学是现代地理学的一个组成部分，这是无可置疑的。”“历史地理学的一个根本观点，就是说人类的生活环境，经常在变化中，而不是一成不变。属于自然的景观如此，属于人为的景观更不例外。”“当前的地理，乃是从过去的地理发展演变而来，而在这一发展演变的过程中，人的缔造经营，占了最重要的地位，如果不是因为人的活动而引起的周围地理的变化，在这几千年的历史时期中那是非常微小的。同时，还须注意，作为一个有异于其他动物的人，正是在改造自然环境的过程中，才终于发展了自己的智能，改造了自己的面貌，使自己提升到‘万物之灵’的卓越地位。”①

侯仁之上述观点的形成，在很大程度上是受恩格斯自然辩证法的影响。

恩格斯曾经指出：“人的思维的最本质和最切近的基础，正是人所引起的自然界的变化，而不单独是自然界本身；人的智力是按照人如何学会改变自然界而发展的。因此，自然主义的历史观（例如，德莱柏和其他一些自然科学家都或多或少有这种见解）是片面的，它认为只是自然界作用于人，只是自然条件到处在决定人的历史发展，它忘记了人也反作用于自然界，改变自然界，为自己创造新的生存条件。日耳曼民族移入时期的德意志‘自然界’，现在只剩下很少了。地球的表面、气候、植物界、动物界及人类本身都不断地变化，而且这一切都是由于人的活动，可是德意志自然界在这个时期中没有人的干预而发

---

① 原载于《北京大学学报》（自然科学版）1962 年第 1 期，收于侯仁之：《历史地理学四论》，中国科学技术出版社，1994 年。

生的变化，实在是微乎其微的。”①

侯仁之认为：“上述恩格斯的话，原是为了揭示一直到19世纪前半叶在欧洲历史上仍然占有统治地位的所谓中世纪陈腐的自然观的荒谬而说的，而这样一个论点，或者更确切地说这样一种宇宙观，却恰好为科学的历史地理学提供了理论的根据。”“从此以后，一切有科学头脑的人，再也不能相信地理环境一成不变的陈词滥调。不过，这种变化在人类历史时期来说，主要的还是由于人的活动不断加工于自然的结果，至于不因人的活动而发生的变化，虽然也有，但比较起来，确是非常微小的，这已经由恩格斯反复说明了。研究在历史时期主要由于人的活动而产生或影响的一切地理变化，这是今日所理解的历史地理学的主要课题。至于在人类历史以前的一切变化——或更进一步说，在人类活动还没有能够在大地表面上引起显著的改变，或留下显明的痕迹以前的一切变化，则应当属于‘古地理学’的研究范围。”②

侯仁之首次清晰地阐明了历史地理学的研究对象、属性及这门学科与现代地理学和古地理学的关系，对现代意义上的中国历史地理学的发展作出了开创性的贡献。

2. 史念海的观点

史念海对中国历史地理学的定义如下：“中国历史地理学是探索中国历史时期各种地理现象的演变及其和人们的生产劳动、社会活动的相互影响，并进而探索这样的演变和影响的规律，使其有利于人们利用自然和改造自然的科学。”③

在上述定义中，史念海将中国历史地理学的研究对象确定为“中国历史时期各种地理现象的演变”，比侯仁之所说的“地理变化”更具体一些，同时他还将“中国历史时期各种地理现象的演变”与“人们的生产劳动、社会活动的相互影响”也纳入历史地理学的研究范畴，特别强调历史时期人地关系及其演变规律的探索，与现代地理学强调人地关系研究不谋而合，是具有启示意义的。

3. 刘盛佳的观点

刘盛佳在《历史地理学的研究对象》一文中认为：“历史地理学是研究文化景观（或称人文景观、历史景观）的科学，包括未经人类活动改变的自然景观，人类施加了影响和作用的自然景观与人类建造的人为景观；文化景观以人类行动为景观营力的全过程，是将时间和空间与人类活动相结合的科学，以此有别于没有人类活动营力的古地理学，时段很短的现代地理学，以及无实证而难以检验的未来地理学。”④

按照刘盛佳的观点，历史地理学的研究对象有狭义和广义之分，狭义历史地理学研究的是对象的内涵，广义历史地理学研究的是对象的外延。通常认为历史地理学包括历史自然地理和历史人文地理，其实自然地理和人文地理都是含义十分广泛的概念。狭义的历史地理学就是研究文化景观形成演变的科学。文化景观也称人文景观（human landscape），包括：①适合人类居住的现有景观（present landscape）；②被人类活动改变过的自然景观，即自然景观加上各种文化营力（cultural process）所形成的景观，如人口分布、人口密度、人口移动、房屋及公共设施、通信、交通设备等；③人类占据及改变自然后在人口稠密地

① 恩格斯：《自然辩证法》，人民出版社，1971年，第208—209页。
② 侯仁之：《历史地理学刍议》。
③ 史念海：《中国历史地理纲要》（上册），山西人民出版社，1991年，第1页。
④ 刘盛佳：《历史地理学的研究对象》，载《华中师范大学学报》（自然科学版）1997年第2期。

区所形成的各项物质建设。

广义的历史地理学研究的是广义的文化景观的形成演变规律。其突出点是将自然景观也包括在文化景观之内。这是因为人类发展到现在，不仅已塑造了与自然景观不同的文化景观，而且地球表面现存的一切景观形态，即使现今还存在的原始冰川景观、原始沙漠景观、原始草原、森林、沼泽等景观形态，以及浩渺无际的海洋景观，完全不受人类影响和干预的已经不复存在了。因此，从这一角度出发，文化景观的含义理宜扩大。

4. 孙天胜等人的新说

关于历史地理学与历史学上的地理学、地理学的历史（地理学史）的区别，20世纪50年代初，美国学者安·克拉克（Andrew H. Clark）在《历史地理学》（*Historical Geograpy*）一文中认为历史地理学研究时间上变化着的空间变异，并对历史地理学与历史学上的地理学、地理学的历史（地理学史）的区别作了如下说明：①历史学上的地理学：属历史学的范畴，专门研究历史事件发生地点的学问；②地理学的历史：是地理学和历史学之间的边缘学科，研究地理学发展演变的过程；③历史地理学：地理学的分支学科，研究人类参与条件下，地理环境演变的过程和规律。[①]

上述观点目前已被我国历史地理学界普遍采用。但孙天胜、曹诗图等最近撰文，对传统的关于历史地理学的定义提出了颇具影响力的新说。他们认为："几乎所有的地理分支学科都可以按照其学科名称的偏正结构去理解，如文化地理学主要是从地理学的角度去研究人类文化，经济地理学主要是从地理学的角度研究经济，政治地理学主要是由地理学角度研究政治……为什么唯有历史地理学例外，不是由地理学角度研究社会历史呢？现实的历史地理学根本没有走从地理学的角度去研究社会历史这一条路，相反倒是由历史角度（或时间维度）研究过去的地理环境。其实，这种意义上的历史地理学应正名为'地理历史学'（由时间角度研究地理），似乎应将其归类于历史学科。而真正意义上的名正言顺的历史地理学（即由地理学的角度研究社会历史，研究人类历史发展与地理环境的关系）应归属于地理学。"[②]"地理环境对人类历史的作用，其实始终应该是历史地理学研究的核心内容。人类社会的历史，实质上是人类活动和地理环境相互作用及相互制约的历史。相信随着历史地理学的实至而名归，将会使'人类社会历史发展与地理环境关系'的研究，步入一个健康的发展时期。"[③] 这些说法可能有些偏激，但所提出的问题还是值得人们认真思考的。

（二）历史地理学的学科属性

长期以来，关于历史地理学的学科属性问题争论较大，归纳起来大致有五种观点。

第一种观点认为，历史地理学是历史学的辅助学科——沿革地理。在中国，执"沿革地理说"的学者认为，沿革地理一直附属于历史学之中，因此，从沿革地理学的母体中脱离的历史地理学应该属于历史学的辅助学科。直至近年还有人提出"历史年代学与历史地理学乃是历史科学必不可少的两个分支学科"。国外也曾有类似的论点。[④] 目前持这种观

① 刘盛佳：《历史地理学的研究对象》，载《华中师范大学学报》（自然科学版）1997年第2期。
② 孙天胜、曹诗图：《历史地理学的名实之辨》，载《晋阳学刊》2000年第6期。
③ 孙天胜、曹诗图、陈国忠：《历史地理学的学科属性辨析》，载《人文地理》2001年第5期。
④ 张步天：《历史地理学概论》，河南大学出版社，1993年，第1—2页。

点的学者越来越少了，但这种观点仍然有较大的影响，至今在国务院学位申请学科分类中，一级学科历史学包括八个二级学科（即史学理论、历史文献学、考古学与博物馆学、中国古代史、中国近现代史、世界史、专门史、历史地理学），其中就有历史地理学。在全国高校历史系的教学中，只要师资力量允许，中国历史地理往往是必修的基础课，另外还要开设一些相关的专业选修课程。在国家社会科学基金、教育部人文社会科学项目申报中，历史地理学也是作历史学的分支学科而运作的。

第二种观点认为，历史地理学是地理学的一种分支，即地理学的一门辅助学科。持这种观点的学者认为，历史地理学研究的对象是地理环境或文化景观，是与现代地理学的研究对象相同的，只是研究的时段有所区别。侯仁之认为："在历史地理学的研究工作中，特别是在涉及有文字记载的人类历史时期的研究时，也必然会利用到历史文献和资料，但不能因此而断定历史地理学就属于历史学。因为历史地理学的研究所要解决的问题，仍然是地理科学的问题，而不是历史学的研究所能解决的。"① 持历史地理学是地理学分支学科观点的学者认为，历史地理研究工作主要是复原过去的地理环境或文化景观，进而阐明当前的地理环境或文化景观形成的过程、原因和特点，为当代地理学服务。英国历史地理学者伊士脱及我国著名历史地理学家侯仁之、谭其骧、陈桥驿等持这种观点，故这种说法成为目前历史地理学界的主流观念。至今中国历史地理学领域并没有独立的一级学会，而只是在中国地理学会下设有一个历史地理专业委员会。在国家学科设置中，历史地理学是一级学科地理学之二级学科人文地理学下的一个三级学科，所以全国个别高校的地理学系也开设了历史地理学课程，国家自然科学基金也接受历史地理学的申请。

第三种观点认为，历史地理学是地理学的组成部分，同时也是历史学的辅助学科。持此观点的是著名历史地理学家史念海教授。史念海提出："中国历史地理学作为地理学范畴的学科，是因为它的研究目的和方法都是相近似的，甚至还可以说是近乎一致的。""中国历史地理学既是研究历史时期的地理，就不能截然和历史学无关，尤其是历史时期的文献记载更是不能须臾稍稍离开的。中国历史地理学固然不能离开历史学，就是历史学也是不应离开中国历史地理学的。……正是由于这样的关系，中国历史地理学虽已属于地理学范畴，但作为历史学的辅助学科，还是有一定道理的。"② 也有另一种比较类似的说法，认为历史地理学是具有明显边缘性质的一个地理学的学科分支，如张步天指出："历史地理学的属性应该从两个方面进行探讨，一是它从属的学科范围，一是它的学科性质。以前者而论，历史地理学是地理学的一个学科分支，同时，历史地理学又是一个具有明显边缘性质的学科。以后者而论，历史地理学是一种综合性的学科。"③ 葛剑雄也认为，"历史地理学是地理学的一个分支学科，它所研究的是历史时期的地理现象。一方面，它以历史文献为主要依据，借助历史学的研究手段；另一方面，它要自觉地进入现代科学体系，掌握和运用现代科学原理。历史地理学是历史和地理'两栖'学科，也是社会科学和自然科学'两栖'学科"。④

第四种观点认为，历史地理学是历史学和地理学的边缘学科，或称交叉学科。俄国学

---

① 侯仁之：《再论历史地理学的理论与实践》，原载于《北京大学学报》1992 年历史地理学专刊，收于侯仁之：《历史地理学四论》。

② 史念海：《中国历史地理纲要》上册，山西人民出版社，1991 年，第 8—10 页。

③ 张步天：《历史地理学概论》，第 1 页。

④ 葛剑雄：《时间和空间之间的探索》，载《开放时代》1999 年第 5 期。

者萨莫伊洛夫认为，“就历史地理研究的对象而言，可列入地理科学；就其研究的资料和方法而言，可列入历史科学。它是介于历史学和地理学之间的边缘学科”。戈登伯尔格认为，特定历史条件下的地理出现在历史学和地理学的边缘地带。德国学者赫特纳也认为，“就其考察的方式而言，历史地理学是一门地理学科，因为它主要涉及人类，它应该是一门人类地理学的学科。但是在这方面它的兴趣是历史的，只是在用过去来解释现在这方面才间接地是地理的”①。他认为历史地理学是一门关于历史的地理学。由于我国的历史地理学研究与属于历史学范畴的沿革地理学有着渊源关系，以及就其凭借的历史文献资料和研究的人类历史时期的时空范围来说基本上与历史学相同；而就其研究的对象历史地理环境而论又属于地理学的范畴，因此，把历史地理学视为历史科学和地理科学之间的边缘学科的观点至今仍然很有影响②。例如，《辞海》释“历史地理学”为：“历史学和地理学之间的边缘学科。研究历史时期的自然地理、政治地理和经济地理现象，以及它们在历史时期中的分布变化及其发展规律。”③ 笔者同意将历史地理学看作是历史科学和地理科学之间的边缘学科的观点。

第五种观点认为，历史地理学是一门独立的综合性学科。1999 年，尹国蔚撰《历史地理学性质评议》一文，回顾了历史地理学学科归属的争论过程，公开提出历史地理学是一门独立的综合性学科。近年孙天胜、曹诗图撰《历史地理学名实之辨》一文，提出历史地理学应将社会历史发展与地理环境关系作为最重要的研究内容，这为历史地理学向一门独立综合学科发展指出了方向。蓝勇最近撰文指出，“应该看到近二十多年来，中国近代历史地理学在吸收了许多自然科学和社会科学其他学科的研究方法后，逐渐发展成为一门相对独立的学科，形成现代历史地理学（Modern Historical Geography），具有鲜明的学科特色，逐渐向一门综合性十分强的独立学科发展”，“现代历史地理学的研究内容、研究方法和手段已经具有十分强的综合性，故而更体现了一种学科的独立性。现代历史地理学的人地关系已经远远超出历史时期这个空间顺序，而已经包括当代时期和未来时期两个顺序的人地关系。同时应该看到，现代历史地理学者对现实问题的关注已经达到了前所未有的地步，而这种关注由于有深厚的现代历史地理学的学科背景，其对现实问题的理解和认识往往更深刻和厚重，是其他学科学者所不能替代的。更重要的是作为一门学科将尽全时空和人地关系互动作为核心所在，这是其他任何单一学科所难以实现的。可以预见，在不久的将来，中国现代历史地理学将以一门崭新的独立学科的面貌出现的我们面前——这便是‘人地时空学’”。④ 这是一个新颖的观点，但诚如葛剑雄所指出的，“至于是否构成一门独立的学科，这不仅取决于这门学科的性质，还取决于已经取得的成果和地位。历史地理研究虽然有了长足的进步，但与地理学或历史学这些一级学科还无法相比，所以在相当长的时间内还只能是一门二级学科”。⑤

① 阿尔夫雷德·赫特纳：《地理学——它的历史、性质和方法》，商务印书馆，1983 年。

② 张步天：《历史地理学概论》，第 2—3 页。

③ 《辞海》（缩印本），上海辞书出版社，1980 年，第 147 页。

④ 蓝勇：《人地时空学——历史地理学发展的方向》，见阙维民：《史地新论》，浙江大学出版社，2002 年。

⑤ 葛剑雄：《面向新世纪的中国历史地理学》，见教育部人文社会科学重点研究基地复旦大学历史地理研究中心主编：《面向新世纪的中国历史地理学——2000 年国际中国历史地理学术讨论会论文集》，齐鲁书社，2001 年。

（三）历史地理学研究中的时间断限问题

所谓历史地理学研究中的时间断限问题，就是对“历史时期”的时间上限与下限的界定问题。

侯仁之在《历史地理学刍议》一文中指出，历史地理学研究的对象“乃是人类历史时期地理的本身，也就是无异把当前地理学的研究，推回到已经过去了的历史时期”，“其主要目的则在于探讨同一地区或同一地理环境在不同历史时期的实际情况，以及其发展演变的规律，因为只有这样，才能更深刻地去理解当前这一研究对象的形成和特点”。① 关于“历史时期”，侯仁之在后来所写的《历史地理学概述》一文中明确地说：“应该着重指出的是所谓‘人类历史时期’，或者更明确地说：人类活动对于自然环境诸要素产生了重要的和明显的影响，究竟是从什么时候开始的？人类出现在地球上已有上百万年的历史，但是人类活动真正影响到自然环境诸因素的重大变化，还是应该从原始农业的起源开始。以绝对时间来说，这只是最近 1 万年以内，在地质史上也就是全新世开始以来的事。在此以前的地理属于‘古地理’的研究范围，在此时期以内就进入了历史地理的研究范围。但是在实际上，两者的研究往往是互相渗透的。”② 在上引诸文中，侯仁之对历史地理学研究的时间上限作了界定，但对于其下限则未有明确的说法。史念海则曾对中国历史地理学的断限作过明确的说明，他认为：“中国历史地理学是研究历史时期的地理的。这里所说的历史时期的断限，是上起新石器时期，而下至于建国的初期。”“旧石器时期的人们虽散居各地，殆皆以采集为生涯。这只是受自然的赐予，说不上对自然的利用和改造。受自然的赐予就要受到自然的影响。翻过来说，却不能对自然有任何影响。中国历史地理学既要探索人与地的关系及其相互影响，则其上限就不应从旧石器时期开始。到了新石器时期，已发现的遗址相当繁多，遍布祖国各处。这时不仅有了生产工具，并且还能种植一些家作物，就是居住的地点也有一定的选择。这就充分说明了当时的人们在自然影响下，不仅能够利用自然，而且还可以改造自然。既然能够改造自然，也就是能够运用其影响，引起自然的变迁。正是因为这样的缘故，中国历史学的上限，就可以确定为新石器时期。”“作为历史时期，既有肇始之时，也应有讫止的阶段，这门学科的讫止阶段，大致可以定到建国的初期，建国迄今已经几十年了。几十年前的往事应该列入历史时期。此后就是现代的地理学研究范围了。”③

当然，对于历史地理学研究的断限，学术界目前还有一些不同看法。如葛剑雄就认为：“历史地理的研究阶段是历史时期，其上限应该是文字的出现。在完全没有文字记载（包括间接的）条件下，对地理现象的研究只能运用考古学或古地理学的方法。谭其骧先生生前一直认为，历史一般是从有文字记载开始的，所以才有所谓‘史前时期’。讲文明的起源可以追溯到史前，讲历史就只能是文字产生之后。所以不赞成将历史地理研究提前到第四纪，也不赞成将历史地理学与古地理学混淆起来。历史地理学的下限应该与当代衔接，但以往的研究过于偏重古代，近年虽有所改变，仍然是一个薄弱环节。”④ 这个观点

---

① 侯仁之：《历史地理学刍议》。

② 侯仁之：《历史地理学概述》，原载于《百科知识》1988 年第 3 期，又收于侯仁之：《历史地理学四论》。

③ 史念海：《中国历史地理纲要》（上册），山西人民出版社，1991 年，第 2—3 页。

④ 葛剑雄：《面向新世纪的中国历史地理学》。

不无道理，但略显保守。

另外，赖琼在《史前地理——历史地理的一个组成部分》一文中对历史地理学研究的时间上限提出了自己的看法，[①] 毛曦最近撰文也认为，从对人地相互关系的认识、历史文化地理学的研究对象、历史文化发展的连续性及已有的条件来看，“历史地理学特别是历史文化地理学将旧石器时代纳入其研究范围是非常必要的，而且是可行的”，“对于旧石器时代的研究属于多个学科的学术领域，如古人类学、地质学、考古学、历史学、古地理学，等等，都从不同角度对旧石器时代有所探讨。而历史地理学对旧石器时代的探讨自有其切入的角度”，以下的问题更值得我们给予更多的关注和探讨：“其一，自然环境与人类起源的关系；其二，自然地理环境与旧石器时代文化发展及区域分布的关系；其三，旧石器时代文化的地域特色；其四，旧石器时代的人地关系的特点。”[②]这些观点略显激进，但有助于开拓新的研究视野。

（四）历史地理学研究的理论意义与实践意义

为什么要研究历史地理呢？侯仁之在《历史地理学刍议》中指出：“简单地说，历史时期的地理既然处于经常不断的变化中，那么只想了解它的今天，而不过问它的‘昨天’和‘前天’，显然是不够的。因为只有了解了它的‘昨天’和‘前天’，才能更好地了解它的今天。那么，如何才能了解它的‘昨天’和‘前天’呢？这首先是要把过去时代的地理进行‘复原’，一如考古学家把已经破碎了的或甚至是残缺不全的古器物进行‘复原’，或者像古生物学家把早已绝迹了的某种动物的遗骸化石进行‘复原’一样。但更重要的是，还得把不同时代的已经复原了的地理按着历史发展的顺序，联系起来进行研究，寻找其发展的规律，阐明今天地理形成和特点。这一研究对于当前地理科学的进一步发展，是很有关系的。……其有助于现代地理学的发展，是可以断言的。”“同时，也须看到，历史地理学若干方面或若干专题的研究，也必然直接有助于生产建设的进行。例如，历史水文地理的探讨是水利建设上所必不可少的。城市历史地理的研究，也是进行城市规划的必要知识。”

关于历史地理学研究的理论意义与实践意义，侯仁之在《历史地理学的理论与实践》中有相当明确的论述。他认为：“我们不但拥有特别丰富的历史文献，更重要的是我国世代的劳动人民在悠久的历史进程中，通过生产劳动所带给地理环境的变化，其范围之广大，影响之深刻，在世界其他地方也是罕有其匹的。因而一直到今天，无论在地表上或在地表以下埋藏不深的地方，仍然保留有大量古代人类活动的遗迹，为地理环境的今昔变化提供了极为重要的证据。不了解这些变化过程及其内在规律，而想‘真正认识现代地理环境’，从而对之进行有效的利用和改造，是不可能的。”“把地理学的研究，不仅局限在当前所能见到的地球表面这一层，同时还要扩展到过去的历史时期，特别是扩展到从‘中全新世’以后的历史时期，也就是扩展到人类活动对地理环境开始产生了日益显著的影响以后的时期（从考古学上来说，就是从新石器时期中期以后的时期）。这就是历史地理学研究的范围。在这里，地理工作者和地质工作者在不同的研究方向上开始相遇，共同携起手来，填补了研究自然环境（指地质地理环境）发展过程中的一段空白，使整个自然环境发

---

① 赖琼：《史前地理——历史地理的一个组成部分》，载《湛江师范学院学报》（哲社版）1995 年第 3 期。

② 毛曦：《旧石器时代可纳入历史地理学研究范围》，载《四川大学学报》（哲社版）2002 年第 3 期。

展史的研究连贯起来，这不仅具有重大的哲学意义，而且对于当前改造自然、利用自然的实践，也有重要的指导意义。”①

关于在大学地理系和历史系开设中国历史地理课程的作用，侯仁之早在20世纪50年代初就曾撰写了《“中国沿革地理”课程商榷》一文②进行阐述，他认为对于专修历史的学生来说，不能不了解那个时代的地理，“地理决定论的说法我们是承认的，但是若把历史的研究与地理环境完全孤立起来，也是不对的”；至于对专修地理的学生来说，“今天的地理不是自古以来就是如此的，而是从以往不同的时代地理中发展演变而来的，凭空而生或是静止不变的地理现象从来就不存在，因此要真正了解今天的地理，也必须了解过去的地理，这期间也自有其发展规律的存在，这又是我们在学过了辩证唯物主义论之后所不能否认的”。他还再进一步说：“历史地理的研究不但使我们对某一个时期的地理有所认识，而且还使我们对不同时期中同一地域在地理上的改变也可得到一个比较的观察，在这样的观察中，我们一方面固然可以看出地理环境如何影响了人的活动，同时也更容易看出人的活动又如何改造了地理环境，因为自从历史时期开始以来，自然地理上的变迁究竟有限，而人文地理上的变迁则是无穷的。”这些说法虽然是上个世纪50年代提出的，但至今仍具启发意义。

值得补充的是，关于开展中国历史地理研究的实践意义，史念海曾在《发挥中国历史地理学有用于世的作用》③一文中，进行了全面深入的阐述，他指出：“中国历史地理学是一门可以有用于世的学科。这门学科能够见重于当世，就是由于它具有有用于世的作用。”“中国历史地理学有两个组成部分，就是历史自然地理和历史人文地理。两大部分之下又各有若干分支。中国历史地理学是一门有用于世的学科，这两大部分也应该是各得其所，无分难易。这里先由历史自然地理说起。历史自然地理包括地形、水文、海洋、土壤、沙漠、气候、植被等方面，这些年来大致没有很大的改变。如果还有什么需要增添的话，可能再添上动物地理。自然因素是经常在演变之中，它有一定的规律。这样的规律当然有助于当前的利用自然和改造自然。”“历史自然地理所包括的诸方面，都能和当前的国家经济建设相互联系，因而也就能够易于为世所用。历史人文地理就不免稍逊一筹。因此不免有人会说，若要讲到为世所用，历史人文地理恐怕不如历史自然地理易于见效。其实并不尽然。……历史人文地理和历史自然地理一样，也包括许多方面。建国之初，它大致还仅限于经济、政治、人口等较少的方面，后来逐渐随着研究范围的扩大，因而不断有所增多。究竟增加多少，当前学者见仁见智，容或间有不同。不佞以为应该包括民族、人口、政治、经济、聚落和城市、军事、文化等方面。……这里提出的这些方面，都可以分别显示出这门学科有用于世的作用”。“中国历史地理学这门学科，如前所述，是有悠久的渊源的。建国之后，虽然由于在旧有的基础上增加了新的因素，而被称为既古老而又年轻的科学，但它确已成为显学。能够成为显学，它能够为世所用也是其中重要的因素。作为一门学科，是应该为世所用的。如果不能为世所用，就难以存在下去。自来有些学问被称为绝学。绝学有两种解释：一种是宏伟独到的学问，一种是失传的学问。宏伟独到的学问当然应该继续发扬，使之更显得光辉。至于失传的学问，失传的原因可能不一，其中一条

① 侯仁之：《历史地理学的理论与实践》，原载于《北京大学学报》（自然科学版）1979年第1期，又收于侯仁之：《历史地理学四论》。

② 原载于《新建设》1950年第2卷第11期，又收于侯仁之：《历史地理学四论》。

③ 载《中国历史地理论丛》1992年第3辑。

应该是不为世所用。既然不为世所用，失传了也就不会使人感到可惜。可以想见，为世所用是一门学科能否长期存在并且发扬光大的关键所在。中国历史地理学本来就是一门为世所用的学科，问题是如何发扬光大，使它更易为世所用，使它更能发挥为世所用的作用。”上述观点详备周全，可称是经典之论，足资后学者参考借鉴。

二、历史地理学学科体系再认识

（一）关于历史地理学学科体系的几种提法

历史地理学是研究历史时期自然、人文现象及人地关系发展演进规律的科学。现代意义上的历史地理学是在历史学和地理学交叉处诞生、具有明显边缘性质的一门新兴学科。历史地理学本身的学科体系历来存在不同的说法，有二分法、三分法和四分法，甚至较为复杂的六分法等。

1951 年 10 月，苏联历史地理学家雅尊斯基在《马克思主义历史地理的目的和任务》一文中，将历史地理学分为历史自然地理、历史人口地理、历史经济地理和历史政治地理四个部分。当时的国内学术界将历史地理学分为历史自然地理和历史经济地理两个部分[①]。20 世纪五六十年代以后，我国的历史地理学界经过对学科性质等理论问题的讨论之后，学科理论水平得以提高。1959 年，有学者认为历史经济地理在广义上包括历史人口地理、历史政治地理甚至历史城市地理，有的学者则认为历史地理学包括历史自然地理、历史人口地理、历史经济地理和历史政治地理四个部分[②]。显然，苏联学者不提人文地理学的做法，无疑对我国影响较大。1964 年 8 月，黄盛璋提出了历史地理学的新四分法[③]：历史自然地理、历史人文地理、历史区域地理和历史地图学，开始提出历史人文地理、历史区域地理，并将历史地图学提高到与前者并列的地位，这一提法影响了后来的许多学者。

近二十年来，历史地理学飞速发展，理论研究突飞猛进，出现了许多新提法。

1. 历史地理学的一分法体系

有学者认为，历史地理研究的极大部分课题都是具有区域性的，只是有些区域较大，有些区域较小而已，从本质上说，历史地理研究的内容就是在一定地理区域上发生的各种自然、人文现象的历史演变，所以，历史地理就是区域历史地理，这就是历史地理学的一分法体系[④]。对此，也有学者持不同看法，如朱士光认为，区域历史地理学与部门历史地理学相互对应，但不完全对等。因为区域历史地理学研究的是一定区域范围内的人类历史时期整个地理环境的变化，以系统论的观点研究包括多个部门历史地理分支学科内容，得出综合性、整体性的结论，其层次比部门历史地理要高，两者关系如图 4－1 所示[⑤]。

---

① 侯甬坚：《区域历史地理的空间发展过程》，陕西人民教育出版社，1995 年，第 1—3 页。

② 黄秉维等：《地理学》，侯仁之：《历史地理学》，见《十年来中国的科学》，科学出版社，1959 年。

③ 黄盛璋：《论历史地理学一些基本理论问题》，见《地理集刊》（第 7 号），科学出版社，1964 年，第 1—17 页。

④ 孙进己：《关于中国区域历史地理的研究和编写》，见孙进己主编：《东北亚历史地理研究》，中州古籍出版社，1998 年。

⑤ 朱士光：《加强区域历史地理学研究　提高历史地理学整体学术水平与应用功能》，见孙进己主编：《东北亚历史地理研究》。

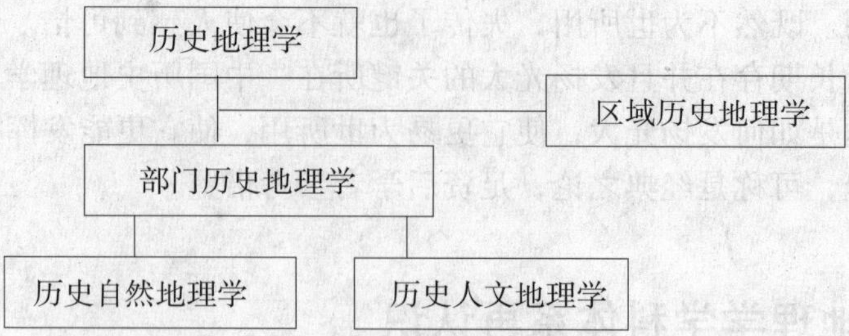

图4-1　区域历史地理与历史地理学

2. **历史地理学的二分法体系**

对历史地理学采用二分法（历史自然地理和历史人文地理）较为常见，史念海在《中国历史地理纲要》中采用的就是二分法①，王育民《中国历史地理概论》、陈昌远《中国历史地理简编》也是如此②。葛剑雄认为“将历史地理划分为历史人文地理和历史自然地理两大类与目前的研究状况相适应”③。不过，之所以较多的学者采用二分法的分类，与这种分类方法简便易行有很大关系。

3. **历史地理学的三分法体系**

历史地理学的三分法体系大致有两种，一种是张全明等的三分法，还有一种是张步天的三分法。张全明等认为“历史地理学包括了属于自然科学范畴的历史自然地理、属于社会科学范畴的历史人文地理和属于技术科学范畴的历史地图学三大类”④；张步天则依据地理科学体系的系统分类法，将历史地理学分为描述历史地理学、理论历史地理学和应用历史地理学三类⑤（如图4-2所示）。

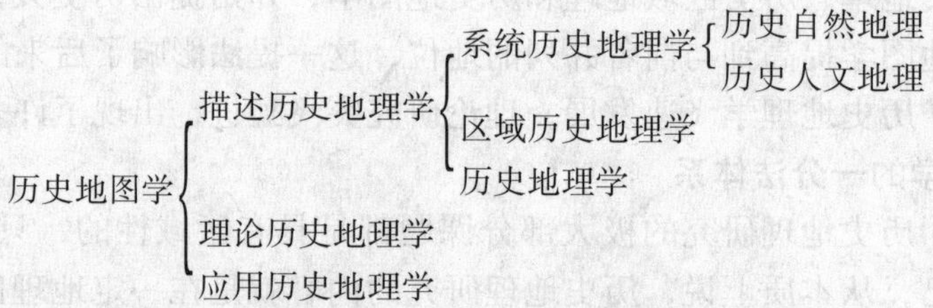

图4-2　历史地理学的三分法学科体系（1）

需要说明的是，蓝勇编著的《中国历史地理学》中，依据葛剑雄的观点，对历史地理学有另外一种三分法分类方案，如图4-3所示⑥。其中的历史社会地理主要是从社会科学的角度分的，广义的“社会”与狭义的“人文”主要是指社会学科与人文学科。

---

① 史念海：《中国历史地理纲要》（上、下册），山西人民出版社，1991年、1992年。

② 王育民：《中国历史地理概论》（上、下册），人民教育出版社，1985年、1988年；陈昌远：《中国历史地理简编》，河南大学出版社，1991年。

③ 葛剑雄：《面向新世纪的中国历史地理学》。

④ 张全明、张翼之：《中国历史地理论纲》，华中师范大学出版社，1995年，第4页。

⑤ 张步天：《历史地理学概论》，河南大学出版社，1993年，第21页。

⑥ 蓝勇：《中国历史地理学》，高等教育出版社，2002年，第6页。

- 历史地理学
  - 历史自然地理
  - 历史人文地理
    - 广义的历史社会地理
      - 历史政治地理
      - 历史经济地理
      - 历史军事地理
    - 狭义的历史人文地理
      - 历史文教地理
      - 历史宗教地理
      - 历史风俗地理
  - 历史地理理论和文献研究
    - 历史地理理论研究
    - 历史地理文献研究

图 4－3　历史地理学的三分法学科体系（2）

4. 历史地理学的四分法体系

历史地理学的四分法体系中较有影响的是黄盛璋先生的新四分法，即认为历史地理学包括历史自然地理、历史人文地理、区域历史地理和历史地图学四部分。

5. 历史地理学的六分法体系

李令福在《中国历史地理学的理论体系、学科属性与研究方法》[①] 一文中曾提出过较为复杂的六分法（如图 4－4 所示）。

- 历史地理学
  - 历史自然地理
    - 历史气候学
    - 历史水文地理
    - 历史地貌学
    - 历史沙漠与土壤地理
    - 历史生物地理
  - 历史人文地理
    - 历史政治地理
    - 历史人口地理
    - 历史经济地理
      - 历史农业地理学
      - 历史手工业地理学
      - 历史商业地理学
    - 历史民族地理
    - 历史文化地理
    - 历史聚落与城市地理
    - 历史军事地理
    - 地名学
    - 历史交通地理
  - 区域综合历史地理学
  - 历史地图学
  - 历史地理学理论
  - 应用历史地理学

图 4－4　历史地理学的六分法学科体系

---

① 李令福：《中国历史地理学的理论体系、学科属性与研究方法》，载《中国历史地理论丛》2000 年第 3 辑。

（二）历史地理学学科新体系的再认识

不论是历史地理学的二分法、三分法和四分法，还是六分法，都有一定的科学依据。但随着历史地理学近十几年来的飞速发展，历史地理学及其分支学科涌现出许多新的特点，从学科理论与发展趋势看，历史地理学应有新的体系。

关于历史地理学学科框架问题，葛剑雄在《面向新世纪的中国历史地理学》一文中就有高见，他认为，将历史地理划分为历史人文地理和历史自然地理两大类，与目前的研究状况相适应，但从学科理论与发展趋势看，历史地理的分类“在历史自然地理之外，还应该有历史人文地理和历史社会地理两个大类。随着研究范围的扩大与深入，历史地理学新的分支将不断出现和完善，到那时，历史人文地理与历史社会地理的并存与分工将水到渠成，顺理成章”①，认为历史地理学应当分为历史自然地理、历史人文地理和历史社会地理三大分支。

那么，历史人文地理和历史社会地理究竟又应怎样来区分呢？首先要看人文科学和社会科学的分合问题。从学科演化的过程来看，尽管有许多学者试图在认识论上确定知识的内涵、形式与研究对象，但知识与价值、学术与思想仍然具有边界的不确定性，人文科学与社会科学即是如此。关于人文，尽管早有“观乎人文”的说法，但学科与知识的分类分化远远不够，“人文”究竟是指哪些学科并无明确的界定；欧洲的学科分化则较为清晰，11 世纪以后，欧洲的各种知识在迅速增长中走向学科化、系统化，到 15 世纪 90 年代，被历史学家称为“人文学科”的五大学科——语法、修辞、诗学、历史学、伦理哲学等科目明确分离，19 世纪出现的自然科学发现与技术发明，促使欧洲的学术在研究领域和研究对象上更注意区分自然和人，而且对运用研究自然的科学方法来分析人的社会更加重视，社会科学开始从传统学科中分化出来。据相关学者总结分析，人文学科与社会学科的分野有如下一些特征：①人文科学和社会科学的分离始终在继续，但人文学科与社会学科在人类社会这一研究领域和研究对象上，到目前仍具有共合性。有些学科完全可能成为人文学科与社会学科共同占有的学科门类。②人文科学提倡批判精神，表达理想主义与乌托邦；社会科学由于溯源于自然科学，强调知识的科学性，并在方法论上有严格限制。③人文科学的研究对象是当代社会中宗教式微、理想冲突、价值歧向等问题，回答人类社会和人类个体的理想、道义的依据；社会科学则是从现象联系把握社会整体，对社会作静态和动态的分析，研究社会生活事实。②

我们认为，与人文学科与社会学科的分野相对应，历史地理学中，人文学科与社会学科也存在一定的分野，也就是说，可据之将历史地理学划分为历史自然地理、历史人文地理和历史社会地理三个部分，具体的历史地理学类学科体系的新分类方案，如图 4－5 所示。

---

① 葛剑雄：《面向新世纪的中国历史地理学》。

② 毛丹：《人文学科与社会学科的分合特征》，载《浙江大学学报》（社学科学版）1997 年第 1 期。

- 历史地理学
  - 历史自然地理
    - 综合历史自然地理
    - 部门历史自然地理
      - 历史气候地理
      - 历史地貌地理
      - 历史水文地理
      - 历史土壤地理
      - 历史生物（动物与植物）地理
  - 历史人文地理（狭义）
    - 历史文化地理
    - 历史语言地理
    - 历史宗教地理
    - 历史军事地理
    - 历史民族地理
    - 历史民俗地理
  - 历史社会地理（广义）
    - 历史政治地理
    - 历史经济地理
    - 历史人口地理
    - 历史聚落（城市与乡村）地理
    - 历史社会地理（狭义）

图4－5　历史地理学的新三分法学科体系

三、黑格尔地理环境理论的辩证分析[①]

随着现代社会对环境问题的更多关注，地理环境理论的发展也成为学术讨论的热点，历史上先后出现的不少地理环境理论得以重新解读和评价。黑格尔作为德国古典哲学的集大成者，对地理环境的认识主要集中于《历史哲学》一书中专章“历史的地理基础”的相关论述[②]。受传统观念的误导，黑格尔的地理环境理论一直被归入“地理环境决定论”[③]，近年来随着认识的深入，有学者开始认识到这种错误，尝试对其重新分析和解读[④]，但仍未能指出黑格尔思想的来源、缺陷和及其对后世的影响。对黑格尔“历史的地理基础”理论的内涵、思想渊源和发展以及在地理环境理论发展史上的地位重新评价，将有助于借鉴其合理成分，推动历史地理学理论的进一步发展。

（一）从希罗多德到孟德斯鸠：黑格尔以前的地理环境理论

西方的地理环境思想源远流长，古希腊历史学家希罗多德在其巨著《历史》中就开始探讨地理与历史关系，并认为全部历史都必须用地理观点来研究，地理提供了历史和文化

① 本节合作者为暨南大学历史地理学专业博士生郝红暖。

② 黑格尔《历史哲学》汉译本由王造时翻译，最早于1956年三联书店出版。2008年北京出版社出版张作成、车仁维编译的《历史哲学》，新版本虽有通俗易解的优点，但对原著作了简略和处理，与王造时版本有很大差别，笔者虽对新版本认真阅读而受益匪浅，但为学术严谨起见，引文仍采用王造时翻译的版本。

③ 鲁西奇：《人地关系理论与历史地理研究》，载《史学理论》2001年第2期，第36—46页。

④ 于中涛、周庆华：《地理环境的社会作用与科学发展观》，天津社会科学院出版社，2005年，第24—28页。

的自然背景和舞台场景，历史事实和它联系在一起才有意义①。古希腊名医希波克拉底很强调气候特点对人的体质和性格的决定作用②。亚里士多德则把这种影响上升到社会和文化层面，认为在寒冷地区的人民，尤其是欧罗巴人，精神充足、富于热忱，但绌于技巧而缺少理解，他们能长久保持其自由而未培养好治理他人的才德，所以政治方面的功业总是无足称道；亚细亚的人民多擅长机巧，深于理解，但精神卑弱，热忱不足，因此他们常常屈从于人而为臣民，甚至沦为奴隶；惟独希腊各种姓，在地理位置上既处于两大陆之间，其秉性也兼有了两者的品质，政治也得到高度的发展③。

16 世纪地理大发现时代，随着人们地理视野的扩大，地理环境对人类行为的影响受到更多关注，法国政治学家让·博丁是最早从事该领域研究的一位。他接受希腊的气候带的概念，探索了行星对于地球上居民的影响，认为住在世界南方的人受土星的影响，过着宗教修心的生活；住在北方的人受火星的影响，变得好战，善于运用机械装置；住在中部的人受木星的影响，能够在法律的统治下过文明的生活④。此后，更有学者就气候对人类的影响问题展开过细致研究，18 世纪孟德斯鸠在其《论法的精神》中重点的论题之一就是讨论气候对人的生理、心理、气质、宗教信仰、婚姻形态、法律以及政治制度的影响，从而形成系统的地理环境决定理论，指出“热带民族的怯懦常常使这些民族成为奴隶，而寒冷气候的民族的勇敢使他们能够维护自己的自由”，所以热带地方常被专制主义笼罩，温带地方成为自由的民族。此外，他还分析了国家幅员对政体的影响，指出“如果从自然特质来说，小国宜于共和政体，中等国宜于由君主治理，大帝国宜于由专制君主的话，那末，要维持原有的政体原则，就应该维持原有的疆域，疆域的缩小或扩张都会变更国家的精神”。孟德斯鸠也注意到资源和地势与政治的关系，他说土地肥沃的国家常常是“单人统治的政体”，土地不太肥沃的国家常常是“数人统治的政体”，“阿提加的土壤贫瘠，因而建立了平民政治；拉栖代孟的土壤肥沃，因而建立了贵族政治”，雅典因阿提加国家土地的种类不同，分成许多党派，“居住在山地的人坚决主张要平民政治，平原上的人则要求一些上层人物领导的政体；近海的人则希望一种由二者混合的政体”⑤。

上引希罗多德、亚里士多德、孟德斯鸠等学者对地理环境的态度和论点，已注意到地理环境对人的生理、心理以及政治的影响，初步探讨了地理与历史的关系，并试图用地理环境的某些因素解释人类社会的发展，可视为唯物主义的萌芽，是后来地理环境理论发展的先声。但对地理环境的内涵理解略显简单，其概念仅包括气候、土壤、资源等自然因素，对地理环境作用的认识也比较浮浅，一味强调地理环境是历史发展的决定因素，孟德斯鸠在具体论述中更是特别强调了气候是历史发展的决定因素。同时，他们对地理环境与人类关系的论述也带有机械论和先验论的倾向，没有给出地理环境影响人类社会的正确途径，而只是把社会发展归因于地理环境造成的人的生理特别是心理特征，认为人的心理特征决定政治制度并间接对生产和生活带来影响。在他们的理论中，人在环境面前是完全被动的，这就完全忽视了人对地理环境的能动和改造作用，也未能用动态的观点对待地理环境自身的变化。正如普列汉诺夫所评价的那样，这些学者“仅仅局限于探究人们周围的自

---

① ［美］普雷斯顿·詹姆斯著、李旭旦译：《地理学思想史》，商务印书馆，1982 年，第 25—26 页。

② 于中涛、周庆华：《地理环境的社会作用与科学发展观》，第 14 页。

③ ［古希腊］亚里士多德著、吴寿彭译：《政治学》，商务印书馆，1965 年，第 360—361 页。

④ ［美］普雷斯顿·詹姆斯著、李旭旦译：《地理学思想史》，第 127 页。

⑤ ［法］孟德斯鸠著、张雁深译：《论法的精神》，商务印书馆，1961 年，126—303 页。

然界在心理方面或生理方面对人的影响，而完全忽视了自然界对社会生产力状况，并且通过生产力状况而对人类的全部社会关系以及人类的整个思想上层建筑的影响”①。

不过，早期的地理环境理论对地理环境与人类社会的认识虽然有些偏颇，但已开始关注地理环境对人类社会的影响，并尝试解释这种影响，这是难能可贵的，也正因为如此，他们思想中的合理部分也就成为黑格尔地理环境理论的重要来源。

需要进一步提出的是，在地理环境决定论盛行的时代，康德就开始注意到人在环境面前的能动作用。康德将地理学看作一门独立的学问，并指出地理学是研究空间的学问②，在他看来，地球上有人居住的部分，是“和我们有关联的，我们生活经验的舞台”③，所以他已意识到人及其活动与自然环境有着密切的联系，认识到人类活动是地球表面一切变化的主要作用之一④，但这一思想并没得到进一步阐述。黑格尔作为康德哲学的继承者，受到康德地理思想的影响也是必然的，例如黑格尔继承了康德的“时间”、“空间”自然分类法，他在《历史哲学》中就明确指出在自然存在的方式里，属于“时间”的范畴，也属于“空间”的范畴⑤。

（二）辩证地理解“历史的地理基础”：黑格尔地理环境理论的内涵

黑格尔在吸收前人地理环境理论合理内容的基础上，在《历史哲学》“历史的地理基础”部分首次辩证地阐述了地理环境与历史发展的关系这一哲学命题。

1. 首次提出“地理基础”的概念

黑格尔首次提出了“地理基础”的概念，指出“助成民族精神的产生的那种自然的联系，就是地理的基础”，并明确指出“自然的联系是一种外在的东西”，是“精神”所从而表演的场所，是一连串外部的形态，“精神”赋形于这种自然方式之内，是地方的自然类型⑥。这里，他虽然没有明确“自然联系”的具体内容，但强调的是自然地理的综合特征，注意到自然地理环境区域差异的表现。也就是说，他所关注的主要是自然地理环境与历史发展的关系，这与前人一味强调自然环境中气候因素的作用是大大不同的。黑格尔提出“地理基础”的概念，本身就包含着他对地理环境与历史发展之相互关系的观点，即地理环境仅仅是历史发展的基础，而不是决定因素，这与地理环境决定论有明确的界限。

2. 辩证地阐述地理环境与历史发展的关系

黑格尔哲学主张“‘世界历史’所必须记载的，乃是各民族‘精神’的行为”，“在世界历史上‘精神的观念’在它的现实性里出现，是一连串外部的形态，每一个形态自称为一个实际生存的民族”⑦，因而其所说的推动民族精神产生的地理基础就是推动世界历史产生的地理基础。在黑格尔的历史哲学中，民族精神的发展和历史的发展是同等概念，所以《历史哲学》中关于地理基础与民族精神关系的论断，就是黑格尔关于地理环境与历史

---

① ［俄］普列汉诺夫：《普列汉诺夫哲学著作选集》第1卷，三联书店，1959年，第484页。

② ［德］阿尔弗雷德·赫特纳著、王兰生译：《地理学：它的历史、性质和方法》，商务印书馆，1983年，第75—76页。

③ ［美］R·哈特向著、黎樵译：《地理学性质的透视》，商务印书馆，1963年，第23页。

④ ［美］普雷斯顿·詹姆斯著、李旭旦译：《地理学思想史》，第138页。

⑤ ［德］黑格尔著、王造时译：《历史哲学》，商务印书馆，1963年，第123页。

⑥ ［德］黑格尔著、王造时译：《历史哲学》，第123页。

⑦ ［德］黑格尔著、王造时译：《历史哲学》，第108页。

发展关系的理论。

黑格尔辩证地分析了地理基础与民族精神的关系，即地理环境与历史发展的关系，既承认地理环境对历史发展的影响，又指出不可高估或低估这种影响，这与地理环境决定论有很大不同。黑格尔的论述可具体概括为以下三个方面：

（1）地理基础为民族精神产生提供了可能性和表演场所。黑格尔指出“助成民族精神产生的那种自然的联系，就是地理基础”，“我们不得不把它看作‘精神’所从而表演的场地，它也就是一种主要的、而且必要的基础”，“这些自然的区别第一应该被看作是特殊的可能性，所说的民族精神便从这些可能性里滋生出来，‘地理基础’便是其中的一种可能性”。他解释其中的原因是“因为人类觉醒的意识，是完全在自然界影响的包围中诞生的”，“‘自然’是这种对峙的抽象过程中的一个因素；‘自然’是人类在他自身内能够取得自由的第一个立脚点”。黑格尔所强调的是地理环境为历史发展提供了可能性，而且仅仅是“一种可能性”，这与地理环境决定论有着天壤之别。在黑格尔看来，地理基础是精神的表演场，即世界历史的舞台，在其为历史发展提供可能性的同时，某些不适于人类生存的自然环境则被永远排斥在世界历史之外，酷热和极寒使得“精神”不能够给它自己建筑一个世界，因而在寒带和热带“找不到世界历史民族的地盘”，而温带尤其是北温带因为气候适中，有广阔的大陆，物产丰富，“有许多动物和植物”，是“历史的真正舞台”①。这种说法虽然有些偏激也不尽符合历史事实，但黑格尔从“精神”发展的环境背景进行分析，在逻辑上有其合理性。

（2）地理环境的差异产生不同的民族精神，民族精神是地理基础的表现形式。黑格尔指出不同区域的民族性格与其土地的类型相联系，“并不是要把各民族所占据的土地当作是一种外界的土地，而是要知道这地方的自然类型和生长在这土地上的人民的类型和性格有着密切的联系”。另一方面，不同的民族精神也是不同区域地理环境差异的表现形式，“每一个世界历史民族所寄托的特殊原则，同时在本身中也形成它自然的特性”，“‘精神’赋形于这种自然方式之中，容许它的各种特殊形态采取特殊的生存方式”，“这些自然的区别第一应该被看作是特殊的可能性”。不同的民族精神又会对其民族的生存方式和在世界历史上的地位产生影响，“这个性格正是各民族在世界历史上出现和发生的方式和形式以及采取的地位”②。

正是基于对地理环境区域差异的影响认识，黑格尔认为研究世界历史“首先必须注意的，是旧世界的各种自然因素和自然环境”，进而“规定那些比较特殊方面的地理上的差别”，并将其“看作是思想本质上的差别”，即根据地形差别，划分了高地、平原流域、海岸区域三种具有本质差别的地理环境，并分别分析了不同地理环境对人们的生活方式、性格特征和社会制度的影响。三种具有本质差别的地理环境具体而言分别是：干燥的高地，以及广阔的草原和平原；平原流域，是巨川、大江所流过的地方；与海相连的区域 。这三种具有本质差别的地理环境划分与孟德斯鸠分析的产生不同政治制度的三种地形条件是一致的，说明黑格尔从孟德斯鸠的分析中得到过启示，但黑格尔不是直接分析三种地理环境下的政治制度，而是从分析三种地理环境典型区域的经济类型和生产方式入手的。高地区域，他主要分析了蒙古利亚人所生存的区域，“都是寸草不生之地，或者只有短时期

① ［德］黑格尔著、王造时译：《历史哲学》，第123—124页。
② ［德］黑格尔著、王造时译：《历史哲学》，第123页。

的生产”，“居民的财产不在于土地”，“而在于和他们一起漂泊的牛羊”，游牧是他们主要的生活方式，“他们在平原上游牧了一个时期，等到草尽水涸，整个部落又走到别处去”；平原流域，以中国、印度、巴比伦和埃及四大文明古国为代表，这些地区有长江大河的灌溉，又造成肥沃的土地，“这里居民生活所依靠的农业，获得了四季有序的帮助，农业也就按着四季进行”，农业是居民生活的主要来源；至于海岸区，则认为“大海邀请人类从事征服，从事掠夺，但同时鼓励人类追求利润，从事商业”，以经商为主要的经济形式①。

不同生产方式又影响了不同的民族性格、社会关系和国家制度，因此黑格尔在分析生产方式基础上又探讨了各区域居民的民族性格及其所影响的社会关系和国家制度，指出其在世界历史上的地位，指出高原区盛行“家长制的生活，大家族分为个别的家庭”，游牧生活使他们“没有法律关系的存在”，好客和劫掠是他们性格的两个极端，在大家长制号召下，“他们时常集合为大群人，在任何一种冲动之下，便激发为对外的活动”，从而将“冲动送到其他各地”；平原流域以农耕有序地进行，“土地所有权和各种法律关系便跟着发生了”，在此基础上诞生了伟大的王国，“并开始筑起大国的基础”；海岸区的人们被激发了从事征服、掠夺的勇气和智慧，凭借勇气和镇定人类用船征服大海，从而成为“表现和维持世界的联系”的区域②。

黑格尔还具体分析了三种本质差别的地理环境在各大洲的表现，认为高原是非洲的主要、典型特点，江海流域是亚洲的主要特点，欧洲是几种区别的综合。在此基础上，他分别分析指出，东方世界、希腊世界、罗马世界和日耳曼世界由于地理环境的差异所产生的不同民族精神和政体，也因而导致各地区居民对理性和自由的认识差异，产生不同的民族国家命运，进而影响到世界历史的进程，形成了世界历史有规律地发展。黑格尔在归纳这种规律时指出：东方知道只有“一个”是自由的；希腊和罗马世界知道“有些”是自由的；日耳曼世界知道“全体”是自由的，因而世界历史从“东方”到“西方”，因为“欧洲绝对是历史的终点，亚洲是起点”③。由此可见，黑格尔是从各区域的地理环境差异出发，论述“世界精神”在各区域发展的历史，从而达到形成其世界历史是从“东方”到“西方”的历史发展观，“历史的地理基础”理论显然应当是黑格尔历史哲学研究的基础。黑格尔对三种本质差别地理环境的分析是以地理环境影响下生产方式的差异作为出发点的，与孟德斯鸠的分析逻辑具有本质差异，说明黑格尔已经开始认识到生产方式在地理环境影响中的重要性，但这种认识尚处于萌芽阶段，真正系统的理论阐述是由马克思主义地理环境理论完成的。

(3) 不能高估地理基础的作用。黑格尔在强调地理基础对民族精神影响的同时，又明确指出“我们不应把自然界估量得太高或者太低”，他用荷马的例子作了说明，“爱奥尼亚的明媚天空固然大大地有助于荷马诗的优美，但是这个明媚的天空决不能单独产生荷马。而且事实上，它也并没有继续产生其他的荷马；在土耳其统治下就没有出过诗人了”④。黑格尔用“有助于”三字说明爱奥尼亚明媚的天空对优美的荷马诗的影响，并且认为这种环境不仅对荷马诗有影响，对其他诗人也会有影响，即“不能单独产生荷马”。

① ［德］黑格尔著、王造时译：《历史哲学》，第131—134页。
② ［德］黑格尔著、王造时译：《历史哲学》，第132—133页。
③ ［德］黑格尔著、王造时译：《历史哲学》，第148—149页。
④ ［德］黑格尔著、王造时译：《历史哲学》，第123—124页。

但是也再次强调了自然环境仅仅是一种因素，而不是决定作用，荷马之后，在自然环境相同的背景下，爱奥尼亚再也没有产生荷马，甚至再没出过诗人，也同样说明在自然环境之外，还有其他影响诗人产生的因素。因此，在黑格尔看来，地理环境虽然是历史发展的基础，但只是为民族精神产生提供了可能和舞台，并与民族精神的差异相联系，但决不是历史发展的决定因素。说明黑格尔既关注地理环境对历史发展的作用，又跳出了地理环境决定论的窠臼，即认为地理环境对历史发展有影响，是历史发展的基础，但并不是决定历史发展的因素，因此，黑格尔的地理环境理论不能简单地被归入地理环境决定论。

3．认识到人在环境面前的能动性

黑格尔不是单纯分析地理环境对历史发展的影响，而是吸收了康德关于人在地理环境面前能动性的认识，并指出了地理环境影响人类活动和人类改造环境的途径，这是黑格尔地理环境理论比以往地理环境理论最大的进步。

黑格尔看到了地理环境对历史发展的限制作用，“认为结合一切的，再也没有比水更为重要的了”，“我们惯常把水看作是分割的元素”，“国家不过是河川流注的区域”，但同时又指出，因水上交通的便利而维持世界的联系，“江河是这样，海也是这样”。在他看来，促使这种转变的主要原因是人类对自然的利用和生产工具的创造。因为人类懂得了用水来灌溉，以尼罗河为代表的四大河流域，都创造了伟大的人类文明。三大洲的特征是“它们围绕着这个海，因此有了一个便利的交通工具；因为河川江海不能算做隔离的因素，而应该看作是结合的因素”。大海给人类“茫茫无定、浩浩无际和渺渺无限的观念”，但又潜藏着促使人们结合的诱因，它“邀请人类从事征服，从事掠夺”，同时也使“人类超越了那些思想和行动的有限的圈子”，“人类仅仅靠着一叶扁舟，来对付这种欺诈和暴力，他们所依靠的完全是他的勇敢和沉着”，船“这一种工具的发明，是人类胆力和理智最大的光荣”，正是船的创造，人类将江河海变为连接世界各地的因素，地中海成为“地球上四分之三面积结合的因素，也是世界历史的中心”①。

黑格尔还明确指出人类对自然是一种实用关系，要依靠自然来满足自己，为了征服自然“便采用了其他自然的东西”，“发明了各种达到这种目的的工具”，用“自然”来对付“自然”。他在分析希腊的“主观艺术”作品部分时对此进行了详细的说明，并认识到人类对自然的改造，不仅体现了人的能动性，也使人类自身得到发展。为了美化自己，人类用“自然”来做装饰，并进而延伸到“要把身体改造得同他改造一般‘自然的东西’一样”，并上升到把身体发展为“意志”的一个完善的器官，因此，希腊人用各种无害的竞技游戏和艺术作品表现自己，在这些游戏中间，“‘自然’当被加工制造为‘精神’，而且在这些竞技举行的时候”，“人类显示出了他的自由，他把他的身体变化成为‘精神’的一个器官”②。这也印证了恩格斯所言：“人的智力是按照人如何学会改变自然界而发展的。”③

可惜多数的学者没有认识到黑格尔的这些学术贡献，在分析地理环境理论时仅简单地断言，“黑格尔将地理环境看作是精神的舞台，是历史的‘主要的而且必要的基础’，不

---

① ［德］黑格尔著、王造时译：《历史哲学》，第130—134页。

② ［德］黑格尔著、王造时译：《历史哲学》，第285—288页。

③ ［德］恩格斯：《自然辩证法》，人民出版社，1971年，第208页。

同的环境会有不同的历史进程"[①]，就将其归入地理环境决定论。其实，黑格尔已经从辩证的视角认识到人可以制造工具改造自然，人在自然面前的能动性。这一点，很早就被普列汉诺夫所关注，也正因此，他在批评地理环境决定论者"仅仅局限于探究人们周围的自然界在心理方面或生理方面对人的影响，而完全忽视了自然界对社会生产力状况，并且通过生产力状况而对人类的全部社会关系以及人类的整个思想上层建筑的影响"时，对黑格尔给予肯定的评价，认为黑格尔"就不仅在个别方面，并且在问题的整个提法上，都完全避免了这种严重的错误"[②]。

（三）唯心主义和循环论：黑格尔地理环境理论的缺陷

黑格尔的地理环境理论充满思辨和理性以及对人的主观能动性的关注，远远高出当时盛行的地理环境决定论，是唯物史观的萌芽，但其理论也并非完美无缺的。

1. 唯心主义的地理环境理论

黑格尔的历史哲学是建立在唯心主义基础上的，他所描述的历史本身是"精神"发展的历史，"在世界历史当中，我们把任何一切完全都看作是'精神观念'的表现"，世界历史"是'精神'在时间里的发展，这好比'自然'便是'观念'在空间里发展一样"，归根到底，历史的发展是"精神"的表现，是"绝对观念"的发展[③]。不仅如此，他对地理环境的论述也充满了"精神"的影子，他认定自然环境仅仅是精神观念的体现，是"精神的观念"的一连串外部形态，即便是地理环境的差异也是"精神"赋形于这种自然方式中，"容许它的各种特殊形态采取特殊的生存方式"的结果；他虽然认识到人类制造工具，艺术创造，在自然面前有能动性，但是将人类的发明归入"精神"方面，人类征服"自然"的发明的荣誉，都加在神祇身上[④]。因此黑格尔承认地理环境对历史发展的作用，只在不违背"绝对观念"意志前提下进行的，他否定地理环境对历史发展的决定作用，是因为其历史的发展归根到底是"绝对观念"决定的，正如其在《历史哲学》的结尾所说："景象万千，事态纷纭的世界历史"，是"精神"的发展和实现的过程——这是真正的辩神论，真正在历史上证实了上帝[⑤]。所以普列汉诺夫在对黑格尔的地理环境理论评价时指出："因为他认为一切发展的原因归根到底就是观念，而且因为他只是顺便地，在次要的情形下，违反着自己的意志而对现象诉诸唯物主义的解释，因此他所提出的对于地理环境的伟大历史意义的非常正确的观点，便不能使他得出应该得出的有益的结论。"[⑥]马克思在评价黑格尔的辩证法时也曾指出其"神秘性"，"辩证法在黑格尔手中神秘化了"，"在他那里，辩证法是倒立着的。必须把它倒过来，以便发现神秘外壳中的合理内核"[⑦]。因此，我们认识黑格尔的地理环境理论也应该摒弃其唯心主义的成分，以吸收其辩证地理环境理论的"合理内核"。

2. 地理环境变化的循环论

辩证法是黑格尔哲学的"合理内核"，他第一个全面而有意识地叙述了辩证法的一般

---

① 鲁西奇：《人地关系理论与历史地理研究》，载《史学理论》2001 年第 2 期，第 36—46 页。
② ［俄］普列汉诺夫：《普列汉诺夫哲学著作选集》第 1 卷，三联书店，1959 年，第 484 页。
③ ［德］黑格尔著、王造时译：《历史哲学》，第 113—121 页。
④ ［德］黑格尔著、王造时译：《历史哲学》，第 285—286 页。
⑤ ［德］黑格尔著、王造时译：《历史哲学》，第 505 页。
⑥ ［俄］普列汉诺夫著、张仲实译：《马克思主义的基本问题》，人民出版社，1957 年，第 26—27 页。
⑦ ［德］马克思：《资本论》第 1 卷第二版跋，人民出版社，1975 年，第 24 页。

运动形式，但是他的地理环境理论的发展观是不充分的，其承认地理环境的多样性，承认人在地理环境面前的主动性，但是其所论述的自然界只是展开自己空间的多样性，“凡是在自然界里发生的变化，无论它们怎样地种类庞杂，永远只是表现一种周而复始的循环”，在自然界里真是“太阳下面没有新的东西”①。可见黑格尔认为自然界的变化只是一种周而复始的循环，换句话说，他没有看到人对地理环境改造的影响，以及人改造后的环境对人类本身的影响，正如恩格斯所言：“它忘记了人在反作用于自然界，改变自然界，为自己创造新的生存条件。”②

3. **部分论述夸大地理环境的作用**

黑格尔的部分论述还有过分夸大地理环境作用的嫌疑。例如他说美洲“乃是明日的国土”，“因为它那里殖民的门路终年大开”，居民之间不存在贫富压迫，也不存在社会成员之间的斗争，因而“是一种共和政体永久的楷模”。他甚至还说，“假如日耳曼森林那时还存在的话，法国革命或许就不会发生了”。他还过分夸大地中海在人类历史发展中的作用，认为“地中海是地球上四分之三面积结合的因素，也是世界历史的中心”，“没有地中海，‘世界历史便无从设想了’”③。

4. **部分带有欧洲偏见的论述**

黑格尔虽然是位伟大的学者，但也不能排除其将欧洲学者尤其是日耳曼学者的民族偏见和优越感蕴涵于论述之中，他高度赞扬日耳曼“精神”是新世界的精神，日耳曼民族的使命是做基督教原则的使者将这种自由精神传播到世界各地④。他强调“历史的真正舞台所以便是温带，当然是北温带”⑤，也与北温带是日耳曼世界的活动区域有关。黑格尔对日耳曼民族的高度推崇，似乎是拉采尔的国家有机体说和纳粹的地缘政治学说的先声。

黑格尔是站在欧洲文化立场上考察世界历史并思考地理环境在其发展中的作用的，他博览群书、知识渊博，但他对欧洲以外地区尤其亚洲情况的了解仍然是不充分的，因此他对欧洲以外地区尤其是中国情况的论述也不可能是完全正确的。他说大海使“人类超越了那些思想和行动的有限的圈子”，人类凭借勇敢沉着，依靠一叶扁舟，征服大海，但是“这种超越土地限制、渡过大海的活动，是亚细亚各国所没有的”，“在他们看来，海只是陆地的中断，陆地的天限；他们和海不发生积极的关系”，“中国便是一个例子”，并认为中国、印度、巴比伦都发展了农耕，“但是占有这些耕地的人民既然闭关自守，并没有分享海洋所赋予的文明”，不管他们的“航海发展到怎样的程度——没有影响于他们的文化”⑥。事实上，中国虽然没有哥伦布发现新大陆和麦哲伦的环球航行，但在近代以前航海事业一直处于世界的前列，南宋以海外贸易作为国家收入的主要来源，明代还有郑和多次下西洋的壮举，海上丝绸之路持续数个世纪，不仅贸易兴盛，还将中华文明远播西方，很多海外文化也因此传入中国，促进了中国与世界各国的往来和文化交流。日本学者和辻哲郎很早注意到这一点，并指出“假如黑格尔先生在能充分了解中国文化及印度文化的时代，他必定会更深刻地思考这些文化的地理根基，而且大概还会更深刻地反思从那里抽取

① ［美］R. 哈特向著、黎樵译：《地理学性质的透视》，第 94 页。
② ［德］恩格斯：《自然辩证法》，人民出版社，1971 年，第 208 页。
③ ［德］黑格尔著、王造时译：《历史哲学》，第 129—132 页。
④ ［德］黑格尔著、王造时译：《历史哲学》，第 387 页。
⑤ ［德］黑格尔著、王造时译：《历史哲学》，第 124 页。
⑥ ［德］黑格尔著、王造时译：《历史哲学》，第 134—146 页。

的自然类型的意义”。①

通过对黑格尔地理环境理论的全面分析，使我们了解到黑格尔对地理环境与历史发展关系的论述是辩证的，既看到了地理环境对历史发展的影响，又避免了夸大或缩小这种影响，他将地理环境对生产方式的影响作为分析地理环境作用的出发点，并认识到人通过创造工具在地理环境面前所体现出的能动性，远远超出了以往的地理环境决定论，这些“合理内核”成为马克思主义地理环境理论的重要来源。这就充分说明，黑格尔的观点在地理环境理论发展史上具有承上启下的地位。当然，受其哲学体系影响，黑格尔地理环境理论不可避免带有某些唯心主义的局限性，但是这些局限并不能掩盖其理论的光芒。而以前的学者扩大局限性或者只看到这些局限性，将其与地理环境决定论划了等号，使我们长时间内未能注意到黑格尔地理环境理论的贡献，影响了对黑格尔地理环境理论客观而正确的评价。同时，也影响到我们在具体研究历史地理问题尤其是区域地理环境与历史发展相互关系时，借鉴黑格尔的辩证观点来作比较全面深入的分析与探讨。

① ［日］和辻哲郎著、陈力卫译：《风土》，商务印书馆，2006年，第209页。

第五章 关于历史社会地理学与区域社会史的若干理论问题

一、历史社会地理学的基本理论①

近数十年来，在历史学和地理学的研究中，人文社会因素逐渐得到加强，两门相对年轻的学科——社会史和社会地理学的研究蔚然勃兴，中国基层社会的传统生活方式和不同社会群体或社会关系的空间活动和空间结构分别成为它们的研究重点。与此同时，随着研究的深入，一门相对全新的学科——历史社会地理学亦初露端倪，阐明其理论体系和研究内容，不仅有助于加强和推动社会史、社会地理学和历史地理学等学科的健康发展，而且有助于我们从时间和空间的角度更全面地认识和理解人类社会与地理环境的关系，从而更深刻地认识环境，理解社会。

（一）历史社会地理学的研究对象

顾名思义，历史社会地理学的研究对象就是历史时期的社会，但要明确具体是社会的哪些方面，则尚费周折。要想用一句简洁的话来归纳概括这些方面也并非易事。原因在于：第一，这里所说的“社会”不是一般的与“自然”相对的“人类社会”，而是指由一群享有共同地域和共同文化的、彼此之间发生相互联系和相互作用的人们组成的“人类共同体”。一个社会未必等于一个国家，许多民族国家都在自己的疆界内含有若干个较小的社会。② 每一个层次的社会又可以包含若干个以不同标准划分的社会集团（人群）。例如，中国清代社会又可以分为关外社会和关内社会，关内社会又可以分为华北社会、华南社会、西北社会、西南社会等，华北社会内部又包含有依民族划分的满人集团、汉人集团、回人集团等，或依职业划分的农民集团、商人集团、官吏集团、士人集团等。历史社会地理学需要研究这些集团或人群的区域分布、人文类型、形成及发展过程、行为特征、心理

① 本节内容主要参考吴宏岐、王洪瑞：《历史社会地理学的若干理论问题》，载《陕西师范大学学报》（哲学社会科学版）2004 年第 3 期。

② 乔志强、陈亚平：《社会史的研究对象、知识体系及其学科地位》，见周积明、宋德金主编：《中国社会史论》，湖北教育出版社，2000 年。

差别及其与社会文化环境的关系等。

第二，历史社会地理学来源于历史地理学和社会地理学，其研究对象必然要受到两者研究对象的制约。历史地理学是研究历史时期各种地理现象演变及其与人们的生产劳动、社会活动的相互影响，并进而探索这样的演变和影响的规律，使其有利于人们利用和改造自然的科学。① 历史地理学的根本任务是探索人地关系的变迁，分析人类活动和地理环境的相互耦合规律。社会作为一种特殊的生存空间，是由各种社会集团按照各种社会关系组合而成的一种人类共同体，可以说是一种特殊的人文环境，当然也是广义的地理环境的一种。同时，这种狭义的社会与人类的生产、生活密切相关，它直接由各种人类群体的复杂而又日常的各种物质和精神的生产、生活活动来表征。在历史发展的长河中，这种环境与人本身的相互关系和影响处于时时刻刻的变化之中，它自然应该是历史社会地理学的研究对象。社会地理学是近年来发展较快但又相对薄弱的人文地理学的分支学科之一，关于现代社会地理学的研究对象，因研究的目的、视角、方法不同，所给的定义也各不相同，目前归纳起来主要有三种：社会地理学是研究人类集团和人类社会存在的各种基本机能的空间组织形态和空间形成过程；② 社会地理学是从社会经济因素研究地理环境发展与变化的规律，侧重于分析空间的社会现象；③ 社会地理学是用地理学的观点研究各种人类现象、社会特征和社会集团的区域分布及差异，并比较各种社会集团类型的形成过程与空间结构的科学。④ 这三种观点可以用社会集团与社会环境的关系来概括。虽然近年来国外社会地理学的发展出现了侧重社会问题研究的新动向，但社会集团与社会环境的关系研究仍然是其解决社会问题的主要研究途径之一。社会地理学的研究对象在历史时期的分布和演变状况即历史社会地理学的研究对象。

第三，有关概念内涵和外延的范围不一，也是探讨历史社会地理学的研究对象所不能回避的问题。自侯仁之发表了一系列相关的理论性文章并引起诸学者共识之后，历史地理学已经从狭义的含义——沿革地理中解脱出来，目前已不存在广义与狭义之争。但社会地理学则依然有广义与狭义之分，广义的社会地理学即人文地理学（有的学者称之为社会文化地理学），其研究对象是人文事象的形成、空间分布及其发展规律，即人文事象地域系统。狭义的社会地理学，其研究对象已如前所述。现代社会地理学是指狭义社会地理学，它在人地关系中重视社会条件，强调社会因素对形成区域特征的作用。历史社会地理学与现代社会地理学在研究对象上应该是一致的，只是时段上不同。其概念的内涵与外延自从近年来葛剑雄提出历史人文地理应包括狭义的历史人文地理和广义的历史社会地理之后，有关学者对历史社会地理这一名词产生了一定程度的模糊认识。蓝勇根据葛剑雄的观点认为，广义的历史社会地理包括历史政治地理（含聚落、人种、民族、疆域、政区、古都、地名等）、历史经济地理（含农业、城镇、水利、交通、人口、手工业等）、历史军事地理（含战场、关隘、城防、烽燧、长城等）等方面。狭义的历史人文地理包括历史文教地理（含教育、人才、学风等）、历史宗教地理（含原始信仰、本土宗教、外来宗教等）、历史风俗地理（含方言，民俗如婚姻、居室、饮食、服饰之类，民风等）等方面。⑤ 实际

① 史念海：《中国历史地理纲要》（上册），山西人民出版社，1981 年，第 13 页。
② 白光润：《地理学导论》，东北师范大学出版社，1989 年，第 84 页。
③ 张文奎：《人文地理学词典》，陕西人民出版社，1990 年，第 250 页。
④ 左大康：《现代地理学词典》，陕西人民出版社，1990 年，第 250 页。
⑤ 蓝勇：《中国历史地理学》，高等教育出版社，2002 年，第 6 页。

上，葛先生的这一说法是根据近年来人文科学与社会科学分合的趋势而言的，并非此处所要讨论的历史社会地理学，可以说是历史社会科学地理的简称。而作为一门学科的历史社会地理学，吸取了社会学和人类学的大量成果，虽然目前社会学与人类学尚未取得与政治学、经济学完全并列的地位（实际上也不应并列），但为了研究方便，人们还是将其并列看待，正像美国人类地理学家谢觉民将社会地理学、政治地理学、经济地理学、历史地理学并列成为人文地理学的四大部类一样。作为一门学科的历史社会地理学应包含于这种广义的历史社会地理之中，但又是其中一个特殊的综合性分支。它的研究内容不仅以社会整体为研究领域，而且涉及政治、经济、文化、军事等人文要素。但它不研究各要素各自的演变过程和规律，而专注于各要素在不同人群中的空间组合和结构演变。

因此，历史社会地理学的研究对象既受本身概念的制约，又受历史地理学和社会地理学研究对象的制约。它的研究对象是历史时期的社会，包括各种社会集团的区域分布、形成过程、空间结构、行为特征、心理差别、社会问题及其时空演变系统。

（二）历史社会地理学的性质和特点

1. 历史社会地理学的性质

历史社会地理学的性质，就其凭借的资料（历史文献）、研究的时间（人类历史时期）和研究的方法（时空交织分析法）而论，它基本上与历史地理学相同；就其研究的对象（社会集团与地理环境的关系）而论，它又属于社会地理学的范畴。它是在历史地理学和社会地理学两个母体中孕育和发展起来的学科，因而是介于历史地理学与社会地理学之间的边缘学科，是一门综合历史地理学与社会地理学的整合学科。历史地理学来源于历史学和地理学，社会地理学来源于社会学和地理学，因而历史社会地理学与历史学、地理学、社会学的关系同样密切。它和社会地理学研究的客体是相同的，只是时间上有差异，社会地理学研究今天的社会集团与社会环境的关系，历史社会地理学研究历史时期的社会集团与社会环境的关系，因此可以说历史社会地理学是社会地理学的一个组成部分，是社会地理学的一门时序性分支学科。但同时它和历史人文地理中的历史政治地理、历史经济地理、历史文化地理等学科存在着一定程度的并列关系，因此它又可以说是历史地理学的一个组成部分，只不过它不是历史地理学的一门时序性分支学科，也不是历史地理学的一门一般性部门分支学科，而是历史地理学的一门特殊的带有部门性的综合性分支学科。对于历史地理学学科性质的这种界定，符合当前学科发展的实际和规律，也符合唯物辩证法。因为学科的分化和组合一直是学科发展的两大趋势。文艺复兴以后，科学开始从哲学内分化出来，进而分化为自然科学和社会科学。19 世纪下半叶到 20 世纪上半叶，学科分化占主导地位，20 世纪 50 年代以来，学科分化的趋势放慢，学科综合居主导地位，大量交叉学科出现，并产生三种类型：边缘型、综合型、横向型。一门学科的信息流（有关的科学事实，科学概念、理论和思想，科学方法、工具和技术）作用于另一门学科的研究对象称为边缘性学科。历史社会地理学明显属于这一类型，它是历史地理学的信息流作用于社会地理学的研究对象的结果。两门或两门以上学科的信息流作用于同一个研究对象称为综合性学科，如环境科学、城市科学、海洋科学等。一门学科的信息流作用于多门学科的研究对象称为横向型（横断型）学科，如系统论、信息论、控制论等。对于这三类学科，我们无法严格界定它属于哪一门学科。那种非要把当前大量的交叉学科归入以前学科分化时确立的某一个一级学科的思想是完全错误的，也是不符合学科发展的规律和唯物辩证法的。目前对于诸多交叉学科，像历史地理学学科性质的争论实际上正是这种思想的反映。

2. 历史社会地理学的学科特点

历史社会地理学来源于历史地理学和社会地理学，它的特点取决于历史地理学和社会地理学的特点。历史地理学的学科特点是时序性、区域性和综合性。社会地理学的学科特点是时代性、区域性、综合性、社会性和阶级性。历史社会地理学是社会地理学的一门时序性分支学科，因此它与现代社会地理学相比，首要的一个特征就是时序性，这是其学科在研究时段和研究对象上的一个必备条件，表明它是研究历史时期的问题。此外，区域性、综合性、社会性和阶级性也是历史社会地理学的鲜明特征。由于历史社会地理学主要使用地理学的观点来分析和研究历史上的各类社会集团与社会环境的关系，故其区域性和综合性体现在其研究对象的区域分布、区域差异、形成过程和空间结构上。同时，历史社会地理学吸收了大量社会学的观点，其研究对象主要是一些具有社会特征的事物和现象，如社会集团、社会行为等，因此它又有社会性的特点。此外，历史社会地理学研究历史时期的社会，这里的“社会”除原始社会外，总是与一定的阶级或阶层相联系，这些阶级或阶层实际上是不同的社会集团，研究者要对这些集团进行整体研究，其所持的立场、观点和态度，必然影响到他对这些集团的生存价值、生存方式的评价，进而可能产生不同的结论，因此，其阶级性体现在该学科的服务对象和研究者所持的立场和态度上。①

时序性使历史社会地理学又有别于现代社会地理学，社会性和阶级性使其有别于普通历史地理学，而区域性和综合性则体现了它鲜明的地理学特色。这种学科特点的复杂性恰恰表明了历史社会地理学的边缘交叉性。

3. 历史社会地理学的学科地位

（1）历史社会地理学在地理学中的地位。

地理学的一个时序性分支是历史地理学（也有学者认为历史地理学是地理学的一个属性分支——人文地理学的一个部门分支），历史地理学依据传统的二元分法，分为历史自然地理和历史人文地理，这是从历史地理学所研究内容的学科属性而论的。这种历史人文地理实际上等于广义的历史社会地理和狭义的人文地理两个部分。社会地理学在发展初期，其研究对象非常宽泛，后来随着学科的发展，其研究对象中的人口、民族、宗教等逐渐独立，成为人文地理学的主要组成部分。而社会分支即狭义的历史社会地理学，包含于广义的历史社会地理之中，当然，如前所述，它不是一个一般的部门分支，而是一个特殊的综合性分支。

（2）历史社会地理学在社会学中的地位。

社会学是一门对社会作整体性研究的科学，它可以分为普通社会学和分科社会学两大部分。普通社会学研究整个社会的整体发展规律，下含若干个二级学科，包括社会学史、社会学理论、社会学方法、实验社会学、数理社会学、比较社会学等。分科社会学对社会的某一部分作整体性研究，包括组织社会学、文化社会学、应用社会学、社会地理学等。其中，社会地理学根据研究时段的不同，可以分为历史社会地理学和现代社会地理学。

（3）历史社会地理学与其他相关学科的关系。

历史社会地理学的研究与社会史、人类学和历史文化地理学的研究有很大关系。这几门学科的基本研究对象有一定的一致性，只是研究的视角、方法和内容互有侧重。社会史

---

① 谢文君：《社会地理学若干理论问题》，载《徐州师范学院学报》（自然科学版）1995 年第 4 期。

是历史学的一门特殊的分支学科，也是历史学与社会学的交叉学科（有的学者，如赵世瑜，认为社会史只是一种研究的范式）。其特殊性是相对于经济史、政治史、文化史而言的。这与历史社会地理学与历史经济地理学、历史政治地理学和历史文化地理学之间的相互关系及其在历史地理学理论体系中的地位相类似。历史社会地理学是先吸取社会史的理论和方法，再与社会地理学相融合的。与人类学相似，社会史的研究以人为核心，研究以人为主体的不同人类共同体构成的社会本身的历史。其研究范围涵盖社会结构、社会生活及社会功能，特别是对基层社会传统生活方式的研究是近年来社会史研究的重点。它的学科特点与历史社会地理学相比主要是缺乏区域性。人类学是研究不同人群或种族的学问，它研究的人是从整体的观点出发，其研究范围包括“人”本身及其所创造的文化，如生态文化、心态文化、行为特征等。人类的不同民族或种群具有不同的生活方式和价值观念，这是伴随在其发展过程中并与环境相调适的必然结果。人类学以研究不同人群的行为和文化为目的。① 早期人类学以研究相对原始的遗留人群或部落为主，现在已延伸到对现代人类的研究，其学科特点与历史社会地理学相比，缺乏空间分析，时序和区域色彩也相对淡薄。历史文化地理学也是与历史社会地理学关系密切的一门历史地理学分支学科。历史社会地理学在研究不同地域、不同人群的生活方式、行为特征、空间结构演变及其与环境的关系时，必然要涉及历史文化地理的内容。但历史文化地理更侧重于语言、饮食、建筑、婚姻制度、生活习俗、宗教信仰、职业类别及学术文化等方面的区域差异，专注于不同历史文化景观形成和演变的时空背景，是用地理学的观点来研究历史时期不同人群的上层建筑或文化层面特别是精神文化的区域差异。历史社会地理学则更强调不同社会因素的空间结构及其历史演变，这些因素包括物质和精神双重层面，像研究不同人群的行为特征就包括生产行为和生活行为。

（三）历史社会地理学的研究内容

前已论及，历史社会地理学的研究对象是历史时期的社会，即构成社会这个人类共同体里的各种社会集团与社会环境的关系，包括各种社会集团的区域分布、形成过程、空间结构、行为特征、心理差别、社会问题及其时空演变系统。具体来说可以分为以下五个部分，即历史时期的社区研究、不同区域人群兴衰的地理背景、不同区域人群的空间结构及其时空演变规律、不同区域人群的社会行为和历史时期社会问题的空间研究。

1. 历史时期的社区研究

历史时期的社区是指在历史时期的社会状态中，具有共同的地缘和密切的日常生活联系的社会区域，是相对独立的区域性的社会实体，也是一定地域中的人群的生活共同体。这种共同体可大可小，小至坊里、邻里，大至都城、州郡，其种类各不相同。按其发展程度可分为发达社区、发展中社区和不发达社区；按其功能可分为生产社区和生活社区，生产社区包括农业社区、手工业社区和商业社区，生活社区包括文化娱乐社区和住宅小区；如果按它们的综合表现和特征则可分为城镇社区和农村社区。如隋唐时期的长安城，其内部是城镇社区，周边广大农村则属农村社区，在这个都城内又可分为诸多社区，如宫城、皇城社区、外城社区等。外城社区已可用上述标准继续进行划分。社区的主体是生活或工作在社区内的各类人群，处于主体外围的是与主体关系密切的物质环境和非物质环境。物

---

① 王振忠：《社会史研究与历史社会地理》，载《复旦学报》（社会科学版）1991 年第 1 期。

质环境包括社区的物质存在、物质设施和社区主体生存的地域空间，非物质环境包括社区的组织制度、管理机构和文化习俗等。一般而言，结构完整的社区也具有多种功能，如唐长安城内的东市与西市，以经济功能为主，兼具娱乐功能，社区人群可以在其中游逛，作为休闲的一种方式。其余诸多坊内实际上也存在手工业作坊、商业店铺、寺庙道观、红楼妓院等，集经济、祭祀（宗教）、娱乐于一身，是一种较为典型的社区。

历史时期的社区是历史社会地理学研究的基本单元和切入点，通过这个点可以较好地实现对历史时期社会状况的考察。如通过对社区的规模、结构、功能、发展历程、社会关系、模糊空间（人群心理和背景差异）、相互作用等因素的研究，可以全面地了解社区所在的历史时期的社会特征，从而为历史社会地理学的研究奠定坚实的基础。

2. 不同区域人群（社会集团）兴衰的地理背景

地理背景是不同区域人群兴衰的潜在背景，包括自然环境和人文环境。自然环境包括地形地势、气候植被、水文土壤等，人文环境又称社会经济文化环境，包括人地比例、区位优势、传统习俗、思维模式、生活习惯、社会规则等。历史时期由于各地不同的地理条件和文化传统，芸芸众生受这种环境的熏陶和文化的约束，经过数百年的代代相传，形成了不同的人群性格。正如《礼记·王制》所言："广谷大川异制，民生其间者异俗。"山明水秀的江南多才子文臣，大漠朔风的西北多豪侠武将。地狭人稠的浙东、皖南盆地低山区，绍兴师爷和徽州商人名闻天下，当地至今还流传着"徽州算盘，绍兴刀笔""徽州朝奉，绍兴师爷""无徽不成镇，无绍不成衙"等谚语。地理背景的不同是造成各地人群差异的基本条件。明人谢肇淛也曾指出："天下推纤啬者必推新安与江右，然新安多富，而江右人多贫者，其地瘠也。新安人近雅而稍轻薄，江右人近俗而多意气。齐人钝而不机，楚人机而不浮。吴越浮矣，而喜近名；闽、广质矣，而多首鼠。蜀人巧而尚礼，秦人鸷而不贪。晋陋而实，洛浅而愿；粤轻而犷，滇夷而华。要其醇疵美恶，大约相当，盖五方之性，虽天地不能齐，虽圣人不能强也。"[①] 明清以来，随着人地关系矛盾的突出，各地民众因其土俗，开拓自己的力食之路，使不同区域人群的特征更加明显。根据王振忠的划分，政治型的区域人群如"绍兴师爷湖南将"，经济型的如"钻天龙游遍地徽州"，文化型的如"苏州状元""香山工匠""吴门梨园""江南山人清客"，社会型的如闽粤"户"、浙东"惰民"、徽州"佃仆"、广东"细仔"、"山陕乐户"、"凤阳乞丐"，等等。[②] 除此之外，山西票商、关中刀客、河间太监等也是特色较为鲜明的区域人群。现代以来，名闻全国的"万荣人"，即思维方式异于常规的一类人群，至今在山陕之间仍然流传着许多关于万荣人鲜活的生活事例，作为一个特定的人群名称——"万荣人"已在民间被广泛接受。除了上述这些主要从社会文化角度表现出来的不同人群外，还可以从单纯的宗教、民族、职业等角度划分出众多人群。形形色色的区域人群对中国社会的发展产生了深刻的影响，研究其兴衰的地理背景对于了解历史时期的社会至关重要。

3. 不同区域人群（社会集团）的空间结构及其时空演变规律

不同区域人群的空间结构包括内部结构和外部结构，内部结构主要是指各个成员对所属团体或阶层的心理认同感（心理距离）、成员之间的心理接纳度、社团的管理体制和约束机制等。外部结构主要是指社团的扩散和渗透、各社团的空间行为差异和对外联系纽带

---

① （明）谢肇淛：《五杂俎》卷四《地部二》。

② 王振忠：《社会史研究与历史社会地理》，载《复旦学报》（社会科学版）1991年第1期。

等。不同区域人群的空间结构是随着区域人群的发展而不断变化的，因为区域人群是以一定的利益或社会关系结合在一起的，这种利益的分配或社会关系的演进会随着人群的发展而不断变化。区域人群的空间结构有松散和紧密之分，前述各类人群的内部结构相对松散，多以不成文的规则维持和体现这种结构。而在一些特殊的人群中，如宗教团体、民间教派、各种帮会，和一些带有行业协会性质的特殊的职业阶层中，如乞丐、妓女、僧尼等，其空间结构则较为紧密，多以成文的规则维持和体现这种结构。区域人群的结构类型有横向型、纵向型和立体型等三种类型。一般而言，松散团体多以横向为主，紧密团体多以纵向为主。研究这些团体的结构体系及其时空演变的区域差异是对区域人群的一种认识角度，也是历史社会地理学社会性、区域性和空间性的体现。

4. 不同区域人群（社会集团）的社会行为研究

社会行为是指在社会交往过程中形成的个人或群体的社会活动。它包括个人或群体的物质生产、精神生活、社会交往及劳动方式等。现代社会地理学着重探讨个人的空间行为，如购物、出行、娱乐、选择住址等，即进行个人活动空间和作用空间的分析，历史社会地理学则侧重于群体的空间行为，如生存、生活、社交等区域人群的活动空间和作用空间的分析，探讨其行为与社会文化环境的相互作用和影响。这种社会行为类似于社会史所研究的社会生活方式，但历史社会地理学对此问题的研究方法和视角与社会史完全不同，社会史的研究是静态的，仅限于一般性的描述；而历史社会地理学的研究是动态的，是主要从时空结合的角度分析区域人群的社会活动或社会生活方式的空间结构、空间范围和空间变化的。个人的活动空间包含在一定的社会空间结构中，为环境所限制。群体的活动空间亦然，亦为社会和自然大环境所限制。如“河间太监”的遴选便受距离京师远近、裙带关系、贪求富贵等自然的、社会的、心理的因素制约，其活动空间也大多局限在京师及其周边地带。“凤阳乞丐”的流落区域既受本地受灾程度的影响，也受周边与本地贫困差距的制约，还受当地民众乞讨成性习俗的影响，任何一种因素的加重都会引起其流落区域的扩大。“绍兴师爷”的出现有浙东地区地狭人稠、人地矛盾突出的自然背景，也有华南社会重视族缘、地缘和业缘的社会背景。其分布的地域结构从横向看不甚明显，但它具有显著的行业性特点——基本上集中于各级衙门和私人幕府。总之，环境和空间结构影响区域人群的形成和发展；反过来，区域人群在发展过程中的不同决策、从众性行为和团体心理也会对其社会行为的空间结构产生影响。历史社会地理学注重建立群体行为模式，并通过对不同区域人群的活动空间的比较分析，努力实现对历史时期个体活动空间的定量模式分析。

5. 历史时期的社会问题的空间研究

社会问题是社会运行过程中使社会系统失调的障碍因素，是影响社会运转和多数人的生活并需要社会群体力量共同加以改进的问题。社会问题的发生能够影响到社会全体成员或部分成员的共同生活，干扰社会秩序，甚至对社会运行的安全过程构成威胁。社会问题具有普遍性、复杂性、多因性和多变性，会随着时间的发展及空间的变化而出现变异。有些社会问题具有持久性，而有些社会问题只发生在特定的历史时期和特定的地域，具有明显的时空差异。历史社会地理学试图从空间角度对这些问题加以分析，目的是为解决现存的社会问题和预防出现新的社会问题提供借鉴和参考。历史时期就已出现，时至今日仍然存在，只不过表现形式和表现程度有所改变的社会问题有灾害、毒品、赌博、娼妓、贫困、犯罪、歧视、民族冲突、社会流动、吏治腐败、贫富分化、苛捐杂税等。一般而言，在这些问题里面，毒品、娼妓、犯罪、社会流动多发生在城市，贫困、苛捐杂税多发生在农村，灾害、歧视、赌博、腐败、贫富分化等则不分农村还是城市都普遍存在。民族冲突多发生在民族交界地区，历史时期的民族界线较今天明显，现在我国境内各民族的居住地区已形成大杂居小聚居的特点，虽然还有一定程度的零星冲突，但算不上严重的社会问题。今后随着社会流动和民族融合的进一步发展，民族冲突将逐渐弱化。

社会问题的研究为历史社会地理学提供了广阔的天地，是历史社会地理学成为一门有用于世的学科，不同的历史时期会面临不同的社会问题，因此，历史社会地理学在此领域的研究可谓是任重而道远。

二、区域社会生活史的研究对象、学科属性和研究内容

随着中国社会史研究的复兴，近年来，社会生活史研究愈来愈受到人们的普遍关注，已成为学术研究的一个热点，相关研究成果层出不穷，大有成为一门显学之势头。但以往有关社会生活史的研究似乎多致力在具体研究方面，较少关注这门学科理论问题的专门性探讨，很大程度上限制了这门学科研究的深入。

（一）区域社会生活史的研究对象

区域社会生活史，顾名思义，应该是研究中国社会中人们的社会生活的历史，亦即中国城乡居民社会生活的变迁。但是，由于学术界对“社会生活”一词有着不同的理解，这就导致人们对于中国社会生活史的研究对象出现了一定的分歧。

目前学术界对于“社会生活”一词的理解有广义和狭义之分。有些学者采用广义的概念，将“社会生活”理解为人类全部活动，在具体的研究中则把社会结构包容进去。这实际上是将社会生活史与社会史研究等同起来。更多的学者采用的是狭义的概念，即认为“社会生活研究具体社会结构中人们的社会性行为和社会互动过程变迁的历史”，也就是“从人们在不同历史时期的社会物质生活方式、精神生活方式的表现和演变中了解人们的社会行为的历史演变”[①]。也有学者习惯于用“日常社会生活”来表示狭义的“社会生活”概念，“用‘日常’这个形容词来限制它，使其成为狭义的，即人群在生产、政治活动之外的物质与文化生活，这样使社会结构与日常社会生活两大部分都突出了”[②]。还有一些学者虽然采用的是狭义的“社会生活”概念，却将社会劳动包括在社会生活之中，并且认为“在诸种生活方式中，社会劳动居于核心地位，是其他生活方式存在的根本，诸如日常物质消费、教育和文化活动及娱乐消遣、宗教活动、社会交往等，无一不是建立在社会劳动基础上的”[③]。

笔者认为，为了避免将社会生活史与社会史等同起来，克服以社会生活史研究取代整个社会史研究的倾向，中国社会生活史研究宜采用狭义的“社会生活”概念，即将研究对象确定为“日常社会生活”。至于社会劳动，虽然可以说是“其他生活方式存在的根本”，

---

① 乔志强、陈亚平：《社会史的研究对象、知识体系及其学科地位》，见周积明、宋德金主编：《中国社会史论》。

② 冯尔康：《社会史研究的探索精神与开放的研究领域》，见周积明、宋德金主编：《中国社会史论》。

③ 曹文柱主编：《中国社会通史·秦汉魏晋南北朝卷》，山西教育出版社，1996 年，第 249 页。

但就其研究的内容来看，更多的是属于经济史研究的范畴，所以也不应视为中国社会生活史研究的核心部分。

将区域社会生活史的研究对象确定为狭义的“社会生活”，亦即“日常社会生活”，不等于说其他内容不重要、不需要研究，而是为了明确各学科之间的主要研究任务，以便促进社会生活史乃至整个社会史研究的进一步发展和繁荣。实际上，就中国社会史研究的现状而言，确实存在如赵世瑜所说的情况：“已经有人讥笑社会史只研究一些无关大局、琐细不堪的东西，甚至有猎奇猎艳的倾向，比如研究宦官、妓女、小脚、无赖之类，这固然是保守者全然不理解社会生活研究的意义之故，可以置之不理，但如果只把社会生活理解为内容上的丰富，只是描述和记录其表面现象，而不在研究视角和方法的转换上下工夫，客观上还是极有可能造成上述局面。”[①] 冯尔康也深刻地指出：“日常社会生活的题目，现在研究的尚属有限，那么多的节日，有的还没有认真的接触。有的课题似乎并不新，但若一研究就会把课题范围拓宽，如宗族史、家庭史已有不少成果，然而拟血亲的问题未被注意，家庭史主要探讨了家庭类型、功能、与社会的关系，但是如果按所谓‘人口学的家庭史’‘法学的家庭史’‘经济学的家庭史’‘社会学的家庭史’‘心理和行为科学的家庭史’五种家庭史来考虑，所要增加的研究事项就太多了。”[②] 由此可见，狭义的“社会生活”，亦即“日常社会生活”虽然不是人类活动的全部，但其本身值得深入研究与探讨的内容是相当广泛的，问题的实质不是将狭义的“社会生活”确定为中国社会生活史的研究对象是否太过狭小、是否合适，而是如何拓宽视野、如何进行研究方法上的创新的问题。

（二）区域社会生活史的学科属性

关于社会生活史的学科属性问题，亦即这门学科在中国社会史或中国史研究体系中的地位问题，目前大致有如下三类观点：

其一，认为社会生活方式应当是社会史的主要研究对象，研究社会生活方式对社会史有着重要的价值功能，同时对深入了解和识别不同民族、国家的文化特质具有重要的认识论价值。“这是由于社会生活方式是由社会主体的人与社会生活环境、条件综合地相互作用形成的，它既反映社会主体的人的自身发展水平和相应特征，也反映地理与生态环境的特征、社会物质、经济、文化的发展水平和社会关系类型、社会结构特质；既反映特定社会的现实的水平、特质，也反映该社会形成传统的历史文化的特质。”“不同历史阶段的社会变迁，往往以社会生活方式发生某些演变为前奏，其中往往以某些生活方式的变化为先导，而社会变迁的最终结果，又往往体现在社会生活的整体转型上。”所以，“归根结底，是否把生活方式作方式为社会史的主要研究对象，是关系到社会史应否以社会主体的人为中心的问题。如果认为社会史不应以社会主体的人为中心，那就是另外一个问题了；如果认为社会史应以社会主体的人为中心，那么，理所当然地要把历史上的人，即我们的前人是怎样活着的人，也就是他们的生活方式作为主要的研究对象。”[③] 这样的观点显然对社会生活尤其是社会生活方式在社会史研究中的突出地位与作用给予了充分的肯定，但对其

---

① 赵世瑜：《社会史的概念》，见周积明、宋德金主编：《中国社会史论》。

② 冯尔康：《社会史研究的探索精神与开放的研究领域》。

③ 王玉波：《中国传统生活方式（一）》，见周积明、宋德金主编：《中国社会史论》。

他社会问题在社会史研究中地位与作用认识不足。

其二，认为社会生活史是社会史的一个重要的组成部分。目前大多数社会史学者都持这种观点，但在具体认识上有一定的分歧，这涉及到对社会史的概念和学科体系问题的理解。乔志强等将社会史的知识体系分成相互联系、相互影响的三个部分的历史变迁：“①反映中国社会内部各种结构要素之间的关系和联系形式的社会构成的历史；②反映社会中人们的社会性行为与互动过程的社会生活的历史，包括社会生活中人们按照一定文化模式进行的衣、食、往、行、用等基本需要的原生性活动，和在此基础上产生的各种派生性活动（艺术、宗教、群体意识等）发展变迁的历史；③上述两个方面诸要素相互交叉、相互作用，产生出各种社会功能的历史。具体反映为各种社会制度（生育制度、养老制度、教育制度、消费制度等）和社会控制等社会机制发展演变的历史。社会史集中研究上述三个方面的历史变迁，它们之间的相互关系和联系。”“这样可以将我们对社会史学科体系的观点概括为一种‘3+1模式’，即社会构成史、社会生活史、社会功能和社会制度史三个部分的历史，加上整体社会变迁的历史概括”。[①] 冯尔康认为社会史“是研究历史上社会结构与日常社会生活的运动体系，它以社会群体、社会组织、社会等级、阶级、社区、人口的社会构成，以及上述成分所形成的社会结构及其变动，构成社会结构的人群的日常生活行为及其观念为研究范畴，揭示其在历史上的发展变化及其在历史进程中的作用和地位；它是历史学的一门专史，并将其研究置于整体史范围之内，处理好两者关系，以便促进历史学全面系统地说明历史进程和发展规律；它与社会学、文化人类学等学科有交叉的研究内容，具有多学科研究的性质与方法”。[②] 常建华基本同意社会史包括社会结构和日常社会生活这两大组成部分[③]，但同时又认为“还历史以血肉的社会生活研究、揭示社会精神面貌的社会文化研究、置社会史于地理空间的区域社会研究是当代中国社会史研究的三大特征”。[④] 还有学者将社会史研究的对象与范畴概括为以下五个部分：“一、群体结构，其中分作：甲，人口、行业、家庭、家族；乙，社会群体；丙，社会组织。二、社会生活。三、社会心态（含教化、信仰、迷信、价值观、社会思潮等）。四、社会运行（含社会问题、自然灾变、社会保障与救济等）。五、区域社会。其中，前四个方面是社会史研究的基础与核心。”[⑤] 国外不少学者也持类似的观点，如苏联学者兹韦耶列娃等转述P. 伯克的观点，就将社会史的主要研究内容概括为以下七个方面：“（1）社会关系史；（2）社会结构史；（3）日常生活史；（4）私生活史；（5）社会公共和社会冲突史；（6）社会阶级史；（7）社会集团史。”[⑥] 上述学者虽然对于社会史的学科体系的理解存在一定的分歧，但都将社会生活史视作社会史研究的一个重要的组成部分。

其三，认为社会生活史是与社会史并列的“一门独立的学科”。雒有仓认为：“社会生活史应当成为一门独立的学科。从研究的对象上来看，它比社会史更为具体，其研究范围既重视社会下层广大民众生活的研究，又不忽视上层社会对整个社会生活的影响；既重视社会下层经济生活状况，又不忽视上层政治文化对下层社会生活价值观念的影响。因

---

① 乔志强、陈亚平：《社会史的研究对象、知识体系及其学科地位》。

② 冯尔康：《社会史研究的探索精神与开放的研究领域》。

③ 参见冯尔康、常建华：《清人社会生活》，沈阳出版社，2002 年。

④ 常建华：《中国社会史研究十年》，载《历史研究》1997 年第 1 期。

⑤ 孟彦弘：《社会史研究刍议》，载《史学理论研究》1998 年第 2 期。

⑥ ［苏］兹韦耶列娃等：《英国的社会史和“新史学”：若干比较与思考》，载《世界史研究动态》1989 年第 2 期。

此，与传统史学相比，社会生活史主要体现在研究范围的扩大与研究重点的转移上，目的仍在于体现社会变迁，其性质是从属于通史的专门史。社会史与此不同，它更多的是对传统史学研究方法及研究角度的更新，深受社会学理论方法的影响，重在探求社会构成及其良性运行。这是二者的主要区别所在。"[①] 这一观点过于强调社会生活史研究的特殊性，忽视了其与社会结构史、社会功能和社会制度史等方面研究的互动和联系，所以在学术界并未引起广泛的共鸣。

对于上述三类观点而言，笔者比较认同第二类观点，即认为中国社会生活史是中国社会史的一个重要组成部分。虽然社会生活史近年来愈来愈引起人们的关注，其在社会史研究中的地位也愈来愈高，但社会生活史有其独特的研究对象和研究内容，并不能完全取代社会结构史、社会功能和社会制度史等社会史分支领域的研究。随着相关研究的深入开展，尤其是理论与方法研究的加强，区域社会生活史有望成为社会史研究的一个重要并且处于核心地位的分支学科，但它是否能成为一个与社会史并列的独立学科，并不取决于某些研究者的主观愿望，而取决于学科自身的研究对象和研究内容，以及学术研究的自身规律和科学使命。

（三）区域社会生活史的研究内容

与区域社会生活史的研究对象、学科属性问题相一致，目前学术界对区域社会生活史的研究内容也持有不同的看法。笔者认为，为了有利于促进区域社会生活史研究的深入开展，固然需要不断拓展研究领域，并且用整体史的观念指导研究工作，但区域社会史研究既要充分体现各研究方向或分支学科之间的互动、联系，同时也应该适当体现学术分工、明确自身的研究内容。根据中国社会生活史应当以狭义的"社会生活"即"日常社会生活"为研究对象的观点，区域社会生活史的研究内容可概括为如下六个方面：

1. 区域生活环境研究

生活环境，亦可称为生存环境、生态环境。广义地说，人类生活在环境之中，环境是人类生存和发展的各种活动的载体，是人类生存和发展的基础条件，同时也是构成人类生活的基本因素，因而，"一切环境质量的因子皆可包括在生活质量之中。环境和教育、消费、健康一起构成了生活质量的基本框架，它们是生活质量的基本内核和构成要素"。[②]

人类的生活环境大致可以划分为自然生态环境和人文社会环境两大部分。自然生态环境包括气候、水文、地貌、土壤、植物、动物、矿产等要素，是人类赖以存在和生活的最为基础的条件。人们的社会生活方式在很大程度上受到自然生态环境因子的制约，自然生态环境的演变也深刻地影响着人们的生活质量，可以说在中国社会发展的历史进程中，人与自然的关系自始至终都是备受关注的哲学命题，人类的社会生活史在某种意义上其实是人类如何适应、利用、改造自然，如何与自然协调、共生的历史。人文社会环境包括政治、军事、经济、人口、民族、社会形态、文化氛围等方面，它同样也是人类赖以存在和生活的基础条件。人文社会环境因子与自然生态环境因子一起，共同构成了人类的生活环境，在某些历史时期，尤其是随着人的改造自然能力的提高、科技文明的进步和社会的转型，人文社会环境的演变对社会生活的影响力也日益突出。正是因为人类的生活环境不仅

① 雒有仓：《关于中国社会生活史的体系问题》，载《淮北煤炭师范学院学报》（哲学社会科学版）2003年第2期。
② 周长城等：《社会发展与生活质量》，社会科学文献出版社，2001年，第230页。

是人类赖以存在和生活的基础条件，而且是完整的社会生活的重要组成部分，所以生活环境研究就不仅是社会生活史研究的前提或基础，而且应该视为社会生活研究一个不可或缺的重要内容。

2. 区域生活方式研究

生活方式是社会生活史研究的核心内容。侧重于人类的生活方式研究，是社会生活史区别于社会结构史、社会功能和社会制度史等社会史分支领域的关键所在。生活方式既包括社会生活中人们按照一定文化模式进行的服饰、饮食、行旅交通等基本需求的原生性活动（或称为物质生活），同时也包括在此基础上产生的婚姻、丧葬、教育、文体娱乐、社会交往、宗教信仰等各种派生性活动（或称为精神文化生活）。由于人类生活环境的演变，人们的社会生活方式也有明显的变迁过程。探讨不同阶级阶层、不同民族、不同性别、不同职业、不同年龄、不同地域人群的各种生活方式的具体变迁过程、特点、原因和机制，正是中国社会生活史研究的一个关键性课题。

3. 区域生活观念研究

人们采用何种生活方式固然取决于其所处的自然生态环境与人文社会环境的综合影响，但同时也受制于其具体的生活态度与价值观念，因为人的任何行为都是在一定的态度与价值观影响下产生并随着态度与价值观的变化而变化的。所以了解人们的生活的形成与变迁的过程和规律，就必须深入研究其生活观念的形成与演变。“以食为天”“尚俭”“淡交”“舒缓”和崇“礼”素来被认为是中国人尤其是中国北方人生活方式的最基本的特质和风格[①]，这与人们的生活观念密切相关。另外，人们的消费观念随着经济条件的变化和社会风尚的演变也处于不断的变迁之中，并且一直在深层次影响着人们生活方式的变化。正因为如此，对于生活观念的研究应当并且正日益引起学术界的充分重视。

4. 区域消费结构研究

人的一切活动都源于一种需要，人们通过各种方式来使自己的需要得到满足。同时人的需要又是分层的，生存需要是最基本的，生存需要得到满足之后便会出现更高层次的享受需要与发展需要。消费与生活质量之间有着密不可分的关系。社会发展的最终目标是改善和提高全体人民的生活质量，而要提高人民的生活质量，最重要的是改善居民的消费结构[②]。因此，消费结构在现代社会学领域已日益受到重视。随着历史的演进和社会的进步，人们的消费结构呈现日趋复杂多样的发展态势，即有一个从“以食为天”向物质生活与精神文化生活并重转变的过程，同时由于生活环境、生活方式、生活观念的差异，不同阶级阶层，不同民族、职业、年龄的人群有不同的消费结构，并且其消费结构也有因时而异的特征，所以消费结构问题其实是古已有之的，是综合衡量人们生活质量的一个十分重要的指标，自然应该成为社会生活史研究的一项内容。以往社会生活史研究比较关注生活方式，对消费结构研究不太重视，这样的局面应当尽快有所扭转。中国社会生活史中的消费结构研究不能简单地套用现代社会学的消费指标体系，而应充分“考虑到历史研究所主要借助的文献资料本身就含有自己的一套概念、话语和思维结构”[③]，确定相应的研究内容。历史时期，人们在各种物质生活和精神文化生活中的人、财、物的投入或支出，甚至于时

① 王子今：《中国传统生活方式（二）》，见周积明、宋德金主编：《中国社会史论》。

② 周长城等：《社会发展与生活质量》，社会科学文献出版社，2001 年，第213 页。

③ 赵世瑜：《社会史的概念》，见周积明、宋德金主编：《中国社会史论》。

间方面的具体安排，无疑都是考察研究的重点问题。

5. 社会生活的区域比较研究

中国自古领土辽阔，自然地理环境的地域差异十分显著，经济发展水平不平衡，民族分布状况复杂多样，各地文化传统也不完全一致。受其影响，人们的生活方式、生活观念、消费结构的内涵及其变迁也有着明显的地域差异。不仅传统农耕地区与畜牧渔猎地区的生活方式明显不同，中原地区与江南地区的生活方式也存在同中有异的现象，并且各地的生活方式还有相互影响、相互交融的过程。可以说，在中国社会生活史上，共性特质和区域差异自始至终都同时存在着。所以，只有在研究中国社会中的人们生活方式共性特质的同时，深入开展社会生活的区域比较研究，才能全面揭示中国社会生活史的基本规律。近年来，区际差异研究与区内差异研究已逐渐引起经济史、文化史、社会史学者的重视，但总体而言，社会生活史领域的区域比较研究尚有待进一步加强。社会生活史研究具有跨学科性质，而在社会生活的区域比较研究方面，历史地理学等相关学科的理论与方法应当得到充分的借鉴和运用。

6. 区域社会生活的可持续发展研究

社会发展的终极目标是提高人们的生活质量，而实现这一目标的根本途径就是可持续发展。近年来，环境问题日益严峻、贫富差距日渐拉大，可持续发展问题不仅引起了各国政府的充分关注，同时也成为各相关学科研究的焦点所在。历史学研究的目的不仅仅是“还历史以本来面目”，更重要的是要“鉴古察今”，探寻历史发展规律，总结经验与教训，以供当世有所借鉴，包括社会生活史在内的中国社会史研究也不例外。从可持续发展的视角出发，运用整体史的理论与方法，深入研究人们的生活环境与生活方式、生活观念、生活质量之间的相互影响、相互作用的互动关系及其发展演变的基本规律，在此基础上，结合现当代社会生活状况的分析与研究，提出有助于全面改善和提高广大居民生活质量的参考意见，是区域社会生活史研究者责无旁贷的重要任务之一。

总之，生活方式研究虽然是社会生活研究的核心问题，但就历史使命和学科建设两方面而论，区域社会生活史应当不断地拓展自己的研究领域，借鉴运用全新的理论与方法，从生活环境研究、生活方式研究、生活观念研究、消费结构研究、社会生活的区域比较研究和社会生活的可持续发展研究等诸多层面，积极开展学术探索，从而构建出具有本土立场的区域社会生活史学科理论体系。

三、历史地理学视野下的中国近代社会史研究

（一）中国近代社会史研究借鉴历史地理学理论方法的必要性

近二十多年来，区域史研究已经逐渐成为中国历史学科各主要分支学科研究中的一个新取向，受其影响，中国社会史研究也基本实现了研究范式转型，在广度和深度两个方面都有明显的发展。擅长学术史回顾与理论检讨的常建华在 1997 年撰文回顾 20 世纪 80 年代以来的社会史研究时曾指出，还历史以血肉的社会生活研究、揭示社会精神面貌的社会

文化研究、置社会史于地理空间的区域社会研究是当代中国社会史研究的三大特征，① 比较准确地概括了包括中国近代社会史研究在内的当代中国社会史研究的主要特征。

然而，中国近代社会史研究出现的“碎化”现象也引起了不少学者的担忧。所谓“碎化”大致可分为两种情况，其一是研究主题的“碎化”，即赵世瑜所说的“已经有人讥笑社会史只研究一些无关大局、琐细不堪的东西，甚至有猎奇猎艳的倾向”，或者如行龙所说的“由于社会史的定义五花八门，社会史研究的对象更是包罗繁芜，许多研究仅满足于题目的新鲜而忽视对社会史理论的体会与领悟，以致陷于具体问题的琐碎考证和欣赏性描述”；② 其二是研究区域的“碎化”，即将区域史研究完全等同于地方史或地方志研究，淡化了整体史研究这一区域社会史研究应该坚持的主旨。

区域化的中国近代社会史研究如何才能避免“碎化”现象，从而回归整体史研究的正途？关键的一环，还是要在研究视角与理论方法上下工夫。这是一个老调重弹的问题，学者间也有不同的理解，但人们比较一致的看法是，必须在具体的研究中加强整体史观念、问题意识和理论方法创新。关于社会史的学科属性亦即其与中国史的关系，学术界尚存在分歧，但区域研究本身就是以综合研究为特色的，而社会史研究也有交叉科学的性质，这就决定了区域化的中国社会史研究必然要借鉴社会科学及其他相关学科的成果、视角和理论方法来实现自我建设和理论创新。社会史研究如何以马克思主义为指导，如何借鉴社会学、历史人类学等相关学科的理论方法，目前已有不少学者进行了相应的理论探讨或实践示范，笔者这里想着重强调的是借鉴历史地理学理论方法的必要性。

“区域”（region）一词本身就是一个地理学概念，强调区域特征和区域差异正是地理学区别于历史学的关键所在。传统的中国历史地理学，长期以来一直是以沿革地理学为其主流的，处于历史学附庸的地位。由于学科间交流不充分，迄今仍有不少历史学者对现当代中国历史地理学发展状况不甚了解，认为历史地理学就是沿革地理学，就是山川地名考证和政区沿革，这其实是一个很大的误解。诞生于历史学与地理学两大母体学科交叉处的现当代历史地理学，自20世纪50年代兴起以来，就一直侧重于历史时期区域自然、人文地理现象及人地关系发展演进规律的研究，近年来更呈现出区域综合研究的发展倾向，③ 其研究成果和理论方法都可与历史学各相关学科相互交流、相互借鉴。

中国近代社会史研究应当借鉴历史地理学的理论方法，也就是要从区域特征和区域差异的角度来观察和分析问题，这是因为所有的历史现象不仅都是在一定时间内发生的，而且也是在一定空间内变化的，研究者不能仅仅考虑事物的历时性变化，还应该关注其空间性变化。美国学者杜赞奇指出：“历史——不一定是线性的——是人类对那些稍纵即逝的事物的意义化回应。对于注定成为历史理论议程不可或缺部分的时间而言，至少有三个系列前设：分期问题、因果问题和像年鉴学派提出的不同种类的（非同质性的）时间问题。这三个问题又进一步引发了关于空间因素的问题：分期的方法怎样才能使一个疆域界构有

① 常建华：《中国社会史研究十年》，载《历史研究》1997年第1期。其最近类似的表述是：“改革开放的80年代，中国史学发生了较大的变化。社会史研究异军突起，注重日常生活，挖掘社会生活的文化意义，立足地域考察历史，构成新社会史的特征。”载于常建华：《历史人类学的理论与在中国的实践》，见常建华：《社会生活的历史学——中国社会史研究新探》，北京师范大学出版社，2004年，第116—152页。

② 赵世瑜：《社会史的概念》，见周积明、宋德金主编：《中国社会史论》上卷；行龙：《中国社会史研究中的几个问题》，见行龙主编：《近代山西社会研究——走向田野与社会》，中国社会科学出版社，2002年。

③ 吴宏岐：《中国历史地理学的历史、现状和发展趋势》，载《河北师范大学学报》（社会科学版）1999年第4期。

效，（例如，为什么《剑桥中国史》要从帝国统一开始叙起?）因果性概念如何能将历史事件在一个现存的空间内还原？时间的不同概念和估价如何在历史中等级化？那些没有历史记录的人们如何被认为是没有自我意识的，并因此推断他们是无历史的？（一个附属问题?）由此而论，历史只存在于精英和国家的空间中。"[①] 杜赞奇对现当代史学理论方法的反思，揭示了空间问题在中国历史研究中的重要性，也从另外一个角度说明包括中国近代社会史研究在内的中国历史研究应该借鉴历史地理学理论方法的必要性。

（二）中国近代社会史研究如何进行区域比较

如何从历史地理学角度研究历史上的社会？笔者等曾撰文提出应该关注历史时期的社区比较研究、不同区域人群（社会集团）兴衰的地理背景研究、空间结构及其时间演变规律研究、社会行为研究和历史时期社会问题的空间研究。[②] 这些问题对于中国近代社会史研究来说同样十分重要。区域比较研究目前已是学者们习惯采用的分析方法，但应该注意的是，区域比较研究绝不是一个个区域资料的简单罗列，而是要真正做到区域个性特征之间的比较。区域比较可从两方面着手，一是区域之间的比较，二是区域内部的比较。日本学者斯波义信将经济史研究中的比较研究分为社会间比较（cross-societal comparison）和社会内比较（intra-societal comparison），并认为"作为比较实际的顺序，首先是充实的社会内比较，其次是波及较为亲近的地理、文化类样本，再推广至较为亲近的社会类型间作相互比较，沿着这样的顺序作更为普遍的观点的比较，就有望接近于达到的目的"。[③] 这里的社会间比较和社会内比较是从社会学角度来说的，按照地理学或历史地理学的说法，其实正是区域间比较和区域内比较。这一研究方法，不论是经济史，还是社会史研究，甚至于政治史、文化史研究，同样都是至关重要的。

斯波义信揭示了由区域内比较而至区域间比较这一开展区域比较研究较为合理的路径，不过从历史地理学角度来看，区域内比较本身至少应该包括两种含义，一是研究区域内诸多因素相互作用所形成的区域共同特征（或可称为区域个性），二是要比较区域内部的更小层次区域之间的差异。当然，区域内部区域层次的划分应当是适度的，以宜于分析、宜于揭示区域内部的差异特征为前提，否则就会导致前面提到的区域社会史研究中的"碎化"现象；区域间比较也不能仅理解为相邻区域间的比较，或者仅仅是研究区域的扩大，"较为亲近"一词最好理解为"问题"一致或相近的区域，因为即使某些区域从地理空间上看相距较远，但若"问题"一致或相近，其间也有比较研究的必要性，因为这样更有利于揭示事物发展在区域上所表现出的复杂性。

近代化（或早期现代化）进程素来被近代史研究者视为一条研究主线，但实际上不论是近代化的开端年代、阶段性特征，抑或是机制、影响与后果，在不同区域间往往有很大差异。1840 年通常被视为是中国近代史的开端，中国从此步入了半封建半殖民地社会，但一个不争的事实是，中国东南沿海地区自鸦片战争以来即开始遭受帝国主义殖民剥削和西方先进文明的双重影响，而西北内陆省份一直到清末仍主要为封建社会的余绪，受所谓的

① ［美］杜赞奇：《为什么历史是反理论的》，见黄宗智主编：《中国研究的范式问题讨论》，社会科学文献出版社，2003 年，第 9—23 页。

② 吴宏岐、王洪瑞：《历史社会理学的若干理论问题》。

③ ［日］斯波义信著，方键、何忠礼译：《宋代江南经济史研究》，江苏人民出版社，2001 年，第 32 页。

“慢变量”影响更大一些，这也正是学者们在开展区域研究时，在探讨近代城市发展、乡村社会变迁或者行会制度、市镇、宗族等的“近代命运”时，于东南地区往往从1840年或明清叙起，于西北内陆则多从清末新政或民国建元开始论述的主要原因。近年来，施坚雅的集市体系理论和区域体系理论在长江上游地区、华北平原等地的相关研究中已被广泛运用，但已有学者指出施氏模式不能包打天下，也有学者力图对其理论有所修正。[①] 抗日战争或日本侵华战争对中国区域社会发展进程的影响是非常大的，但在不同区域也表现出不同的特征。韩国学者尹辉铎新近从抗战环境、抗战意识、战略战术诸方面进行比较研究，考察了20世纪40年代华北根据地与东北游击区的抗日斗争形态，[②] 这是立足于军事学角度对两个相邻区域的区域比较研究。但从战争的影响与后果的角度来观察，相距较远的地区也可进行比较分析，如在日本侵华战争期间，对广东经济来说，战争的破坏力是空前的，使广东经济的发展从巅峰跌入低谷，全省的经济格局在战时、战后都发生了重大变化，其中，省会广州所受损失最为严重，先是迭遭日机轰炸，继而军政当局撤离时自行炸毁，沦陷后又被日军焚劫或占据，公用设备、特殊建筑物、新式工业等方面共损失多达9 200万元；[③] 而与此同时，西北地区尤其是陕西关中因处于大后方，由于政府政策倾斜，区域经济社会反而得到了前所未有的发展，其中，西安因被国民政府定为陪都，1932—1945年间，在西京筹备委员会等的积极运用下，城市规划、地形测量与土地估价、筑路修桥与水利建设、城市绿化、乡村建设和古迹文物保护等各项事业均取得了长足进步，[④] 西安人口剧增，城市经济与社会较之以往有了非常大的变化。通过跨区域的比较分析可知，在抗战期间，沦陷区和非沦陷区所受的战争影响是大为不同的，在同一历史时期，不同的区域实际上经历了不同的经济社会发展阶段。历史分期方法并不总能适应历史学家的研究，在历史研究中，“变化被普遍承认，但是一旦历史学家进行微观研究或发现细节，这些时间性的界线则被迫后延。这样一来就无法预断变革产生的时间”。[⑤] 这样的“微观研究”主要靠区域比较研究来完成，当然不仅仅限于区域内比较，还应当包括区域间比较。

（三）区域互动研究与整体史研究主旨的实现

中国近代社会史研究要实现整体史研究的主旨，仅靠区域比较研究是远远不够的，还应该积极开展区域互动研究，亦即用辩证统一的观点来考察区域之间相互影响、相互作用的关系。研究区域的“互动”，同样要注意两个必不可少的环节：一是区域内各要素之间的相互影响与相互作用，二是区域之间的相互影响与相互作用。

区域社会发展是多种要素共同作用的结果，区域人群的生活方式及其演变当然深受所在区域各种自然与人文环境因素的制约。近年来，在区域社会史研究中，城乡居民的社会生活史研究已成为一个热点，但在区域社会生活方式与区域生活环境的互动研究方面还存在明显的不足。目前，气候变迁、自然灾害对人类社会发展的影响已普遍受到学界的重

---

① 关于施坚雅理论的最新讨论，可参见《近代史研究》2004年第4期所刊的王庆成《晚清华北的集市和集市圈》、史建云《对施坚雅理论的若干思考》和任放《施坚雅模式与中国近代史研究》三文。

② ［韩］尹辉铎：《抗战时期华北与东北区域抗日战略和斗争环境的比较考察》，见江沛、王先明：《近代华北区域社会史研究》，天津古籍出版社，2005年。

③ 黄菊艳：《抗战时期广东经济损失史研究》，广东人民出版社，2005年，第97页。

④ 吴宏岐：《抗战时期的西京筹备委员会及其对西安城市建设的贡献》，载《中国历史地理论丛》2001年第4辑。

⑤ ［美］杜赞奇：《为什么历史是反理论的》。

视，但其他自然环境因子及人文社会因子的变迁及其对区域社会生活发展的影响方面的研究还比较薄弱，至于区域城乡居民的生产、生活活动对环境产生的影响及因之而带来的种种后果的研究，更有待进一步加强。

新近已有不少学者在近代区域经济史研究中注意到了区域互动问题，也有人倡议要积极开展港口—腹地和中国现代化进程研究。① 但就近代社会史研究而言，区域间的互动研究尚未引起充分关注。从区域间互动这一视角来研究近代社会史，是一个新视角，需要借鉴相邻学科比较成熟的理论方法，经济学的理论必不可少，但文化地理学的理论更需要借鉴。按照文化地理学的观点，区域文化一旦形成就存在扩散现象，文化扩散的方式可以分为扩展扩散和迁移扩散。扩展扩散是指文化现象出现后，通过其居民，从该地向四周不断地传递，其所占据的空间也就越来越大。这种扩散现象的特点是空间上的连续性，即新的分布区由旧的分布区扩大而形成，旧的分布区较小，而位于新的分布区内。扩展扩散中各种文化现象的扩散速度是不同的，有的速度慢，有的速度很快。迁移扩散是指某种文化现象与拥有这种文化现象的人群或集团紧密联系。往往因拥有这种文化的群体迁移到新的地方，遂将文化传播到该地。迁移扩散是由具有这种文化的人群传播出去，比扩展扩散要快，而且易于保持这种文化的本身特点。另外，由于是随人群迁移，特别是迁移到远处，会使这种文化现象出现某些孤立的点或小区，与其原文化区在空间上不连续。② 目前这些文化地理学的相关理论在历史文化地理学的研究中已得到广泛运用，③ 但如何将其科学地运用在区域近代社会史研究中则还是一个值得探索的问题。

---

① 参见复旦大学历史地理研究中心主编：《港口—腹地和中国现代化进程》，齐鲁书社，2005 年；吴松弟主编：《中国百年经济拼图：港口城市及其腹地与中国现代化》，山东画报出版社，2006 年。

② 王恩涌等：《人文地理学》，高等教育出版社，2000 年，第 35—37 页。

③ 如张晓虹：《文化区域的分异与融合——陕西历史文化地理研究》，世纪出版集团上海书店出版社，2004 年；林拓：《文化的地理过程分析——福建文化的地域性考察》，世纪出版集团上海书店出版社，2004 年。

第六章

历史时期气候变化与人类社会发展的关系

自20世纪70年代初期竺可桢教授发表《中国近五千年来气候变迁的初步研究》① 一文以来，中国历史时期气候变化问题日益引起自然科学工作者的重视，有关研究渐趋深入，呈现出蓬勃发展的态势。与此同时，历史学家、社会学家也力求摆脱“地理环境决定论”的束缚，开始尝试研究包括气候变化在内的自然生态环境变化对整个中国社会历史发展进程的种种影响。在自然地理系统中，气候无疑是最为活跃的因子。气候变化不仅在中国历史时期自然生态环境变化中处于核心位置，而且与人类社会环境的发展变化也有复杂密切的联系。因此，从更全面的视角探讨中国历史时期气候变化与人类社会发展的关系，是一个相当重要而又富有意义的课题。

一、中国历史时期气候变化的基本特点

(一) 气候冷暖波动与气候干湿波动

1. 气候冷暖波动

竺可桢在《中国近五千年来气候变迁的初步研究》一文中，应用考古材料、物候资料和方志文献首次勾勒了中国近5000年来气候周期波动性变化的基本状况，提出了中国气候变化的“四暖四寒”模式，其研究成果已为气候学界和历史地理学界广泛采用②。不过，近些年来，由于新资料的发现以及分析研究方法的改善，有不少学者对竺可桢提出的中国近5000年来气候变化的“四暖四寒”模式提出了疑问，相应发表了多种修正方案。文焕然、徐俊传在《距今约8000—2500年前长江、黄河中下游气候冷暖变迁初探》③ 一文中，认为中国近8000年来冬半年气候冷暖变迁的总趋势大致包括以下四个阶段：①约

---

① 竺可桢：《中国近五千年来气候变迁的初步研究》，载《考古学报》1972年第1期。

② 张家诚、朱明道、张克恭等：《气候变迁及其原因》，科学出版社，1976年，第32—66页；中国科学院《中国自然地理》编辑委员会：《中国自然地理·历史自然地理》，科学出版社，1982年，第6—17页。

③ 文焕然、徐俊传：《距今约8000—2500年前长江、黄河中下游气候冷暖变迁初探》，见中国科学院地理研究所：《地理集刊》第18号，科学出版社，1987年。

8000—2500a B. P. 为温暖时代；②约 2500a B. P. —1050 年为相对温暖时代；③约 1050—1450 年为相对寒冷时代；④约 1450 年至现在为寒冷时代。邹逸麟等将黄淮海平原地区的历史气候划分为仰韶温暖期、西周至两汉降温期、魏晋至五代寒冷期、北宋至元中期温暖期和元后期至清末寒冷期五个时期，并认为这五个时期中均存在气候波动①。朱士光等则认为关中地区历史时期气候变化实际上经历了以下十个阶段：①全新世早期寒冷气候（约 10000 至 8000 a B. P.）；②全新世中期暖湿气候（约 8000 至 3000a B. P.）；③西周冷干气候（公元前 11 世纪至公元前 8 世纪中期）；④春秋至西汉前期暖湿气候（公元前 8 世纪中期至公元前 1 世纪）；⑤西汉后期至北朝凉干气候（公元前 1 世纪至 6 世纪）；⑥隋和唐前、中期暖湿气候（7—8 世纪）；⑦唐后期至北宋时期凉干气候（9—11 世纪）；⑧金前期温干气候（12 世纪）；⑨金后期和元代凉干气候（13 世纪—14 世纪前半叶）；⑩明清时期冷干气候（14 世纪后半叶至 20 世纪初）②。最为引人注意的是，有些学者对学术界普遍认同的隋唐温暖期也产生了异议，认为“这个温暖期限的结论尚值得进一步讨论”③，即“唐代不是一个稳定的温暖期”，“从百年以上尺度来看，以 8 世纪中叶为界至少可以分为两个大的阶段，前期的气候尚缺少坚实的证据，无法确定寒暖的程度，从一些已有的记载来看，估计与现代相差不大，但后期气候明显转寒，寒冷顶峰时的程度可与明清小冰期相比较”④。笔者等不同意这种看法，认为物候、动物分布、孢粉、雪线和海平面等相关资料均显示隋唐时期气候总体上比较温暖，这个温暖期大致从 550 年开始，1050 年结束，持续时间约有 500 年左右，比竺可桢所界定的 600—1000 年的温暖期从时间上讲要长一个多世纪，整个温暖期虽主要与中国历史上的隋唐时期相对应，但实际上则跨越南北朝晚期、隋、唐、五代和北宋中前期等时代。另外，隋唐温暖期的气候特征虽以温暖为主，但却存在明显的气候波动，其中 800—950 年相对寒冷，气候特征与现代近似或温度稍低，而 550—800 年和 950—1050 年则分别为隋唐温暖期中的两个温暖期，气候比现代温暖⑤。可见，关于历史时期气候冷暖波动问题的研究目前尚未取得一致意见。

2. 气候干湿波动

历史时期的气候不仅在气温上有周期性波动，而且在湿度方面也存在一定的波动。有关西北、华北气候变化的研究成果说明，“粗略比较暖期与湿期、冷期与干期有较多的呼应，但每个冷暖期内部又有干湿波动，不可一概而论”，“20 世纪我国降水变化的总趋势大致是从 18、19 世纪较为湿润的时期转为较为干旱的过渡时期”，呈明显的干旱化趋势⑥。朱士光等通过对历史时期关中地区气候变化的研究则揭示，“气温的变化要快于降水量的变化，而降水量变化之幅度又大于气温变化之幅度”。⑦ 这些研究成果揭示，在历史时期，气候冷暖波动与干湿波动虽然有明显的相关性，但不完全同步，值得继续进行研究探讨。

---

① 邹逸麟主编：《黄淮海平原历史地理》，安徽教育出版社，1993 年，第 1—52 页。

② 朱士光、王元林、呼林贵：《历史时期关中地区气候变化的初步研究》，载《第四纪研究》1998 年第 1 期。

③ 满志敏：《唐代气候冷暖分期及各期气候冷暖特征的研究》，见中国地理学会历史地理专业委员会《历史地理》编辑委员会：《历史地理》第 8 辑，上海人民出版社，1990 年。

④ 满志敏：《关于唐代气候冷暖问题的讨论》，载《第四纪研究》1998 年第 1 期。

⑤ 吴宏岐、党安荣：《隋唐时期气候冷暖特征与气候波动》，载《第四纪研究》1998 年第 1 期。

⑥ 施雅风主编：《气候变化对西北华北水资源的影响》，山东科学技术出版社，1995 年，第 313—344 页。

⑦ 朱士光、王元林、呼林贵：《历史时期关中地区气候变化的初步研究》。

（二）气候变化的地域差异

中国历史时期的气候变化存在明显的地域差异，这一点已逐渐引起人们的注意。竺可桢在《中国近五千年来气候变迁的初步研究》一文中，通过对中国近5000年来气候变化的研究，曾得出如下结论：①在近5000年中的最初2000年，即从仰韶文化到安阳殷墟，大部分时间的年平均温度高于现在2℃左右。1月温度大约比现在高3℃～5℃。其间上下波动，目前限于材料无法探讨。②在那以后，有一系列的上下摆动，其最低温度在公元前1000年、公元400年、1200年和1700年，摆动范围为1℃～2℃。③在每一个400—800年的时间里，可以分出50—100年为周期的小循环，温度范围为0.5℃～1℃。④上述循环中，任何最冷的时期，似乎都是从东亚太平洋海岸开始，寒冷波动向西传布到欧洲和非洲的大西洋海岸，同时也有从北向南的趋势。在竺可桢上述研究成果的基础上，近年来有学者对气候变化的地域差异进行了探讨。有人指出历史时期气候的冷暖变化是世界性的，但冷暖期出现有先后之序，持续时间有长短之别，冷暖有高低之分①。历史时期西南地区的气候变化也证明了这一点。据蓝勇研究，西周晚期至春秋时期四川曾有一个向干冷转换的时期，云南北部则有一个向干燥转换的时期，这个转换时期比竺可桢气候变迁图的西周寒冷期略偏后；云贵高原地区汉晋时期东西差异较大，西部较为寒冷，东部似比现在温暖湿润；从汉唐以来西南气候变迁的大势来看，在四川地区纬度越高气候变化幅度越大，主要表现于趋于冷的幅度越大，而云贵高原地区和川西山地由于地势及纬度的因素，气候变化趋势略有差异，除高纬度地区较明显外，还呈现高海拔地区变化较明显的趋势②。文焕然、文榕生曾将我国东部地区分作华北、华中、华南三个区，分类分级详细统计了这三个区在公元1—1900年的冷暖气候资料，并据之研究了历史时期冷暖变迁的主要特点，其关于气候变化地域差异的基本结论认为冷暖变迁是全球性的，但并非同步进行，一般表现为：同经度地区随纬度等的不同而变化；同纬度地区则随经度、地形、海拔等的不同而变化；各具体地区冷暖变化存在先后呼应规律，似为向东逐步变化③。以上结论与竺可桢的观点有所不同，有的甚至存在较大分歧。这充分反映了中国历史时期气候变化问题的复杂性。

从气候区划上讲，中国现代气候可分为东部季风区和西部非季风区两大区域，历史时期同样如此。竺可桢在20世纪70年代初对中国近5000年来气候变化的有关研究成果，实际上反映的只是东部季风区的一般规律性，并不完全适合于西部非季风区。西部非季风区是生态环境脆弱区，也是气候变化敏感区，历史时期气候冷暖波动和干湿波动自有其不同于东部季风区特点。当然，在西部非季风区内部同样也存在经度、纬度及地形等方面的不同，历史时期区内气候变化的地域差异应当也是十分明显的，其具体的情况有待进一步发掘历史文献及其他相关资料深入研究。

---

① 王开发、沈才明、吕厚远：《根据孢粉组合推断上海西部三千年的植被、气候变化》，见中国地理学会历史地理专业委员会《历史地理》编辑委员会：《历史地理》第6辑，上海人民出版社，1988年。

② 蓝勇：《中国西南历史气候初步研究》，载《中国历史地理论丛》1993年第2辑。

③ 文焕然、文榕生：《中国历史时期冬半年气候冷暖变迁》，科学出版社，1996年，第134—167页。

二、中国历史时期气候变化影响人类社会发展的基本特点

（一）气候变化对人类社会发展影响的主要表现

以气候变化为主要特征的全球变化对人类社会的发展有着巨大影响，早在20世纪70年代，国外一些学者对此已有较为系统的论述，代表性著作有美国学者罗伯特·克莱本（Robert Claiborne）的《气候·人·历史》（*Climate, Man, and History*）①、布赖森（R. A. Bryson）与默里（T. J. Murray）合著的《饥馑的气候——人类与变动着的全球气候》（*Climates of Hunger: Mankind and the World's Changing Weather*）②。1981年剑桥大学出版的《气候与历史——历史气候及其对人类影响的研究》（*Climate and Histroy: Studies in Past Climates and Their Impact on Man*）一书，主要为1979年7月在剑桥大学举行的国际气候与历史会议的论文选集，也大致反映了20世纪70年代末及80年代初国际上对气候与历史相互关系方面研究所取得的成就、存在的问题和努力的方向。从整体上看，国外学者在这一研究领域起步稍早，成就也比较突出一些。英国学者H. H. Lamb曾提出植物、动物和人类对气候变化的反响主要表现在以下方面：

（1）人类村落和不同作物栽培的极向界限。

（2）人类村落和作物栽培、季节性牧场等的上限高度。

（3）干燥地带、沙漠绿洲和甚至如今完全是沙漠地区的人类居住、植物栽培和牧场的界限。

（4）土地利用的变化，放弃从前放牧或耕种和居住过的地区，人们成群地离开人口稠密的居住地。

（5）迁移、运输和贸易的路线，有时经过在其他时期不能通行的山口和沙漠地区。

（6）依靠木制轨道通过日益成为多沼泽地的这些地区，在某些情况下，这些地区最终靠船才能通过。

（7）湖上住处的变化，史前欧洲（如德国施瓦本的阿尔卑斯前沿地比贝拉赫附近的非特湖和英格兰萨默塞特的格拉斯顿伯里附近）的湖上住处有时可建在湖中的木桩上或就在湖泊边缘。类似地，旧港口作业区低地后来被里海或地中海所淹没。

（8）古代在海上航行有可能遇到太多的暴风雨或被冰夹住。

（9）饥荒、人类（和动物）健康和疾病的记录、寿命的平均长度、平均身长和人口总数方面的变化记录。

（10）记录在艺术品、建筑术和工业方面的专门特征③。

应该承认，上述情况在中国历史时期都是有所反映的，只是具体的表现形式与程度可能与国外有一些差异。自20世纪80年代起，我国学者也开始关注地理环境对中国社会历史发展的影响。

---

① ［美］罗伯特·克莱本著、杨震宇译：《气候·人·历史》，（香港）今日世界出版社，1978年，第1—137页。

② ［美］R. A. 布赖森、T. J. 默里著，龚高法等译：《饥馑的气候——人类与变动着的全球气候》，科学出版社，1981年，第1—185页。

③ ［美］H. H. Lamb著，汪奕琮、姚竞生、孙安健译：《气候的变迁和展望》，气象出版社，1987年，第135—157页。

吴松弟在《无所不在的伟力——地理环境与中国政治》一书中将秦统一以后的中国分为内地农耕社会、蒙古高原牧业社会、天山以南农耕社会、青藏高原牧业社会、东北狩猎农耕社会、云贵高原农耕社会六大区域社会，从历史的角度分析研究了地理环境对中国政治的影响①。此书中的地理环境是包括气候条件在内的，但未曾分析气候变化这一因素的影响。曹诗图等则坚信地理环境及其变化为社会发展中的某些历史事件的发生与发展提供了动力和契机，认为在中国封建社会时期，气候变化与汉族政权疆界北拓、游牧民族的南侵和农民起义都有密切关系（见图 6－1）②。

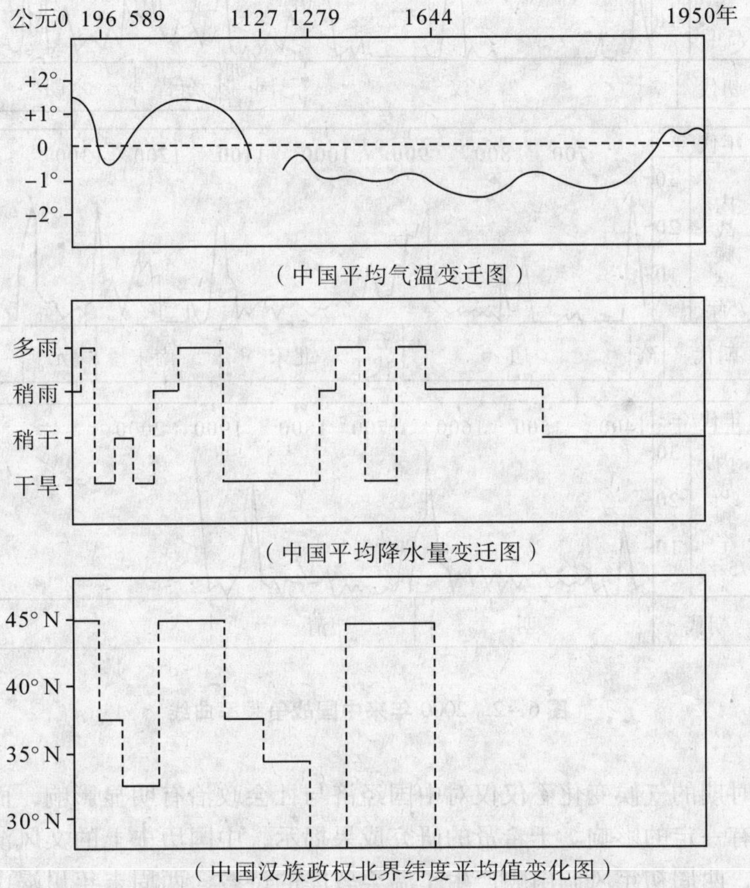

图 6－1　中国气候变化与汉族政权北部边界纬度变化曲线

另据有关研究和我国近 2000 年的战争曲线（见图 6－2）显示，每一次战争高峰期几乎都与气候环境的恶化相联系，除因环境恶化导致民族之间的战争之外，国家内部的各种矛盾因环境变化而引发的战争也占相当的比例③。陆巍、吴宝鲁研究了第四纪晚期中国古人类的迁移、中原新石器文化与气候变化的关系，认为第四纪晚期 5 万年以来中国古人类

① 吴松弟：《无所不在的伟力——地理环境与中国政治》，吉林教育出版社，1989 年，第 1—201 页。
② 曹诗图等：《社会发展地理学概论》，中国地质大学出版社，1992 年，第 116—122 页。
③ 刘嘉麒等：《人类生存与环境演变》，载《第四纪研究》1998 年第 1 期。

三次迁移，伴随南北文化的融合，其起因是气候变化①；中原（河南、晋南和关中地区）新石器文化遗址数目的变化证明古文化的盛衰、变迁和中断都是由气候和环境的变化所决定的，在降水量超过500mm（主要因素）时，年均气温超过13℃是关中地区史前古文化繁盛的必要条件②。

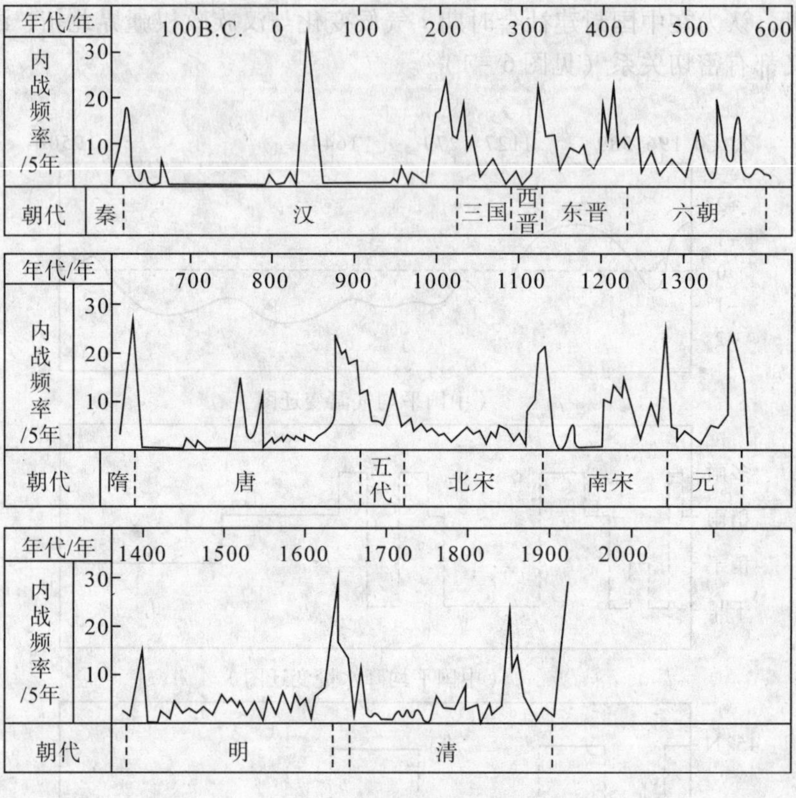

图6-2 2000年来中国战争频率曲线

当然历史时期的气候变化不仅仅对中国经济与社会政治有明显影响，而且对文学艺术等精神文化也有一定的影响。于希贤的研究成果揭示，中国历史上的文风演变与地理环境变迁密切相关，西周初年风调雨顺产生了温柔敦厚的诗教，西周末年川竭山崩使得王者之迹息而诗亡，春秋战国祥和温暖造成了文化上百家争鸣、人才辈出，东汉末年以来海浸、陨雨的天变导致了魏晋厌世寻乐的玄风③。这些研究成果充分说明，中国历史时期气候变化对人类社会发展有着十分广泛而又深切的影响。

（二）气候变化影响的动态性和复杂性

包括气候变化在内的地理环境的变化对人类社会有巨大的影响，这一点现在已无人持

① 陆巍、吴宝鲁：《试论第四纪晚期中国古人类三次迁移与气候变化》，载《地理学报》1997年第5期。

② 陆巍、吴宝鲁：《中原新石器文化与古气候的关系》，载《地理科学》1999年第1期。

③ 于希贤：《地理环境变迁与文学思潮更迭——西周至魏晋南北朝文风演变与地理环境关系》，载《中国历史地理论丛》1998年第4辑。

怀疑态度。不过，地理环境的作用过程却具有动态性与复杂性的特点。地理环境这一客观事物不仅自身随着时间的发展而变化，而且它对人类社会的作用也随着时间的推移而变化，有“因时而异”的特点，即具有明显的动态性或时序性。同时，由于地理环境既是社会发展的外部条件，在一定条件下又是社会发展的内部因素，其作用随着生产力的发展而变化，“是一种可变的量”，不能简单地一概而论。从宏观上看，地理环境对社会发展一般不起决定作用，但从微观上看，地理环境对特定地区或在某时期对某社会现象可起到决定性的作用①。H. H. Lamb 也阐述过类似观点，他认为尽管整个文化的兴衰与气候变化紧密联系，这些气候变化或者破坏粮食和其他原料的供应，或者驱使野蛮的入侵，但是“人类社会可以通过周期性的发展而前进，亦即通过一种生活方式的发现和发展，通过安乐、舒适和忍耐能力的增加与精力消耗，以及他们不能胜任来自侵略者或气候的进一步挑战，这样的周期性可能有其自身的时间尺度”②。

在中国历史时期，气候变化对人类社会发展的影响同样具有动态性和复杂性的特点。曹诗图等对中国封建社会时期气候变化与汉族政权疆界北拓、游牧民族的南侵和农民起义的关系的分析，即充分揭示了气候变化对中国社会发展影响的动态性特点③。这种动态性特点的产生，无疑与中国历史时期气候冷暖波动和干湿波动的周期性变化规律有较明显的相关性。气候变化在某时期对某社会现象可起到决定性的作用，这在历史上可找出许多实证。黄初六年（225）冬十月，魏文帝曹丕到淮河广陵（今之淮阴）视察十几万士兵演习，然而“是岁大寒，水道冰，舟不得入江”④，由于严寒，淮河突然冻结，演习不得不停止。竺可桢在《中国近五千年来气候变迁的初步研究》一文中引述了这条史实，得出的结论是：“这是我们所知道的第一次有记载的淮河结冰。那时气候已比现在寒冷了。”魏文帝临淮视察士兵演习，其用意在于经略东南。可是这一年淮河冬季结冰这个偶然性事件的发生，完全打乱了他的军事计划。可见“这样的气候变化，确实对当时的历史产生了重要的影响”⑤。然而必须指出的是，在分析研究中国历史上的社会问题时，不能过分夸大气候变化的作用，更应避免刻意寻找社会变动与气候变化“相关性”的研究方法。一方面是因为中国历史时期的气候变化问题相当复杂，学术界对历史气候变化规律的认识尚有诸多分歧，如果不深入研究，简单套用竺可桢的气候变迁模式去分析有关社会性问题，自然会产生许多偏差；另一方面，气候及其变化只是影响社会发展变化的一个自然因子，在某时期对某社会现象可起到决定性的作用，而从整体上看，对人类社会发展进程变化的影响多是量上的，气候一般不起质的作用。人类社会变化有其自身的规律性，虽受自然因素的影响，但更多的是与人文因素有关。正因如此，M. J. Ingram、G. Farmer 和 T. M. L. Wigley 在其《历史气候及其对人类的影响》（*Past Climate and Their Impact on Man*）⑥ 一文中，虽然认为历史气候对人类有短期影响、中期影响和长期影响，并总结出一个气候对环境与社会的层次影响的基本模式（见图 6－3），但同时指出这个理论模式本身价值很小，仅有助于

① 蒋昭侠：《关于地理环境对人类社会作用的再认识》，载《地理学与国土研究》1998 年第 4 期。

② ［美］H. H. Lamb 著，汪奕琮、姚竞生、孙安健译：《气候的变迁和展望》，第 135—157 页。

③ 曹诗图等：《社会发展地理学概论》，中国地质大学出版社，1992 年，第 116—122 页。

④（西晋）陈寿：《三国志·魏书·文帝纪》，中华书局，1982 年。

⑤ 王子今：《关于秦汉时期淮河冬季封冻问题》，载《中国历史地理论丛》1995 年第 4 辑。

⑥ M. J. Ingram，G. Farmer，T. M. L. Wigley 著，龚胜生译：《历史气候及其对人类的影响》，载《中国历史地理论丛》1995 年第 2 辑。

分析气候与大多数经济社会现象的间接性与复杂性关系。该文认为，“问题的实质还不在于气候是否有影响，而是影响是什么以及影响是否有实际意义”，因此演示气候变迁与经济、社会、政治发展在时空上的一致性，是“一种不能接受的论证方法”，在任何给定情况下，气候影响都会因其他因子的介入而受到掩盖，“气候与给定活动关系越疏远，介入的因子数就越多，如解释动乱、饥荒的发生原因时，都必须考虑气候以外的其他因子”。这种辩证分析方法值得我们在研究有关中国历史气候变化对社会发展影响作用的复杂性时参考借鉴。

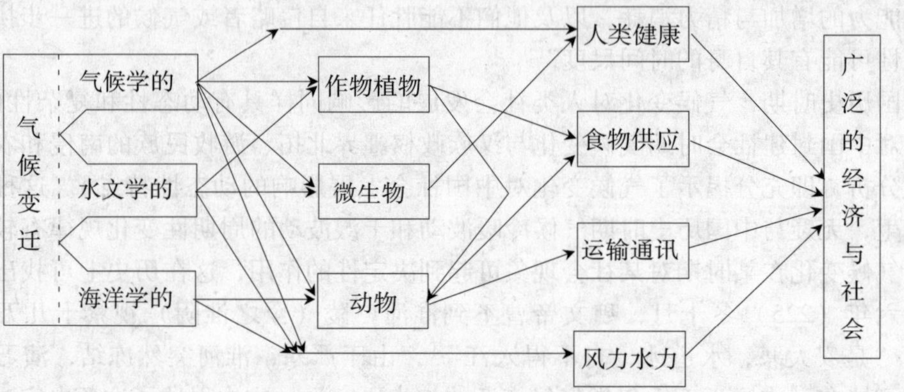

图 6－3　气候对环境与社会的层次影响

（三）气候变化影响的地域不平衡性

气候变化影响的地域不平衡性实际上是气候变化影响复杂性的一种表现，但由于人们在分析气候变化对社会的影响作用时，往往只是关注气候在时间上的波动而未考虑气候变化的地域差异，才忽略了这一问题的存在。前文已述及，在中国历史时期，无论是气候的冷暖波动还是气候的干湿波动，在同一时间段内，其变化的幅度甚至变化的方向，随纬度、经度、地形、海拔等因素的变化而呈现出明显的地域差异，这些差异必然导致气候变化对社会影响的地域不平衡性。在中国东部的高纬度地区以及距离海洋较远的西北内陆地区，气候变化相对而言比较敏感，其对当地社会经济的影响就反映得比较突出。曹诗图等所指出的中国封建社会时期气候变化与汉族政权疆界北拓、游牧民族的南侵和农民起义种种关系，实际上反映的主要是中国北方中高纬度地区的情况，尽管其社会影响可能波及全国。王守春对新疆塔里木盆地中楼兰、尼雅和克里雅三大古代遗址群兴衰与环境变化关系的研究证实，这三大遗址群都经历了公元前的兴起、1—3 世纪的兴盛和发展以及 7 世纪的废弃。它们的兴衰变化具有一定的同步性。这意味着导致水资源条件变化的原因是共同的，即气候变化，而不是人为原因①。因气候变化导致水资源条件变化并进而影响到某地区经济发展和社会稳定的情况，在中国北方大部分地区都有不同程度的表现。但像上述由于气候环境恶化而导致区域性人类文明的消失，在中国历史上也仅仅出现在生态环境脆弱

① 王守春：《塔里木盆地三大遗址群的兴衰与环境变化关系》，载《第四纪研究》1998 年第 1 期。

的西北干旱地区，尤其是绿洲农业地带。

三、人类社会对气候变化的影响与调适作用

（一）人类活动对气候变化的影响

人与气候是一对复杂的矛盾，气候变化对人类社会的发展有巨大影响，而人类活动对气候变化也有一定的影响。蓝勇认为，历史气候的变化主要是与大气环流、太阳黑子出现频率、九星汇集的地心张角有关，但人类的经济活动也会使某地区局部小气候发生变化，主要表现为两个方面：一是人类经济活动中滥伐森林，对区域气候产生的影响。如金沙江干热河谷是历史时期早期形成的，但在很长一段时期内此地区的干热程度远不如现在严重，针阔混交林茂密，鹦鹉出没，气候比现在湿润。现在金沙江干热河谷的干燥程度加重，很大程度上是因为人为的滥伐森林而使区域小气候变异。二是近现代人类现代城市和工矿区出现，大量排出二氧化碳，造成温室效应，使局部气候趋于温暖。比如清代东川地区自雍正十年（1732）以来，“设局鼓铸，四方负贩者络绎不绝，城市居民渐积，气候亦渐和暖云”[①]。由此记载可以看出早在清代前期西南一些工矿业集中和人口密集的城市已出现了温室效应。值得注意的是这种温室效应在西南一些地区是伴随着森林和水面大面积消失，空气湿度下降，进而使气候呈现向干热的发展趋势[②]。

人类经济开发中破坏天然植被以及日常生活中燃烧薪材、煤炭，不仅导致区域气候恶化，甚至影响全球的气候变化趋势。尽管有人认为“现代气候变化取决于自然因素与人为因素的叠加结果，虽然人为 CO_2 具有一定的增温效应，但至少从目前看，人为 CO_2 的影响还不是造成气候变化的主要原因。随着人为 CO_2 的不断增加，中纬度地区特别是我国北方不一定都会变暖变干，土地沙漠化发展趋势在不同时期和区域的响应不尽相同”[③]，但不可否认的是，由于人为作用而产生的温室效应对全球气候变化的影响已越来越显著。自从人类进入文明时期，温室效应即随之而来，其影响的规模和强度随人类历史进程之发展而与日俱增，特别是近现代工矿业的飞速发展导致空气污染加剧，温室效应对气候变化的影响更加显著，已成为影响气候变化的最活跃因子之一，对未来全球气候变化的总趋势将产生重大影响。美国华盛顿的世界资源研究所 1999 年公布的报告资料表明，世界十大空气污染最严重的城市中，我国即占了九个（分别是兰州、吉林、太原、焦作、万县、乌鲁木齐、宜昌、汉中和安阳，另一个是印度的拉杰果德，排在第五位）[④]。这种局面在短时期内不可能有很大的改变，因此，相对于欧美等经济发达地区而言，在正处于发展阶段的中国，温室效应对区域气候变化趋势的影响更应引起充分关注。

（二）人类社会对气候变化压力的自我调适

人是一种有主观能动性和高度适应性的生物，因而与生俱来就有适应环境变化的意识和能力。这一点往往被研究气候与人类社会关系的学者们所忽视。M. J. Ingram 等强调指

① 乾隆《东川府志》卷二《气候》。
② 蓝勇：《中国西南历史气候初步研究》，载《中国历史地理论丛》1993 年第 2 辑。
③ 高尚玉、王贵勇、金炯：《中国沙漠形成演变与气候变化研究》，载《地球科学进展》1999 年第 1 期。
④ 《西安晚报》1999 年 4 月 27 日第四版报道。

出，“如果历史时期在小范围内发生气候变化，过去的人类社会在相当程度上是有潜力成功地适应气候变化的，这种潜力在将来还会随缓冲气候压力的高技术发展而壮大。因此，气候与人类社会的关系是一个涉及复杂反馈机制的双行路模式”（如图6－4所示）。这提示我们，即使在生态环境相对脆弱的边际地区，仅用气候恶化或把气候因素同其他外营力结合来解释社会问题可能是有偏颇的。

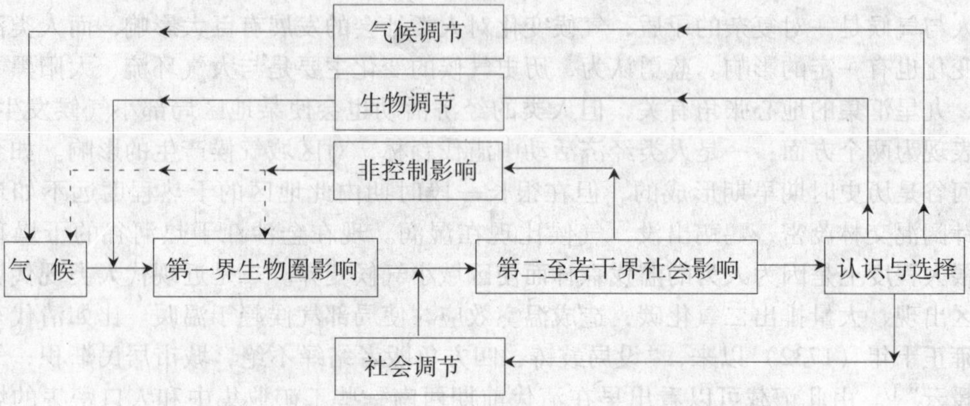

图6－4　人类社会通过适应战略反馈气候影响的理论模式

以全球变化为基本特征的气候变化往往导致各种自然灾害，尤其是与气候变化相关的各种气象灾害（如干旱、洪涝、冻害、雹灾、干热风等）和海洋灾害（如台风、风暴潮、海啸、海岸侵蚀、盐水入侵、海冰等）的发生，并进而影响人类的经济生产和社会生活。灾害的频繁发生常会引起社会的动荡，使得历代统治者不得不进行一些灾害防治工作，以缓和社会矛盾，巩固其统治地位。我国自古以来就十分重视防治各种自然灾害，也积累了不少有益的经验和教训。例如，通过兴治水利、保持水土以改良自然条件，实行重农政策、完善仓储制度以改良社会条件，这些都是积极有效的预防措施。遇灾赈济、调粟和除害，以及减免赋役、放贷复业等灾后补救，虽然都是相对消极的救灾思想，但对缓解灾情也起到了一定的作用①。正因如此，尽管中国历史时期气候变化的总趋势越来越不利于人类的经济生产和社会生活，但人类社会的波动周期与气候变化周期却不完全同步，而社会历史进程也在不断向前推进。

人类社会对气候变化压力的自我调适能力随着社会的发展是逐渐增强的，并在不同的历史阶段呈现出不同的特点。就水利方面而论，其在中国历史上即有五个显著特点：一是水利与国家盛衰有关，水利使民殷国富，国家稳定才能兴修水利；二是区域水利发展重点与经济重心转移的关系，南北水利工程的消长与首都的粮食基地、南北赋税的消长同步；三是随着唐宋以后运河漕运之利和东南灌溉之利的发展，元明清时期出现了反对运河漕运提倡西北水利的民生思想；第四个和第五个特点分别是农田水利缓解了新增人口的粮食需求，而水利的发展又伴随着生态环境的恶化②。这就说明人类社会对气候变化压力的自我调适是有局限性的，不仅其调适能力要受诸多社会人文因素的制约，而且如果调适不当的话，还会加剧生态环境的恶化，所谓的“调适”也就变成了导致气候恶化的一个诱因。

① 申曙光：《灾害生态经济研究》，湖南教育出版社，1992年，第118—121页。
② 王培华：《水利与中国历史特点》，载《史学史研究》1999年第1期。

第七章

区域历史环境与社会变迁互动研究之一：隋唐关中地区的气候状况及其影响

一、中国隋唐时期气候冷暖特征与气候波动基本规律

中国历史上的气候曾发生过多次的变化，在各个不同的历史时期，气候的冷暖特征是有所差别的。20 世纪 70 年代初，竺可桢发表了《中国近五千年来气候变迁的初步研究”》一文，应用考古材料、物候资料和方志文献首次科学而清晰地勾勒了中国近5000年来气候变迁的基本状况，提出了中国气候变迁的“四寒四暖”模式，其研究成果已为人们所普遍采用，更有不少学者力图摆脱“地理环境决定论”的束缚，参证竺可桢的有关论断，开始尝试研究包括气候变化在内的自然生态环境变化对中国社会历史发展进程以及经济与文化的种种影响。① 在这篇著名的论文中，竺可桢提出，公元 600—1000 年为中国历史上的第三个温暖期。由于这个温暖期主要与隋唐两代相对应，学术界一般称之为隋唐温暖期②，另外也有学者称其为小高温期③或普兰店温暖期④。不过近些年来，有不少学者对竺可桢的中国近 5000 年来气候变化的“四暖四寒”模式提出了疑问，相应发表了多种修正方案⑤。最为引人注意的是，还有学者对学术界普遍认同的隋唐温暖期也产生了异议，认为

---

① 曹诗图、廖荣华、王衍用等：《社会发展地理学概论》，中国地质大学出版社，1992 年，第116—122 页；刘嘉麒、吕厚远、袁宝印等：《人类生存与环境演变》，载《第四纪研究》1998 年第 1 期；［日］妹尾达彦：《唐代长安城与关中平原的生态环境变迁》，见史念海主编：《汉唐长安与黄土高原》，载《中国历史地理论丛》1998 年增刊；于希贤：《地理环境变迁与文学思潮更迭——西周至魏晋南北朝文风演变与地理环境关系》，载《中国历史地理论丛》1998 年第 4 辑。

② 张家诚、朱明道、张克恭等：《气候变迁及其原因》。

③ 杨怀仁、谢志仁：《中国近 20000 年来的气候波动与海面升降运动》，见杨怀仁主编：《第四纪冰川与第四纪地质论文集》第 2 集，地质出版社，1985 年。

④ 段万倜、浦庆余、吴锡浩：《我国第四纪气候变迁的初步研究》，见中央气象局气象科学研究院天气气候研究所编：《全国气候变化学术讨论会论文集（一九七八年）》，科学出版社，1981 年。

⑤ 文焕然、徐俊传：《距今约 8000—2500 年前长江、黄河中下游气候冷暖变迁初探》；邹逸麟主编：《黄淮海平原历史地理》，安徽教育出版社，1993 年，第 1—52 页。

“这个温暖期的结论尚值得进一步讨论”[①]，即“唐代不是一个稳定的温暖期”[②]。这实际上是否定了竺可桢有关公元600—1000年是中国历史上第三个温暖期的基本结论。这一新论点不仅已被有些学术专著所采用，[③] 而且还被称作是历史自然地理研究的新进展之一。[④] 隋唐时期是中国近5000年来气候变迁的重要阶段，对这一时期气候冷暖特征的论证，直接关系着中国近5000年气候变迁模式的复原以及今后气候变迁趋势的预测，因而有必要作进一步的分析研究。

（一）隋唐时期气候冷暖特征

1. 物候证据

竺可桢将中国近5000年来的气候变迁划分为四个温暖期和四个寒冷期，其中第三个温暖期为公元600—1000年。竺可桢的依据是唐都长安在650年、669年和678年出现的无雪无冰的暖冬，以及当时这一地区梅树、柑橘的生长情况。

唐时长安皇宫和南郊曲江池都种有梅树，玄宗之妃江采苹因其所居遍种梅树而获“梅妃”之称，[⑤] 曲江池的梅花也为这一名胜游览区大增异彩。[⑥] 另外，当时扶风县界也可见梅花，[⑦] 可证当时梅树在关中地区比较普遍。至于柑橘，有资料记载说唐玄宗天宝十年（751）[⑧] 和唐武宗时期（841—846）[⑨] 长安宫中橘树都曾结出味道鲜美的果实。

梅树只能抵抗 -14℃的最低温度，柑橘只能抵抗 -8℃以上的寒冷，而现在西安地区每年的绝对低温几乎都在 -8℃以下，在1931—1950年期间还有三年（1936年、1947年和1948年）降到 -14℃以下，所以现在西安难见可正常结果的柑橘，梅树也生长不好。龚高法等根据历史文献中有关亚热带植物如柑橘、竹子、梅树的种植界限和生长状况以及某些水生动植物的资料研究了亚热带北界的位置及其推移情况，也证实了隋唐温暖时期的客观存在。[⑩]

2. 动物分布资料

隋唐时期比较温暖，这在动物分布方面也有反映。鉴于植物（包括人工栽培作物）的变异能力及其受人为环境因素干扰明显的事实，近些年来学者们似乎对研究野象（亚洲象）等某些珍稀动物的分布变迁所反映的气候变迁规律更为着力。有系统资料表明，从南北朝后期至北宋初年野象在淮北、江北诸地频繁活动，文焕然据此认为：“从近8000年来气候变迁看，此时期为隋唐暖期，野象分布的最北地区主要属于北亚热带，气候带向北移

---

① 满志敏：《唐代气候冷暖分期及各期气候冷暖特征的研究》。

② 满志敏：《关于唐代气候冷暖问题的讨论》，载《第四纪研究》1998第1期。

③ 邹逸麟主编：《黄淮海平原历史地理》，安徽教育出版社，1993年，第1—52页。

④ 张修桂：《10年来历史自然地理研究的新进展》，载华南师范大学学报编辑部：《历史自然地理研究》第1辑，华南师范大学学报杂志社，1994年。

⑤ 曹邺：《梅妃传》，见陶宗仪：《说郛》卷三八。

⑥ 元稹：《和乐天秋题曲江》，见曹寅：《全唐诗》卷四〇一。

⑦ 李商隐：《十一月中旬至扶风界见梅花》，见曹寅：《全唐诗》卷五三九。

⑧ 段成式：《酉阳杂俎》卷十八《广动植之三·木篇》。

⑨ 李德裕：《瑞橘赋·序》，见董诰：《全唐文》卷697。

⑩ 龚高法、张丕远、张瑾瑢：《历史时期我国气候带的变迁及生物分布界线的推移》，见中国地理学会历史地理专业委员会《历史地理》编辑委员会：《历史地理》第5辑，上海人民出版社，1987年。

动，这与野象的北返相吻合。”[①] 这一论点已为众多学者所接受，[②] 并为更深一步的研究工作所证实。[③]

3. **孢粉证据**

段万倜等根据辽宁南部第三个孢粉带、燕山南麓泥炭第三个孢粉带、南昌洗湖泥炭第三个孢粉带、黑龙江省三江平原第三个孢粉带、京津平原钻孔中最上部的孢粉组合等相关资料，研究了近3000年的气候变迁，认为“上述各地的植被类型与现在当地的天然植被相似，或植被带稍偏南。当时年平均气温大致与现在相仿或稍高，我们称它为普兰店温暖期，包括公元600—1000年和公元1200—1300年的温暖期和其间的寒冷期”[④]。另外，在西藏东南部易贡附近的若果冰川，最新冰期的冰碛下为古代山地黄棕壤型土，植被类型为针阔叶混交林，^{14}C 年龄为1800aB. P. 前后。这表明在此之前曾有一段时期较温暖，不久出现大规模冰进，从而使温度急速下降，进入一个寒冷时期。[⑤]

4. **雪线和海平面证据**

于希贤曾细致研究了云南大理点苍山积雪的变化与历史时期气候变迁的关系。据写于862年前后的《蛮书》记载，点苍山仅“冬中有时堕雪”，[⑥] 说明当时云南地区气候温暖。这与9世纪前后我国北方温暖，梅花、柑橘都能种植于长安并能结果，在时间上大致相吻合。另外，在日本，9世纪是樱花平均开花日最早的一个世纪，冰岛和斯堪的那维亚半岛的雪线上升得很高。[⑦]

杨怀仁等系统研究了近20000年以来的气候波动与海平面升降的关系，认为其中近2000年来海平面的变化大致以11世纪为界可划分为两个时期：11世纪之前为相对高海面时期，之后转入相对低海面时期，其间各有过数次海平面升降。海平面上升的峰值年代约在4世纪、9世纪和16世纪，下降的峰值年代约为6世纪、12世纪和18世纪。“在小高温期（公元8至10世纪）中，海面曾明显上升，从而在太湖流域造成三江倒灌，湖面扩大，在上海地区，海水入侵15公里，海面上升幅度在1.5米左右。”[⑧]

5. **年平均温度和气候带情况**

上述证据表明，隋唐时期气候的冷暖特征总体上讲比较温暖，不过隋唐时期的气候究竟温暖到何种程度，尚需与现代气候进行比较，才能清楚地反映出来。

有学者对隋唐时期年平均温度和气候带情况作了相应探讨。杨怀仁、谢志仁依据大量历史和方志资料以及近年来有关单位所作的年轮学分析，认为近20000年来，我国最主要的冷期出现在17—19世纪，相当于北半球新冰期第四期，一般称为“小冰期”，当时年平均温度较今低2℃—4℃。此外，在5—6世纪及13世纪也曾出现过冷锋。近2000年来最主要的暖期出现在8—10世纪，当时年平均温度较今高1℃左右。这一暖期实际是新冰期

① 文焕然：《再探历史时期的中国野象分布》，见文焕然等著：《中国历史时期植物与动物变迁研究》，重庆出版社，1995年，第203—210页。

② 龚高法、张丕远、张瑾瑢：《历史时期我国气候带的变迁及生物分布界线的推移》；史念海：《中国历史地理纲要》上册，第105—106页。

③ 吴宏岐、党安荣：《唐都长安的驯象及其反映的气候状况》，载《中国历史地理论丛》1996年第4辑。

④ 段万倜、浦庆余、吴锡浩：《我国第四纪气候变迁的初步研究》。

⑤ 吴祥定、林振耀：《青藏高原近二千年来气候变迁的初步探讨》。

⑥ 樊绰：《蛮书》卷二《山川江源》。

⑦ 于希贤：《苍山雪与历史气候冷期变迁研究》，载《中国历史地理论丛》1996年第2辑。

⑧ 杨怀仁、谢志仁：《中国近20000年来的气候波动与海面升降运动》。

第三期与第四期之间的暖期，也称为小高温期。① 另外，段万倜等依据“普兰店温暖期”植被带分布情况，推测当时年平均温度大致与现在相近或稍高。② 龚高法等则依据梅树分布于黄河中下游地区、长江中下游地区柑橘基本无冻害、春季物候期较今早10—15天等物候证据，认为隋唐温暖时期亚热带北界位置与现在相比“北移1个多纬度”。③ 综合上述研究成果来看，大致可得出这样的结论：如与现代气候的情况相比较，则隋唐时期年平均温度高1℃左右，气候带的纬度北移1°左右。

（二）隋唐温暖期的起讫时代与其间的气候波动

1. 隋唐温暖期的起讫时代

在竺可桢建立的近5000年来气候变迁模式中，第三个温暖期为公元600—1000年，持续时间400年。公元600年是隋开皇二十年，公元1000年是北宋咸平三年，其间跨有隋、唐、五代和宋初，但主要为隋、唐两代，故一般称为隋唐温暖期。

应该指出，在竺可桢的模式中，由于只是粗线条的研究，又以百年尺度为划分依据，故而并不十分精确，近几年已有学者对隋唐温暖期的结束时间提出了另外的论证。前引文焕然、徐俊传《距今约8000—2500年前长江、黄河中下游气候冷暖变迁初探》一文中即认为约2500aB. P. —1050年为相对温暖时代。

为何要将相对温暖时代由竺可桢确定的1000年向后延至1050年，文焕然、文榕生从梅树、荔枝、桄榔、野犀、野象的分布变迁以及《宋史·五行志》中所记载的北宋寒冷情况等方面进行了论证，认为“11世纪初气候尚暖，而11世纪末气候已冷，气候由暖转冷应在11世纪中期，而公元1050年前后确实显示出气候的重大变化”。④

经过对史料的深入研究，我们认为隋唐温暖期的上限也不应在600年前后，而在550年前后，理由如下：

其一，殷商时期野象最北的分布区在黄河流域，但秦汉以来气候转寒，野象分布区向南退缩，黄河流域已不再有关于象的记载。可是到了东魏孝静帝天平四年（537）八月，南兖砀郡（今安徽砀山）却发现了巨象。⑤ 另外，南朝梁承圣元年（552）十二月，淮南有野象数百，“坏人室庐”。⑥ 有关研究者认为：“这样的巨象显然并非当地土产”，“象的北来正可说明淮北气候已渐转暖，故自然流窜至此”。⑦

其二，从寒冷事件角度分析，有研究证实，魏晋南北朝时期的寒冷过程“大约延续到六世纪二十年代”。⑧ 结合上述野象北返的趋势及时间来看，可以认为大约在6世纪中期，即550年前后，中国气候确已由寒冷转向温暖。

上述论证说明，所谓的隋唐温暖期应从南北朝后期算起，至北宋中期基本结束，持续时间500年左右（550—1050年），比竺可桢所界定的时间要长一个世纪左右。

---

① 杨怀仁、谢志仁：《中国近20000年来的气候波动与海面升降运动》。

② 段万倜、浦庆余、吴锡浩：《我国第四纪气候变迁的初步研究》。

③ 龚高法、张丕远、张瑾瑢：《历史时期我国气候带的变迁及生物分布界线的推移》。

④ 文焕然、文榕生：《中国历史时期冬半年气候冷暖变迁》，科学出版社，1996年，第144—147页。

⑤ 《魏书》卷一一二下《灵征志下》。

⑥ 《南史》卷八《梁本纪下》。

⑦ 史念海：《中国历史地理纲要》（上册），山西人民出版社，1991年，第105—106页。

⑧ 邹逸麟：《黄淮海平原历史地理》，第1—52页。

2. **隋唐温暖期中的气候波动**

持续500年左右的隋唐温暖期并非一直温暖，而是存在明显的气候波动。竺可桢对此未曾进行深入研究，但近几年的研究成果显示，在隋唐温暖期中有一个相对寒冷期。有学者认为，“隋至初唐，我国气候仍然寒冷，是第二个寒冷期的末尾”，“中唐以后气温有所回暖”。[①] 这种观点缺乏对相关史料的认真分析，是不合历史实际的。

在对唐代气候进行综合研究之后，满志敏认为，以百年尺度为准，唐代300多年历史中，气候冷暖可划分为两期，其中以8世纪中叶为转折点，“前期150年气候冷暖的总体特征与现代相近”，而后期“气候带要比现代南退一个纬度”。[②] 应该指出，满志敏认为唐代气候可分为两期，这是完全正确的，但由暖转寒的具体时间还需要更深入探讨。满志敏曾详尽统计了《全唐诗》中宫廷咏梅诗和咏寒诗在卷数中的分布，得出的结论是有关梅花的诗句主要在唐玄宗以前，此后虽然也有，但已很少出现。相反，在唐玄宗以后，咏寒的诗篇却连续不断地出现。这样的统计和分析，显然忽略了安史之乱以后国破家亡的政治局面对唐代诗人心境及诗风的影响，因而不能据之认为8世纪中期就是唐代气候由暖转寒的分界点。笔者在研究了唐贞元十三年（797）前后唐都长安驯犀多次冻死的有关史料后，认为大约在8世纪末或9世纪初，即公元800年前后，唐代气候才有了明显转寒的迹象。[③] 这一结论，与有关学者对河南省隋唐时期气候寒暖的研究成果互为印证，[④] 基本上是可信的。

自公元800年前后开始的寒冷气候，大约在五代后期结束。从唐后期至五代霜雪极端日期与黄淮海平原沿海海冰现象的资料中不难发现，在公元950年前后，从公元800年前后开始的寒冷期基本结束，持续时间约一个半世纪左右。如果将这一寒冷期放在整个隋唐温暖期中考察，只能视为其间的一个气候波动而已。从这一寒冷期中霜雪极端日期与现代记录的比较中可以看出，公元800—950年间的气候冷暖特征为总体上与现代近似或稍偏寒冷。这样，以公元800年和公元950年为界线，整个隋唐温暖期的气候可分作三期：公元550—800年为第一个温暖期，持续时间约250年；公元950—1050年为第二个温暖期，持续时间约100年；以上两个温暖期之间为相对寒冷期，持续时间约150年。

（三）隋唐时期气候冷暖特征与气候波动的基本规律

通过对隋唐时期气候冷暖特征的进一步研究和隋唐温暖期气候波动的深入分析，可以得出以下几点结论：

其一，据物候、动物分布、孢粉、雪线和海平面等相关资料显示，隋唐时期气候的冷暖特征总体上比较温暖，如与现代气候相比较，则当时年平均温度高1℃左右，气候带的纬度北移1°左右。

其二，隋唐温暖期大致从550年开始，到1050年结束，持续时间500年左右，比竺可桢所界定的公元600—1000年的温暖期从时间上讲要长一个世纪左右。整个温暖期虽主要与中国历史上的隋唐时期相对应，但实际上跨越南北朝晚期、隋、唐、五代和北宋中前

① 张步天：《中国历史地理》（下册），湖南大学出版社，1988年，第18—19页。

② 满志敏：《唐代气候冷暖分期及各期气候冷暖特征的研究》。

③ 吴宏岐、党安荣：《唐都长安的驯象及其反映的气候状况》。

④ 盛福尧：《初探河南省历史时期的寒暖》，载中国地理学会历史地理专业委员会《历史地理》编辑委员会：《历史地理》第7辑，上海人民出版社，1990年。

期等时代。

其三，隋唐温暖期的气候特征虽以温暖为主，但却存在明显的气候波动，其中公元800—950年相对寒冷，气候特征与现代近似或稍低，而公元550—800年和公元950—1050年则分别为隋唐温暖期中两个温暖期，气候比现代温暖，其中第一个温暖期持续时间较长，为250年左右；第二个温暖期持续时间较短，为100年左右。这一现象反映了隋唐温暖期中有渐趋寒冷的趋势，而这也正与中国近5000年来气候总体上由暖转寒的趋势相吻合。

其四，竺可桢关于中国近5000年来气候变迁的四暖四寒模式虽然基本反映了气候变迁状况，但隋唐温暖期中气候波动的存在，昭示了在其他各个暖期中也应有气候波动现象，即暖期中有相对寒冷时期存在。当然，各个寒冷期中也必然存在相对温暖的时期。这些都有待于进一步研究，才能真正探明中国气候变迁的规律。

二、唐都长安的驯象、驯犀情况所反映的气候状况

（一）唐都长安驯象所反映的温暖气候

历史时期动植物分布变迁与气候冷暖变化的相互关系，近年来已为学术界高度关注。鉴于植物（包括人工栽培作物）的变异能力以及其受人为环境因素干扰明显的事实，学者们似乎对研究某些珍稀动物的分布变迁及其所反映的气候变迁规律更为着力，中国野象（亚洲象）的分布变迁已成为普遍重视的焦点问题之一。在这一领域取得突出成果的，无疑当首推文焕然、何业恒两位教授。① 文、何二人有关野象分布的研究成果，已被广泛引用为我国气候变迁的重要证据。②

关于隋唐时期及其前后中国北方地区的气候状况，常被人们引用的有关野象活动的史料主要有以下六条：

(1)《魏书》卷一一二下《灵征志下》："天平四年八月，有巨象至于南兖州，砀郡民陈天爱以告，送京师，大赦改年。"

(2)《南史》卷八《梁本纪下》："南朝梁承圣元年十二月，淮南有野象数百"，"坏人室庐"。

(3)《太平广记》卷四四一《华容庄象》条引《朝野佥载》："（唐高宗）上元中，华容县有象入庄家中庭，卧其足下。有槎人为出之，象乃伏。令人骑入深山，以鼻掊土，得象牙数十以报之。"

(4)《宋史》卷六六《五行志》："建隆三年，有象至黄陂县，匿林中，食民苗稼；又至安、复、襄、唐州，践民田。遣使捕之。明年十二月，于南阳获之，献其齿革。"

(5)《宋史》卷六六《五行志》："乾德二年，有象至澧阳、安乡等县。又有象涉江，入华容县，直过阛阓门。又有象至澧州澧阳城北。"

(6)《宋史》卷六六《五行志》："（乾德）五年，有象自至京师。"

---

① 文焕然等：《中国历史时期植物与动物研究》，重庆出版社，1995年；何业恒：《中国珍稀兽类的历史变迁》，湖南科学技术出版社，1993年。

② 龚高法、张丕远、张瑾瑢：《历史时期我国气候带的变迁及生物分布界线的推移》。

经过细致地分析上述史料，文焕然得出的结论是：“从近八千年来气候变迁看，此时期为隋唐温暖期，野象分布的最北地区（指长江中游地区北部——引者注）主要属于北亚热带，气候带向北移，这与野象的北返相吻合。”① 史念海的分析是：“远在殷商时期，黄河流域曾经有过关于象的记载。下迄秦汉之时，这种记载竟至阙如。……由于气候的转寒，象也就逐渐向南迁徙，故黄河流域就不复再见象的踪迹。可是到了东魏孝静帝天平四年（537），南兖砀郡（今安徽砀山县）却又发现了巨象。……象的北来正可说明淮北气候已渐转暖，故自然流窜至此。”② 但是满志敏则坚持认为：“（唐宋两代）史料中常记载有长江流域某地见象或获象，但基本上都是独象在活动，与‘潮州野象数百食稼’所对应的气候条件有着根本的差别”。③ 应该指出，满志敏的这一论断是有些问题的。上文《南史·梁本纪》等明确说“淮南有野象数百”，以至于“坏人室庐”，而唐人在华容县也曾“得象牙数十以报之”，显见都不是“独象在活动”。另据文焕然的深入分析，建隆三年（962）“野象在一年多内经过四个州，过两个冬的江北流动，最后被捕杀，说明此时江北冬暖，并且有天然植被供野象栖息，仍然适宜野象活动”。④

从南北朝后期至北宋初年野象在淮北、江北诸地频繁活动，可知隋唐温暖期确实是存在的。《魏书·灵征志》和《宋史·五行志》的记载显示，此一时期野象最北已流窜至淮北的砀山，甚至达到了黄河岸边的开封附近。那么，这是否说明野象分布的北界或亚热带的北界已回归至黄河流域了呢？要比较科学圆满地回答这个重要的问题，需要结合相关资料进行综合分析研究。

唐人重视马政，养马机构除陇右等地的监牧及八马坊以外，京师长安也设有不少闲厩以舍饲皇家御马。长安宫苑闲厩所养之畜虽然以马匹为主，但也有其他多种杂畜，其中便包括来自热带地区的大象。《新唐书·百官志二》殿中省条谓：“开元初，闲厩马至万余匹，骆驼、巨象皆养焉。”《唐会要》也记载说：“大历十四年五月诏：‘鹰、隼、豹、猎犬，皆放之。’时永徽已来，文单国累贡驯象三十有二，皆豢养于禁中，有善舞者，以备元会充庭之饰，因是与鹰隼之类皆放之。”⑤ 另据有关记载，早在唐太宗贞观年间，就已有环王国（林邑）“王头黎献驯象、镠锁、五色带、朝霞布、火珠，与婆利、罗刹二国使者偕来”。⑥ 唐高宗永徽年间始贡驯象的并非文单国，而是林邑（今越南中南部），史载永徽四年（653）“夏四月戊子，林邑国王遣使来朝，贡驯象”。⑦ 可见唐都长安宫苑豢养的大象主要来自东南亚的林邑、文单诸热带国家。又据《新唐书·地理志》记载，唐时今鄂、湘两省共有11个州郡土产或土贡“犀角”，而土贡“象齿”的则只有一个驩州日南郡（在今越南北部）。⑧ 这说明，尽管从南北朝后期至北宋初年，江淮地区及其以南虽然不缺乏群象出没的史料记载，但并未形成稳定的集中分布区，与犀牛的情况形成鲜明的对比。由于没有稳定的象群分布区，大象数量有限，象齿也就成了稀罕难得之物，商周时期

① 文焕然：《再探历史时期的中国野象分布》，见文焕然等著：《中国历史时期植物与动物变迁研究》，重庆出版社，1995年。

② 史念海：《中国历史地理纲要》（上册），第105—106页。

③ 满志敏：《唐代气候冷暖分期及各期气候冷暖特征的研究》。

④ 文焕然：《再探历史时期的中国野象分布》。

⑤ 《唐会要》卷七《诸使中·五坊宫苑使》。

⑥ 《新唐书》卷二二二下《南蛮传》。

⑦ 《旧唐书》卷四《高宗纪上》。

⑧ 据《新唐书·地理志》，驩州日南郡也土贡“犀角”。

常见的大象活动，[1] 已不复在江淮诸地出现了。

唐代及其前后时期，野象在个别年份可北窜至淮北甚至于黄河流域，但却无法安然过冬，这可从长安驯象的豢养方式中得到证明。唐时长安禁中如何豢养大象？《唐六典》对此详有记载："典厩令掌系饲马牛，给养杂畜之事；丞为之贰。凡象一给二丁，细马一，中马二，驽马三，驼、牛、骡各四，驴及纯犊各六，羊二十各给一丁，乳驹、乳犊十给一丁。凡象日给藁六围，马、驼、牛各一围，羊十一共一围，蜀马与骡各八其围，驴四分其围，乳驹、乳犊五共一围；青刍倍之。凡象日给稻、菽各三斗，盐一升；马，粟一升、盐六勺，乳者倍之"；另外，"象、马、骡、牛、驼驼饲青草日，粟、豆减半；盐则恒给；饲禾及青豆者，粟、豆全断。若无青可饲，粟依旧给。其象至冬给羊皮故毡作衣也。"[2]

从上引资料可知，唐时长安禁中养象与养其他牲畜一样，皆有专丁负责其事，每日定量喂以稻、豆、粟、藁、青刍、盐诸物，又因象为巨型动物，食量颇大，所以喂料又往往倍于它畜。其中尤其值得注意的是"其象至冬给羊皮故毡作衣也"一事，这显示出当时包括长安在内黄河流域，如非经特殊关照，大象是无法安然过冬的。这与现今北方地区动物园中的大象在冬季需要在暖房生活的情况大致相仿。

另据《旧唐书·德宗纪上》记载，大历十四年（779）唐德宗新即位，作为一项惠政，"诏文单国所献舞象三十二令放荆山之阳"。荆山在唐襄州南漳县（今湖北南漳）"西北八十里"，[3] 虽然属汉水流域，但纬度与淮河大致一样。如前所述，在北宋初年，野象在这一带频繁出没并安全过冬。在唐代，虽无野象在襄州一带活动的直接记载，但德宗放象于"荆山之阳"，也说明这一地区应该是唐时野象分布的最北地区。如此则不难推测，唐代及其前后，野象的稳定分布区北界已回归至秦岭—淮河一线，亚热带的北界也大致在此一线，与今日的情况差不多。

有关研究业已证实，在公元前2000年—前1000年，野象分布的北界是"以黄河中下游以北毗连地带的阳原丁家堡水库及化稍营大渡口村附近，向东推断到北京、天津，向西推断到（山西）晋中盆地及今西安稍北为北界，以阳原盆地及黄河下游等地为野象分布最北地区"，[4] 稍事比较便不难得到这样的结论：自南北朝后期至北宋初年，黄淮海平原地区气候虽已大幅回暖，但这一温暖期的温暖程度已与仰韶温暖期不可同日而语。当然，这样的结论丝毫不能动摇隋唐温暖期的客观存在，其理由十分简单，因为从20世纪以来气候也正是处于一个新的温暖期中，"现代亚热带北界位置较历史时期亚热带的平均位置偏南约1个纬度。但从近500年的气候变化来看，现代亚热带平均位置较14至19世纪的平均位置偏北近2个纬度"。[5]

（二）驯犀的冻死与唐后期气候的波动

尚须进一步说明的是，隋唐温暖期的数百年间并不是一直都处于温暖状态，在隋唐温暖期中其实也存在明显的气候波动。

在唐德宗放象于"荆山之阳"的17年后，即在贞元十二年（796），曾有位于"南海

① 何业恒：《中国珍稀兽类的历史变迁》，湖南科学技术出版社，1993年，第135页。
② 《唐六典》卷十七《太仆寺·典厩署》。
③ 《元和郡县图志》卷二一《山南道二》。
④ 文焕然：《再探历史时期的中国野象分布》。
⑤ 龚高法、张丕远、张瑾瑢：《历史时期我国气候带的变迁及生物分布界线的推移》。

南”的某国向唐朝廷贡驯犀，但在次年即贞元十三年（797）冬，长安驯犀因为“苦寒”而至“冻死于苑中”。[①] 另外，在贞元末，长安皇宫里饲养的驯犀又被冻死。[②] 对此，何业恒解释说是“当时黄河中下游的冬季气温已较过去为低”。[③] 另据《旧唐书·德宗本纪》记载，“贞元十三年夏四月己丑，大雪”。有人研究后认为，这是“唐代降雪的绝端日期”的最早的一条记载。[④] 可证何教授的说法大致是不错的。

在《唐代气候冷暖分期及各期气候冷暖特征的研究》一文中，满志敏由于过分强调唐代气候寒冷方面的特征，对有关唐代长安驯象的资料也作出了不尽合理的解释，以至于用北宋前期开封玉津园从吴越、交趾、广韶等地进献的46头驯象至天禧五年（1021）多数死亡（只剩下3头）的情况来说明唐长安驯象似乎同样具有“超乎寻常的死亡率”。

在另外一篇论文中，满志敏论证说驯象在宋京长期存在，“其原因是南方的不断贡奉，以个体的不断更替来维护宫廷的需要”。[⑤] 实际上，唐代林邑、文单诸国虽然也曾多次向唐宫廷贡献驯象，但每次仅几位使者，加之路途遥远，携带的驯象数目自然有限，最多的一次是文单国“大历中副王婆弥及妻来朝，献驯象十一”。[⑥] 可见，大历十四年（779）的32头驯象应该是文单国等历次贡献的总数。从贞观以来，并未闻有驯象冻死（自然死亡一般不会见于史书的记载），这从另外一个侧面说明，唐代气候转冷大致是在唐德宗贞元十三年（797）前后，即在公元8世纪末叶，而不是在8世纪中期。也就是说，隋唐300年间转冷的时段应该比满志敏所推断的要短半个世纪左右。这样，唐后期（8世纪末叶以后）至五代这一时段气候的转冷，只能被视作从南北朝后期至北宋初年大温暖期中的气候波动，传统关于隋唐温暖期的划分基本上是符合历史实际的。在前引《黄淮海平原历史地理》一书中，“战国至两汉初的寒冷气候”被视作是“西周至两汉降温期”中的气候波动，即使按照这样的处理方案，隋唐五代阶段的温暖阶段至少应该被认为是继魏晋南北朝寒冷期之后的一个相对的“升温期”，而唐后期的转寒只是这一“升温期”中的气候波动而已。否则的话，该著所界定的“北宋至元中叶温暖期”似乎就有些突兀，以致使历史时期中国气候的变迁规律也难以得到更为合理的阐释。

三、隋唐关中地区的温暖气候对政治、经济和社会的影响

鉴于隋唐立都于关中长安，隋唐时期关中地区的气候状况对当时国家的政治制度、政权更替以及关中地区的经济发展和当地居民尤其是京城长安的居民的社会生活具有何种程度的影响，是值得进一步探讨的重大课题。

---

① 白居易：《白氏长庆集》卷四。

② 《旧唐书》卷十三《德宗纪》；白居易：《白氏长庆集》卷三《驯犀》。

③ 何业恒：《中国珍稀兽类的历史变迁》，湖南科学技术出版社，1993年，第154页。

④ 满志敏：《唐代气候冷暖分期及各期气候冷暖特征的研究》；另外参见邹逸麟主编：《黄淮海平原历史地理》第24页附表。

⑤ 满志敏：《用历史文献物候资料研究气候冷暖变化的几个基本原理》，载中国地理学会历史地理专业委员会《历史地理》编辑委员会编：《历史地理》第12辑，上海人民出版社，1995年。

⑥ 《新唐书》卷二二二下《南蛮传》。

（一）隋唐时期关中地区频繁出现的暖冬现象

中国的大部分地区（新疆以及甘肃、宁夏和内蒙古的西北部除外）是典型的大陆性季风气候，其基本气候特征是冬冷夏热、雨热同季。不过中国幅员辽阔，在东部季风区内，南北纬度跨度很大，太阳辐射量颇不均衡，因而又呈现出不同的气候带，从热带到寒温带种类齐全，而现在的关中地区即属于暖温带季风气候。受季风的影响，中国的夏季普遍是高温天气，而在冬季则南北热冷相差悬殊，所以学者们在探讨历史上气候的变迁时往往从分析北方地区冬半年的气温着手。竺可桢在断定公元600—1000年为温暖期时，所提出的主要依据便是唐都长安在公元650年、669年和678年出现的无冰无雪的暖冬。竺可桢关于隋唐时期为温暖期的结论已被证实是基本正确的[①]，但他的统计资料却很不完备，这难免要引起一些歧见。暖冬现象一般在史书记为“冬无雪”或“冬无冰”，有时则记为“冬不雨”、“冬旱”、“冬雷”、“冬暖如仲春”等。隋代由于种种原因，未能留下有关的气候记载。笔者根据《旧唐书》、《新唐书》中的“本纪”与“五行志”之有关记载，对唐代关中地区暖冬现象做了详细的统计（见表7-1），冬季温暖的年份共有27个，分别是唐太宗贞观二十二年（648）、贞观二十三年（649），唐高宗永徽二年（651）、麟德元年（664）、乾封元年（666）、总章二年（669）、仪凤二年（677），武则天皇后垂拱二年（686），唐中宗神龙二年（706），唐玄宗开元元年（713）、开元三年（715）、开元九年（721）、开元十七年（729）、天宝元年（742）、天宝二年（743），唐代宗大历元年（766）、大历八年（773）、大历十二年（777），唐德宗建中元年（780）、贞元七年（791）、贞元十四年（798），唐宪宗元和九年（814）、元和十一年（816），唐穆宗长庆二年（822）、长庆三年（823），唐僖宗乾符三年（876）和广明元年（880）。唐代历时290年（618—907），其间京畿所在的关中地区的暖冬竟多达27个，大致为十年一遇（这里尚未考虑唐朝末期有关记录缺乏的因素），其出现次数之多与出现频率之高，在中国历史上各王朝中是绝无仅有的。这些暖冬的统计资料表明，从总体上来看，隋唐时期关中地区的气候确实是比较温暖的。

除了冬季比较温暖以外，唐代关中地区夏季的气温也显得较高。在唐朝的前期，唐太宗、唐高宗、武则天等人就多次抱怨盛夏时节京师的炎热，并为是否应该出外避暑而不时与好谏的臣子发生争执[②]。唐朝后期还数度出现夏季燠热的记载，《旧唐书·德宗纪》说贞元十四年（798）“是夏热甚”，此事在《新唐书·五行志》记为“夏大燠”。《新唐书·五行志》还记载了唐宪宗元和十四年（814）六月“大燠”。虽然史书中记载唐后期夏季“大燠”只有这两、三次，但从贞元十三年（797）六月唐德宗下诏盛暑时节“量放朝参”[③]的情况来推测，当时盛暑高温几乎是年年常见的事情。

① 吴宏岐、党安荣：《隋唐时期气候冷暖特征与气候波动》，载《第四纪研究》1998年第1期。

② 《唐会要》卷二七《巡幸》，卷三〇《玉华宫》、《三阳宫》。

③ 《唐会要》卷二五《杂录》。

表7-1 唐代有关关中地区冬暖和夏燠的文献记载

序号	年代	《旧唐书·本纪》	《新唐书·本纪》	《旧唐书·五行志》	《新唐书·五行志》
1	太宗贞观二十二年（648）	“冬不雨”	“冬旱”		
2	太宗贞观二十三年（649）	“是冬无雪”	“是冬无雪”		
3	高宗永微二年（651）		“是冬无雪”		
4	高宗麟德元年（664）	“是冬无雪”	“是冬无雪”		
5	高宗乾封元年（666）	冬“无雨雪”			
6	高宗总章二年（669）	“是冬无雪”	“是冬无雪”		
7	高宗仪凤二年（677）	“是冬无雪”	“冬无雪”		
8	武则天垂拱二年（686）		“是冬无雪”		
9	中宗神龙二年（706）	是冬“京师亢旱”			“冬不雨”
10	玄宗开元元年（713）	秋冬“不雨”			
11	玄宗开元三年（715）	“是冬无雪”			
12	玄宗开元九年（721）	“是冬无雪”	“是冬无雪”		
13	玄宗开元十七年（729）	“是冬无雪”	“是冬无雪”		
14	玄宗天宝元年（742）		“是冬无冰”		
15	玄宗天宝二年（743）	“是冬无雪”	“是冬无雪”		
16	代宗大历元年（766）	“是冬无雪”（卷一一）			

（续上表）

序号	年代	《旧唐书·本纪》	《新唐书·本纪》	《旧唐书·五行志》	《新唐书·五行志》
17	代宗大历八年（773）	“自冬无雪”			
18	代宗大历十二年（777）		“冬无雪”		
19	德宗建中元年（780）		“是冬无雪”		
20	德宗贞元七年（791）	“是冬无雪”	“是冬无雪”		
21	德宗贞元十四年（798）	“是夏热甚”	“是冬无雪”		“夏大燠”
22	宪宗元和九年（814）		“冬不雨”		六月“大燠”
23	宪宗元和十一年（816）	“是岁冬雷，桃杏花”	“是冬桃李华”	十二月“雷，桃李俱花”	十二月“桃杏华”
24	穆宗长庆二年（822）	“是冬十月频雪，其后恒燠，水不冰冻，草木萌发如正二月之后”	“是冬十月频雪，其后无冰，草木萌”		“冬少雪，水不冰冻，草木萌荑如正月”
25	穆宗长庆三年（823）			十二月“水不冰，草萌芽如正二月之候”	
26	僖宗乾符三年（876）		“是冬无雪”		
27	僖宗广明元年（880）				十一月“暖如仲春”；冬“桃李华山华”

（二）隋唐时期关中地区的温暖气候所带来的影响

自然生态环境变化尤其是气候变化对人类社会历史发展进程有一定的影响，这已是不争的事实。然而已往的学者在分析气候变化与中国历史发展的关系时，多简单机械地套用竺可桢关于中国近5000年来气候变迁的四寒四暖模式或气温变化曲线，缺乏对中国历史上一些重要的气候变化阶段的相关问题的深入研究，因而所得结论往往未免有些偏颇甚或失实之处。笔者认为，气候变化与中国历史发展的关系相当复杂，不仅寒冷气候与温暖气候的影响作用互异，而且不同历史时期的气候特征对当时人类社会的影响更因这些时期不同的历史社会背景而呈现出不同的特点。隋唐时期的气候特征和历史社会背景与其以前乃至以后的各个历史时期都有所区别，因而当时的气候状况对人类社会所带来的影响自然也具有自己的特点。

隋唐两代立都于关中长安，也就是说长安是当时全国的政治中心，而关中则是京畿所在的“首善之区”。因此，隋唐时期关中地区总体上较为温暖的气候特征，不仅对当时国家的政治制度、政权更替有一定影响，而且给关中地区的经济发展和当地居民尤其是京城长安的居民的社会生活带来了一系列的影响。

1. 帝王避暑行宫与隋唐时期的多政治中心格局

隋唐时期关中地区的温暖气候对当时国家的政治制度、政权更替所带来的影响主要通过两代帝王大规模营建避暑行宫并频繁临幸的过程中表现出来。

行宫亦即离宫别馆，是中国古代帝王为了出外巡幸、狩猎而建造的宫殿。大致从殷纣王开始就已有了行宫的营建[①]，秦代以来更形成一种制度[②]。隋唐时期行宫数目也很多，有名可考者即达70余所。众多的行宫虽然遍布于全国各地，但主要仍集中分布在京师长安与东都洛阳的周围及两京道上，形成哑铃形分布格局[③]。隋唐时期的行宫在功用上存在明显的不同，或为消夏避暑，或为冬春沐浴疗养，或为巡幸两京时沿途驻次，也有一些是因帝王旧宅改建及为了军事、宗教活动而兴建，其中尤以避暑行宫的数目最多而且也最重要。由于隋唐时期气候温暖，当时的盛夏十分炎热，所以两代的帝王均非常热衷于在京师长安与东都洛阳的周围尤其是关中南北山区大规模建造避暑行宫，稍不如意，则另行择地改建，累计营建数目共有22所。当时的避暑行宫，又称作清暑宫、夏宫、凉宫。隋代关中的避暑行宫见于记载的有扶风郡普闰县（今陕西麟游县）的仁寿宫、眉县的安仁宫，京兆郡长安县的福阳宫、太平宫、仙都宫、户县的甘泉宫、周至县的仙游宫、文山宫、凤皇宫、宜寿宫，共计10所；唐代关中地区则有凤翔府麟游县的九成宫（万年宫）、永安宫，坊州宜君县的玉华宫（仁智宫）[④]，京兆府长安县的翠微宫（太和宫）、永安宫（大明宫）、蓝田县的万全宫（万泉宫）、华原县（今陕西铜川市耀州区）的永安宫，共计7所[⑤]。隋唐两代帝王在关中地区所造避暑行宫的总数已达17所之多（其中隋仁寿宫与唐九成宫在一地），在中国历史上实属罕见。这些避暑行宫多营建在依山面水、清凉可人的山谷地区，选地适宜，设施完备，是盛夏避暑的理想去处。

在隋唐时期关中地区的17所避暑行宫中，又以隋仁寿宫（唐九成宫，唐高宗曾改名为万年宫）最为重要，唐时九成宫中殿阁皆题署牌额以类皇居[⑥]，并专门设有九成宫总监进行管理[⑦]，可见地位之不同一般。此宫在唐凤翔府麟游县西一里[⑧]，背依天台山，襟带杜水，“炎夏流金，无郁蒸之气；微风徐动，有凄清之凉”，据说其安体养神的功效，虽汉

---

① 《史记》卷三《殷本纪·正义》引《括地志》。
② 《史记》卷六《秦始皇本纪》：“关中计宫三百，关外四百余”；“咸阳之旁二百里内宫观二百七十”。
③ 吴宏岐：《隋唐帝王行宫的地域分布》，载《中国历史地理论丛》1994年第2辑。
④ 玉华宫所在的玉华乡新中国成立后划属铜川市。
⑤ 吴宏岐：《隋唐帝王行宫的地域分布》，载《中国历史地理论丛》1994年第2辑。
⑥ 《册府元龟》卷十四《帝王部·都邑》。
⑦ 《唐六典》卷十九《司农寺》。
⑧ 《元和郡县图志》卷二《关内道》。

代的甘泉宫也无从比拟①。正因为九成宫"凉冷宜人"，而且"去京不远"②，隋文帝及唐前期诸帝一再改修扩建并频繁前往避暑。据笔者统计，隋文帝在位24年，外出避暑6次，全部都在仁寿宫；唐高祖在位9年，外出避暑2次，因九成宫尚未修复，故未曾临幸；唐太宗在位23年，外出避暑10次，有5次是在九成宫；唐高宗在位34年，外出避暑17次，临幸九成宫（万年宫）更达8次之多；武则天在位21年，外出避暑3次，因移都于洛阳，不能舍近求远，出幸的全是洛阳周围的避暑行宫③（见表7-2）。隋文帝、唐太宗和唐高宗等不仅频繁临幸仁寿宫（九成宫），而且每次都要驻次相当长的时间，所谓"春往冬还"④，大致在春二、三月前往，秋八、九月返回，出幸时间往往长达半年以上。有时从春正月就开始避暑，而结束的时间则推迟至冬十月⑤。隋文帝甚至于在开皇十九年（599）春二月去仁寿宫避暑，一直到次年的秋九月才返回京城，历时长达一年半有余，若非畏惧夏日京城的炎热，又岂能如此？秦汉时期关中地区的离宫别馆动辄以数百相称，但真正意义上的避暑行宫没有一所，即以被唐人视为避暑行宫的汉甘泉宫（秦林光宫）而言，西汉诸帝也曾频繁临幸，总计多达27次（文帝2次、武帝11次、宣帝5次、元帝5次、成帝4次）⑥，但多半是在冬春季节前往甘泉宫郊祀泰畤，夏天临幸只有汉文帝三年（前177）三月、武帝元封五年（前106）四月、征和二年（前91）夏和征和四年（前89）六月这4次，而且这4次中，又有3次是巡狩北边时路过临幸甘泉宫的，所以并未曾停顿多长时间。这样的情形，与隋唐时期似有很大的不同，是否说明秦汉时期的气候不如隋唐时期温暖，尚有待进一步的研究来证实⑦。

表7-2 隋文帝及唐前期诸帝（含武则天）出幸避暑行宫情况简表

帝王（在位年数）	出幸地点	出幸次数	出幸年份	资料出处
隋文帝（24）	仁寿宫	6	开皇十五年（595）、十七年（597）、十八年（598）、十九年（599）至二十年（600）、仁寿二年（602）、四年（604）	《隋书》卷二《高祖纪》
唐高祖（9）	仁智宫	1	武德八年（625）	《旧唐书》卷二《高祖纪》
	太和宫	1	武德八年（625）	《新唐书》卷二《高祖纪》

① 《金石萃编》卷四三《九成宫醴泉铭》。

② 《唐会要》卷三十《九成宫》。

③ 《隋书》卷二《高祖纪》，《旧唐书》卷二《高祖纪》，《旧唐书》卷三《太宗纪》，《旧唐书》卷四、五《高宗纪》、《旧唐书》卷六《则天皇后本纪》。

④ 《元和郡县图志》卷六《关内道》。

⑤ 《隋书》卷六《高祖纪》，《旧唐书》卷六《太宗纪》，《旧唐书》卷四、五《高宗纪》。

⑥ 《汉书》卷四《文帝纪》、卷六《武帝纪》、卷八《宣帝纪》、卷九《元帝纪》、卷十《成帝纪》。

⑦ 在上揭竺可桢的论文中，秦汉时期是中国近5000年来的第二个温暖期，但最近有不少学者指出这一温暖期并不存在。参见史念海：《中国历史地理纲要》（上册），第100—105页；邹逸麟主编：《黄淮海平原历史地理》，第14—19页。

（续上表）

帝　王 （在位年数）	出幸地点	出幸次数	出幸年份	资料出处
唐太宗（23）	九成宫	5	贞观六年（632）、七年（633）、八年（634）、十三年（639）、十八年（644）	《旧唐书》卷三《太宗纪》
	明德宫	1	贞观十一年（637）	《旧唐书》卷三《太宗纪》
	襄城宫	1	贞观十五年（641）	《旧唐书》卷三《太宗纪》
	翠微宫	2	贞观二十一年（647）、二十三年（649）	《旧唐书》卷三《太宗纪》
	玉华宫	1	贞观二十二年（648）	《旧唐书》卷三《太宗纪》
唐高宗（34）	万年宫 （九成宫）	8	永徽五年（654）、麟德元年（664）、总章元年（668）、二年（669）、咸亨元年（670）、四年（673）、仪凤元年（676）、三年（678）	《旧唐书》卷四、五《高宗纪》
	明德宫	1	显庆二年（657）	《旧唐书》卷四《高宗纪》
	八关凉宫 （合璧宫）	5	显庆五年（660）、龙朔元年（661）、麟德二年（665）、咸亨三年（672）、上元二年（675）	《旧唐书》卷四、五《高宗纪》
	紫桂宫 （芳桂宫）	3	调露二年（680）、永淳元年（682）、弘道元年（683）	《旧唐书》卷五《高宗纪》
武则天（21）	三阳宫	2	久视元年（700）、大足元年（701）	《旧唐书》卷六《则天皇后本纪》
	兴泰宫	1	长安四年（704）	《旧唐书》卷六《则天皇后本纪》

在中国历史上，帝王的都城通常就是国家的政治中心所在地。但由于历代多实行陪都制和行宫制，在完善的都城体系中，除了首都之外，还应包括陪都和行宫。在一些特殊的历史时期，某些陪都或行宫对国家政治的影响是相当大的，往往也起到临时政治中心的作用，从而与首都一起形成多政治中心的格局。这一点，在隋唐时期表现得十分突出。隋文帝时期都城定在大兴城（即唐长安城），频繁临幸并长时间驻次的仁寿宫实际上就是当时的临时政治中心，只是到了隋炀帝时期，由于营洛阳为东都而不宁其居，仁寿宫的地位和作用才被削弱。唐朝与隋后期一样，也实行多都制，但陪都的数目和名号变化无常，唐太宗即位之后重修洛阳宫以备临幸，至唐高宗显庆二年（657）仿效隋制正式立洛阳为东都。武则天代唐自立，改东都为神都，又以并州太原为北都。唐玄宗在开元九年（721）一度以河中府置中都（治今山西永济），甫及半年而罢。以后唐肃宗至德二载（757）设置五

京，即中京长安、东京洛阳、北京太原、西京凤翔和南京成都，几经变更，到了宝应元年（762）复以京兆府为上都、河南府为东都、凤翔府为西都、江陵府为南都、太原府为北都①。纵观唐代，虽然陪都的数目和名号多有变化，但政治地位比较重要的是长安与洛阳这东西两京（都），其他陪都只是徒具名号而已。在唐朝前期，尤其是唐太宗和唐高宗时期，东都洛阳是当时的辅助政治中心，交通与经济方面的作用尤其是漕运江南财赋的作用十分突出，但九成宫作为唐前期最重要的避暑行宫，无疑亦具有临时政治中心的作用，至少在唐太宗和唐高宗这两位帝王频繁临幸的年月里应当如此。

出于盛夏避暑方面的原因，唐代京城长安内部的政治中枢也曾发生过较大的变化。在隋唐时期关中地区的17所避暑行宫中，比较特殊的是大明宫。大明宫是人们熟知的唐长安城三大内之一，是唐中后期全国政治中枢所在地。这所宫殿在最初实际上只是建在长安城东北禁苑中的一个避暑行宫。唐高祖退位后的开始几年仍居住在太极宫中，但因为身份的变化，已不便在盛夏时节兴师动众出外避暑，只好于贞观三年（629）四月徙居长安城西“有山林胜景”的弘义宫以度余年②。不过由于弘义宫规模较小，房屋低矮，不仅有损太上皇的形象，避暑的效果也很不理想。于是，贞观八年（634）十月，唐太宗在长安城东北别营永安宫，“以备太上皇清暑”，翌年正月改名为大明宫，未几，太上皇驾崩，修建工作遂告中顿。龙朔二年（662），“高宗染风痹，以宫内湫湿，乃修旧大明宫，改名蓬莱宫”③。当年的夏四月唐高宗徙居蓬莱宫④，又于次年（663）夏四月从大内太极宫移仗“北据高原，南望爽垲”的蓬莱宫含元殿⑤。其后，咸亨元年（670）改称含元宫，神龙元年（705）恢复原称大明宫。大明宫在经唐高宗大规模扩建以后，已完全与长安城连成一体，地位也迅速抬升。自龙朔三年（663）开始，由原来的避暑行宫改建的大明宫已与太极宫一道发挥起唐都长安政治中枢的作用。安史之乱以后，大明宫则完全成了长安的政治中心，并导致唐后期内廷行政、财政机关的增强，军事防卫构造的强化，宫廷仪礼的变貌，长安城中有关道教建筑的突出等政治方面的一系列变化⑥。促成这样的变化的原因固然是多方面的，但大明宫修建在龙首原上，地势较高⑦，宫殿建筑宏伟宽敞，清凉通风，宜于盛夏寝居办公，这当是一个不容忽略的要素。唐高宗在龙朔二年（662）和龙朔三年（663）的夏天出居大明宫期间未再出幸其他的避暑行宫，与这两年前后的举动形成明显的反差，唐玄宗时期也没有出外避暑的记载，就是很好的证明。唐后期因为政治动荡，唐帝很少出外游幸，只能常年居住在大明宫中，关中的众多避暑行宫也就随之逐渐荒废了。作为政治中枢，大明宫虽说有避暑的效果，但清凉的程度毕竟与山区的九成宫无法相提并论，所以在贞元十三年（797）六月，唐德宗特别下诏：“自今以后，时暑及雨雪泥潦，

---

① 朱士光、叶骁军：《试论我国历史上陪都制的形成与作用》，见《中国古都研究》第3辑，浙江人民出版社，1987年；史念海：《中国古都与文化》，中华书局，1998年。

② 《唐会要》卷三十《弘义宫》。

③ 《唐会要》卷三十《大明宫》。

④ 《旧唐书》卷四《高宗纪》。

⑤ 《唐会要》卷三十《大明宫》。

⑥ ［日］妹尾达彦：《大明宫的建筑形式与唐后期的长安》，1996年陕西师范大学讲演稿。

⑦ 程大昌：《雍录》卷三《汉唐宫殿据龙首山》云：“龙首山，首枕渭之南岸，尾达樊川。首高尾下，尾在汉长安城南。逶迤而北，至建章宫上下始折北而趋东。汉世未央宫在折北向东之地，其基已高，故宫殿皆出长安城上，而张衡曰‘疏龙首以抗殿’也。未央又东，龙首愈增高，而唐大明宫尤在高处，故含元殿基高于平地四丈。含元之北为宣政，宣政之北为紫宸。地每退北，辄又加高，至紫宸则极矣。”

亦量放朝参。”[①] 京城官员在盛暑之日获准放假，不用上朝，皇帝当然也就不必临朝听政了。朝参制度的这种变革，很明显是为了适应当时连年夏季燠热的气候状况。

还应特别提及的是，隋及唐前期诸帝频繁临幸避暑行宫也为某些政治投机者发动宫廷政变和政权不正常更替提供了一些契机，最典型的事例莫过于隋仁寿宫之变。仁寿宫之变是隋代最重大的政治事件之一，关于这次事变的性质、起因、经过、后果以及影响，已有不少学者做了较为详尽的论述[②]。在这次宫变中，杨广、杨素能把握时机，矫诏逮捕反对党核心人物柳述及赐死原太子杨勇，无疑是他们夺权成功的关键。不过应当指出，杨广、杨素之所以能迅速控制仁寿宫，实与仁寿宫是由杨素监督建成的，其对仁寿宫的内部情况了如指掌有关。另外，作为当时的一个临时性政治中心，仁寿宫与国都大兴城之间有不算太短的距离，这也为发动宫变者在隋文帝死后第八天才公布他的死讯以便有充足的时间去做各种部署，并从容不迫地控制大兴城提供了可能[③]。如果再往前溯，我们也不难发现，太子杨勇与隋文帝之间的隔阂愈来愈深并最终被废黜，固然与杨广一党的多番诬陷迫害有关，但文帝长期居住在远离京城的仁寿宫中而无法了解实情，却也是一个不容忽视的因素[④]。避暑行宫对政权的影响，还可以举出另外一个实例。武德七年（624）夏，唐高祖携李世民、李元吉前往仁智宫（即后来的玉华宫）避暑。太子李建成想利用唐高祖、李世民不在长安的机会，与李元吉密谋，指使庆州（今甘肃庆阳）都督杨文干组织发动兵变，企图里应外合一举除掉李世民。后因有人告密，杨文干的叛乱很快被李世民亲自平定[⑤]。当时唐高祖因为情况紧急，曾经向李世民许诺，平定叛乱之后另立世民为太子。此事由于有人为太子建成说情而未曾兑现，但世民与建成、元吉一党积怨日深，所以后来还是发生了长安城玄武门兄弟残杀的悲剧。

隋文帝末年的仁寿宫之变和唐朝初年的仁智宫之乱，说明避暑行宫的确在当时的宫廷政治中扮演着极为重要的角色。帝王频繁临幸并长时间居住在避暑行宫中，对帝王的自身安全和国家的稳定都会产生一定的负面影响。对于这一点，朝廷中的有识之士甚至某些帝王都是有一定认识的。仁寿末年，卢太翼就曾固谏隋文帝不要经常避暑仁寿宫[⑥]。唐朝前期，每当唐太宗、唐高宗、武则天等人出外避暑时也要受到许多臣子的犯颜直谏[⑦]。据说隋炀帝因为发动过仁寿宫之变，当政之后不仅不敢像隋文帝一样经常前去仁寿宫避暑，而且不时“梦太子杨勇领徒持兵问杨广何在”，故而“遂幸洛阳，终身不敢留长安”[⑧]。唐太宗即位后，“欲以（仁寿）宫奉高祖，高祖恶之，不往”[⑨]。贞观二十一年（647）的四月和七月，唐太宗因唐高祖所修的太和宫与仁智宫之旧基分别营造翠微宫和玉华宫。就避暑的效果而言，修建在关中北山地区的坊州宜君县凤凰谷中的玉华宫，“因山藉水”，环境优

---

① 《唐会要》卷二五《杂录》。

② 参见郑显文：《隋文帝死因质疑》，载《史学集刊》1992 年第 2 期；胡戟：《试辨仁寿宫变之谜》，载《人文杂志》1992 年第 5 期；王光照：《隋文帝之死述论》，载《中国史研究》1993 年第 2 期；刘建明：《隋仁寿宫之变发微》，载《古代文献研究集林》第 3 辑，陕西师范大学出版社，1995 年。

③ 详参刘建明：《隋仁寿宫之变发微》，载《古代文献研究集林》第 3 辑，陕西师范大学出版社，1995 年。

④ 《隋书》卷四五《房陵王勇传》。

⑤ 《资治通鉴》卷一九一，武德七年六月、七月记事。

⑥ 《隋书》卷七八《艺术·卢太翼传》。

⑦ 《唐会要》卷二七《巡幸》，卷三〇《玉华宫》、《三阳宫》。

⑧ 《雍录》卷三《大兴城》引《两京道里记》。

⑨ 《雍录》卷四《唐宫杂名·九成宫》。

美，同时在宫殿的建造上惟“正殿瓦覆”，“余毕葺之以茅”[①]，所以“当时以为清凉胜于九成宫”[②]，秦岭北麓太和谷中的翠微宫自然无从与之相比。然而令人费解的是，唐太宗仅在贞观二十二年（648）夏去过玉华宫一次，而次年即贞观二十三年（649）夏却是到翠微宫避暑的，并于这一年的五月病逝于此宫的含风殿[③]。唐太宗善于玩弄权术，晚年对魏王李泰和一些权要将相颇存疑虑，他之所以舍远求近，在自己临终前将避暑的场所选择在距离京城长安较近的翠微宫[④]，或许正是为了防止类似于武德七年仁智宫之乱再度发生。

由于隋及唐前期某些避暑行宫也具有临时性政治中心的作用，这样，某些避暑行宫就成为发动政治革命的一种重要场所，而对于是否能控制这些避暑行宫也相应关系着政治革命的成功或失败，这不难从隋仁寿宫之变和唐初仁智宫之乱中得到证明。之所以会出现这样的情况，很显然与隋唐时期关中比较温暖尤其是常年夏季燠热的气候状况以及因适应这种气候特点而产生的避暑行宫制度有着一定的联系。[⑤]

2. 对农业经济发展的影响

农业经济是中国古代最为重要的经济种类，其特点是以动植物为生产对象，所以同自然环境的关系极为密切。自然环境的变化，尤其是“气候的波动，无论是温度的高低或雨量的多少，均会对农业生产起很大影响”[⑥]。历史时期气候变化的幅度随纬度的不同而不同，纬度越高，其变化幅度也越大，因而北方地区的气候变化幅度大于南方地区，相应地对农业生产的影响也就比南方明显一些。据有关学者研究，历史时期气候变化对我国北方地区农业经济的影响主要表现在适宜耕作地区的盈缩、作物生长期和农业生产熟制的变化、农业自然灾害的多少、水源增减与水利灌溉事业的发展、水稻种植的兴衰、农作物单位产量的变化以及喜温经济型动植物的迁移等[⑦]。隋唐时期关中地区的温暖气候对当地农业经济的发展也产生了积极的影响，主要表现在冬小麦的普及和水稻种植的兴盛方面。

冬小麦，又称宿麦，自古以来就是包括关中地区在内的华北平原地区主要的农作物品种之一，但在隋唐以前其地位明显不及粟米重要。关于冬小麦在华北平原地区普遍种植的时间，学术界以往总是将其与农业二年三熟制的形成时间联系在一起，如日本学者早在半个多世纪前就提出唐中期华北地区冬小麦普遍种植与二年三熟制形成之说[⑧]，这一说法长期以来曾得到了中日农史学界的普遍认同。不过最近有学者指出，华北地区冬小麦普遍种植时间与二年三熟制形成时间之间并无绝对的联系，促成二年三熟制形成的社会经济条件包括很多方面，除了必须有冬小麦种植的普及以外，还必须有夏播豆类作物的推广种植，并且也必须有一定的人口压力和劳力资源，明代中期以后，华北平原社会经济形势发生了

① 《唐会要》卷三十《玉华宫》。

② 《元和郡县图志》卷三《关内道三》。

③ 《旧唐书》卷三《太宗纪》。

④ 《元和郡县图志》卷一《关内道一》：“太和宫，在（长安）县南五十五里终南山太和谷。”

⑤ 吴宏岐：《隋唐行宫制度与宫廷革命——兼论陈寅恪“玄武门学说”之拓展》，载《陕西师范大学学报》（哲学社会科学版）2008 年第 3 期。

⑥ 竺可桢：《历史时代世界气候的波动》，见《竺可桢文集》，科学出版社，1979 年。

⑦ 倪根金：《试论气候变迁对我国古代北方农业经济的影响》，载《农业考古》1988 年第 1 期。

⑧ ［日］西嶋定生：《碾硙的背景》，《历史学研究》125 号，1947 年。此文中译本作《碾硙发展的背景——华北农业两年三熟制的形成》，见所著《中国经济史研究》，农业出版社，1984 年。

重大变化，前述三项条件中的后两项才完全具备，促使二年三熟制逐渐在华北形成[①]。另外，也有学者认为，我国大面积种植小麦的历史以石磨的普遍推广使用为标志，其时间应当是在汉代[②]。南北朝后期以来气候的由寒转暖，促进了华北地区农业二年三熟制。唐代关中平原冬小麦栽培的普及，即是借助了当时温暖的气候。在8世纪关中平原中东部的粮仓地带，和粟田同是以长安的消费市场为目的地的小麦田开始急速扩大，利用水碾和畜力磨，大量的小麦被制成了面粉。王公、贵族、宦官、富商、寺院等，竞相投身制粉业将其作为一个赢利事业。面食在国都长安的流行，促进了城内饮食业的增加，大大丰富了居民的饮食文化生活，而食品多样化和加工技术的进步，也推进了长安城周边地区农作物的商品化[③]。

3. 对社会生活方式的影响

在隋唐帝王大规模建造避暑行宫的同时，京城长安的高官显贵也纷纷在长安城南樊川、城东浐灞两岸以及蓝田山区等地营构自己的别墅山庄。据有关统计，唐都长安近郊共有官人别墅91所，其中东郊25所，南郊66所[④]。这些别墅山庄大多据原傍河，竹木茂盛，不唯风景优美，同时也具备避暑消夏的功能，白居易、元结、贯休等人的诗句即是明证，今人对此已有专门的论述[⑤]。正因为如此，每当盛夏的日子，京城的不少高官显贵、文人骚客总要邀朋携妓，前往郊外别墅园林纳凉避暑，斗酒唱和，一时间蔚然成风。

除了住行方面以外，隋唐时期温暖的气候状况对时人的衣食生活也有一定的影响。从西安近郊考古发掘出土的唐代各种人物俑和墓室壁画中可以发现，当时不论男女老幼衣着均比较单薄，特别是贵族妇女，更以袒胸露背，身着拖地长裙，肩披轻盈帔帛为风尚[⑥]。而其后宋、元、明各时期的人物俑，则以身着棉袍厚衣为常见。唐人服饰风俗的这一特点固然如一般学者所云，与隋唐两代的胡化倾向和相对开放的社会风气有关[⑦]，但这种服饰风俗的流行实际上也从一个侧面反映了当时关中地区常年偏暖之气候状况。

隋唐时期气候温暖也为关中地区冬小麦种植面积的急速扩大创造了条件，所以面食在唐都长安十分流行。以麦面制作的食品种类繁多，极大地丰富了长安居民的饮食生活[⑧]。更值得注意的是，为了适应当时炎夏酷暑的天气，长安居民还发明了一种名叫“槐叶冷淘”的夏令食品。杜甫《槐叶冷淘》诗云：“青青高槐叶，采掇付中厨。新面来近市，汁滓宛相俱。入鼎资过热，加餐愁欲无。碧鲜俱照箸，香饭兼苞芦。经齿冷于雪，劝人投此

---

① 李令福：《论华北平原二年三熟轮作制的形成时间及其作物组合》，载《陕西师范大学学报》（哲学社会科学版）1995年第4期；《再论中国华北平原二年三熟轮作复种制形成的时间》，载《日中文化研究》14号，日本勉诚社，1999年。

② 卫斯：《我国汉代大面积种植小麦的历史考证》，载《中国农史》1988年第4期。

③ ［日］妹尾达彦：《唐代长安城与关中平原的生态环境变迁》，载史念海：《汉唐长安与黄土高原》，《中国历史地理论丛》1998年增刊。

④ ［日］妹尾达彦：《唐代長安の近郊官人别庄》，见《中国都市の历史的性格》，刀水书房，1988年。

⑤ 李浩：《唐代园林别业考论》，西北大学出版社，1996年，第117—118页。

⑥ 何汉南：《西安东郊清理一座唐墓》，载《文物参考资料》1955年第9期；马得志等：《西安郊区三个唐墓的发掘报告》，载《考古通讯》1958年第1期；陕西省文物管理委员会：《西安西郊中堡村唐墓清理简报》，载《考古》1960年第3期。

⑦ 刘毅：《“唐三彩”所展示的唐人社会生活》，载张国刚：《中国社会历史评论》第1卷，天津古籍出版社，1999年。

⑧ ［日］妹尾达彦：《唐代长安城与关中平原的生态环境变迁》，载史念海：《汉唐长安与黄土高原》，《中国历史地理论丛》1998年增刊。

珠。……万里露寒殿，开冰清玉壶。君王纳凉晚，此味亦时须。”① 从诗中描绘的情形看，所谓的“槐叶冷淘”当是用槐叶和以面粉制成，色泽青翠晶莹，吃时还须加冰的冷面类食品。槐树通体可入药，有祛热除风的功效，其中槐叶性“平，无毒”，“初生嫩芽或炸熟，水淘过食，亦可作饮代茶”②。唐人对此已有所认识，孟诜《食疗本草》就曾说槐叶主治“邪气、产难、绝伤及瘾疹牙齿诸风，采嫩叶食”③。另外，冰块也有药用价值，唐人陈藏器《本草拾遗》云夏冰主治“去热烦”，“夏暑盛热食冰，应与气候相反，便作宜人，诚恐入腹冷热相激，却致诸疾也。食谱云：凡夏用冰，止可隐映饮食，令气凉尔，不可食之。虽当时暂快，久成疾也”。④ 可见唐都长安的“槐叶冷淘”不仅是夏季人人喜吃的美味佳食，而且是一种兼具除热治病功效的药膳。当时长安城的绿化有统一规划，城中通衢大街及坊巷街道两旁的行道树主要栽种槐树⑤，采集槐叶很是方便。至于冰块，城南终南山中有一冰井（即今西安市长安区翠华山之冰洞），“经暑不消”，“长安岁不藏冰，夏则取冰于此”⑥，采取也不太困难。正因如此，夏日吃“槐叶冷淘”成为长安宫廷饮食生活的一项基本规定。据史书记载，当时唐都长安宫中的膳食供应就要根据时节的变化进行调整，太官令负责“夏月加冷淘、粉粥”⑦。这些社会生活方面的一系列变化，说明由气候的变迁所带来的影响确实是广泛而深远的。

（五）几点基本结论

通过以上论述，关于隋唐时期关中地区的温暖气候及其影响，可以初步得出如下几点基本结论：

（1）有关暖冬的历史气候统计资料和梅树、柑橘正常生长与结实的物候资料均清楚表明，从总体上看，隋唐时期关中地区的气候确实是比较温暖的。竺可桢在20世纪70年代初所得出的研究结论基本正确，对隋唐温暖期持怀疑态度的观点是与历史实际不相吻合的。

（2）气候变化具有全球性，隋唐时期气候的转暖在全国亦是一种普遍的现象。当时关中地区的气候温暖状况是年平均气温比现在高出1℃左右，气候带纬度北移1°左右，已具有北亚热带的某些气候特征。

（3）隋唐时期总体上偏于温暖的气候特征给当时关中地区尤其是京城长安居民的社会生活带来了广泛影响。帝王避暑行宫、官僚别墅山庄的大规模营建，唐人服饰、饮食风俗的一系列变化，都与当时的气候状况有着十分密切的联系。⑧

---

① 《全唐诗》卷二二一。

② （明）李时珍《本草纲目》卷三五《木部二·槐》。

③ （明）李时珍《本草纲目》卷三五《木部二·槐》引。

④ （明）李时珍《本草纲目》卷五《水部·夏冰》引。

⑤ 张永禄：《唐都长安》，西北大学出版社，1987年，第45页。

⑥ （宋）张礼：《游城南记》。

⑦ 《唐六典》卷一五《光禄寺》。

⑧ 有关内容参见吴宏岐：《隋唐时期关中地区的温暖气候及其影响》，载史念海主编：《汉唐长安与关中平原》，《中国历史地理论丛》1999年增刊。

第八章

区域历史环境与社会变迁互动研究之二：公元5—14世纪吐鲁番地区居住生活方式及其环境影响因素

公元5世纪下半叶，来自河陇一带的汉族移民在今天的新疆吐鲁番盆地建立了割据小王国，史称高昌国，至640年为唐太宗所灭，历经一个半世纪。这个深处亚洲腹地，具有多民族特色、多元文化的绿洲小国由于兴起于举世闻名的丝绸之路的全盛时期，又地处东西交通大动脉的要冲，因而在新疆地域发展史乃至中外文化交流史上都曾经扮演着一个相当重要的角色。唐朝以后，迄于明初，吐鲁番地区因其独特的地理区位优势，政治地位虽几经变化，但仍不失为西域东部地区的一个政治经济中心。由于长年的干旱环境，吐鲁番地区的古代文化遗存得以较多的保留，所以19世纪末以来，这一地区逐渐成为中外学者考察研究的重点。20世纪70年代以后，吐鲁番文书的陆续出土，更使高昌国历史的研究成为备受关注的热点，相关成果层出不穷，研究的重点也逐渐由考古文物调查、文书整理向综合研究方面发展，古代吐鲁番地区尤其高昌国社会生活史近年来也已引起人们广泛的兴趣。但由于学术背景不同、历史文献记载语焉不详等，中外学界对于不少具体问题的论证尚存在较大的分歧，如在高昌国居民的居住生活方式的研究方面就是如此。鉴于居住生活方式往往受生态环境因素的影响较大，而吐鲁番盆地的民居建筑传统风格在新疆绿洲地区又具有一定的典型性，本章拟对公元5—14世纪吐鲁番地区民居生活方式及其生态环境背景进行初步研究，从一个侧面来考察古代新疆地区民族经济社会发展与环境变迁相互作用的关系。

一、关于古高昌国居室建筑形态的不同观点

关于公元5—7世纪时期，立国于吐鲁番盆地的古高昌国之居民的居室建筑形态，主要的文献记载见于《梁书·高昌国传》：

其地高燥，筑土为城，架木为屋，土覆其上①。

① 《梁书》卷五四《诸夷·西北诸戎·高昌国传》，中华书局，1973年，第811页。

相同的记载又见于《南史·高昌国传》[①]，显系移录前史之文[②]。根据《梁书·高昌国传》的有关记载，有一些学者推定当时高昌国居室的建筑形式为“土木居室”，认为“土木结构是高昌建筑的基本构架，但具有鲜明的地方特色”，即其有“减地留墙与土块垒墙”和“架木为屋”这两方面的特点[③]。这一看法似乎也有考古方面的支持，在对交河故城的建筑遗址进行最初的勘察时，考古学家就认为：“原来建筑几乎全不用木柱，靠土墙支持屋顶。城中也有许多多层建筑，同样不用木柱，是在墙上挖出小孔，用来在两墙之间横加木椽，木椽的间隔约为30—50厘米不等。”[④]

吐鲁番出土的文书中有一份西州初期的房产登记簿，是唐朝初年平定高昌国以后对麹氏高昌遗留下来的户口、财产等清理登记后形成的有关档案文件，其中涉及不少户主的房屋规模、结构、用料等情况，可资分析当时高昌居民的居室建筑特征：

(1) 焦延隆宅　东西十一步、南北九步、内房四口、上二口、听（厅）上栿（栿）柱一、通行（横）良（梁）二。桑椽卅八。

(2) 麹海隆宅东西十二步、南北十四步、内房八、上一、下七、厕二、听（厅）上栿（栿）一、柱一、行（横）良（梁）四、桑椽六十。

(3) 麹仕义宅东西卄 南卅八内房卄九，上七、下卄二、厕三。

(4) 司马欢仁宅□□西九步、南北八步、内房三口、上二、听（厅）上行（横）良（梁）一、桑椽三十。

(5) 麹文住宅厅上栿（栿）□□□□桑椽卅六，东麹□□东丁子隆妻、南□、北道，上下吕上右行（横）良（梁）□□卄一。

(6) 麹隆太宅东西卄二 南北卄步、内房十口、上四口、听（厅）上栿（栿）一、柱一、行（横）良（梁）四、厕一。桑椽九十□吕下行（横）良（梁）六、栿（栿）二、桑椽六十二。[⑤]

上引文中之“栿（栿）”即梁，“吕”当为脊檩之义。据此，宋晓梅分析说：“各种建筑用材数量不等，种类基本相同。木材用料中使用最多是椽木，多用桑木。问题是，椽木之外还见栿和柱，梁和檩。从登记簿中几处住宅房屋建筑的情况看，房间有大小，房屋有多少，但有屋必有椽，椽是房屋建筑材料中最基本的木质构件。这一点从交河故城二号民居遗址也可以得到证实，每屋之墙壁均留有椽洞。但可以无梁，有的有椽无梁，有的则一屋二梁，取决于房间的大小。以焦延隆宅为例，共房四间，梁却只有二根，厅有栿除外，如果一屋一梁，至少还一个房间无梁，若按一屋二梁，则有两个房间无梁。二号民居遗址反映的情况与此相符，东排房F2有梁孔，而F1则无梁孔。比起横梁，檩则更少，只在麹隆太和麹文住宅中见到。檩分大小，相对于横梁而言，当是一屋双檩。物以稀为贵，只有

---

① 《南史》卷七九《夷貊下·西域诸国·高昌国传》，中华书局，1975年，第1983页。

② 《南史·西北诸国传》的主要内容录自《梁书·西北诸戎》，说见［日］小田义久：《〈南史〉卷七九夷貊下西域传译注稿》，见内田吟风：《中国正史西域传译注》，京都龙谷大学文学部，河北印刷株式会社，1980年，第35—40页；见余太山：《两汉魏晋南北朝正史西域传要注》，中华书局，2005年，第603页。

③ 宋晓梅：《高昌国——公元五至七世纪丝绸之路上的一个移民社会》，中国社会科学出版社，2003年，第360—362页。

④ 观民：《交河城调查记》，载《考古》1957年第5期，第237页。

⑤ 国家文物局古文献研究室、新疆维吾尔自治区博物馆、武汉大学历史系：《吐鲁番出土文书》第4册，文物出版社，1983年，第259—263页。

麹氏王族的豪门深宅用得起檩，檩在当时是一种稀有的建筑用材，更是权贵的象征。”①尽管交河故城的建筑考古遗址上，没有见到椽木以外的木结构，但宋晓梅认为所谓“架木为屋”并非“真的只是土墙支持着椽木架起的平头屋顶”②，所以总的来看，“土木居室”已构成高昌礼俗的重要部分，而且高昌人已经实现了“建造椽梁柱檩具全的宅院，替代过去的‘土窝子’”③ 这一历史性进步。

然而，国外有些学者则对此问题持有不同的看法。如法国学者莫尼克·玛雅尔（Monique Maillard）就认为高昌王国时期吐鲁番地区的建筑具有以下两方面的特点：一是“没有石头建筑，石块已由体积大小不同的砖坯所取代，这些砖坯用于砌墙。砖坯是用黏土制造的，因为这种原料很容易制造成形，而且也容易砌在一起。砖坯常常是简单地在日光下晒干就行了，黏土浆在曝晒之前需要用模子制成长方形的坯”。二是“受地理条件的制约，由于建筑木材的匮缺而使得修造建筑物屋顶的问题非常棘手，因为那里无法使用屋架。因此，有的地方采用成倍地增加柱子的办法以尽可能地减少所要覆盖的面积，其他地方也有使用拱顶的办法，或采取圆屋顶的方法。吐鲁番各不同时代的建筑似乎都采取了第二种解决方法，尽管这种做法在某种程度上也有一定的细微差别”④。

对于当时吐鲁番地区民居屋顶的形式，莫尼克·玛雅尔曾经进行了较为深入的研究，她指出：“我们应该承认在雅尔城⑤可能存在真正建筑砌造的屋顶。在雅尔城墙壁上，大家发现在一定高度上尚留有一行行距离非常规则的洞，所有论述过它们的考古学家们都一致认为，这些洞都是承负古代屋顶栋梁的遗迹，当时的屋顶可能是用瓦覆盖的。我们知道该地区的大型建筑木材是非常罕见的。我们在雅尔城只发现了一小批瓦，而且还是在同一座建筑物中发现的，这就是城北的大庙。然而，在高昌的α号废墟中，在一条通道上却发现了另一种体系的屋顶，它可能会帮助我们找到问题的答案。在这条通道中，铺放了许多长长的芦苇。在这种内外都抹有泥巴的芦苇编织物之上，先铺了一层平坯，然而又全部用泥抹了起来。雅尔城也大面积、巧妙地使用了类似的办法，由于那里降雨量很少，所以这种办法不会带来多少不便。”“筒形圆拱似乎曾是修造长形建筑屋顶时所采取的一种办法。这种方法运用得非常广泛，至少在高昌建筑的某些阶段和整个宗教建筑中都曾使用过。在古雅尔城，情况似乎并非如此。为了覆盖那些四边形的厅堂，人们又建造了一些圆屋顶，

① 宋晓梅：《高昌国——公元五至七世纪丝绸之路上的一个移民社会》，第364页。

② 宋晓梅：《高昌国——公元五至七世纪丝绸之路上的一个移民社会》，第362页。

③ 宋晓梅：《高昌国——公元五至七世纪丝绸之路上的一个移民社会》，第20页。

④ ［法］莫尼克·玛雅尔著、耿昇译：《古代高昌王国物质文明史》，中华书局，1995年，第74—76页。

⑤ 这里所说的雅尔城即位于今吐鲁番以西10多公里处的交河故城。交河故城的前身是西汉时期车师前国的都城交河城，明初毁于战火。据《汉书》卷九六下《西域传下》（中华书局，1962年，第3921页），“河水分流绕城下，故号交河。”雅尔，明代也作崖儿，莫尼克·玛雅尔引斯坦因的观点，认为此城的名称是突厥语词 Yār 的对音，原意指环城而掘的深壑（参见《古代高昌王国物质文明史》，第70页注）。

既有用坯砌成的，也有用黏土夯成的”。所以，当时雅尔城和高昌城[①]并非以“土木居室”为其基本特色，而是以“砖土结构”为主流，当时吐鲁番人为建筑房舍所拥有的主要因素其实是“带有罕见的厚壁墙、带筒形顶的长形厅堂、圆屋顶所覆盖的四方形厅堂、经缩小体积的圆拱门、墙面上抹上泥巴以掩饰建材的简陋和砖坯的粗糙程度。这些部分结合在一起便可以建成住宅和堡寨、庙宇和佛寺”。[②]莫尼克·玛雅尔的看法，似乎从历史文献记载中也可找到一些证据。如北宋太平兴国六年（981）王延德被遣赴高昌国，曾作《西州程记》[③]，其中记高昌地区情况云：“高昌即西州也。其地南距于阗，西南距大食、波斯，西距西天步路涉、雪山、葱岭，皆数千里。地无雨雪而极热，每盛暑，居人皆穿地为穴以处。飞鸟群萃河滨，或赶飞，即为日气所烁，坠而伤翼。屋室覆以白垩，雨及五寸，即庐舍多坏。”[④] 可见窑洞或覆以白垩的居室在当时的高昌地区较为普遍。王延德关于宋初高昌地区“屋室覆以白垩”的记载被法国学者莫尼克·玛雅尔解释为“王延德在其出使记中指出，那里的房舍都是用土砌的”[⑤]，而“雨及五寸，即庐舍多坏”则又被她用来印证由于建筑房屋时往往不用椽木作屋顶因而“吐鲁番地区的房屋似乎都以不耐潮湿的腐蚀之特征而为人所知”[⑥]。

值得特别注意的是，学者们论述的是同一时期、同一地域的居室形态，并且也都是依据相关历史文献记载并参照当时的文物古迹遗存作出相应的判断，但对于公元5—7世纪高昌王国建筑形式的认识却有相当大的分歧，一说是以“土木居室”为特点，另一说则认为是“砖土结构”，主要的分歧点在于木料是否普遍用于房屋建筑方面。现在看来，对于这一时期吐鲁番地区居室建筑的基本特点还有进一步深入研究的必要。

---

① 高昌城即位于今吐鲁番市东40余公里火焰山脚下之高昌故城，又称亦都护城。公元前1世纪，西汉屯田部队在此设高昌壁（其名始见于《汉书》卷九六下《西域传下》，中华书局，1962年，第3924页），以后迭经高昌郡、高昌王国、西州等变迁，曾是古代吐鲁番地区政治、经济、文化的中心。故城于元初毁于战火，使用了1300余年。关于高昌国之得名，《魏书》卷一〇一《高昌传》（中华书局，1974年，第2243页）云：“地势高敞，人庶昌盛，因云‘高昌’。亦云其地汉时有高昌垒，故以为国号。”《北史》卷七九《西域·高昌传》（中华书局，1974年，第3212页）移录其文，惟“因云”二字改作“因名”。笔者认为，汉时高昌壁的得名可能与交河城一样，是汉人多居此地后，因其地势特点而取的名称，后来高昌国的创立者以其吉利而以为国名。新近余太山先生于此另有解说，认为“称高昌国号得诸高昌壁，可谓得其真相”（余太山：《两汉魏晋南北朝正史西域传要注》，中华书局，2005年，第623页），但“‘高昌’[kÔ-thjiang]是Casiani的对译”（同上书第211页），即“‘高昌’与‘车师’得视为同名异译”（同上书第546页），而“‘车师’[kia-shiei]、‘姑师’[ka(kia)-shiei]’乃同名异译，与塞种部落名Casiani同源”（同上书第64页）。录之备考。

② [法]莫尼克·玛雅尔：《古代高昌王国物质文明史》，第77—80页。

③ 王延德所记宋初高昌国的文字，曾被王国维定名为《使高昌记》，但据日本学者长泽和俊考订，正确的名称应是《西州程记》，参见[日]长泽和俊著、钟美珠译：《丝绸之路史研究》，天津古籍出版社，1990年，第617页。

④《宋史》卷四九〇《外国六·高昌国》，中华书局，1977年，第1412页。

⑤ [法]莫尼克·玛雅尔：《古代高昌王国物质文明史》，第99页。

⑥ [法]莫尼克·玛雅尔：《古代高昌王国物质文明史》，第77页。

表 8－1　关于高昌国居室建筑形态的不同观点

主要观点 / 提出者	基本特色	相关特色	史料依据	考古依据	资料来源
宋晓梅	土木居室	减地留墙与土块垒墙；椽梁柱檩具全的宅院	《梁书》卷五四《诸夷·西北诸戎·高昌国传》；《吐鲁番出土文书》第四册，文物出版社，1983年，第259—263页	交河故城的建筑遗迹	宋晓梅：《高昌国——公元五至七世纪丝绸之路上的一个移民社会》，中国社会科学出版社，2003年
莫尼克·玛雅尔	砖土结构	带有罕见的厚壁墙、带筒形顶的长形厅堂、圆屋顶所覆盖的四方形厅堂、经缩小体积的圆拱门、墙面上抹上泥巴以掩饰建材的简陋和砖坯的粗糙程度	《宋史》卷四九〇《外国六·高昌国》引王延德《使高昌记》(《西州程记》)	交河故城与高昌故城的建筑遗迹	莫尼克·玛雅尔：《古代高昌王国物质文明史》，中华书局，1995年

图 8－1　吐鲁番市地理位置图

（据李肖：《交河故城的形制布局》，第 2 页）

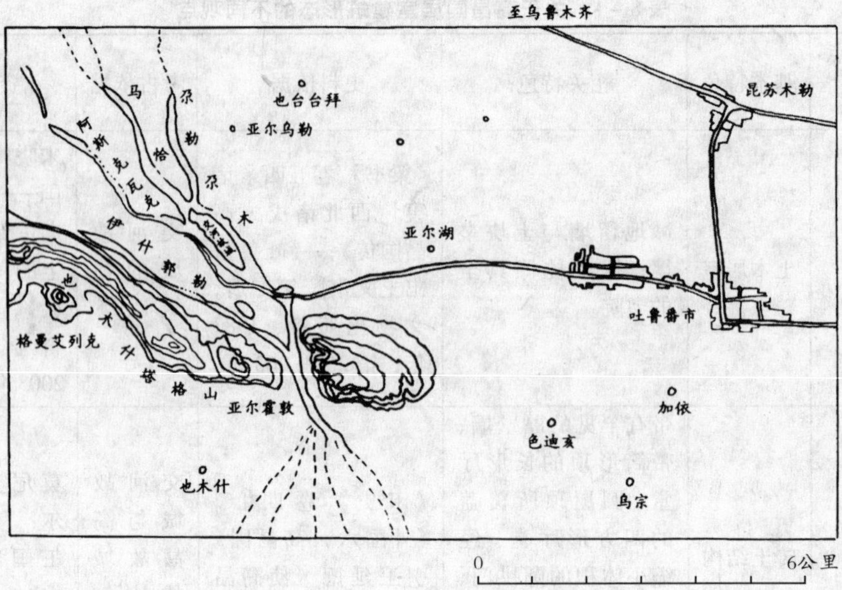

图 8－2　交河故城地理位置图

（据李肖：《交河故城的形制布局》，第 3 页）

二、高昌居室建筑特色相关证据的再研究

应该指出的是，前述“土木居室”说与“砖土结构”说似乎都有历史文献与考古资料两方面的论据，但由于相关历史文献较少且存在一定的出入，同时无论是高昌故城还是交河故城都已历经千百年来的自然风化和人为因素影响，古代居室遗存破坏比重严重，这就为全面认识当时高昌地区的居室形态特征带来了一定的困难，所以产生学术见解上的分歧在所难免。但无论如何，历史文献记载与考古遗存仍是研究当时高昌地区的居室形态特征最主要的依据，所以要对上述两说的合理性作出判断，仍需要从分析历史文献记载与考古遗存两方面入手。

“土木居室”说在历史文献上的主要依据是《梁书·高昌国传》中的有关“架木为屋”的记载。“土木居室”说见于《梁书·高昌国传》，《南史·高昌国传》移录之，但类似的说法却不见于其他正史，因而有必要对其可信度进行研究。《梁书》是 6 世纪 50 年代到 7 世纪 30 年代期间，由姚察、姚思廉父子相继编撰而成。姚察为吴兴武康（今浙江德清县西）人，在陈代任秘书监、领大著作、吏部尚书，在隋代做秘书丞，死于隋大业二年（606）；姚思廉在唐任著作郎、弘文馆学士，后来做到散骑常侍，死于唐贞观十一年（637）。姚氏父子为江南人，曾在大兴城（长安城）为官，但未必到过高昌国，其所作《梁书》中的《高昌传》的内容估计主要依据的是二手资料。关于梁代的历史，曾由沈约、周兴嗣、裴子野和杜之伟、顾野王、许亨等在梁陈两代先后受命编撰。许亨写成《梁史》58 卷，梁代谢吴又有《梁书》40 卷，陈代何之元和隋代刘璠各成《梁典》30 卷。

“以上这些著作，姚氏父子修史时可能参考过，但都没有流传下来。”[①] 但上述学者也主要是长期在南朝任官、生活，身处南北分裂的特殊时代，不存在游历考察僻处西域的高昌国的可能，他们对于高昌国情况的认识是如何取得的呢？《梁书·诸夷·西北诸戎》中所述梁朝与相关国家朝贡关系史为解答这个疑问提供了材料：

西北诸戎，汉世张骞始发西域之迹，甘英遂临西海，或遣侍子，或奉贡献，于时虽穷兵极武，仅而克捷，比之前代，其略远矣。魏时三方鼎跱，日事干戈，晋氏平吴以后，少获宁息，徙置戊己之官，诸国亦未宾从也。继以中原丧乱，胡人递起，西域与江东隔碍，重译不交。吕光之涉龟兹，亦犹蛮夷之伐蛮夷，非中国之意也。自是诸国分并，胜负强弱，虽得详载。明珠翠羽，虽仞于后宫，蒲梢龙文，希入于外署。有梁受命，其奉正朔而朝阙庭者，则仇池、宕昌、高昌、邓至、河南、龟兹、于阗、滑诸国焉。今缀其风俗，为《西北诸戎》云。[②]

可见，梁朝时曾与包括高昌在内的西域诸国有朝贡关系，梁人对于这些国家风俗的了解主要就是通过朝贡使者。梁元帝萧绎在出镇荆州时曾据各国朝贡使者反映的材料作有《职贡图》并附有相关题记（梁元帝另外还撰有《蕃客入朝图》），与其同时代的裴子野也作有《方国使图》并附有题记。这些图及题记的原本失传的时期较早，后世只有各种摹本流传，今南京博物院存有十二国使臣图像和十三国题记的残卷。一般认为今存残卷或其原底为萧绎《职贡图》[③]，但据余太山的最新研究成果，残卷图像、题记之原底可能出诸裴子野《方国使图》，并且《梁书·西北诸戎》也主要取材于裴子野《方国使图》[④]。不过萧绎与裴子野为同时代的人，两人又有一些交往，据说萧绎“性不好声色，颇有高名，与裴子野、刘显、萧子云、张缵当时才秀为布衣之交”[⑤]，所以他们所作的图及题记都应是取材于西域各国朝贡使者的口述，也就是如萧绎在其《职贡图序》所说的“瞻其容貌，诉其风俗。如有来朝京辇，不涉汉南，别加访采，以广闻见”[⑥]，并且他们的作品可能曾相互吸收了不少内容，所以不能否认《梁书·西北诸戎》曾引用了《职贡图》题记的一些文字，例如《职贡图序》中就有“故以明珠翠羽之珍，细而弗有，龙文汗血之骥，却而不乘”之语，似与《梁书·西北诸戎》中的“明珠翠羽，虽仞于后宫，蒲梢龙文，希入于外署”的语气和用词都有一脉相承的关系。这就说明，尽管《梁书·西北诸戎》关于高昌等国的记载的资料可能是从裴子野或萧绎的题记中移录的，却都是来源于各国朝臣使者的介绍，因而大致是可信的。

当然，作为高昌国的朝贡使者，其所反映的情况未免有所保留，甚至有溢美的成分，如《梁书·高昌国传》在记述高昌国“其地高燥，筑土为城，架木为屋，土覆其上”云云之后，接着又说“寒暑与益州相似”，就不完全符合实际的情况。益州即巴蜀地区，为亚热带温润气候，与地处西北内陆的高昌国的温带干旱气候迥然不同。正因如此，如北宋初年王延德《西州程记》所记高昌地区“居人皆穿地为穴以处”，以及普通居室甚为简陋“雨及五寸，即庐舍多坏”之类的情况就未在《梁书·高昌国传》中有任何的反映，这恐

① 《梁书》卷首“出版说明”，中华书局，1973年，第1—2页。
② 《梁书》卷五四《诸夷·西北诸戎》，中华书局，1973年，第809页。
③ 金维诺：《〈职贡图〉的时代与作者——读书札记》，载《文物》1960年第7期。
④ 余太山：《两汉魏晋南北朝正史西域传研究》，中华书局，2003年，第26—64页。
⑤ 《梁书》卷五《元帝纪》，中华书局，1973年，第135—136页。
⑥ 《艺文类聚》卷五五《杂文部一》，上海古籍出版社，1985年。

怕也是法国学者莫尼克·玛雅尔对此书相关记载视而不见的一个主要原因。

其实，当时高昌地区不仅有不少“椽梁柱檩具全”的深宅大院，而且在某些时期也一度出现过一些装饰奢华、极富中原内地情调的多层楼房。在位于吐鲁番市东北约60公里的火焰山中段木头沟柏孜克里克千佛洞第9号寺的壁画中，画有许多房屋，全部房舍均以高墙相围，城墙中挖开了一个带有沉重门扇的大门，门扇中点缀有巨大的黑色圆点，明显是一些门钉。建筑物本身矗立在带有方格饰的地基上，可通过台阶进入大门。墙头的上部覆盖着边部翘起来的瓦顶，屋脊的各个边缘部位都有相对而视的鸟头。鲜艳的色泽更加烘托出了整个建筑的特色，分别呈黑色或蓝色，而房顶部则为白色。法国学者莫尼克·玛雅尔在生动地描绘了上述建筑特色后，断定“这些房舍似乎完全符合唐代汉族楼台亭榭的风格”，但又对这些建筑是否确实在吐鲁番地区存在过深表怀疑：“绘画的这些令人心旷神怡的楼亭与雅尔城和高昌所遇到的那种砖土结构建筑相差很远。此外，我们还可以思考这些楼亭是否足可以避暑、防寒和遮挡席卷着尘沙的狂风。这种类型的房屋也可能是在地面上修建起来的，但我们没有找到任何踪迹。在此问题上又一次提出了有关房顶的问题，如果确实是使用那种沉重的瓦顶的话，那就必须有复杂的木料房架，我们认为这种房架与现今所知道的吐鲁番盆地的建筑传统是不大相容的。”① 其实莫尼克·玛雅尔的论点并没有太多的依据，近年来考古工作者已在柏孜克里克千佛洞石窟遗址区中发现了相当宏伟的木质斗拱16件，这说明在高昌回鹘时期有十分高大的殿堂、回廊等建筑②。另外，正如她本人已经看到的，在比北宋初年王延德《使高昌记》（《西州程记》）“稍晚期的一篇文献又向我们介绍说，喀喇契丹（黑契丹，Karakhitaï）的赋税者征敛者们被从一座多层楼房的屋顶上推了下来”③，这表明当时高昌地区确有楼房存在。麴氏高昌是由河陇汉族移民为主体建立的移民社会，经济、文化应较高昌回鹘时期更为繁荣发达一些，一些世家大族在河陇旧地生活时往往也建有多屋之楼居，并将这种奢华之风带到了新居地吐鲁番地区。这已得到文献方面的证实，如《张雄墓志》述其妻家麴氏：“青楼甲第，盛轩冕于中京”④；《晋书》记金城麴氏“与游氏世为豪族，西州为之语曰：‘麴与游，牛羊不数头。南开朱门，北望青楼’”⑤。当然这些具有中原内地特色的楼居只是局限于少数世家大族宅院或宗教场所，尚不足以代表高昌地方民居的基本情况⑥。因而从总体上说，虽然高昌地区居室建筑也是“土木居室”，但与中原内地还是有着较大的不同，除了少数贵族的居室或宗教建筑具有瓦顶结构甚至楼亭以外，普通民居建筑基本上都是“架木为屋，土覆其上”的比较原始的平顶土屋。这一民居建筑特征，至今在吐鲁番地区仍有着流风遗韵。如前所述，《梁书·高昌国传》所说的高昌国“架木为屋，土覆其上”的居室特色，宋晓梅将其概括为“土木居室”，并且认为当时高昌国居室“架木为屋”并非“真的只是土墙支持着椽木架起的平头屋顶”，而是已经实现了由“土窝子”向“建造椽梁柱檩具全的宅院”的过

---

① ［法］莫尼克·玛雅尔：《古代高昌王国物质文明史》，第99—101页。

② 冯志文等：《西域地名词典》“柏孜克里克千佛洞”条，新疆人民出版社，2002年，第65—66页。

③ ［法］莫尼克·玛雅尔：《古代高昌王国物质文明史》，第99页。

④ 宋晓梅：《高昌国——公元五至七世纪丝绸之路上的一个移民社会》，第107页。

⑤ 《晋书》卷八九《麴允传》，中华书局，1974年，第2307页。

⑥ 高昌国时期，“青楼甲第”这类建筑的出现，实际上是中原与西域之间或者说是胡华之间文化双向交流的一个侧面，因为有研究证实，中原内地“建筑空间的变化的过程，一般地说从汉末至南北朝就开始了。特别需要指出的是，建筑空间向竖向的发展，即从‘高台榭’到高层楼阁，也是从东汉开始盛行的，似与佛塔密切相关”。参见常青：《西域文明与华夏建筑的变迁》，湖南教育出版社，1992年，第41页。

渡。这种看法虽然有吐鲁番出土文献资料为依据，但明显忽视了在任何时期、任何地区的各种社会生活中都可能存在着的阶级、阶层差异①，以致将以普通民众居室所代表的高昌国传统民居建筑特色与少数王公贵族的奢华居室混同起来。

图 8－3　伯孜克里克第 9 号寺壁画中的一座汉式亭阁
（据莫尼克·玛雅尔：《古代高昌王国物质文明史》，第 257 页）

高昌国民居建筑具有“架木为屋，土覆其上”的特点，确实也得到了交河故城考古工作成绩的支持。从吐鲁番地区高昌国居室遗址的情况来分析，法国学者莫尼克·玛雅尔的“砖土结构”说似乎并不十分符合当时的实际情况，并且她的某些具体论说也有不少武断甚至自相矛盾之处。前引莫尼克·玛雅尔的论述中称：“在雅尔城墙壁上，大家发现在一定高度上尚留有一行行距离非常规则的洞，所有论述过它们的考古学家们都一致认为，这些洞都是承负古代屋顶栋梁的遗迹，当时的屋顶可能是用瓦覆盖的。我们知道该地区的大型建筑木材是非常罕见的。”这段论述实际上有不少常识性甚至逻辑上的错误，如交河故城某些房屋墙壁上一行行距离非常规则的洞，可能与房屋的结构有关，并不一定“都是承负古代屋顶栋梁的遗迹”，而更可能是放置水平椽木的遗迹，这从洞的位置、洞的间距以及洞的尺寸都可以得到证明。既然是水平放置椽木，就不一定非用瓦饰顶，自然不能全然说明“当时的屋顶可能是用瓦覆盖的”。前引考古学家最初对交河故城的建筑遗址勘察报

① 清乾隆年间傅恒等奉敕编撰《西域图志》时已注意到了这个问题：“《晋书·西戎传》龟兹国，王宫壮丽，焕若神居。宋王延德《高昌行纪》居人皆穿地为穴以处，屋室覆以白垩。按：回部有城郭宫室，异于准部之穹庐毡帐以居者。一切木石诸工，亦皆藉器以善其事。故成物之具，视准部加详。第考史书记载，西域宫室之制，率多侈丽庄严。以今审究，殊不谓然。即由回部西逾葱岭，如墨克、默德那诸部，为回回祖国，多有回民赴彼处礼拜者，传其栋宇之概，亦与今山南诸部，风俗相近。可知史家不务纪实，以夸诞失真，盖不一而足也。”参见钟兴麒、王豪、韩慧校注：《西域图志校注》卷四二《服物二·回部》，新疆人民出版社，2002 年，第 546—547 页。

告只指出“墙上挖出小孔，用来在两墙之间横加木椽，木椽的间隔为30—50厘米不等”①，并未说当时的居室全部一定有“屋顶栋梁”存在。最近的相关研究成果证实，交河故城A－19号院落的1号房间从北壁顶部向下约1米处，有一排椽孔，直径0.3米、深0.2米，“应是屋顶的痕迹”，其中东室北壁近顶处有两排小柱孔，直径0.2米、深0.1米，“可能是某个时期东室单独拥有屋顶时留下的遗迹”；2号房间北壁豁口西侧有上下两排柱孔，“应是屋顶的遗迹”②。E－9号寺院内的62号房间东、西墙的顶部（生土部分）有挖凿出的“梁槽”遗迹，估计是“用来放置房梁”，但“从房梁的排列方式看，屋顶为密梁平顶结构”③。由此可见，平头屋顶在当时的高昌建筑中确实比较流行，但放置椽、梁的方法又有两种，一般民居院落的房屋多凿成排对称的圆孔以放置椽木而构成屋顶，但寺院房舍也有挖凿梁槽放置房梁从而形成密梁平顶结构的情况。但因为一般都是水平屋顶，自然就没有普遍用瓦的必要性。

三、古高昌国居住风俗所反映的生态环境状况

法国学者莫尼克·玛雅尔以“该地区的大型建筑木材是非常罕见的”这一先入为主的论点为理由，否认了高昌民居建筑中有大量木椽的可能，当是对当时新疆绿洲地区的自然环境和经济水平的情况不甚了解之故。《梁书·高昌国传》记述高昌国“备植九谷，人多啖麦及羊牛肉。出良马、蒲陶酒、石盐。多草木，草实如茧，茧中丝如细　，名为白叠子，国人多取织以为布。布甚软白，交市用焉”。可见当地是以农为主而兼营畜牧业为其经济特色的，商业贸易也相当发达，区域环境虽然比较干旱却“多草木”，建筑用木料自然并非十分短缺。

新疆绿洲地区沿河两岸水源充足处多有胡杨林、柳树、果树生长，胡杨木常为当地建筑用材之主要来源，而柳木和果木则主要用于制作家具，今天尚且如此，当时恐亦不能例外。如在20世纪初英国探险家斯坦因曾在南疆和阗沙埋废墟中发现了多处古代住宅的遗址和大量房屋木料碎块甚至仍然比较完好的梁柱，其中一座大型住宅的中间有一个大厅遗址，“大小是40×26英尺，可能是一个接待用的客厅。四根厚重的杨木大梁，足有40英尺长，曾支撑着房顶。固定在中间两根大梁下面的梁托，也是一根根很好的木料，近8英尺长，10英寸厚，上面有粗大的凸纹。顶着梁托的木柱早已倒下；然而，当发掘工作开始时，几根大梁仍保留在原来的地方，躺在当时就填满了这间大厅的深厚的沙土中”。此外，在这间房屋遗址中还找到了一张红柳木做的弓、一些精工制成的细杨木圆杆矛柄、一块柳木质牌断片以及一根苹果木的手杖④。

据有关学者研究，民居建筑在楼兰鄯善各遗址中占有很大比例，仅尼雅遗址就有近百处遗存，民居建筑一般为多功能、多室组合布局。居室一般由厅、室、回廊、储藏室组成。部分居址设有壁炉及冰窖，房外常附带建有畜舍，房屋周围多设有果园，院落多有篱

① 观民：《交河城调查记》，载《考古》1957年第5期。

② 李肖：《交河故城的形制布局》，文物出版社，2003年，第171—172页。

③ 李肖：《交河故城的形制布局》，第103页。

④［英］马克·奥里尔·斯坦因著、殷晴等译：《沙埋和阗废墟记》，新疆美术摄影出版社，1994年，第236—237页。

笆护栏。建筑材料多就地取材，以胡杨木、红柳枝和黏泥为主。屋顶可能多为平顶或平顶开窗式，与现在南疆农村民居建筑结构近似。在个别富有家庭的房屋建筑中出土了木地栿①、古典式梁柱及柱头、雕花门栏、雕刻窗格及地毯残片，说明其建筑的华丽和工艺的精湛。相对于大多数较简陋的居址，它反映了社会等级差别和贫富悬殊的状况。除了民居建筑以外，尼雅官署遗址建筑材料也主要以木材、红柳枝和黏泥为主，占地面积较大，建筑规模宏伟，气势非凡，布局严谨，建筑内部多有雕刻装饰，与楼兰官署遗址以土坯为建筑材料、设在较高平坡之上、建筑面积不大但结构精巧的情况有所不同②。由于建筑用的木材可有多种来源，并不是十分缺乏，所以木材除用于地栿、梁柱以外，还用于一些特殊的佛寺或居室建筑方式、建筑部件、房屋内部装饰、家具甚至于小型饰件方面，如尼雅佛寺遗址墙体的筑建方法采用“木骨泥墙式”，即在承重的木柱上开凹形槽，然后嵌入木构件、红柳枝、芦苇等，每两个承重木柱之间还均匀插有 3 个小木柱，然后将木柱及墙体进行编织、捆扎，再在其体内外涂草泥，最后进行平整刷白及绘壁画；尼雅、楼兰遗址又出土有多件木雕门框、木雕双托架、木雕四腿木橱、木雕门扉、木雕涂漆椅子腿、木雕彩色椅子腿、木椅子残件、木雕佛塔、木雕镶板、木雕门柱、木雕板、木雕横梁、浮雕横梁、木雕横梁、透雕横梁、透雕木板、动物木雕残片、神祇木雕像、木雕柱头、木雕过梁、木雕栏杆、木窗户栏杆、木柱础、木印戳子、木杯、木几、木食台、木台、木制打纬器、木箜篌、木质吉他残件、木雕或木质小型花形饰件等等③。这些木质或木雕作品，呈现的艺术风格各不相同，既反映出当时文化艺术的发达，同时也说明了当年的区域生态状况。特别值得一提的是，楼兰鄯善的古墓葬遗址中多出土有船形木棺、柜形木棺及彩绘矩形木棺，其中彩绘矩形木棺从其彩绘形式和陪葬品如织锦、铜镜及椸（丫形衣物架）等来看，在一定程度上反映了汉文化对当地的影响④，而船形木棺作为木土墓葬文化的一种特殊形式，则更生动地揭示出当地生态环境曾经发生过剧烈的变化。

吐鲁番地区是新疆南疆地区的一片典型的绿洲区，至今仍为人口密集、经济文化发达的地区，过去的生态环境不会比现在更差。《梁书·高昌国传》“多草木”的记载应该不是子虚乌有的道听传闻，至于其中所说的“木”，估计主要说的是胡杨木以及柳木、果木等。现在高昌故城和交河故城遗址中只发现了不少房屋的椽孔、柱孔遗迹而很少见到由胡杨木等木料制成的木椽、木柱遗物，估计是与城址废弃后被当地人移作他用有关。另外，前引吐鲁番出土文书中的一份西州初期的房产登记簿中的资料显示，当时高昌王公贵族住宅中多用桑木制成椽、栿、柱、梁和檩等，这恐怕与当地蚕桑业的发达不无关系。高昌回鹘时期的一件载有喀喇楚克遗言的用回鹘文写成的文书中则记载他的遗留财物中有胡桃木的桶、盘子、盅子，柳木的依尔坤，白杨木的盅子等⑤，可见当地确实也有用柳木、果木制作小型家具的生活习俗，与南疆的大多数绿洲地区略同。从现今交河故城一带的情况来看，交河台地地表植被稀少，以骆驼刺为主，但交河故城两侧的河谷中由于水源充足，生长着茂密的杨、柳、榆、桑等乔木。各种木料既不十分缺乏，就为当地居民营建具有自己

① 地栿为楼兰鄯善地区民居建筑中一种常用的地板材料，木质平铺于沙土上，周缘与梁柱榫卯衔接，起到固定作用。

② 李青：《古楼兰鄯善艺术史论》，西北大学博士学位论文，2003 年，第 271—272 页。

③ 李青：《古楼兰鄯善艺术史论》，第 243—270 页。

④ 王炳华：《椸——兼论汉代礼制在西域》，载《西域研究》1999 年第 3 期。

⑤ 李经纬：《吐鲁番回鹘社会经济文书研究》，新疆人民出版社，1996 年，第 297—299 页。

特色的土木居室提供了可能。

平顶土木居室不仅在吐鲁番地区十分普遍，也是包括新疆地区在内的西域地区最为流行的居室建筑形式。中亚绿洲大部分地区都缺乏大尺度木材，石材质地松脆，而土质坚实，属沙质黏土类土壤，故而生土与少量的小规格木材相配合，便形成了土木混合的平顶建筑①。同时，吐鲁番地区一年的降水量不足16.6毫米，而蒸发量却高达3000.9毫米②，使得古人在构建房屋时不必过多考虑屋顶的排水问题。在干旱少雨的地区，平顶比起多雨地区的坡形屋顶更适用，很多家庭在收获季节晾晒粮食时将其派上了用场，有的家庭则在屋顶上再搭建一个“二层楼”，也是不错的创意，赋予了平顶许多实用价值③。当然，吐鲁番地区的平顶土木居室与塔里木盆地其他绿洲地区比较起来，也有自身的特点。在南疆的大多数地区多为“木骨泥墙式”的平顶房屋，而在吐鲁番地区尤其是交河台地地区，由于黄土台地发育，多用“压地起凸法”④ 建成具有厚土墙壁的平顶房屋。交河故城中的许多院落就是用“压地起凸法”建成院墙和房间的隔墙，但在院落的一角或某一侧仍保留着因使用“压地起凸法”建院而形成的生土台，并利用生土台的某个侧面作为房间的山墙，这可以从生土台侧壁上残留的椽孔、烟道等得到证明。在生土台的侧壁上往往掏有窑洞或壁龛，为当时住人、仓储或放置佛像的场所。生土台顶部也被充分利用起来，一般是沿生土台顶部四周砌一圈女儿墙并在其侧壁上开凿出供上下用的台阶。有些顶部经过平整后在上面建一些小房，有些仅仅整理出一个平台，可能都是暑天夜里纳凉用的。直到现在，吐鲁番盆地的居民还有夏夜睡在屋顶的习惯。这样，交河故城院落区的建筑物往往有三层之多，即屋顶、室内、地下窑洞这三部分⑤。这些均可以看作是当地居民因地制宜营建居室的一个独特之处。

从上面的分析论证可知，《梁书·高昌国传》所说的“架木为屋，土覆其上”与其具有“多草木”的相对优越的生态环境是相适应的，因而密椽厚墙平头泥顶的土木居室就成了当时高昌居民一种颇为典型的民居建筑样式，至于吐鲁番出土文书中所见的不惜砍伐具有经济生产价值的桑木来“建造椽梁柱檩具全的宅院”，恐怕只有少数贵族可以做到，并不能作为普通民居形态的代表。莫尼克·玛雅尔在其论著中多处以“该地区的大型建筑木材是非常罕见的”为理由来解释高昌地区居室建筑何以很少使用木料。其实在类似高昌这样的干旱地区，因为森林稀少，木料比较珍贵确实是实际情况，但如前所论，绿洲地区的河道沿岸地区常有胡杨林生存，柳树、果树也不少见，所以高昌地区“大型建筑木材”虽然比较紧张，却没有到“非常罕见”的地步，小规格的木材并不是十分紧张。由于有了先入为主的偏激观点，导致她不仅对《梁书·高昌国传》的有关记载视而不见，而且置交河故城的多处清晰可辨的椽孔遗迹于不顾，并且对一些石窟壁画中反映的居室建筑情景也持怀疑的态度。因为研究的方法论存在明显的漏洞，立论的依据也不充足，所以她的观点经不起认真的推敲分析。

---

① 常青：《西域文明与华夏建筑的变迁》，第18页。

② 新疆土木建筑学会编著、严大椿主编：《新疆民居》，中国建筑出版社，1995年，第130页。

③ 宋晓梅：《高昌国——公元五至七世纪丝绸之路上的一个移民社会》，第362页。

④ 所谓“压地起凸法”，又称“减地留墙法”，就是在地面上事先规划好建筑物的布局，确定了墙壁的位置之后，把墙内外的土挖去，这样竖起墙来，由此挖出房间、院落及街道等建筑。参见李肖：《交河故城的形制布局》，文物出版社，2003年，第241页；观民：《交河城调查记》，载《考古》1959年第5期。

⑤ 李肖：《交河故城的形制布局》，第254—255页。

表 8－2　塔里木盆地周缘两种平顶居室比较

地区	建筑方式	墙体材料	遗址景观特征
盆地北缘	压地起凸法起屋	生土或土坯	土墙屹立，可见成排椽孔、柱孔遗迹，罕见建筑木料遗物
盆地南缘	平地或高台上直接起屋	木骨，泥墙	墙体多已不存，大量建筑木料遗物倒卧或傲立沙漠之中

四、窑洞与地穴：吐鲁番地区另外两种重要的居住生活方式

必须指出的是，古代高昌地区的居住方式实际上呈现出多样化的特色，也就是说除了“架木为屋，土覆其上”以外，还有其他类型的居住方式，其中较为普遍的是窑洞和地穴。前引北宋初年王延德所作《西州程记》（《使高昌记》）就曾说高昌地区“地无雨雪而极热，每盛暑，居人皆穿地为穴以处”，但记文中似乎说当时高昌居民只是在夏季才居住在窑洞或地穴中。从考古勘察来看，实际情况恐非完全如此。

在交河故城中，窑洞建筑遍布全城。从功能上讲，有住人、储物、佛教石窟等用途，时代上也是与交河城相始终。交河故城中的窑洞大致分为以下三种形式：

第一种为靠山窑。它是利用垂直的黄土壁面开洞，向纵深挖掘，进深最大的（如 E－1－1－1 号洞窟）可达 14 米，而 B－14 号衙署的隧道长达 24 米。

第二种为平地窑。在平地上按需要的大小和形状，垂直向下挖出深坑，成为院落，再从坑壁向四面挖靠山窑洞，布局如同四合院。在入口处挖成隧道式或开敞式的阶梯通出地面。属于这一类的窑洞有三处，即 B－5－21 号、B－14 号及 E－21 号地下寺院。

第三种为地道式窑洞。在平地上先挖条斜坡道，达到一定深度后在斜坡道尽头的壁面开洞，向纵深挖掘洞室，即有些接近斜坡墓道的形制。属于这一类的窑洞主要有 B－2－13 号、B－16－1、E－4－18 号、C－6 号等。

窑洞的洞体可分为拱顶、平顶和穹隆顶三种，其中拱顶占绝大多数，平顶次之，穹隆顶较少，主要为地下寺院的主洞。

地穴式建筑就是人工在平地挖出居住空间，加盖屋顶后即可在内起居的房屋建筑。这类建筑在交河故城中分布甚广，代表性的有 A－3 号、B－16－6 号等。

另外，交河故城中还有不少半地穴式和堑崖式建筑。半地穴式建筑是指人工挖成的地穴深度不足在室内起居，而要在地穴边沿起墙加高才能使用的房间，其室内地面往往低于室外 0.5—1 米，内部与地穴式建筑相同。交河故城中代表性的半地穴式建筑有 A－2 号、B－12 号、B－15－1 号、E－14－52 号室等遗迹。堑崖式建筑是利用斜坡状地形挖出房屋的山墙及左右墙面或正面，然后再起墙增加高度到适当位置再加盖屋顶，做法近似于半地穴建筑，但利用地形的成分大一些。交河故城中 E－14 号、E－26 号寺院的建筑多用此建筑方法[①]。

---

① 李肖：《交河故城的形制布局》，第 244—246 页。

窑洞和地穴均属于比较原始的建筑形式，史前时期在中国北方地区十分普遍，但后来则主要流行于黄河流域尤其是黄土高原地区①。何以古高昌地区也流行这些类型的建筑？推究其中的原因，除了气候因素以外，也与吐鲁番地区的地形和地质条件不无关系。

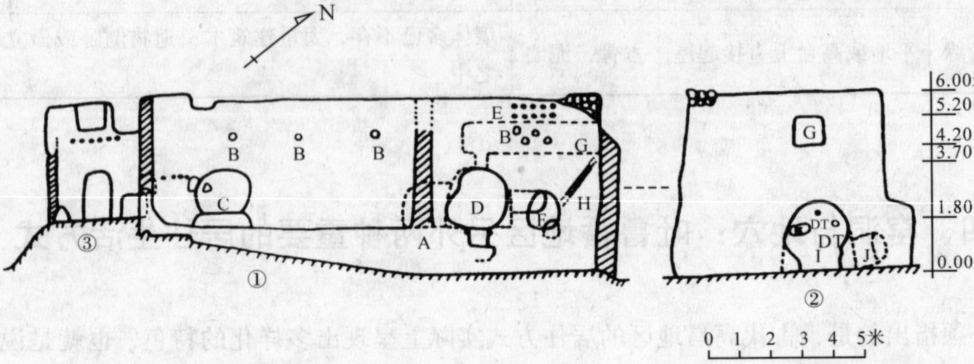

图 8-4　交河故城 A-19-1、A-19-2 号北壁，A-19-4 号西壁遗迹立面图

A. 房间隔壁　B. 柱孔　C. 窑洞入口立面图　D. 窑洞入口立面图　E. 二排小柱孔　F. 壁龛　G. 烟道透视图　H. 墙壁上的烟道　I. 4 号房间窑洞入口立面图　J. 通向 5 号房间的隧道透视图

①A-19-1 号房间　②A-19-4 号房间　③ A-19-2 号房间

（据李肖：《交河故城的形制布局》，第 172 页）

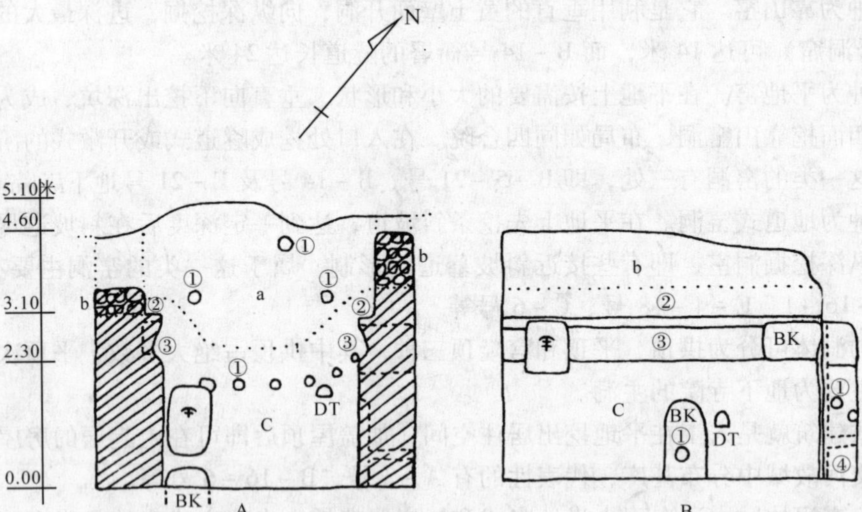

图 8-5　交河故城 E-9-62 号房间遗迹图

A. E-9-62 号北壁立面及东西两壁剖面图　B. E-9-62 号东壁立面图

a. 垛泥结构　①柱孔　b. 生土块砌筑　②梁槽　c. 压地起凸法结构　③发券槽　④东侧门壁

（据李肖：《交河故城的形制布局》，第 104 页）

① 朱士光、吴宏岐主编：《黄河文化丛书 · 住行卷》，陕西人民出版社，2001 年，第 15—54 页。

吐鲁番盆地为我国地势最低的内陆盆地，第三纪末期及第四纪时期，地壳活动趋于频繁，喜马拉雅山运动在盐山—交河故城一带处于下沉阶段，沉积了第四系中、上更新统的冲—洪积层。晚更新世及全新世随着盐山运动，交河地区又转为隆起区，河流以下切侵蚀为主，因而黄土台地发育很好。交河故城即坐落于酿孜不落孜河谷和阿斯喀瓦孜河谷环抱的块状台地上，并且受地形之影响，整个城池平面略呈柳叶形，为西北东南走向，平面形态别具一格。可见冲—洪积层的广泛分布和黄土台地的发育，为吐鲁番地区尤其是交河故城中建筑窑洞、地穴以及半地穴式和堑崖式居室提供了先决条件。当然，吐鲁番盆地的气候环境也是促成这些类型居室流行的客观条件。这里气温的年较差和日较差均很大，夏季酷热，冬季严寒，早穿皮袄，午着轻纱，只有很厚实的墙壁或窑洞、地穴、半地穴式建筑才能适应巨大的温差变化，使室内的温度保持相对稳定，从而适合人们生活居住。由于当地日照充足，室内采光并不构成严重的问题，而冬春季节的凛冽寒风和沙尘侵袭，则使得当地居室一般不向北开门，所以房门的跨度较小，窗户数量不多，而且窗洞的面积通常不足1平方米①。室内的采光、通风主要通过屋顶的天窗来调节，如遇到强风、降尘天气，则可关闭天窗以保持室内的清洁。从交河故城的房屋遗址来看，不仅许多房间内开凿有窑洞，而且还不乏完全由窑洞组成的居室院落，有些窑洞另有透气孔与旁边的水井井壁相通，使水井成为防暑降温的天然空调②。这不仅构成了当地民居建筑的独特景观，而且从诸多侧面反映了古代高昌地区居民善于利用自然、巧夺天工的聪明智慧。

五、吐鲁番地区民居风俗的演变及其环境背景

前文的论述已经证明，古高昌地区民居既非完全是“土木居室”，也不是以“砖土结构”为基本特色，而是在以密椽厚墙平头泥顶的土木居室为主流的同时，又流行窑洞和地穴式建筑。不过，如果将历史文献记载与考古遗存结合起来分析的话，还可以发现古高昌地区民居风俗其实曾经有一个较为明显的演变过程。

前引《梁书·高昌国传》所说“其地高燥，筑土为城，架木为屋，土覆其上”，似与王延德《西州程记》（《使高昌记》）所记“地无雨雪而极热，每盛暑，居人皆穿地为穴以处……屋室覆以白垩，雨及五寸，即庐舍多坏”，明显有一些出入。上述两种历史文献记载分别为学者引为“土木居室”说和“砖土结构”说的史料证据。其实这两种看似有些出入的历史文献记载，不能割裂开来以论证相关问题，而是应该结合起来进行历史地理学的研究，因为前者记载的是南北朝时期高昌地区独具特色的民居风俗，而后者则可能大致反映的是北宋初年高昌民居风俗的多样性并透露出一些民居风俗演变的信息。

考古工作者近年来在对交河故城建筑遗存进行深入研究之后，已经揭示出交河故城的构筑技法曾发生过一些时代上的变化。交河故城的前身是西汉时期车师前国的都城交河城，历经东汉、三国、南北朝、隋、唐、五代、北宋、辽、金、元诸朝，几经战燹，在明朝初年彻底毁灭于察合台后裔黑的儿火者汗之手。从公元前2世纪至公元14世纪的1500多年间，从最早的车师王都，到汉代交河壁、屯田基地，至高昌王国的交河郡城，唐安西

① 李肖：《交河故城的形制布局》，第250页。

② 李肖：《交河故城的形制布局》，第4—5页。

都护府及西州属下的交河县城，以至高昌回鹘王国时期的军政要镇，交河城的政治地位虽时有变化，但一直是西域东部的一个重要的政治、军事中心所在地，因而故城中留下了不同时期的建筑遗迹。研究证实，生活在这里的人们采用了多种建筑技法，反映了这座城市不同时期、不同居民的建筑鉴赏力和营建技术水平。城中保存下来的构筑技法可分为五大类，即夯筑法、压地起凸法、垛泥法、土坯砌筑法及开凿窑洞法。这五大类技法具有时代上的早晚关系，但也有个别晚期建筑在构筑技法上“返祖”而采用早期技法的现象。与高昌城的情况有所不同，土坯（生砖）材料在交河城的建筑物中一直未占据主导地位，但到了回鹘时期，则大量使用土坯发券砌筑拱形屋顶，这可以从众多房间墙壁上留下的发券槽得到证明①。这就是说，交河城在早期确实是以密椽平头泥顶的土木居室为主流建筑方式，到了后期，大量的房屋则放弃了平顶，从室内相对的两面墙壁上挖出发券槽，改建成为土坯（生砖）发券拱顶，与高昌城的建筑出现某种趋同的现象。这可能是法国学者莫尼克·玛雅尔在其《古代高昌王国物质文明史》一书中简单地将古高昌地区的居室建筑的基本特色总结为“砖土结构”的一个很重要的原因。但如果结合《梁书·高昌国传》和吐鲁番出土文书中的西州初期的房产登记簿的内容综合分析，这种变化并非仅发生在交河城中，包括交河城与高昌城在内的整个吐鲁番地区都可能曾普遍出现过居室建筑的屋顶由平顶向土坯（生砖）发券拱顶的过渡。

土坯（生砖）建筑材料的使用在吐鲁番地区有相当悠久的历史，也与整个交河城的历史相始终。在雅尔乃孜沟北一号台地车师王国时期汉代墓葬中就出土了长 0.42 米、宽 0.34 米、厚 0.05 米的土坯②；沟西高昌国时期的晋—唐墓所出土坯长 0.3 米、宽 0.2 米、厚 0.1 米③。交河城中的土坯规格较多，如 E－25 号西北小寺出土的土坯有两种：一种长 0.5 米、宽 0.25 米、厚 0.1 米；另一种长 0.45 米、宽 0.2 米、厚 0.13 米。E－15 号寺院中出土的土坯亦有两种，一种长 0.4 米、宽 0.2 米、厚 0.15 米，内含砂石；另一种长 0.3 米、宽 0.2 米、厚 0.12 米，含少量麦草，不含砂石。据分析，这些土坯中的某几种类型可能是交河城晚期的遗物④。当然用于券顶的土坯在形制上与一般土坯有一些区别，据莫尼克·玛雅尔研究，“在建筑过程中无法制造弓形加固脚手架，瓦工们要随着墙高而高升。在拱顶中，大家经常注意上面所使用的材料都是梯形砖坯，完全适合于砌成弓形。其他的弓形都是用平砖坯砌成的，而且筑在拱顶开始弯曲那一段的墙头上。在围绕高昌 β 号寺院的主要大厅里，这种建筑法特别明显”⑤。

有学者认为，虽然交河城中使用土坯进行构筑的时代从汉代一直延续到元代城市灭亡，但土坯只是作为辅助材料被广泛使用，其原因主要是“这里坚硬的土质不适于制成土坯，故土坯建筑在交河故城的建筑史上一直居于次要地位”⑥。这种说法很明显有自相矛盾之处，难以服人。那么，究竟是什么原因促成了高昌地区居室建筑的屋顶由前期的以平

① 李肖：《交河故城的形制布局》，第 240—243 页。

② 联合国教科文组织驻中国代表处、新疆维吾尔自治区文物局、新疆文物考古研究所等：《交河故城——1993、1994 年度考古发掘报告》，东方出版社，1998 年，第 18 页。

③ 新疆考古研究所：《1994 年吐鲁番交河故城沟西墓地发掘简报》，第 4 页；新疆文物考古研究所编：《新疆考古发现与研究》（第一辑），据李肖的《交河故城的形制布局》第 253 页引。

④ 李肖：《交河故城的形制布局》，第 243 页。

⑤ ［法］莫尼克·玛雅尔：《古代高昌王国物质文明史》，第 77—78 页。

⑥ 李肖：《交河故城的形制布局》，第 5 页。

顶为主流变化为后期的以发券拱顶为主的呢?

从西域建筑文化圈的地域共同特征来分析，拱顶穹隆和土木平顶均是史前时期就已出现的典型的建筑原型，中亚生土建筑中以拱顶穹隆最为典型，中亚南部康居（Kirgiz）文化中心占巴斯——卡拉遗址、南土库曼尼亚的阿纳乌文化遗址中均发现有拱顶遗迹，而土木混合的平顶建筑在史前进入农耕定居生活的东伊朗地区中已经产生了，考古学家推测其建筑形制与近东型平屋顶建筑相类似，以日光晒成的泥砖进行砌筑①。包括吐鲁番盆地在内的塔里木盆地古代建筑作为西域建筑文化圈的一部分，出现土木平顶与拱顶穹隆并存的局面是不难理解的。

西域地区宗教的演变可能对当地建筑文化的发展产生了一定的影响。据有关研究，大约在公元前4世纪以后，由于希腊、伊朗文化与印度佛教文化的融合，西域地区以东伊朗佛教建筑文化为主流，但自公元9—10世纪起，突厥伊斯兰教建筑文化开始在西域建筑中占据主导地位。东伊朗佛教建筑文化与突厥伊斯兰教建筑文化在发券拱顶上有一定的区别，并且在新疆塔里木盆地形成了两种地域类型的发券拱顶，“一个是盆地北缘以高昌为中心的东伊朗佛教型，主要特征为，以半圆为主，并有抛物线形的断面券形；穹隆顶的穹隅为球面拱。另一个是盆地南缘以喀什、莎车和和田为中心的伊朗—突厥伊斯兰教型。其主要特征是，断面券型以四心圆为主，并有双心圆和三角形券”②。10世纪，盆地南缘地区经历残酷的宗教战争，其结果是迫使大多数异教徒（主要是佛教徒）改宗，异教建筑被毁弃，而代之以波斯、中亚的伊斯兰教建筑。相比之下，北缘地区的伊斯兰化是在数百年中逐渐完成的，经历的是一种渐变的建筑转型过程。由于高昌维吾尔人10—16世纪一直信奉佛教③，因此，据说在塔里木盆地北缘地区，“不但佛教遗址保存较多，而且其某些特征也在北缘地区的伊斯兰教建筑中得以体现，如半圆和抛物线的阿以旺和穹隆顶等”④。

显而易见，吐鲁番地区居室建筑的屋顶由前期的以平顶为主流变化为后期的以发券拱顶为主，当与宗教势力影响的逐渐广泛有关，同时由于这一地区伊斯兰化的迟滞，其发券拱顶的特色与塔里木盆地南缘地区多有不同。但笔者认为，用宗教因素来解释塔里木盆地北缘地区与南缘地区的建筑风格有所不同是可行的，但无法完全洞悉吐鲁番地区何以前后期的建筑风格发生巨大的变化。实际上，促成这一转变的原因应该是多方面的，其中建筑木料的日益短缺与当地居民对建筑用材的持续需求之间的尖锐矛盾，可能是不应当被忽视

---

① 常青：《西域文明与华夏建筑的变迁》，湖南教育出版社，1992年，第15—17页。

② 常青：《西域文明与华夏建筑的变迁》，第213页。

③ 关于高昌地区佛教之发展演变，历来是学者关心的话题。日本学者羽西了谛认为，“佛教之传入此国，始于何时，实难正确言之。但其称为车师前部之时代，则国中已流行佛教矣。第四世纪之下半叶，佛教已成国教”。唐安史之乱以来，原居于甘州以西，哈密及吐鲁番的回纥（鹘）人以吐鲁番为其根据地向东西扩张，“西部回鹘种族，当第十世纪中顷沙条克哈剌汗（Satuk Kara Khan）以后，虽即转奉回教，然东部回鹘则以后数百年仍信佛教”。“高昌之地，至十五世纪初期，佛教犹盛行”，甚至于“恐公元十七世纪中期以后，回鹘族中尚有信佛教者”（［日］羽西了谛著、贺昌群译：《西域之佛教》，商务印书馆，1999年，第206—215页）。另有学者研究认为，“回鹘人将漠北回鹘汗国时期信奉的宗教信仰带到了高昌，对于摩尼教来说，公元840年标志着其又一兴盛期的到来。高昌摩尼教的发展，使当时各地摩尼教的发展相形见绌，9—10世纪的高昌摩尼教文化在历史上是一个辉煌的时期。”“佛教在信奉摩尼教的回鹘人中的渗透出现了一个十分有趣的现象。在西州和高昌回鹘时期，随着时间的推移，在文化上产生了融合混成之势。”“10世纪末叶是佛教取代摩尼教在高昌再度得势的年代”（高永久：《西域古代民族宗教综论》，高等教育出版社，1997年，第223—262页）。

④ 常青：《西域文明与华夏建筑的变迁》，第213—214页。

的一个方面。在吐鲁番出土文书中所见的西州初期的房产登记簿中，桑木质地的椽木、枤、柱、梁、檩等均被作为麹氏高昌遗留下来的财产进行重点登记，而在高昌故城和交河故城中，虽可见成排的椽孔、柱孔遗迹，却罕见大型建筑木料遗物，甚至用于居室窗户的小型木料也多已不存，显然也是被人取走，用于其他用途。这些事实，本身就很说明问题。另据交河故城的考古资料，D－2 号院落的 33 号房间"位于院门 A 的东侧，其西墙即是门道东壁，房间地面低于院落 0.6 米，门道开在北壁西端。在东、西壁的上方都有窗孔的遗迹，西壁上还有一条烟道；南壁上有一条发券槽，槽高 0.5 米、宽 0.15 米、距地面 3.5 米。从该房间窗孔与室内地面的相对高度，可以看出该室明显为两期。第一期房间地面和院落等高或略高，在东西两壁上开窗采光；第二期为拱顶结构，因建发券顶后房屋变矮，于是就把地面向下挖了 0.6 米，而东西墙上的窗口已在拱顶之上，故被废弃"①。平顶和券顶在建筑技术上均属于比较原始的类型，但平顶居室相对宽敞一些，一般开置窗户，采光通风条件明显优于券顶，再加上平顶房屋的屋顶可以晾晒粮食或夏夜乘凉，综合功能也要胜过券顶。券顶房屋往往低矮，不开窗户，不仅采光通风不足，空气窒息，易招引苍蝇、蚊子，常使外人感到"无法在那里停留"②，而且容易毁圮，耐久性也较差一些。交河城后来的居民宁愿放弃原本功能更完善的平顶居室，而将其改建为存在诸多缺点的低矮的券顶居室，如果仅从宗教方面给予解释，这很显然是远远不够的。

表 8－3　塔里木盆地周缘两种发券拱顶比较

比较项目	东伊朗佛教型（北缘地区）	突厥伊斯兰教型（南缘地区）
材料	土坯	土坯、砖
断面券型	半圆、抛物线	四心圆、双心圆、三角形
阿以旺砌法	并列券，侧顺、平顺砌	纵联券、并列券，平顺砌
穹顶方圆过渡	球面拱法	抹角拱龛、交叉拱、帆拱
穹顶跨度	3—4.5 米	8—15 米（连穹殿小穹顶 3 米）

资料来源：常青：《西域文明与华夏建筑的变迁》，第 214 页。

六、几点基本结论

通过上面的论述，关于公元 5—14 世纪吐鲁番地区居住生活方式及其环境影响因素问题，我们可以初步形成以下几点基本结论：

（1）学术界对于公元 5—7 世纪高昌国建筑形态的认识存在相当大的分歧，一说是以"土木居室"为特点，另一说则认为是"砖土结构"，主要的分歧点在木料是否普遍用于房屋建筑方面。

（2）从总体上说，虽然高昌国居室建筑以"土木居室"为其主要特色，但与中原内

① 李肖：《交河故城的形制布局》，第 204—205 页。

② 勒柯克：《中国新疆的文化宝藏》，第 51—52 页。据［法］莫尼克·玛雅尔：《古代高昌王国物质文明史》，第 91 页。

地还是有着较大的不同，除了少数贵族的居室或宗教建筑具有瓦顶结构甚至楼亭以外，普通民居建筑基本上都是“架木为屋，土覆其上”的比较原始的平顶土屋。

（3）平顶土木居室不仅在吐鲁番地区十分普遍，也是包括新疆地区在内的西域地区最为流行的居室建筑形式。中亚绿洲大部分地区都缺乏大尺度木材，石材质地松脆，而土质坚实，属沙质黏土类土壤，故而生土与少量的小规格木材相配合，便形成了土木混合的平顶建筑。在干旱少雨的地区，平顶比起多雨地区的坡形屋顶更适用，很多家庭在收获季节晾晒粮食时将其派上了用场，同时也可以在暑天夜里纳凉。吐鲁番地区的平顶土木居室与塔里木盆地其他绿洲地区比较起来，也有自身的特点，在南疆的大多数地区多为“木骨泥墙式”的平顶房屋，而在吐鲁番地区尤其是交河台地地区，由于黄土台地发育，多用“压地起凸法”建成具有厚土墙壁的平顶房屋。

（4）古代高昌地区的居住方式实际上呈现出多样化的特色，也就是说除了“架木为屋，土覆其上”以外，还有其他类型的居住方式，其中较为普遍的是窑洞和地穴。冲—洪积层的广泛分布和黄土台地的发育，为吐鲁番地区尤其是交河故城中建筑窑洞、地穴以及半地穴式和堑崖式居室提供了先决条件。当然，吐鲁番盆地温差变化大、日照充足、冬春寒风凛冽的气候环境也是促成这些类型居室流行的客观条件。

（5）公元10世纪前后，包括交河城与高昌城在内的整个吐鲁番地区都可能曾普遍出现过居室建筑的屋顶由平顶向土坯（生砖）发券拱顶的过渡。高昌地区居室建筑的屋顶由前期的以平顶为主流变化为后期的以发券拱顶为主，当与宗教势力影响的逐渐广泛有关，同时由于这一地区伊斯兰化的迟滞，其发券拱顶的特色与塔里木盆地南缘地区多有不同。促成这一居住生活方式转变的原因应该是多方面的，其中建筑木料的日益短缺与当地居民对建筑用材的持续需求之间的尖锐矛盾，可能是不应被忽视的一个方面。

第九章

古代历史地理文献的考证与研究：以《水经注》的相关问题为中心

一、《水经·渭水注》所见渭河流域水文状况和竹林分布

北魏郦道元的《水经注》是一部以水道为纲详载全国自然地理与人文地理情况的古代地理名著，相关的水文地理资料极为丰富，其中的若干卷帙如卷十六《漆水注》、《浐水注》、《沮水注》和卷十七至十九《渭水注》，更是研究北魏以前渭河流域的自然环境尤其是水文状况的最基本的参考资料。以往利用《水经注》的相关记载来研究早期渭河水系水文状况的论著较少，主要有费省的《从〈水经注〉所载河名探讨北魏时期渭河水系的水文状况》一文①，此文依据《水经注》有关渭河卷帙里记载的249个河名资料，对北魏时期渭河水系的"水流清浊，即河水含沙量大小和泥沙特性"、"水流温度和河水质量"、"河谷形态和组成物质"等水文状况进行了初步探讨，颇有启示意义，但是所述内容有局限性，不足以窥见渭河水系水文地理的全貌。这里拟在上述研究成果的基础上，充分利用《水经注》的相关记述资料，对先秦以至北魏时期渭河水系的水文状况和竹林分布情况进行更为深入全面的研究和探讨，以期对渭河流域自然环境的古今变迁能有更进一步的认识和了解。文中所据《水经注》版本，以杭州大学出版社1999年出版的陈桥驿先生的《水经注校释》（以下简称《校释》）为主，兼用上海古籍出版社1990年所出陈桥驿先生点校的大典本《水经注》（以下简称陈校本《水经注》）、巴蜀书社1985年影印的清王先谦合校本《水经注》（以下简称合校本《水经注》）和江苏古籍出版社1989年所出由段熙仲点校、陈桥驿复校的民国杨守敬与熊会贞合疏的《水经注疏》（以下简称《水经注疏》）诸本的合理校释成果。

---

① 费省：《从〈水经注〉所载河名探讨北魏时期渭河水系的水文状况》，载《陕西师大学报》（哲学社会科学版）1984年第2期。此文注称："本文凡不注明材料出处者，皆引自清王先谦合校本《水经注》卷十七—十九。《水经注》泾水、（北）洛水部分已佚，这里是采用王本辑补的材料，洛水见卷十六，泾水见卷十九。"实际上，《水经注》现在的各通行本卷十六皆有《漆水注》、《浐水注》和《沮水注》，篇幅虽说都不算长，但事涉渭水的几个大支流，不能不考虑在内。如果将《漆水注》、《浐水注》和《沮水注》所载河名一并统计，郦注中渭河水系的河名当远远超过249个。

（一）《水经·渭水注》所见渭河水系的基本特征

渭河是黄河的第一大支流，源远流长，支流众多，因而水系比较发达，其水系配列和主要河流流向，明显受地质构造特别是新构造运动和地貌等自然因素的控制。由于在地质时期鄂尔多斯台向斜曾作整块的西北翘起、东南倾伏的上升运动，渭河地堑又是东高西低的构造，所以渭河河道及其主要支流总体上多呈自西向东或自西北向东南的流向①。不过在具体的地质条件的影响下，渭河北岸与南岸支流的水系特征还是有明显的差异。北岸支流发源于黄土高原，深切黄土塬区，以树枝状水系为主，坡缓、流长、数目少、水量大；南岸支流发源于高山峻岭，往往发育在秦岭诸断块南侧的老剥蚀面上，一般先由北向南流，当遭到南面断块阻碍时，转折而顺断层谷向东或向西流，最后汇入一条先行河，切穿断块翘起的山梁，蜿蜒出山流入渭河，呈现出明显的钓钩形水系，又以坡陡、流短、水急、流量多为其主要特点②。现今渭河水系的这些基本特征是地质时期就已经形成的，历史时期也大致如此，不可能有太大的出入。这从《水经注》的有关记载中可以得到印证。例如，渭水的上源一带基本上属陇西黄土高原区，就呈典型的树枝状水系，据《水经·渭水注》所记，“（渭）水南出鸟鼠山”，“东南流，迳首阳县南，右得封溪水，次南得广相溪水，次东得共谷水，左则天马溪水，次南则伯阳谷水，皆参差翼注，乱流东南出矣”③。自渭水发源区迄东，渭河南北岸水系的分异特征就渐渐突出，“渭水自黑水峡至岑峡，南北十一水注之”，但北岸仅有温谷水、牛谷水2条支流，南岸则有长堑谷水、安蒲溪水、衣谷水、冀水、浊谷水、当里溪水、讬里水、渠谷水和黄土川水9条支流④，支流北少南多的现象十分明显。

当然，渭河上游地区北岸支流虽明显少于南岸，却不乏大的支流，如渭水东出岑峡以后至上邽县之间，南岸有“溪谷、赤蒿二水皆出南山，东北入渭水”，北岸仅有一条新阳崖水（亦名陇水），但这条东北出自陇山的新阳崖水，出山不久，西流右经瓦亭南时，就有一条同样出自陇山的河水从西南方向与之相合，谓之瓦亭川（即瓦亭水）。瓦亭水向西南流，又有黑水自“西南入瓦亭水”，而这条黑水的上游则有莫吾川水自“南注黑水”。瓦亭水在接受黑水以后，“又有澂水，自西来会”。接着瓦亭水“又南与燕芜水合，水源延发东山，西注瓦亭水”。瓦亭水又向南流，先是“左会方城川，西注瓦亭水”，然后又“右与成纪水合”，成纪水是由“东南入瓦亭水”。而瓦亭水又向东南流，“与受渠水会”，其水“西南入瓦亭水”。在与受渠水相会后，瓦亭水“又西南与略阳川水合”。此略阳川水本身就是一个庞大的水系，上源发自陇山香谷，西流，有两条支流，“右则单溪西注，左则合川水入焉”。略阳川水西流又依次得石鲁水（西北注）、破社川水、平相谷水、金里谷水、南室水、蹶谷水、遲渠水、白杨泉水、蒲谷水（以上诸水均北注），其中蒲谷水又有蒲谷西水和龙尾溪水两条支流。在得蒲谷水后，略阳川水西南流又得水洛水和犊奴水（石门水），然后“西北流入瓦亭水”。再其后，瓦亭水西南流又得石宕水（南注），又次得虾蟆溪水、金黑水和宜都溪水（以上左右注），继之转东南流，合安夷川水（此水有东

① 受子午岭、陇山等南北向山脉的影响，渭河也有一些大支流（包括二级支流）的河道主要呈东北至西南流向，如下文提到的瓦亭水即是。

② 聂树人：《陕西自然地理》，陕西人民出版社，1981年，第150—151页。

③ 《水经注》卷十七《渭水注》，《校释》本，第312页。

④ 《水经注》卷十七《渭水注》，《校释》本，第314页。

阳川水、何宕川水和罗汉水三条支流），又东南得折里溪水及其他六条小谷水，然后才东南流注于渭水①。从郦道元的记载可知，瓦亭水（即新阳崖水或陇水）是渭河北岸一条大支流，流路较长，水系相当复杂。

（二）渭水上游支流水量大小与流速的佐证

关于渭水的水量大小，郦道元注文中有“桃花水出，船槊皆至郁夷、陈仓，分部而进者也”之字句，② 可证当时在今宝鸡市区以下的渭河干流河段皆可通航。渭水的支流水量有限，郦注中没有通航方面的记载，所以无法用通航状况来印证其水量之大小。不过在《水经·渭水注》也还有一些其他的间接证据，可以用以分析相关问题。

《经》“又东过冀县北”句下《注》文：“渭水自黑水峡至岑峡，南北十一水注之。北则温谷水，导平襄县南山温溪……其水东南流，历三堆南，又东流南屈，历黄槐川，梗津渠，冬则辍流，春夏水盛，则通川注渭。次则牛谷水，南入渭水。南有长堑谷水，次东有安蒲溪水，次东有衣谷水，竝南出朱圉山……其水北迳冀县城北……后汉马超之围冀也，凉州别驾阎伯俭潜出水中，将告急夏侯渊，为超所擒，令告城无救……”③

从上引文可知，黑水峡以东的渭水北岸支流温谷水虽然是一条较大的支流，河道弯曲绵长，但是“冬则辍流，春夏水盛”，水量总体来说不大，而且又呈季节性的变化，春夏两季水量较盛，但在冬季则出现了断流现象。南岸支流往往河道较短，但类似温谷水那样在冬季出现断流的情况则不见于记载。这应是北岸支流与南岸支流分别发源并流经于黄土高原地区与秦岭山地的缘故。当然温谷水出自“温溪”，很可能源头有温泉出露，按理水量虽不太大，但也应该有一定的保证，若无特殊原因当不至于在冬季完全断流。之所以会造成冬季的断流，除水量有限外，估计也与“梗津渠”，即人工渠道引水灌溉农田有一定的关系。至于渭水主流由于南北有条支流汇入，故而水量较大，其中在冀县城北，凉州别驾阎伯俭曾潜出水中，可见水位是相当深的，否则只需涉水而过，必无潜水的可能与必要。

《经》“又东过冀县北”句下《注》文：“（略阳川水）又西历略阳川，西得破社谷水，次西得平相谷水，又西得金里谷水，又西得南室水，又西得蹶谷水，竝出南山，北流于略阳城东，扬波北注川水。”④

《经》“又东过上邽县”句下《注》文：“（渭水）又南得藉水口，水出西山，百涧声流，总成一川……（黄瓜水）又东北，大旱谷水南出旱溪，历涧北流，泉溪委漾，同注黄瓜水。……（东亭水）水源东发小陇山，众川泻注，统成一水，西入东亭川，为东亭水，与小祇、大祇二水合。又西北得南神谷水，三川竝出东南，差池泻注。……渭水东南流，众川泻浪，雁次鸣注：左则伯阳东溪水注之，次东得望松水，次东得毛六溪水，次东得皮周谷水，次东得黄杜东溪水，出北山，南入渭水；其右则明谷水，次东得丘谷水，次东得丘谷东溪水，次东得钳岩谷水，竝出南山，东北注渭。”⑤

上引郦注中，有不少形声状物的词汇都涉及渭水上游诸多支流的水量与流速问题。如

---

① 《水经注》卷十七《渭水注》，《校释》本，第314—316页。
② 关于这句郦注的断句与解释，参见后文相关论述。
③ 陈校本《水经注》，第344—345页。
④ 陈校本《水经注》，第347页。
⑤ 陈校本《水经注》，第347—350页。

说略阳川的支流破社谷水、平相谷水、金里谷水、南室水、蹏谷水，“竝出南山，北流于略阳城东，扬波北注川水”，其中的“扬波”二字就颇值玩味，显示当时诸水皆波浪汹涌，流速显然是较大的；又如说藉水的源头出自西山，“百涧声流，总成一川”，其中的“百涧”是极言来水之众，而“声流”则形容水流速度相当之大，以致发出骇人声响；再如说东亭水的源头有“众川泻注”，小祗、大祗二水与南神谷水，“差池泻注”于东亭水之中，而渭水北岸的伯阳东溪水、望松水、毛六溪水、皮周谷水、黄杜东溪水诸支流与南岸的明谷水、丘谷水、丘谷东溪水、钳岩谷水诸支流，也均呈现“众川泻浪，雁次鸣注”的情景，这所谓“泻注”、“泻浪”和“鸣注”若非瀑布，也至少反映出水流如泻、波浪汹涌之壮观。这些渭水上游的支流均发源于陇山或秦岭山地，坡度较大，故河流虽然比较短小，却呈现出较大的流速。当然在冀县、上邽县一带的渭水支流，也并非全是流短水急之河流，如南出自旱溪而注于黄瓜水的大旱谷水，“泉溪委漾”，河流流速就较小一些。这除了坡度方面的因素以外，应主要与因水文地质方面植被稀少、水土流失严重而造成的水源补给缺乏有关。不过在1400多年前，郦道元在其著作中，已能够清晰地将渭水南北岸水系的基本特点，尤其是发源于黄土高原地区与秦岭山地、陇山山地的河流的水量状况的差异，相当清晰而又极具文采地描述出来，确实让人不能不为之惊叹叫绝。

（三）关于“三谷水”、“六谷水”和“五溪水”的标点问题

《水经·渭水注》有所谓的“三谷水”、“六谷水”和“五溪水”，皆为渭水的支流，上海古籍出版社1990年出版的陈桥驿先生点校本于其相关字句分别作如下标点：

《经》“又东过獂道县南”句下《注》文：“渭水又东，有落门西山东流三谷水注之，三川统一，东北流注于渭水。”①

《经》“又东过冀县北”句下《注》文：“（瓦亭水）又东得折里溪水，又东得六谷水，皆出溪湍峡，注瓦亭水。”②

《经》“又东过上邽县”句下《注》文：“渭水又东南，右合南山五溪水，夹涧流注之。”③

今按，在上引文中，“三谷水”、“六谷水”和“五溪水”之下皆有下划线，说明陈校本《水经注》都将其看作是具体的河流名称。这种理解，似乎不甚正确。

《水经注》一书共记载了我国及部分邻国的大小水道总数多达3000余条④，但其具体的数目却颇难统计清楚，这主要是因为此书对于河川名称的记载存在下列情况：①一水多名；②异水同名；③有水无名；④有名无水；⑤错误地名；⑥各家对一些河川地名彼此尚

---

① 陈校本《水经注》，第343页。

② 陈校本《水经注》，第346页。

③ 陈校本《水经注》，第351页。

④ 《唐六典》卷七《工部·水部郎中》注云：“桑钦《水经》所引天下之水百三十七，江河在焉。……郦善长注《水经》，引其枝流一千二百五十二。”此说一出，一千多年来遂成定论，近人著述均引此为证。但据今人赵永复考证：“其重复者不计，一水多名或数水同叙（如渠水注圃田泽之二十四浦）者计其一；而不属某水枝流，但在有关水道下述及者，以及无专名之水，如河水注湟水的卑禾羌海（青海）、沔水注下［西北出仇池之］水（今陕西留坝县南尚溪河），均予计入。全书水体包括湖、淀、陂、泉、渠、池、故渎，实得二千五百九十六，倍于《唐六典》之数。郦氏《水经注》，全书四十卷，北宋时已佚五卷，今本仍作四十卷，乃后人分析，则原书叙述水道总数当超过三千。”参见赵永复：《〈水经注〉究竟记述了多少条水》，见中国地理学会历史地理专业委员会《历史地理》编委会：《历史地理》第2辑，上海人民出版社，1982年，第115页。

有争论。对以上诸种情况，究心于《水经注》研究的陈桥驿先生都曾举出过不少相关例证，如其在论有水无名的情况时，就提到了《河水注》中洮水右会的“二水”和翼带的“三水”，湟水右控的“四水”及其所导源的“四溪”等①。不过，需要指出的是，《水经注》所记有水无名的河流不仅总数颇为可观，而且有的还不是很容易辨识出来，前面提到的“三谷水”、“六谷水”和“五溪水”就属这类情况而为陈桥驿先生所忽略。

其实不必旁征博引其他参证资料，如果细读《水经注》原文，就已不难发现“三谷水”、“六谷水”和“五溪水”均属有水无名的内证。在前引第一例中，郦注于“渭水又东，有落门西山东流三谷水注之”之语后，又接着说“三川统一，东北流注于渭水”。其中之“三川”，指的正是前文中的“三谷水”，说明所谓“三谷水”实际上是三条谷水之意，并非确有一条叫做“三谷水”的河流。当然，“有落门西山东流三谷水注之”的断句也值得商榷②，标点似应为“有落门西山，东流，三谷水注之”③。意思是说渭水东流，经过落门西山，又东流，有三条谷水注之。从后文的“三川统一，东北流注于渭水”云云可知，这三条谷水都在渭水之南岸，大致都是东北流向，原本各有流路，后来汇为一川，进而“东北流注于渭水”。在前引第二例中，注文“皆出溪湍峡”中的“皆”字十分关键，显示出前面所谓的“六谷水”也同样指的是六条谷水。至于第三例中的“五溪水”，由后文的“夹涧流注之”一语推测，当为五条均出于南山、并列北流注渭的小溪流。④ 清人汪士铎在其《水经注图》有关图幅中将“五溪水”视为一组河流的统称，并将其绘成五条南北向河流，⑤ 略得其实。

倘若以上分析不谬的话，那就说明有水无名的情况在《渭水注》中是相当常见的，而“三谷水”、“六谷水”和“五溪水”诸河川名称也均可从陈桥驿先生所编制的《水经注·地名汇编》中删去。同时，如果按照旧式标点，与“三谷水”、“六谷水”和“五溪水”相关的《水经注》原文似可分别标点为：“渭水又东，有落门西山，东流，三谷水注之，三川统一，东北流注于渭水。”“（瓦亭水）又东得折里溪水，又东得六谷水，皆出溪湍峡，注瓦亭水。”“渭水又东南，右合南山五溪水，夹涧流注之。”

（四）关于黑水源水“三泉”的标点问题

陈校本《水经注》第359—360页“《经》‘又东过槐里县南，又东，涝水从南来注之’”句下《注》文：“就水历竹圃北，与黑水合，水上承三泉就水之右⑥，三泉奇发，言归一渎，北流，左注就水。”

今按，《水经注》中有水无名的情况不唯河川有之，泉水地名偶亦涉及，上引文中之“三泉”即为一显例。

---

① 陈桥驿：《〈水经注·地名汇编〉说明·河川》，见所著《水经注研究二集》，山西人民出版社，1987年。

② 按：此句，陈桥驿先生所撰之《水经注校释》（杭州大学出版社，1999年）第313页断句与前引版本略同。

③ 此句，注疏本作“与落门西山东流，三府谷水注之”，杨守敬疏云：“赵从胡渭改与作迳，戴改与作有，又删府字。守敬按：此有参错，赵、戴改、删，均未惬。当作渭水又东，三府谷水注之，水出落门西山东流，方合。”（杨守敬、熊会贞合撰：《水经注疏》，江苏古籍出版社，1989年，第1476页）如按杨氏的意见，虽然看似合理，但后文的“三川统一，东北流注于渭水”云云却无从着落，故不可从。

④ “夹涧流注之”一句，注疏本作“夹涧流注之也”，杨守敬疏云：“五谿当在今宝鸡县东南。今有清水河，东北入渭，盖五水之一。”参见《水经注疏》第1506页。

⑤ （北魏）郦道元原著、（清）汪士铎图、陈桥驿校释：《水经注图》图本，山东画报出版社，2003年，第68页。

⑥ “水上承三泉就水之右”一句，《水经注校释》第330页作“水上承三泉，就水之右”。

上引文中的“水上承三泉就水之右”之句，旧刻脱“水”字，“三”讹作“二”，殿本已校正。“三泉奇发，言归一渎”之语颇值玩味，所谓的“三泉”，不是有一个名为“三泉”的泉水，乃是三个泉源之义，正因是有三个泉源，才致“奇发”[①]，而又“言归一渎”。旧刻“二泉”之误甚明。如此，上引郦注原文似可据以标点为：“就水历竹圃北，与黑水合，水上承三泉。就水之右，三泉奇发，言归一渎，北流，左注就水。”

（五）《水经·渭水注》记载的成纪水伏流

《水经注》对地下河有较多的记载，《注》文有时称之为伏流，有时称之为潜流。对此，陈桥驿先生曾做过细致的研究工作[②]。据《水经·渭水注》记载，成纪水也有一段伏流，这段伏流通常被人们所忽略。

《经》“又东过冀县北”句下《注》文：“瓦亭水又南迳成纪县东，历长离川，谓之长离水。右与成纪水合，水导源西北当亭川，东流出破石峡，津流遂断，故渎东迳成纪县，故帝太皞、庖犧所生之处也。汉以为天水郡，县，王莽之阿城郡治也。又东，潜源隐发，通入成纪水，东南入瓦亭水。”[③] 读其文意可知，成纪水是瓦亭水的一条支流，此水导源于成纪县西北之当亭川，东（南）流出破石峡后津流即断，成为伏流，至成纪县东，始潜源隐发，东南汇入瓦亭水。郦道元所记伏流，有时未必可靠（如黄河伏流重源），有时则将异水同名的现象作为伏流的证据（如济水伏流），有时实际上记载的是人工造成的下水道或涵管之类的东西（如长明沟伏流和石逗伏流），但这里的成纪水伏流却是真切可信的。伏流的形成，多与喀斯特地貌（岩溶地貌）有关。在地质时期，中国北方地区的喀斯特地貌亦相当发育，所以不少河流在流经古喀斯特地貌区时也往往形成伏流，渭水流域的成纪水伏流大概就与当地的喀斯特地貌有关。

（六）《水经·渭水注》记载的磻溪水瀑布

在自然地理学概念中，瀑布是指从河床纵断面陡坡或悬崖处倾泻下来的水流。在《水经注》一书中，郦道元记载了许多瀑布，而且记述得相当生动详细，或记之为悬波、悬流、悬泉、悬涛、悬湍，或述之为飞波、飞清、飞泉、飞瀑、飞流，有时还称之为颓波等，不一而足。根据这些常用辞例，陈桥驿先生曾从郦书中统计出64处瀑布，其中涉及《渭水注》即有白杨泉飞清、蒲谷水飞清、蒲谷西川飞清、龙尾溪水飞清和吴山县波，共5处[④]。不过，《渭水注》中还记载了磻溪水瀑布，似亦应列入统计之中。

《经》“又东过陈仓县西”句下《注》文：“渭水之右，磻溪水注之，水出南山兹谷，乘高激流，注于溪中，溪中有泉，谓之兹泉。”[⑤] 此处虽然未用前文所列举的常用辞例，但从“乘高激流，注于溪中”之描述可知，在磻溪水上游确有一处瀑布存在。磻溪水瀑布

---

① 关于“三泉奇发”，熊会贞疏云：“《通鉴》梁普通六年，魏贼莫折天生军於黑水，魏将崔延伯军於马嵬，旋选精兵，西度黑水。即此水也。据《注》其水三源发於就水之右，与芒水在就水之左者有别，则非今之黑水也。”（《水经注疏》，第1551—1552页）可见，熊氏亦认为“三泉”为三个“泉”之义，并为黑水之“三源”。

② 陈桥驿：《〈水经注〉记载的伏流》，见所著《水经注研究》，天津古籍出版社，1985年；陈桥驿：《〈水经注·地名汇编〉说明·伏流》，见所著《水经注研究二集》，山西人民出版社，1987年。

③ 此据陈校本《水经注》，第345页。

④ 陈桥驿：《〈水经注〉记载的瀑布》，见所著《水经注研究》，天津古籍出版社，1985年。

⑤ 此据陈校本《水经注》，第353页。

在郦道元时代应当是相当壮观的，后世河流水文条件逐渐恶化，已难睹旧日规模。今陕西省宝鸡市陈仓区钓鱼台风景区在磻溪水上游一带筑坝堵水，虽然也造成了一处瀑布，但终究是人为而就，无复自然情趣。

（七）关于“桃花水出船槃”的标点及其相关问题

陈校本《水经注》第352页：《经》“又东过陈仓县西”句下《注》文：“渭水又东迳郁夷县故城南，地理志曰：有汧水祠，王莽更之为郁平也。东观汉记曰：隗嚣围来歙于略阳，世祖诏曰：桃花水出船槃，皆至郁夷、陈仓，分部而进者也。”①

今按，上引文中之“桃花水出船槃”一句，有两处标点错误，“桃花水”和“船槃”之下皆有下划线，说明点校者均是按地名对待的，其实却均非地名。这句郦注中所谓的“桃花水”，并不是确有一条名作“桃花水”的河流，而是指河流春季涨水，因为时当桃花盛开的季节，所以才有“桃花水”之雅名②。“桃花水”一词，实际上描述的是河流水量的季节性变化的情况。这在郦注中并不乏见，如《河水注》云“至三月，桃花水至则河决”即是（这条郦注，陈桥驿先生曾经征引过③）。《渭水注》“桃花水出船槃”之“桃花水”也是如此。据史书记载，隗嚣围来歙于略阳事发生在“（建武）八年春”④，即可为证。如将“桃花水”视为水名，从郦注中也无法知悉其源头和流路。郦氏好奇，每及一水则往往备述其来龙去脉，以致清人全祖望以“过于嗜奇、称繁、引博，反失之庞，读者眩焉”之语见讥⑤，必不会置“桃花水”于不顾，此亦反证出所谓的“桃花水”确非具体的河流名称。“船槃”同样亦非地名，前引郦注的相关地名多为县名，而在今陕西宝鸡一带，历史上从未有叫做“船槃”的县，也无此类小地名。“船槃”之“船”显指船只，“槃”为承盘，亦特指承水器，二字连缀，仍为船只之意，不可强作其他解释。这样的话，“桃花水出船槃”一句中的“桃花水出”处似应断开，“船槃”二字宜属之后文，而所谓“桃花水出，船槃皆至郁夷、陈仓，分部而进者也”云云，是说此时正当春季涨水，渭水水量颇丰，汉朝平叛大军可以借助渭水河道，乘船自东而西，直抵郁夷和陈仓。这虽然是说刘秀威胁隗嚣投降的言语，却也反映出了当时渭水河道的通航状况。

汉代陈仓县治今宝鸡市东斗鸡地区一带（今属陈仓区），郁夷县又在陈仓县之东，治今千河入渭河处之西⑥。《水经注》中的资料显示，两汉之际今宝鸡以下的渭河河段在汛期颇有舟楫之利。其实，在整个历史时期，不仅今西安以下的渭河可以通航，西安以上直至宝鸡的河段也都通航无碍。公元前647年，秦晋两国间所谓的“泛舟之役”，实际上是以渭、黄、汾三河连运的形式而完成的。秦都于雍（今陕西凤翔县南），既以舟输粮至晋，必是利用了“汧渭之会”以下的渭河河道。汉唐都于长安（今西安），依重关东及江南财富，因而重点是开发长安城北以下的渭河水运，但从唐代引汧、渭二水为源的升原渠已可

---

① 按：此段郦注，与陈桥驿先生所撰之《水经注校释》第320页断句略同。

② 杨守敬疏云：“《汉书·沟洫志》，来春，桃花水盛。师古曰，《月令》，仲春之月，始雨水，桃始华。盖桃方华时，既有雨水，川谷冰泮，众流猥集，波澜盛长，故谓之桃花水也。”（《水经注疏》第1510页）

③ 陈桥驿：《〈水经注〉记载的水文地理》，见所著《水经注研究》，天津古籍出版社，1985年。按：《河水注》之“桃花水”杨守敬亦有疏文，与《渭水注》中之疏文略同而稍详，参见《水经注疏》第10页。

④ 《后汉书》卷十五《来歙传》。

⑤ 《水经注释》全祖望序。

⑥ 谭其骧主编：《中国历史地图册》第二册图幅15－16《司隶部》，地图出版社，1982年。

通漕的情况来分析，长安以上的渭河亦必能通行船筏。唐代以降，全国政治中心虽然东移，但渭河航运之利却未曾尽失，北宋神宗元丰年间就曾由渭河向开封运送岐、陇之竹木。清末民初，由于民间商贸的兴旺，宝鸡至潼关段渭河的航运更得到了充分利用，虢镇（今宝鸡市陈仓区政府所在地）还发展成为一处转运码头，与咸阳、草滩、交口、白杨寨诸码头并重一时①。直到20世纪70年代，渭河水量仍相当可观。近些年来，由于城市用水与农业灌溉用水过度，加上气候变迁方面的因素，即使是在汛期，渭河水量亦小，西安城北的渭河可徒步而涉，宝鸡段渭河更呈涓涓细流，有如排污小渠。抚昔思今，渭河之变迁如历历在目，让人不胜感慨。

（八）《水经·渭水注》中的所谓“余水”问题

陈校本《水经注》第354页《经》“又东过武功县北”句下《注》文：“渭水於县，斜水自南来注之。水出县西南衙岭山，北历斜谷，迳五丈原东，诸葛亮与步骘书曰：仆前军在五丈原，原在武功西十里。余水出武功县，故亦谓之武功水。”②

今按，上段郦注之“余水出武功县”一句中的“余水”二字下有下划线，显有错误。如以“余水”为具体的水名，则“武功水”就是其别称。按照这样的理解，“余水”虽有着落，但前文关于“斜水”的记述就似乎有头无尾。细审郦注原文，其实并无所谓之“余水”，“余”、“水”二字宜标断，“余”字应属之前句，而“水”字则属于后句③。这里的“水”别无他指，说的仍是“斜水”，亦即“武功水”。考郦注笔法，如出现一水异名的情况，往往首见其正名，末见别名，前后呼应，语义浑然无间。如若述文稍繁，其间常用“水”、“其水”等指代前述之水。上引文之后，郦注有“渭水又东，温泉水注之，水出太一山，其水沸涌如汤，杜彦达曰：可治百病，世清则疾愈，世浊则无验。其水下合溪流，北注十三里入渭”云云，可为一证。又，袁英光、刘寅生二氏整理标点的《水经注校》中的与上引文相同段落作：“渭水於县，斜水自南注之，水出县西南衙岭山，北历斜谷，迳五丈原东，《诸葛亮与步骘书》曰：仆前军在五丈原，原在武功西十里余。水出武功县，故亦谓之武功水。”④ 其间文字虽与陈校本《水经注》略有出入，但将“余”、“水”二字分属前后句，与《水经注疏》本合，语文通畅，似更近于道元原意。

（九）《水经·渭水注》所见的霸水故渠及其作用

中国古代素有重视水利建设的传统。渭水流域属于半干旱地区，西周、秦、西汉诸代以及十六国、北朝时期的不少割据政权又相继定都于此，采取优先发展的战略，所以对于开发这一地区的水利皆不遗余力，相应修建了引水渠道。这些引水渠道，大小不一，沿用时间也各不相同，未必都能见载于正史之中。郦道元一生倾心于“访渎搜渠”，又能做到“博及群书”⑤，所以对于古渠道的记述亦十分着力，《水经注》一书涉及古渠道的资料甚

① 吴宏岐：《黄河上中游地区内河航运的兴衰与整治对策》，见张积玉、杨发民主编：《中国西北经济社会发展研究》，陕西人民出版社，1998年。

② 按：此段郦注，与陈桥驿先生所撰之《水经注校释》第324页断句略同。

③ “原在武功西十里余”句后，熊会贞疏云：“《长安志》引此作十余里。”（《水经注疏》，第1524页）按：《长安志》引文见该书卷十四《县四·武功》。“十余里”较“十里余”稍胜。

④ 王国维校：《水经注校》，上海人民出版社，1984年，第585页。

⑤ 刘继庄：《广阳杂记》卷四。

多，《渭水注》尤复如此。在《渭水注》中，有一条被郦道元称为“（霸水）故渠”的古渠道，通常为人们所忽略。

《经》“又东过霸陵县北，霸水从县西北流注之”句下《注》文：“霸水又北，长水注之，水出杜县白鹿原，其水西北流，谓之荆溪……霸水又北会两川，又北，故渠右出焉……霸水又北，左纳漕渠，绝霸右出焉。东迳霸城北，又东迳子楚陵北……又东迳新丰县，右会故渠，渠上承霸水，东北迳霸城县故城南，汉文帝之霸陵县也，王莽更之曰水章……又东北迳新丰县，右合漕渠，汉大司马郑当时所开也。以渭难漕，命齐水工徐伯发卒穿渠引渭。其渠自昆明池，南傍山原，东至於河，且田且漕，大以为便，今无水。”[①] 这一大段郦注详细讲述了霸水、霸水故渠、漕渠三者之间的关系。据文意可知，霸水北流接连会长水（荆溪）和另外两川以后，有一条“故渠”自霸水右侧（即东侧）分出，渠道“东北迳霸城县故城南”，“又东北迳新丰县”，而“右合漕渠”，经由路线是相当清楚的。惟“右合漕渠”之句，注释本作“左合漕渠”，杨守敬疏云：“朱作又合，戴、赵改又作右。”熊会贞按云：“此渠东北流，漕渠则东流，是在此渠之左，乃左合非右合也。”[②] 杨、熊二氏之说颇有道理，审读郦注可知，霸水故渠是在漕渠“绝霸右出”处之南自霸水分水“右出”的，在霸水以东，漕渠“东迳霸城北”，而霸水故渠“东北迳霸城县故城南”，依然是在漕渠的南面。这样，在新丰县附近，漕渠与霸水故渠相合，对于漕渠而言是“右会故渠”，对于霸水故渠而言也只能是“左合漕渠”，朱本作“又合”也可讲通，戴、赵改“又”作“右”，大谬。

从注文中又可知，汉时所开的漕渠在北魏时已经干涸无水，而霸水故渠的名称也显示出它是一条废渠。关于漕渠的水源，郦道元说是“其渠自昆明池”，杨守敬有不同看法：“惟漕渠本引渭水，郦氏谓自昆明池出，稍有不同，据《旧唐书·李石传》，开成时，咸阳令韩辽请开兴成渠，旧漕在咸阳县西十八里，自秦、汉以来疏凿，其后堙废。此漕渠引渭之处也。”[③] 其实杨氏的说法也不全面。据黄盛璋先生研究，西汉引渭的大漕渠初开于元光六年（前129），用工三年而成。元狩三年（前120）又开昆明池，蓄交水入漕渠，使之水量更加充沛[④]。这就是说，自元狩三年以后，漕渠的水源有二，一为渭水，另一为昆明池水，郦道元的说法虽然不全面，却无大的谬误。不过，有一点尚须引起人们的充分注意，那就是霸水故渠的作用问题。笔者认为，此霸水故渠亦当是西汉关中漕渠开通期间所开，主要的目的是增加东段漕渠的水量，其湮废的时间与漕渠大致相同。如郦注所言，漕渠“南傍山原，东至於河，且田且漕”，除漕运以外，还有溉田的作用，水量耗减是相当大的，故而在“绝霸右出”之后，又必须依赖从霸水上中游引出渠水维持较为稳定的水量。此事《史记》、《汉书》诸书不见记载，但郦注既详记有其故道，当决不属子虚乌有。另据《新唐书·地理志》，华州华阴县“西二十四里有敷水渠，开元二年（714），姜师度凿，以泄水害，五年，刺史樊忱复凿之，使通渭漕”。看来唐时的“敷水渠”确如其名一样，是引南山之水来增加漕运干道（渭河）下游的水量。这虽说与前述的霸水故渠左会漕渠并非一事，但道理还是相仿的。可惜，今人多忽略了这条霸水故渠，相关论著中鲜有涉

① 此据陈校本《水经注》，第571—573页，引文有省略。

② 《水经注疏》，第1617页。

③ 《水经注疏》，第1618页。

④ 黄盛璋：《西安城市发展中的给水问题以及今后水源的利用与开发》、《历史上的渭河水运》，见所著《历史地理论集》，人民出版社，1982年。

及，新近所出版的《西安历史地图集》中的有关图幅也未将这条渠道绘入①，这不能不说是一个不小的遗憾。

（十）渭水及其支流的“乱流”现象

“乱流”二字是郦道元在《水经注》中描述河流水文特点时常用的一个词汇，其词义与现代水文学中的“漫流”接近，揭示的大致是河流在地势平坦低洼之地所呈现的叉流或支津相互交错、流速比较缓慢的情状②。在《水经·渭水注》中，“乱流”二字出现得相当频繁，凡计有10次之多。为便分析，现将有关字句摘录如下（重点号为笔者所加）：

（1）《经》“渭水出陇西首阳县渭谷亭南鸟鼠山”句下《注》文：“渭水东南流，迳首阳县南，右得封溪水，次南得广相溪水，次东得共谷水，左则天马溪水，次南则伯阳谷水，竝参差翼注，乱流东南出矣。”③

（2）《经》“又东过豲道县南”句下《注》文：“又东北，昌丘水出西南丘下，东北注武城水，乱流东北注渭水。”④

（3）《经》“又东过冀县北”句下《注》文：“（略阳）川水又西南得水洛口，水源东导陇山，西迳水洛亭，西南流，又得犊奴水口，水出陇山，西迳犊奴川，又西迳水洛亭南，西北注之，乱流西南迳石门峡，谓之石门水，西南注略阳川。”⑤

（4）《经》“又东过上邽县”句下《注》文：“渭水又东南合泾谷水，水出西南泾谷之山，东北流与横水合，水出东南横谷，西北迳横水圹，又西北入泾谷水，乱流西北出泾谷峡，又西北，轩辕谷水注之……”⑥

（5）《经》“又东过陈仓县西”句下《注》文：“（鱼龙川水）又东历泽，乱流为一。”⑦

（6）《经》“又东过武功县北”句下《注》文：“雍水又东与东水合，俗名也。北出河桃谷，南流右会南源，世谓之返眼泉，乱流南迳岐州城东，而南合雍水。”⑧

（7）《经》“又东过槐里县南”句下《注》文：“涝水北注泔水，而乱流入於渭。”⑨

（8）《经》“又东过霸陵县北，霸水从县西北流注之”句下《注》文：“霸水又北，长水注之……（长水）又西北，左合狗枷川水……（狗枷川水）西北历风凉原东，又北与西川会。原为二水之会，乱流北迳宣帝许后陵东，北去杜陵十里，斯川於是有狗枷之名。”⑩

（9）《经》“又东过霸陵县北，霸水从县西北流注之”句下《注》文：“（狗枷川水）

---

① 参见史念海主编：《西安历史地图集》第53页《西汉时期图》、第58—59页《关中地区西汉宫观苑囿分布图》、第61页《西汉诸帝陵墓分布图》等，西安地图出版社，1996年。

② 《中华大字典》释“乱”字之义为“横流而济也”，并引《尚书·禹贡》“乱於河”为证，又释为“迷离也”，亦引刘长卿诗“衡岳千峰乱，禅房何处寻”为证，参《中华大字典》，中华书局，1978年，第18页。按郦道元在《水经注》中以“乱”字加于“流”字之前，大约取的是后一种意思，用以形容河流迷离交错之现象。

③ 陈校本《水经注》，第341页。

④ 陈校本《水经注》，第342—343页。

⑤ 陈校本《水经注》，第346页。

⑥ 陈校本《水经注》，第348页。

⑦ 陈校本《水经注》，第352页。

⑧ 陈校本《水经注》，第356页。

⑨ 陈校本《水经注》，第361页。

⑩ 陈校本《水经注》，第371页。

又北注荆溪，荆溪水又北迳霸县，又有温泉水入焉，水发自原下，入荆溪水，乱流注於霸，俗谓之浐水，非也。”①

(10)《经》“又东过郑县北”句下《注》文：“（禺）水出英山，北流与招水相得，乱流西北注於灌，灌水又北注於渭。”②

从上引资料可以看出，“乱流”现象在渭水流域相当常见，不仅发生在渭水源头区，而且也频繁出现在渭水上中下游各段。10例之中，涉及渭水干流的仅有1例，其余皆发生在渭水支流，其中渭水一级支流有“乱流”现象的为武城水、泾谷水、鱼龙川水和泔水，共4例；渭水二级支流有“乱流”现象的为返眼泉水（即雍水南源）、荆溪水和禺水，共3例；渭水三级支流有“乱流”现象的为石门水和狗枷川水，共2例。

“乱流”现象的出现主要与某些地段地势平坦低洼而形成叉流或支津相互交错有关。由于平坦低洼的地势以河流交汇最为常见，所以“乱流”也就主要出现在渭水一、二、三级支流的河口地带，如武城水、返眼泉水、泔水、荆溪水和禺水。有的河流中游地段，甚至源头地区，因地势平坦低洼方面的原因，也形成了“乱流”，如首阳县南的渭水、入石门峡前的石门水、出泾谷峡后的泾谷水、与某泽相汇后的鱼龙川水、汉宣帝许后陵东的狗枷川水，均是如此。不过在这里要特别强调的是，除了地势方面的原因以外，“乱流”现象的形成，也与当时渭水及其支流均有较为丰沛的水量有一定的关系。试想如果水量不丰，何以渭水的诸多一、二、三级支流的河口地带与中游地段，都曾在主干河道之外又形成诸多叉流或支津？清楚了这一点，对于我们今天复原当时渭水流域的水文地理环境尤其是河网水系特点，当有一定的帮助。

（十一）渭河流域的竹林分布

司马迁在《史记·货殖列传》中曾有“渭川千亩竹”之句，学界据之多谓当时关中平原竹林广布。实则这样的理解未必全面，从《水经·渭水注》记载的情况来看，至少在北魏以前，不惟关中平原有大片的竹林，从渭水上游到中下游地区的秦岭北麓也都有竹林。

《经》“又东过上邽县”句下《注》文：“藉水又东南流与竹岭水合，水出南山竹岭，二源同泻，东北入藉水。”③

从上引郦注可知，上邽县境有一竹岭水，因水出竹岭而得名。而竹岭之得名，自当与岭上竹林广泛分布并形成最具特色的植物群落有关。汉魏上邽县，治今甘肃天水一带，则所谓“南山”是指西秦岭无疑。汉魏之时，渭水上游之西秦岭北麓竹林广布，并有一座长满竹子的竹山，这一点其他史料鲜见道及，应当引起充分的注意。

《经》“又东过武功县北”句下《注》文：“渭水於县，斜水自南来注之。水出县西南衙岭山，北历斜谷，迳五丈原东，诸葛亮与步骘书曰：仆前军在五丈原，原在武功西十里余。水出武功县，故亦谓之武功水。是以诸葛亮表云：臣遣虎步监孟琰据武功水东，司马懿因水长攻琰营，臣作竹桥，越水射之，桥成驰去。”④

---

① 陈校本《水经注》，第371—372页。
② 陈校本《水经注》，第381页。
③ 陈校本《水经注》，第347页。
④ 陈校本《水经注》，第354页。“原在武功西十里余”之“余”字，原本属下句，误。

诸葛亮所作“竹桥”当由就近砍伐竹子做成。其竹究竟是采自五丈原畔，抑或是武功水两岸，抑或是斜谷之中，史书不详，无法遽下结论。但要用竹子造一座军用便桥，所需成年竹子数量必大，况且诸葛亮所作“竹桥”还可能不一而足。所以，可以据诸葛亮曾做“竹桥”抵御司马懿一事推测，当时在武功县西南之衙岭山斜谷之中，甚至可能包括五丈原畔、武功水两岸，都是有大片竹林分布的。而在今天，这些地方的竹子已不多见。

《经》“又东，芒水从南来流注之”句下《注》文：“芒水又北迳盩厔县之竹圃中，分为二水。汉冲帝诏曰：翟义作乱于东，霍鸿负倚盩厔芒竹。即此也。”① 又，《经》“又东过槐里县南，又东，涝水从南来注之”句下《注》文：“又东，与芒水枝流合，水受芒水于竹圃，东北流，又屈而北入於渭。……就水历竹圃北，与黑水合，水上承三泉就水之右，三泉奇发，言归一渎，北流，左注就水。”②

盩厔县（今陕西周至县）之竹圃，有芒水经过，又有芒水枝津分出，故有芒竹之称。从“霍鸿负倚盩厔芒竹”作乱与翟义东西呼应一事中可以推知，盩厔竹圃的规模是相当大的。这个竹圃位于平原地区，应是一片人工营造的竹林，与前述秦岭北麓的自然竹林不同。

《经》“又东过霸陵县北”句下《注》文：“渭水又东与竹水合，水南出竹山北，迳媚加谷，历广乡原东，俗谓大赤水，北流注于渭。”③

这里的竹水，也是因出自竹山而得名。从“水南出竹山北”一句可知，此竹山是秦岭之一支脉，山既以“竹山”为名，山上的竹子也是不会少的。

总之，从郦道元的记载可知，汉魏之际，渭水上中下游地区都有竹林分布的，但具体来说，自然的竹林似又主要分布在秦岭之北麓，而人工竹林则集中分布在关中平原之西部的渭河南岸地区。

二、《水经·河水注》所见两个历史地理问题

（一）《法显传》的“中国”与《水经·河水注》的“国中”

《法显传》为东晋沙门法显所撰，又有《佛国记》、《释法显行传》、《佛游天竺记》等名称，它不仅是一部研究中国佛教史不可或缺的典籍，也是中国古典历史地理学的重要著述之一。此书的成书时间比郦道元的《水经注》早一百年左右，当时南北分崩，文籍的流通不免要受到一定的影响，而“道元好学，历览奇书”④，故能克服困难，在撰写《水经注》一书时大量参考吸收了《法显传》的有关记述。据学者统计，《水经注·河水》中引用《法显传》的文字有二十多处，北起今新疆境内，南及印度河和恒河两流域，涉及地区颇为广大。而且在《水经注·泗水》中，还记录了法显归国后在彭城的行踪⑤。正因如

① 陈校本《水经注》，第338页。

② 陈校本《水经注》，第359—360页。

③ 陈校本《水经注》，第379—380页。

④ 《北史》卷二七《郦范传》附《郦道元传》，中华书局，1974年，第996页。另据陈桥驿先生研究统计，《水经注》全书引书可考者即达479种之多。参见陈桥驿：《〈水经注·文献录〉》，见所著《水经注研究二集》，山西人民出版社，1987年。

⑤ 章巽：《法显传校注》“校注说明”，上海古籍出版社，1985年。

此，在整理、校注《法显传》时，《水经注》中的有关引文就成为相当重要的参考资料。与此同时，在研究《水经注》的相关问题时，对于前人《法显传》的研究成果也必须充分地借鉴，《水经注·河水》中所谓的“中国”、“国中”问题就是显明的例证。

《水经注》卷一《河水》经“（河水）屈从其东南流，入勃海”句下注文：“自（蒲那般）河以西，天竺诸国，自是以南，皆为中国，人民殷富。中国者，服食与中国同，故名之为中国也。”①

关于上引这段郦注，杨守敬疏云：“《佛国记》，乌苌国是正北天竺，尽作中天竺语。中天竺所谓中国者，俗人衣服饮食亦与中国同。是谓北天竺语既与中天竺同，服食亦与中天竺同。此中国即指中天竺，非指诸夏之中国也。若注所解，是谓服食与诸夏同矣，非《佛国记》之意。”②

今按，杨守敬的说法颇有道理。郦道元之所以会得出这样的错误论断，乃因昧于佛教知识，囫囵吞枣，引《法显传》而又不求甚解之故。

其实，“中国”一词在当时的佛教界十分常用，并且也有较为固定的含义。“中国”在当时也往往与“边地”相对应而出现，章巽先生认为“古印度佛教徒称恒河中流一带的中印度为‘中国’（Madhya-des'a），而以远方之地为‘边地’（Mleccha-des'a），人称边人或边地人”③。岑仲勉也认为“以天竺为中国，在佛教初来，即有是称”，“盖印僧自谓居世界之中，四方僧侣，亦以此称之”④。

当然，还需要提出的是，“中国”一词实为“中央之国”或“中间的国家”之意，是一个美名，因而不独华夏民族和古代印度人喜用之以为自称，古代的日本人也是这样。日人斋藤谦就曾说：“我邦神圣继统，别成一天下，其曰‘中国’，谓我邦中土也。近人稍知‘倭奴’、‘大东’之非，改曰‘皇和’。”⑤ 另外，如同古代中国往往将中原地区称为“中国”一样，“中国”在古代的日本也是一个传统的地域名称，范围包括现在的冈山、广岛、山口、岛根、鸟取五县⑥。对于这一地域何以被称为“中国”，日本学者的解释是：“原来古代官吏往来于京都与九州太宰府之间，‘中途之国’的中国地方是必经之路，‘中国’由此得名。现在，太宰府已经废除，京都也不再是首都，‘中途’的意义也失去了。”⑦ 正是因为日本人也喜欢用“中国”一词自称并且国内也确有一个过去被称为“中国”的地域，所以从18世纪初到20世纪60年代，出于政治上的考虑，日本人往往喜欢用支那（China之音译）一词来称中国。

法显虽是出生在中国内地的高僧，但毕竟是佛家弟子，当然也采用了佛家的观念，其《法显传》一书中的“中国”都是指中天竺而言，至于对自己的故乡，即杨守敬所说的“诸夏”地区则常以“秦土”、“汉地”称之⑧，并且在他的心目中，汉人传统说法中的

---

① 此据陈桥驿：《水经注校释》卷一《河水》，杭州大学出版社，1999年，第4页。

② 杨守敬、熊会贞疏，段熙仲点校：《水经注疏》卷一《河水》，江苏古籍出版社，1989年，第20页。

③ 章巽：《法显传校注》，第33页校注［35］。

④ 岑仲勉：《佛游天竺记考释》，见岑仲勉《中外史地考证》（下册），中华书局，2004年，第798页。

⑤ ［日］斋藤谦：《拙堂文话》卷七，据胡阿祥的《伟哉斯名——“中国”古今称谓研究》第331页引，湖北教育出版社，2000年。

⑥ 胡阿祥：《伟哉斯名——“中国”古今称谓研究》，湖北教育出版社，2000年，第347页。

⑦ ［日］实藤惠秀著，谭汝谦、林启彦译：《中国人留学日本史》第二章第三节，生活·读书·新知三联书店，1983年。

⑧ 章巽：《法显传校注》，第21页。

“中国”亦属“边地”之列，如法显在回答陀历国众僧“佛法东过，其始可知耶”的提问时，就曾说出“非夫弥勒大士继轨释迦，孰能令三宝宣通，边人识法”[①]之类的言语，而与法显同往天竺求法取经的道整似乎对中天竺佛法昌盛的局面更是钦慕不已，以至于“既到中国，见沙门法则，众僧威仪，触事可观，乃追叹秦土边地，众僧戒律残缺。誓言：‘自今已去至得佛，愿不生边地。’故遂停不归”[②]。与此相反的是，作为同时代人的郦道元仍沿用传统的“中国”概念，所以在《水经注》卷一《河水》经“（河水）又出海外，南至积石山下，有石门”句下注云“（河水）迳积石而为中国河”[③]。由此可见，尽管中天竺被称为“中国”也与当地人认为其位于“天地之中央”[④]、居“天地之中”[⑤]有关，与华夏人的想法是一致的，但对于其具体的所指，汉土的沙门弟子与“俗人”对“中国”的理解竟是这般天壤有别，难怪乎郦道元无法把握《法显传》之“中国”的真正内涵了。这也充分说明，尽管当时由于丝绸之路的畅通和中外佛教文化的交流，中国内地的人们对域外的了解逐渐增多，但僧俗两界在文化观念上却有着相当大的差距。

明白了上述道理，就可以进而对《水经注》卷一《河水》中两处“国中”的正误进行相应的判断。

殿本《水经注》卷一《河水》在述及摩竭提国巴边弗邑的情况时说：“凡诸国中，惟此城为大，民人富盛，竞行仁义。”对于其中的“国中”，戴震在殿本专门加了这样的按语：“案原本及近刻并作‘中国’，今改正。”[⑥]陈桥驿先生新近出版的《水经注释》也采用了戴氏的说法[⑦]。但《水经注疏》本却作“中国”，杨守敬疏云：“戴中国改国中。守敬按：《佛国记》作中国。中天竺所谓中国，盖中天竺之国，称中国者甚多，故言凡诸中国也。戴乙作国中，误矣。”[⑧]岑仲勉于《水经注》之“凡诸中国”四字亦有考证：“按此语是《法显传》原文，僧众以天竺为中国（《四十二章经》云‘六根既具，生中国难’，人所共知。《四库全书总目》《佛国记》云：‘其书以天竺为中国，以中国为边地，盖释氏自尊其教，其诞谬不足与争。’戴氏之见，何智出此下耶！）。”[⑨]

今按杨守敬、岑仲勉的说法甚确，这是可以从《法显传》找到证据的。《法显传》原文作：“凡诸中国，惟此国城邑为大。民人富盛，竞行仁义。”[⑩]这里的“此国”即“摩竭提国”，乃是中天竺的“诸中国”之一。另外，《法显传》在记述拘萨罗国时亦曾有“此中国有九十六种外道”之语[⑪]，说明中天竺地区的“中国”确实不止一个，郦注原文当本作“中国”。戴震径改“中国”为“国中”，未免有些轻率，而论其致谬的原因，诚如章巽先生所说“此亦戴氏不熟悉释典，未检阅《法显传》之一例也”[⑫]，但恐怕也与郦道元

① 章巽：《法显传校注》，第26页。
② 章巽：《法显传校注》，第141页。
③ 《水经注校释》卷一《河水》，第12页。
④ 《水经注校释》卷一《河水》，第6页。
⑤ 《水经注校释》卷一《河水》，第7页。
⑥ 陈校本《水经注》，第9页。
⑦ 《水经注校释》卷一《河水》，第7页。
⑧ 《水经注疏》卷一《河水》，第41页。
⑨ 岑仲勉：《〈水经注〉卷一笺校》，见所著《中外史地考证》（上册），中华书局，2004年，第246页。
⑩ 章巽：《法显传校注》，第103页。
⑪ 章巽：《法显传校注》，第74页。
⑫ 章巽：《法显传校注》，第107页校注［31］。

在引用《法显传》时颇有节略，变“此国城邑”为“此城”而稍害法显文义有一定的关系。

《水经注》卷一《河水》在述及伽耶城时又云：“国中寒暑均调，树木或数百岁，乃至万岁。”其中的“国中”二字，各本皆同，诸家无释，当是郦注原文如此。按此段文字亦出自《法显传》，其原文实是“中国”，而非“国中”[①]。另外，《法显传》记述摩头罗国时曾说到“从是以南，名为中国。中国寒暑调和，无霜、雪”[②]。可见所谓“中国寒暑均调”、“中国寒暑调和”云云，是法显对中天竺“诸中国”气候的总体评价，郦道元不谙中天竺地理情况，将“中国”二字误改为“国中”，去法显本义已远。现今校勘郦注，虽不必为之回改，但亦宜另出校记，以明道元之误[③]。

（二）“有优婆塞姓释”的标点与释义——兼说新本《水经注疏》的一段缺文

《水经注》卷一《河水》述迦维罗卫城事引《外国事》云：“《外国事》曰：迦维罗国今无复王也。城池荒秽，惟有空处，有优婆塞姓释，可二十余家，是昔净王之苗裔，故为四姓，住在故城中，为优婆塞，故尚精进，犹有古风。”

上段郦注引自陈桥驿《水经注校释》第6页，内中文字及标点，现今流行的点校本多有差异，如“《外国事》曰”以下袁英光、刘寅生整理标点的王国维《水经注校》作“《外国事》曰迦维罗国，今无复王也”[④]。似乎“迦维罗国”后面的文字不一定是出自《外国事》。《外国事》的作者是支僧载，郦道元在《水经注·河水》中是提到过的。但《外国事》一书不见隋唐诸志著录，原书已佚，今只有辑本收入于《麓山精舍丛书》第二集，支僧载亦生平不详，只能从郦注有关引文中“知其为晋人无疑”[⑤]，所以很难断定《水经注·河水》中《外国事》引文的长短。不过，从文意的连贯性进行分析，“城池荒秽，惟有空处，有优婆塞姓释，可二十余家，是昔净王之苗裔，故为四姓，住在故城中，为优婆塞，故尚精进，犹有古风”云云，似应为支僧载《外国事》的原文或节文。另外，上引文中的“昔净王”是“白净王”之误，杨守敬于此有专门考证[⑥]，这是可以明确下来的。不过，在上引文中最值得研究的实际上还是“有优婆塞姓释”一句的标点与释义问题。

关于“有优婆塞姓释”，目前的点校本中还有另外两种标点方法，一是断为两句作“有优婆塞，姓释”[⑦]；另一是将其中的“释”字标为专用名作“有优婆塞姓释”[⑧]。这两种标点方法的采用，应当说是点校者经过慎重考虑后的结果，但究竟是否正确，似乎仍有商榷的必要。

如果按照前一种标点，意思是说“优婆塞”是“姓”“释”的。然而，“优婆塞姓

---

① 章巽：《法显传校注》，第122页。

② 章巽：《法显传校注》，第54页。

③ 按：章巽《法显传校注》第126页校注［13］已指出了《水经注》引文的这个错误，可采用。

④ 《水经注校》卷一《河水》，上海人民出版社，1984年，第12页。

⑤ 陈桥驿：《水经注·文献录》，见所著《水经注研究二集》。

⑥ 《水经注疏》第33页杨守敬疏云：“朱白作昔，戴、赵同。守敬按：《类聚》七十六引支僧载《外国事》曰，是白净王之苗裔。此昔为白之误。”

⑦ 《水经注校》卷一《河水》，第12页；《水经注疏》卷一《河水》，第32页。

⑧ 陈校本《水经注》卷一《河水》第7页。

释”一句中的“姓”不是姓氏的“姓”，而是指古印度的“种姓”，亦即郦注“故为四姓”的“姓”，这可从“优婆塞”的真实含义中得到证明。熊会贞疏云：“释僧肇注《维摩诘经》曰，优婆塞，义名信士男也。玄应《大菩萨藏经音义》曰，邬波索迦，或言优波娑迦，近侍也。言优婆塞者，讹也。此云近善男，亦云近宿男，谓近三宝而住宿也。或言清信士，善宿男者，义译也。”① 对此，岑仲勉亦有笺证：“汉章帝诏：‘其还赎以助伊蒲塞（upasaka）桑门之盛馔。’汉支曜译有《堕落优婆塞经》。《魏书》、《释老志》云：‘俗人之信冯道法者男曰优婆塞。’周甄鸾《笑道论》云：‘梵言优婆塞，此言善信男也。’玄应《一切经音义》云：‘梵言邬波索迦，此云近事，谓亲近三宝而奉事也。’《内法传》谓是创入佛法之事。”“释（Sakya）乃（释迦）之音译。”②

细绎熊氏疏文与岑氏笺证可知，“优婆塞”应为古印度种姓之一。“优婆塞”实即“邬波索迦”或“优波娑迦”的另一译名，未必是讹译，其义名作“信士男”、“近善男”或“近宿男”，有时又作“清信士”或“善宿男”，都是“近侍”的意思。所以，“优婆塞姓释”一句是不宜断开的。

至于“释”字，作为专用名，在佛教典籍中，大致有三种情况，或指古印度释迦族，或指佛祖释迦牟尼，或指佛教。但“优婆塞姓释”中的“释”字，无论如何也不能作释迦族、释迦牟尼或佛教解，而是泛指信仰佛教的僧人，亦即郦道元在《水经注·河水》中经常提到的“释氏”，《法显传》在谈及迦维罗卫城时说“城中都无王民，甚为坵荒，只有众僧、民户数十家而已”③ 即可为证。如此则前述第二种标点在“释”字之下画有横线，视之为专用名，显然是不妥当的。这样说来，陈桥驿先生的《水经注校释》对于“优婆塞姓释”的标点断句，看似简单了一些，却最符合郦注原意。

当然，这里特别需要指出的是，“优婆塞姓释”虽然为“白净王之苗裔”，却不在“四姓”之列。据玄奘、辩机《大唐西域记》：“若夫族姓殊者，有四流焉：一曰婆罗门，净行也，守道居贞，洁白其操。二曰刹帝利，王种也，旧曰刹利，略也。奕世君临，仁恕为志。三曰吠奢，旧曰毘舍，讹也。商贾也，贸迁有无，逐利远近。四曰戍陀罗，旧曰首陀，讹也。农人也，肆力畴垅，勤身稼穑。凡兹四姓，清浊殊流，婚娶通亲，飞伏异路，内外宗枝，姻媾不杂，妇人一嫁，终无再醮。自余杂姓，实繁种族，各随类聚，难以详载。”④ 可见“四姓”是指婆罗门、刹帝利、吠奢和戍陀罗，优婆塞是不与其间的，只能是所谓“各随类聚”的“杂姓”之一。前引郦注“是昔净王之苗裔，故为四姓，住在故城中，为优婆塞，故尚精进，犹有古风”⑤ 云云，大致是说“优婆塞”曾经为白净王之后裔，分属“四姓”，后来沦为杂姓，不在“四姓”之列。但自朱本以来，于所谓“四姓”多有诠释，但均未曾揭明其与“优婆塞”姓的关系，不能不说是一个不小的疏误。

另外，关于“故为四姓”，江苏古籍出版社 1989 年段熙仲先生的点校本《水经注疏》

① 《水经注疏》卷一《河水》第 32 页。

② 岑仲勉：《〈水经注〉卷一笺校》，见岑仲勉：《中外史地考证》（上册），中华书局，2004 年，第 234 页。

③ 章巽：《法显传校注》，第 81 页。引文中的“只有众僧、民户数十家而已”云云，《水经注疏》第 33 页作“只有众僧民户数十家而已”，按前文称“都无王民”，是没有“民户”、只有“僧民”之意，所以“众僧民户”指的就是僧户，是不宜断开的。《法显传校注》第 89 页述拘夷那竭城事标点作“其城中人民亦稀旷，止有众僧民户”，可证笔者说法的不误。

④ （唐）玄奘、辩机著，季羡林等校注：《大唐西域记》卷二《三国·印度总述》，中华书局，1985 年，第 197 页。

⑤ 此中“住在故城中，为优婆塞”之句，标点本《水经注校》卷一《河水》第 12 页以句号与前文断开，《水经注疏》卷一《河水》第 33 页标点作“住在故城中为优婆塞”，语义均更丰富一些。

第33页有杨守敬、熊会贞疏文："朱《笺》曰：详见《摩登伽经》。会贞按：《摩登经》云，世有四姓，皆从梵生。婆罗门者，从梵口生，刹利肩生，毗舍脐生，首陀足生。以是义故，婆罗门者，最为尊贵，得畜四妻。刹利三妻，毗舍二妻，首陀一妻。《唐西域记》，族姓殊者有四流焉。一婆罗门，净行也，守道居贞，洁白其操。二曰刹帝利，［旧曰刹利，略也。］王种也，奕世君临，仁恕为志。三吠奢，［旧曰首陀，讹也。］农人也，肆力畴垅，勤身稼穑。"如以熊氏疏文中的《唐西域记》引文与笔者前引《大唐西域记》之文字相比较，至少有三处不同：其一，省略了《大唐西域记》原文中的好几处"曰"字，这到无关紧要；其二，将原文中的小注"旧曰刹利，略也"移置于"王种也"三字之前而紧接"刹帝利"三字之后，使语句更为通畅；其三，遗漏了原文中"旧曰毘舍，讹也。商贾也，贸迁有无，逐利远近。四曰戍陀罗，"一大段文字[①]，不仅导致"四姓"中的第四姓"戍陀罗"姓不见踪影，而且使得第三姓"吠奢"姓的内涵发生根本性变化，错误是相当大的。熊氏疏文引《大唐西域记》而有此一大段缺文，致令后人无法卒读，实为一件憾事。

---

① 北京科学出版社1957年影印本亦缺这段文字，说明《水经注疏》原稿本即有错误。然而江苏古籍出版社1989年新出的点校本于此竟未置一词，亦一大疏误也。

第十章 多重证据法在历史地理学研究中的应用：汉番禺城故址新考

关于两汉时期岭南地区经济都会番禺城故址所在历来多有争议，本章通过细致的考证分析，否定了今广州旧城区说这一学术界的主流观点以及番禺沙湾说、顺德简岸说等异说，并通过历史文献资料、历史地名遗存、地貌状况、汉墓葬点分布、历史水道交通条件、历史城市生态环境等多重证据，认为秦及南越国时期的番禺城在今广州旧城区，但汉武帝元鼎六年（前111）则将南海郡治与番禺县治并置于旧番禺城之南，并考订两汉新番禺城的具体方位当在今广州市番禺区市桥北一带，另外相应还探讨了东汉末年番禺县城迁回旧址的时间、原因和意义。

一、汉番禺城故址诸种说法商榷

番禺城作为秦代南海郡尉治所和南越国都，是当时岭南地区最为重要的政治中心和经济中心所在地。西汉和东汉时期的番禺城为南海郡和番禺县的治所，由于地处水道，交通便利，又有通商海外之利，所以虽然不是岭南地区最重要的政治中心，却依然成为这一地区最著名的经济都会城市。汉番禺城不仅在当时的岭南地区政治、经济、文化发展中占有重要地位，也是广州城市发展史的一个重要历史阶段。然而，关于汉番禺城故址，历代文献记载多有歧义，导致今人也有诸多不同意见。传统主流观点认为是在今广州旧城区，最近又有学者相继提出番禺沙湾说、顺德简岸说等不同说法。这些说法其实与历史实际情况均不相符合，兹略作评述如下。

（一）广州旧城区说

这是目前在学术界占主流地位的观点。关于秦、汉番禺县的治所，历来学者多认为在今广州市旧城区。如唐人张守节《史记正义》即说：番禺为“潘虞二音。今广州”①。后

---

① 《史记》卷一二九《货殖列传》“正义”，中华书局，1982年，第3269页。唐时广州城在今广州市旧城区。

来的学者多从其说，如清人汪士铎《汉志释地略》释为“今县”①，即当时广州府附郭之番禺县。今人钱穆亦云：“秦、汉南海郡治番禺”，在“今广州市”②。《中国历史地名辞典》“番禺县”条亦释云：“秦置，治所即今广东广州市。隋开皇十年（590）废。唐长安三年（703）复置，治所在今广州市珠江南岸。大历间移治今广州市。北宋开宝五年（972）又废，皇祐三年（1051）复置。1913 年移治今番禺县（市桥镇）。”③ 显然是认定隋开皇十年（590）以前的番禺县都是在今天的广州市旧城区。在历史地名考证及标识方面最具权威性的《中国历史地图集》，亦将秦、西汉、东汉南海郡治番禺城址均标绘在今广州市旧城区的位置上④。

然而，上述看法或判断似乎与有关历史文献记载有不小的出入。关于南越国都和秦汉番禺县，唐人李吉甫的名著《元和郡县图志》广州南海县条有所记载：“赵佗故城，在县西二十七里。即尉佗都城也。”⑤ 其广州番禺县条则说：“本秦旧县，故城在今县西南二里。县有番山、禺山，因以为名。或言置在番山之隅。隋开皇十年改置南海县，即今县是也。长安三年，于江南洲上另置番禺县，取汉名。其洲周回约八十里。”⑥ 唐时广州及南海县治皆在今广州旧城区，按照《元和郡县图志》的记载，则赵佗都城在今广州旧城区以西 27 里处，秦汉番禺县是在唐番禺县“西南二里”，而唐番禺县是在广州城南的“江南洲上”。关于唐番禺县的具体地点，顾炎武认为“疑即卢循城，在河南村”⑦，如此则其“西南二里”仍当不出旧时广州城南珠江南岸的“河南”地区（今属广州市海珠区）。但宋人乐史《太平寰宇记》所记略有不同：“五羊城，按《续南越志》：旧说有五仙乘五色羊、执六穗秬而至，今呼五羊城是也。按其城周十里，初，尉佗筑之，后为步骘修之，晚为黄巢所焚。”“废番禺县，州南五十里，秦汉旧县，属南海郡。”⑧ 可见，以乐史看来，赵佗都城是在唐宋广州城（在今广州旧城区），与李吉甫之说有异，而秦汉番禺县城则在其南 50 里处，也较李说稍南一些。然而，《元和郡县图志》、《太平寰宇记》这两部古代地理总志名著也有共同点，就是都认为汉初尉佗南越国之都城与秦汉番禺县城不在一地，具体说就是秦汉番禺县城在今广州市旧城之南面。

其实，秦、汉两代的番禺县尽管都是南海郡治所，但地理位置还是有一些区别的。《汉书·地理志》明确说汉南海郡是“秦置。秦败，尉佗王此地。武帝元鼎六年开。属交州……番禺，尉佗都”⑨。可见赵佗南越国都城与秦时（包括南越国时期）番禺县是在一地。这也可从相关文献记载中得到证明。据《史记·南越列传》，“元鼎五年秋，卫尉路博德为伏波将军，出桂阳，下汇水；主爵都尉杨仆为楼船将军，出豫章，下横浦；故归义越侯二人为戈船、下厉将军，出零陵，或下离水，或抵苍梧；使驰义侯因巴、蜀罪人，发

---

① （清）汪士铎：《汉志释地略》，见于《二十五史补编》第 1 册，中华书局，1955 年，第 1247 页。
② 钱穆：《史记地名考》（下册），商务印书馆，2001 年，第 1469 页。
③ 复旦大学历史地理研究所《中国历史地名辞典》编委会：《中国历史地名辞典》，1986 年，第 867 页。
④ 谭其骧主编：《中国历史地图集》第 2 册，地图出版社，1982 年，图幅 11－12、35－36、63－64。
⑤ 《元和郡县图志》卷三四《岭南道一·广州·南海县》，中华书局，1983 年，第 887 页。
⑥ 《元和郡县图志》卷三四《岭南道一·广州·番禺县》，第 888 页。
⑦ 《肇域志·广东·广州府·番禺县》，上海古籍出版社，2004 年，第 2162 页。
⑧ 《太平寰宇记》卷一五七《岭南道一·广州·南海县》，光绪八年（1882）金陵书局刊本。
⑨ 《汉书》卷二八下《地理志下》，中华书局，1962 年，第 1628 页。按：《汉书·地理志》“属交州”，清人已辩其误。全祖望：《汉书地理志稽疑》卷二云：“南粤七郡至后汉末始称交州，前此但称交趾刺史，班史安得遽称交州，是必后人妄行窜改者。”见《二十五史补编》第 1 册，中华书局，1955 年，第 1258—1259 页。

夜郎兵，下牂柯江；咸会番禺”①。元鼎五年（前112）秋，南越国出现内乱，汉武帝兴兵讨伐南越，汉军五路进攻南越，而要“咸会番禺”，可见当时的南越国都与番禺城是在一处。另外，《史记·西南夷列传》也记载：建元六年（前135），“大行王恢击东越，东越杀王郢以报。恢因兵威使番阳令唐蒙风指晓南越。南越食蒙蜀枸酱，蒙问所从来，曰‘道西北牂柯，牂柯江广数里，出番禺城下’”②。唐蒙出使南越到了番禺城并吃到了来自蜀地的枸酱，显然也说明了当时的南越国都就是番禺城。1983年在广州旧城西北的象岗山发现了南越国文帝墓，为南越国的研究提供了实证。而在此之前的1974年，考古工作者在广州中山五路市文化局（原禺山书院）距离地面5米下发现了南越王宫砖石走道，砖石走道之下为大型木结构遗迹，从木块的^{14}C年代测定为2190±90年，为越城遗物③。1995年和1997年，又先后在广州旧城的中心位置发现了秦汉南越国宫署遗址，为南越国都城及宫署的存在、概貌及确切地点提供了重要物证。经考古研究确定，已发掘的两处宫署遗址均为南越国宫署中的御苑遗址④。南越国都在今广州旧城中心区一带，看来应当是了无疑问的。赵佗南越国都既是番禺城，且在今广州市旧城，说明秦及南越国时期的番禺县治确实是在今广州旧城一带。

然则据《史记》记载，汉武帝是在元鼎五年（前112）秋发兵攻打南越国的，但因路途不近，加以南越国军队的抵抗，一年后，即元鼎六年（前111）冬，伏波将军路博德、楼船将军杨仆等才分兵进至番禺城下，“楼船自择便处，居东南面；伏波居西北面。会暮，楼船攻败越人，纵火烧城”，“楼船力攻烧城”⑤。《汉书》所载略同⑥。楼船将军杨仆烧番禺城一事，已得到考古学证据。越王宫殿遗址正好有火烧过的炭屑和红烧土层堆积在瓦片层之上，厚达10厘米，反映当日火势很大，也说明王宫是毁于火的⑦。当时的番禺城何以易致火焚？曾昭璇认为“番禺城多茅屋而被烧毁，王宫亦焚”⑧，可备一说。王宫既被火焚，整个番禺城大概毁坏殆尽，这可能是当年汉武帝在别处另行改置南海郡治和番禺县治的一个重要原因。如此，则《元和郡县图志》和《太平寰宇记》所说的位于唐宋广州城南的秦汉番禺故城就只能仅仅以元鼎六年（前111）新置的汉番禺县城当之，不及于秦与南越国。长期以来人们多认为两汉时期的番禺城与秦代及南越国时期一样都在今广州旧城区，现在看来是不正确的。如此，则汉番禺城在今广州旧城区这一主流观点，同样也是与历史实际不相符合的。

（二）番禺沙湾说

此说为已故历史地理学家徐俊鸣所首倡。徐氏认为“汉武帝平定了南越之后，为了加

---

① 《史记》卷一一三《南越列传》，第2975页。此事《汉书》所记略同，参见《汉书》卷九五《西南夷两粤朝鲜传》，第3857页。

② 《史记》卷一一六《西南夷列传》，第2993—2994页。

③ 曾昭璇：《广州历史地理》，广东人民出版社，1991年，第209—210页。按：曾氏所说的“越城”即南越国都番禺城，又称赵佗城。

④ 高大伟、岳升阳：《南越国宫苑遗址的文化价值研究》，见中国秦汉史研究会、中山大学历史系、西汉南越王博物馆：《南越国史迹研讨会论文选集》，文物出版社，2005年。

⑤ 《史记》卷一一三《南越列传》，第2976页。

⑥ 《汉书》卷九五《西南夷两粤朝鲜传》，第3858页。

⑦ 曾昭璇：《广州历史地理》，第214页。

⑧ 曾昭璇、曾宪珊：《番禺及番禺城考》，见中国地理学会历史地理专业委员会《历史地理》编辑委员会：《历史地理》第12辑，上海人民出版社，1995年。

强中央的统治，把原被赵佗割据的地区划分为九郡（后缩为七郡），广东大部仍属南海郡。由于南海郡所管辖的地区远不及赵佗割据时辽阔，南海郡治和番禺县治已他迁，越城又受到战火的破坏，自不免较前衰落”①。至于迁徙的具体方位，则认为是“龙湾与古坝之间（今番禺沙湾附近）”。②

今按徐氏的番禺沙湾说实本于明清志书之有关记载。关于汉番禺县城的具体方位，自明代开始，地方志书开始有了较多的记载。明嘉靖四十年（1561）黄佐编纂的《广东通志》（此志后世习惯上多简称为黄佐《广东通志》或黄佐《通志》）就记载说：“番禺县治，汉始建于郡城南五十里，今龙湾、古坝之间，坝乃晋刺史邓岳所筑，刺史并治于此。”③ 黄佐之后，万历二十九年（1601）郭棐等纂的《广东通志》也有类似记载：“汉筑番禺城于郡南五十里，西接牂牁江，为刺史治。建安十五年交州刺史步骘开番山之北，广故越城，筑而固之，二十二年复徙治焉。吴分广州刺史，仍治此，而交州徙治龙编。”④ 明末清初顾炎武编撰地理总志《肇域志》时，也引用了黄佐《广东通志》的说法：“汉建（番禺）县于郡南五十里，今龙湾、古灞（按‘灞’为‘壩’即坝字之误）之间，刺史并治于此……秦旧县，在府城南五十里。汉交州、吴广州皆治于此。后迁城东，即盐仓，唐复修建之。”⑤ 清人顾祖禹于此也详有考说：“汉平南越，改筑番禺县城于郡南六十里，为南海郡治，今龙湾、古霸（按‘霸’亦为‘壩’字之误）之间是也，号佗故城曰越城。后汉建安十五年，步骘为交州刺史，以越城就圮，乃廓番山之北为番禺城，后又迁州治于此，自是不改。”⑥ 其说既出，景从者颇众，清人吴卓信《汉书地理志补注》即引用了《读史方舆纪要》的说法以补班固之书⑦。道光《广东通志》、同治《番禺县志》、光绪《广州府志》等亦皆引用了《读史方舆纪要》，同时也多兼采黄佐《通志》之说⑧。清人修纂地方志书，杂采罗列前说，鲜加认真考订，不仅将城南六十里、城南五十里之说并置于一书，而且混唐番禺县与清番禺县为一地，治丝愈芬，让人无从取信，这可能是今人论著多不采用汉初改迁番禺城之说的一个重要因素。

然则黄佐《广东通志》、顾祖禹《读史方舆纪要》的“龙湾、古坝之间”说确实也有不足取信之处。历史地理学家曾昭璇考证说：“越城自前196年被烧毁后，汉于郡南五十里，西江东岸，再建一南海郡城。《汉书》只说：‘筑番禺城于郡南五十里，西接牂牁。沮洳难居。’明黄佐据此定在今龙湾、古坝间。黄佐《广东通志》（1561）称：‘在广州城

---

① 徐俊鸣：《广州市区的水陆变迁初探》，原载《中山大学学报》（自然科学版）1978年第1期，此据徐俊鸣：《岭南历史地理论集》，中山大学学报编辑部，1990年。

② 徐俊鸣：《三国东吴时期交广分治的若干问题》，原载《中山大学学报》（自然科学版）1988年第3期，此据徐俊鸣的《岭南历史地理论集》。

③ 嘉靖《广东通志》卷二八《政事志一·公署上》，广东省地方志办公室誊印本，1997年，第681页。另外，此志尚有多条记载涉及汉番禺治所，不俱征引。

④ 万历《广东通志》上册卷十五《郡县志二·广州府·城池》，见中国科学院图书馆选编：《稀见中国地方志汇刊》第42册，中国书店，1992年，第367页。

⑤ 《肇域志·广东·广州府·番禺县》，第2162页。

⑥ 《读史方舆纪要》卷一〇一，见《广东二·广州府·番禺县·广州城》，上海书店出版社，1998年，第656页。

⑦ （清）吴卓信：《汉书地理志补注》卷七七，见《二十五史补编》第一册，中华书局，1955年，第963页。

⑧ 道光《广东通志》卷二一六《古迹略一·城址一》，见中国科学院图书馆选编：《稀见中国地方志汇刊》，中国书店，1992年，第3833—3834页；同治《番禺县志》卷十四见《建置略一·城池》，卷二三《古迹略一·城址署宅》，见《中国地方志集成·广东府县辑》，上海书店，2003年，第142、271页；光绪《广州府志》卷八三《古迹略一·城池》，卷八四《古迹略二·署宅》，见《中国地方志集成·广东府县辑》，上海书店，2003年，第440、456页。

南五十里，汉建安末交州移治于此。吴分交州为广州，亦治于此。《汉书》所谓浮牂牁，下漓津，盖乘斯水入粤者也。今之沙湾、紫泥港是矣。'”“番禺城迁徙于沙湾、紫泥（即龙湾、古坝间），似不确。今人叶汇在‘文革’前，吴壮达于1976年去考察，据说没有结果。作者去两次亦无所得。当地为江边小村，开村在宋代，沙洲众多。江岸常变，不易成大聚落。沙湾亦唐代以后才成聚落。显然是按里数求得。”① 按曾氏所说“越城自前196年被烧毁”以及所引《汉书》、黄佐《广东通志》之语多有疏误之处，但判断沙湾、紫泥诸地形成聚落的时间不早于唐代却是不争的事实。考古学家麦英豪亦考证说：“至于南海郡治南迁60里于改筑的番禺县城内，此说未见于《读史方舆纪要》之前的史籍记载，不知所据何自。如依顾说，则南海郡的政治中心有328年不在今广州城了。按照郡南60里的方位推算，南迁地点相当于今日番禺县市桥镇的位置。笔者曾两次到当地调查，在市桥和相邻的沙湾这一带，正是笔者老家毗邻的村镇。这一带为珠江三角洲较晚形成的冲积地，当地族谱记载是宋代才开村的。这里未见一座汉墓，也没有发现汉代遗物，甚至宋以前的墓葬也未见。但在广州近郊，由西汉前期到东汉末年的汉墓分布以及年代衔接都无间断或突然衰落的现象出现。这种延续不断的情况，为当时岭南地区各郡县的治地（如贵县、梧州、合浦等）所无。因此，汉平南越后，番禺（今广州市）应仍为南海郡治所，‘番禺南迁说’纯属误传。”② 麦氏所谓“此说未见于《读史方舆纪要》之前的史籍记载”、“‘番禺南迁说’纯属误传”云云虽然失之武断，但所说今市桥、沙湾一带开村较晚，却与曾昭璇的见解略同。从古墓葬、村落历史调查等方面的情况来看，黄佐《广东通志》、顾祖禹《读史方舆纪要》的“龙湾、古坝之间”说未必可成定论。或许正因如此，徐俊鸣在据之提出“番禺沙湾说”之时，也说“按龙湾、古霸在今番禺县沙湾附近。但访问该地父老，已无知有古城。而广州市郊则发现了不少汉代墓葬，是则汉代的番禺是否他迁，尚待进一步研究”。③ 这就显得信心不足，其说不被同行学者所认同，也是情理中事。

（三）顺德简岸说

此说由曾昭璇所提出。曾氏在否定黄佐《广东通志》“龙湾、古坝之间”说的同时，又提出了自己的新说。据史料记载，南汉时曾析南海县为常康、咸宁两县，北宋开宝六年（973）与番禺县一道并入南海县④。其中关于咸宁县所在，同治《广东通志》只提到：“咸宁废县，南汉置，在南海西。”⑤ 曾昭璇先生又进一步考证说是在今广东顺德简岸一带，因为据说“在顺德简岸村侧（西侧），细海南岸（细海是当地一条小河的名称），是在河岸地势较高一处的瓦砾场所。笔者考察时还是一片砾堆荒地（1978），瓦砾厚达1米以上，混有唐、南汉瓦片甚多，随手已捡出唐末‘六出碗’残片不少。……石桥头有古桥一座，还有咸宁社设在桥头，社坛已毁，但村民仍称为‘咸宁社’”⑥。这段考证，有文献

---

① 曾昭璇：《广州历史地理》，第219页。

② 麦英豪：《广州城始建年代考》，原载《广州文博》1986年第3期，此据广州市文化局、广州市文博学会：《羊城文物博物研究——广州文博四十年文选（一）》，广东人民出版社，1993年。按：该文引《读史方舆纪要》“今龙湾、古霸之间是也”一句作“今龙湾古庙之间是也”，误。

③ 徐俊鸣：《我国古代海外交通和贸易对于广州城市发展的影响》，原载《中山大学学报》（自然科学版）1979年第4期，此据徐俊鸣的《岭南历史地理论集》。

④ 《太平寰宇记》卷一五七《岭南道一·广州·南海县》。

⑤ 同治《广东通志》卷二一六《古迹略一·城址一》，第3834页。

⑥ 曾昭璇：《广州历史地理》，第219—220页。

记载与野外调查所得相参证，或有一些道理。但曾氏考订南汉咸宁县故址的目的乃在于寻求汉番禺城的所在，所以他又进一步推论说：“咸宁县废址即汉初番禺城所在”，其提出的具体理由有如下几条：①咸宁四周地方在汉代已有广大平原可以建县城；②简岸也可说在广州南“五十里”；③简岸合乎“西接牂牁”地理位置；④咸宁为汉县合乎“沮洳难居”环境，简岸位置是在乐从河下游汉河区。[①] 曾氏的上述考证成果，已为部分学者所征引[②]。但依笔者的意见，“咸宁县废址即汉初番禺城所在”之说立足不稳，因为类似的地理形势在珠江三角洲地区是比较容易找到的，而曾氏的论证在历史文献和考古上的依据方面却有些不够，所以其说既出，学界响应者不多。所以现在看来，汉武帝元鼎六年（前111）平灭南越后改迁南海郡治及番禺县治一事虽然可成定论，但这个新番禺城的地理方位究竟在何处，仍然需要再行探究。

二、“水坑陵”与汉番禺城方位的新推断

要考得汉番禺县城的具体方位，还需要从较古的相关文献记载入手。按，北魏郦道元《水经注》卷三七《泿水》云：“泿水东别迳番禺，《山海经》谓之贲禺者也。交州治中合浦姚文式问云：何以名为番禺？答曰：南海郡昔治在今州城中，与番禺县连接，今入城东南偏有水坑陵，城倚其上，闻此县人名之为番山，县名番禺，倘谓番山之禺也。”[③] 其中之“水坑陵”一词，历史地理学家与地名学专家吴壮达曾进行过专门研究，认为“无疑是解决古广州前身的古番禺城或‘番禺之都’所在地点的关键”。他认为“不论‘水坑陵’一词的第二字读音是‘坑’或‘冗’，其与‘水’和‘陵’连同起来的含义，都不应有很大的差别。它指的应是多面临水，或被水所环绕的一片高阜地区。既然是‘陵’，就不会是很高峻的地势；既然用‘水坑（坑）’，则不会是辽阔的水面（后者是今粤人对‘坑’的惯用词义）”。“《水经注》所说的‘今州城’，应是东汉末自广信迁治的交州州城，即步骘为交州刺史时所筑的城；其后不久，即有三国吴时初置广州，因而这也应是新设的广州州城。这座由古番禺演进而来的州城，就是位于旧广州城内偏东高地之上，并包括其边缘部分临水岸坡在内。这个为州城所倚的‘水坑陵’，与当时辽阔的珠江江岸远较今天接近。在海潮消长影响所及的江边地带，居民点的兴起，依靠上述高地及其边缘岸坡，正是很自然的发展。况且这些高地的北邻，又有高达百米上下的‘北山’（粤秀山等）为之屏障；加以从此开始，远接白云诸山，在形势上完全符合《史记·南越传》的任嚣语赵佗‘番禺负山险，阻南海’之言。”[④]

吴壮达不愧是地理学家出身的知名历史地理学者，据《水经注》所记揭示了秦汉时期

---

① 曾昭璇：《广州历史地理》，第220—225页。另，参见曾昭璇：《番禺与番禺城古地名考释》，载《羊城今古》1992年第3期。

② 陈代光：《广州城市发展史》，暨南大学出版社，1996年，第77页。

③ 陈桥驿：《水经注校释》，杭州大学出版社，1999年，第652页。又上述《水经注》引文，现行诸本略有不同，其中“今入城东南偏有水坑陵，城倚其上”一句，上海人民出版社1984年王国维校、袁英光、刘寅生整理标点的《水经注校》（第1178页）、上海古籍出版社1990年陈桥驿点校的《水经注》（第707页）均作“今入城东南偏有水坑，陵城倚其上”，显误。

④ 吴壮达：《〈水经注〉的“水坑陵”问题——广州历史地理问题研究之一》，载《华南师院学报》（自然科学版）1980年第2期，第97—113页。

广州城市赖以兴起发展的地貌环境条件，颇有启发意义。但依笔者意见，吴说仍有值得商榷之处：其一，汉武帝元鼎六年（前111）曾改置番禺县，东汉末年交州刺史步骘又曾徙治于旧地，而《水经注》所记交州治中合浦姚文式问答之语，不系时间，难知其是步骘徙治之前或之后，所以不能肯定“水坈陵”三字说的就是徙治旧地后之形势。其二，番禺之得名历来颇有争议，吴氏认为“应是源自‘番山之禺’，而不是‘番山’和‘禺山’”①，但曾昭璇先生却认为“番禺”二字“按《越绝书》的古越语译出‘番’即村，‘禺’即盐或咸之意，番禺即为‘盐村’或‘咸村’”②，又有人认为“古代蕃、藩、番相通，‘九州之外谓之蕃国’，后世谓中国以外的国家为‘番国’，称外国人为‘番人’。‘禺’作区域解，即地域也。番、禺结合，为‘岭南蕃国蛮夷之地’也，此为‘番禺’最初得名之本意”③。如此，则“番山”和“禺山”极有可能为晚出之词，后于番禺设县，并可能随着番禺县的迁徙而发生地名搬家的现象，所以，尽管《水经注》中将“水坈陵”与“番山”记在一起，但不可认定二者必在一处或相邻，并进而依“番山”之位置而求“水坈陵”之所在。其三，“番山”和“禺山”之地名虽然历经变迁，其具体地点人言言殊，但大致不出今广州旧城区范围，显示出其与秦汉以来的番禺县有一定的渊源关系，但是在今广州旧城区范围内却很难找到与《水经注》所载“水坈陵”有关的地名，这说明这个历史地名可能原来就不在今广州旧城区。

基于以上认识，笔者认为，《水经注》所载的“水坈陵”，并不是“解决古广州前身的古番禺城或‘番禺之都’所在地点的关键”，而恰恰应是解决汉武帝元鼎六年（前111）改迁后直到东汉末年交州刺史步骘迁回旧址前的两汉南海郡治和番禺县治所在地点的关键。

据20世纪80年代初所编绘的有关地图，广东省番禺县市桥镇（即今广州市番禺区政府与市桥街道办事处所在地）以北地区颇多与“水坈陵”有若干联系的聚落地名。东北方向有旧水坑、新水坑（别名水濂）、横坑、坑头、驼背坑、金坑等多个涉“坑”聚落地名；西北方向则有官坑、深坑口等涉“坑”聚落地名。④ 再据新编《广州市地名志》的《番禺县地名图》，市桥东北方向尚可补充多个涉“坑”地名，计有珠坑、塘尾坑、梅山（又名上坑）、眉山（又名苏坑）、思贤（又名严坑）等。⑤ 合计起来，市桥北一带的涉“坑”聚落地名竟然达到13处之多。这一地区涉“坑”聚落地名如此普遍，为广州城郊及其附近地区所少见，似多为与古时水坑（即“水坈”）地貌相关的历史聚落地名遗存，如在市桥东北4公里的旧水坑（旧名水坑）、5公里的新水坑，据说都是“南宋末年成村，因地居山坑水圳的环绕台地”而得名⑥。据《广州市地名志》的有关资料，这些涉“坑”聚落的形成历史除坑头据传“秦代已有人聚居”外，大多晚于唐宋时期（见表10-1），但实际情况可能并非如此。据文物考古资料介绍，市桥东北方向的石碁镇水坑村（即新水坑村，今为大龙街道办事处管辖）即有南朝陈元德家族墓。陈元德（372—463）为东晋

---

① 吴壮达：《〈水经注〉的“水坈陵”问题——广州历史地理问题研究之一》。

② 曾昭璇：《广州历史地理》，第14页。

③ 陈代光：《广州城市发展史》，第41页。

④ 广东省测绘局：《广东省县图集》（内部使用）“花县 番禺县”图幅，1982年，第8页。

⑤ 广州市地名委员会《广州市地名志》编纂委员会：《广州市地名志》，香港大道文化有限公司，1989年，第448—449页《番禺县地名图》。

⑥ 广州市地名委员会《广州市地名志》编纂委员会：《广州市地名志》，第460页。

秦州南安郡獂道县（今甘肃陇西县）人，隆安三年（399）奉诏进讨孙恩有功，擢升建国大将军，后弃官避居番禺白水坑，卒于南朝宋大明七年（463）。目前陈元德墓已遭破坏，但墓左其长子陈亮墓、墓右其曾孙陈所学墓现存尚好。① 陈元德为由晋入宋之人，避居番禺白水坑之前其地当已有人居住，如此则新、旧水坑一带聚落的历史当不会晚于晋代。这说明，尽管今广州市番禺区南部（市桥以南）地区开村的历史不早于唐代，但番禺区北部（市桥以北）地区的成陆历史和开发历史则稍早一些，至少在秦汉魏晋之际就已形成了不少村落。

表 10－1　广州市番禺区北部部分涉“坑”聚落历史简况表

聚落地名（别名）	行政归属	大致方位	聚落历史	备注
旧水坑	石碁镇辖大龙镇（今大龙街道办事处）	市桥东北 4 公里	南宋末年成村	旧名水坑
新水坑（水濂）	石碁镇辖大龙镇（今大龙街道办事处）	市桥东北 5 公里	南宋末年成村	旧属水坑，1961 年更名
珠坑	沙头镇（今沙头街道办事处）	市桥东北 2 公里	明朝正德年间成村	原名朱坑
官坑	大石镇（今大石街道办事处）	市桥西北 15 公里	相传建村于元朝大德四年（1300）	
坑头	南村镇	市桥东北 6.8 公里	据传秦代已有人聚居	
梅山（上坑）	南村镇	市桥东北 7.8 公里	相传唐末建村	后因附近堤坝多植梅树而改名
思贤（严坑）	新造镇	市桥东北 14.5 公里	不晚于明代	严姓建村，后因自称屈原后裔的屈姓人居多而改名
眉山（苏坑）	化龙镇	市桥东北 10 公里	据传明洪武己巳年（1389）建村	苏氏退伍军人集结建村，后村民以苏东坡故籍为村名

说明：本表据广州市地名委员会《广州市地名志》编纂委员会编的《广州市地名志》（香港大道文化有限公司，1989 年）第 460—491 页有关资料整理。

① 广东省文化厅：《中国文物地图集·广东分册》，广东省地图出版社，1989 年，第 232 页。按：白水坑当即石碁镇辖大龙镇（今大龙街道办事处）之新水坑，陈元德墓在其东北的鸿鹄岭（又名将军山），山体海拔 46 米，为南村镇坑头村、大龙镇（今大龙街道办事处）新水坑村、沙头镇（今沙头街道办事处）蔡边村三村交界地。参见《广州市地名志》，第 493 页。又，蔡边村，《广州市地名志》作蔡边镇，似误。

值得特别注意的是，市桥东北方向的涉“坑”聚落地名比较密集，北起金坑，南至珠坑，形成一个半弧形的密集分布区，尤其是这个半弧的东南部，分布有旧水坑、新水坑、横坑、坑头、塘尾坑、珠坑等地名，更是涉“坑”聚落地名的密集区，而在这个半弧的内侧（西侧）即市桥正北方向则为一大片低丘台地区，其北部南村镇植地庄北的大镇岗地势最高，海拔为146米[①]。根据历史地名遗存及地貌状况的种种迹象，再结合前引北魏郦道元《水经·泿水注》“南海郡昔治在今州城中，与番禺县连接，今入城东南偏有水坑陵，城倚其上”的记载，就不难推断出，今番禺区市桥以北至南村镇之间的低丘台地区，大致应该就是《水经注》所说的古“水坑陵”的所在，也就是两汉番禺城故址的大致方位。从里数上讲，广州市番禺区市桥北一带也可以说在广州旧城南“五十里”或“六十里”。曾昭璇认为“古书所记，里数和方位只是一个约数，未经精密测量，尤以方位为然。‘郡南’方位在佛山以东，新造以西地区都可用上”[②]。其说颇有道理。前引宋人乐史《太平寰宇记》有“废番禺县，州南五十里”之记载，比之市桥西南的龙湾、古坝、沙湾、紫泥诸地，市桥镇北一带稍偏于东北，但仍在今广州旧城区之东南，在方位、里数上均可以说是比较吻合。

三、支持汉番禺城在今广州市番禺区市桥北一带的其他佐证

上文已据历史地名遗存及地貌状况并结合《水经·泿水注》、《太平寰宇记》的有关记载，推测两汉番禺城应当在今广州市番禺区市桥北一带的低丘台地区。以下还可以提出其他一些旁证，来支持笔者的这个新推测。

（一）市桥北一带低丘台地区周围多处汉墓群的发现

曾昭璇曾指出市桥西南的“沙湾、紫泥均无唐迹，更无汉迹”，“只于市桥北才有东汉墓区”[③]，可惜因其着力于顺德简岸说的论证，并未对市桥北一带东汉墓区的存在过多留意。而麦英豪则以“广州近郊，由西汉前期到东汉末年的汉墓分布以及年代衔接都无间断或突然衰落的现象出现”为据来否定诸多历史文献关于汉番禺城曾经南迁的记载。[④]广州考古界似乎普遍认同这一说法，以至于以先入为主的思维将西汉中后期和东汉时期广州南郊（即海珠区）汉墓点的逐渐增多也相应地解释为：“自西汉中叶以来，经济日益发展，人口逐渐增加，随着城区的扩大，葬地也跟着向南伸延。”[⑤]其实这样的看法是值得商榷的。

据有关考古资料，近年来番禺区北部至少已有3处汉墓群先后被发现，可知市桥北一带最迟自两汉时起就是人烟比较密集之地。1993年考古工作者在番禺市市桥镇西北的沙头

① 广东省测绘局：《广东省县图集》（内部使用），1982年，第8页；广州市地名委员会《广州市地名志》编纂委员会：《广州市地名志》，第456页。

② 曾昭璇：《广州历史地理》，第221页。

③ 曾昭璇：《岭南史地与民俗》，广东人民出版社，1994年，第17页。

④ 麦英豪：《广州城始建年代考》。

⑤ 中国社会科学院考古研究所、广州市文物管理委员会、广州市博物馆：《广州汉墓》（上册），文物出版社，1981年，第2页。

（今属番禺区沙头街道办事处）龟岗东侧共发现东汉晚期墓葬21座，均为穹隆顶砖室墓，已对其中的11座墓葬进行了清理，其中3号墓保存较好，规模最大，出土器物最为丰富。[①] 1998年5—8月，为配合广东省番禺市钟村镇屏山二村（今属番禺区钟村街道办事处）工业开发区的建设，广州市文物考古研究所会同番禺博物馆对开发区范围内的东汉墓群进行了抢救性发掘，共发掘东汉砖室墓15座。据说开发区内东汉墓分布范围广阔，105国道以南沿线的曾岗、村头岗、杉岗、竹叶岗等均有发现，此次抢救发掘只是其中的一部分。尤其令人关注的是，屏山二村的东汉墓群中的砖室壁中还清理出大量铭文砖，共计386块，其中CM1：89的铭文为“番禺都亭长陈诵”，这为判断汉番禺县城的大致方位提供了相应的证据。然而，研究者根据沙头、屏山的东汉墓群的分布情况却只是推测汉武帝时期“南迁的番禺新城应在现番禺市桥、钟村、沙湾镇一带”，[②] 论证似乎稍显粗略。2001年4—6月，广州市文物考古研究所会同番禺博物馆对雅居乐房地产在番禺区南村镇员岗村南三把岗一带施工地段进行了全面勘探，发现并清理2座东汉砖室墓。[③] 另外，在今广州市番禺区北境新造镇辖区内珠江水道中的江心洲——小谷围岛的北亭村，过去就曾发现过东汉砖室墓。[④] 2003年，为配合小谷围岛广州大学城工程建设，广州市文物考古研究所会同番禺区文物办在小谷围岛进行了拉网式的地上、地下的文物调查，据说发现100余座西汉晚期至东汉末期的墓葬，但研究者受传统观点的影响，对此的解释仍是：“广州的地形，北和东北面是丘陵和山地，汉墓分布只在近郊，距城区不远。南面因珠江河道阻隔，西汉早中期墓不见。随着城区的扩大，到东汉，城南成了主要墓区。”[⑤] 汉武帝元鼎六年（前111）平灭南越国以后，番禺城毁于战火，已不是岭南最重要的政治中心，虽然仍保持着区域经济中心地位，却没有任何史料证实当时的番禺城以今广州旧城区所在的秦及南越国的番禺旧城为中心向外扩展。其实，今广州市南郊海珠区以及番禺区北部之所以会发现多处汉墓群，正是与汉番禺城的南迁密切相关的。当然汉代墓葬区不可能与当时的新建城址完全重合，而只能分布在其外围，今番禺区市桥北一带低丘台地区的西南方向有沙头汉墓群和屏山汉墓群，北侧有小谷围岛汉墓群，东南侧有南朝陈元德家族墓，而西北方向海珠区的西汉中后期和东汉时期汉墓点更多。两汉及南朝墓群尤其是番禺区北部地区汉墓群的分布形势，正提示了汉番禺城的大致方位。

---

① 广州市文化局、广州市地方志办公室、广州市文物考古研究所：《广州文物志》，广州出版社，2000年，第64—65页。

② 广州市文物考古研究所、番禺博物馆：《广东番禺市屏山东汉墓发掘报告》，见考古杂志社：《考古学集刊》第14辑，文物出版社，2004年。

③ 广州市文物考古研究所：《番禺员岗村东汉墓》，见广东省文物考古研究所等：《华南考古》1，文物出版社，2004年，第222—247页。

④ 广东省文化厅：《中国文物地图集·广东分册》，第232页。

⑤ 广州市文物考古研究所：《番禺小谷围岛山文头岗东汉墓》，见广州市文物考古研究所：《羊城考古发现与研究（一）》，文物出版社，2005年。

图 10－1 广州市番禺区北部涉“坑”地名与汉墓葬分布点示意图

（二）市桥北一带具有便利的水道交通条件

汉武帝元鼎六年（前 111）平灭南越国以后，改迁南海郡治与番禺县治于旧治之南，虽然旧城相应衰落，而新番禺城仍然发挥着区域经济中心的作用。司马迁说：“番禺亦其一都会也，珠玑、犀、瑇瑁、果、布之凑。”① 班固也说：“（粤地）处近海，多犀、象、毒冒、珠玑、银、铜、果、布之凑，中国往商贾者多取富焉。番禺，其一都会也。”② 在《史记·货殖列传》中列举的汉初全国 19 个区域中心城市中，被称作“都会”的城市只有 9 个，而番禺即居其一，可见其商贸经济发达的程度。今广州市番禺区市桥北一带北近珠江及其支津三枝香水道和沥滘水道，东邻莲花山水道和狮子洋，南有市桥水道和沙湾水道，西侧邻近陈村水道，这些水道历来即为内河水运及海外交通的重要通道，至今仍有通航之利，秦汉时期这些水道当更为宽阔，③ 水运交通之利自然更为显著。番禺城在元鼎六年（前 111）南迁后，商业贸易仍然发达并保持着区域经济都会的地位，显然得益于其河海的港口优势和便利的水道交通条件。

（三）市桥北一带最符合所谓“沮洳难居”的历史城市生态环境

据嘉靖《广东通志》记载：“初，州治在番禺城南五十里，西接牂牁末流，沮洳难

① 《史记》卷一二九《货殖列传》，第 3269 页。

② 《汉书》卷二八下《地理志下》，第 1670 页。

③ 由于市桥以南成陆时间较晚，秦汉时期市桥南面的市桥水道和沙湾水道所在地当时尚为海域，自有海港可资停泊商舶。

居。（建安）二十二年，（步）骘徙治尉佗故都，筑立城郭，民用绥集。”① 明人郭棐《粤大记》、清人仇巨川《羊城古钞》也有大致相同的说法。②“沮洳难居”之说虽不见于今本《汉书》、《后汉书》、《三国志》等正史记载，但绝不会是明人所杜撰，或出于已佚之古书，在无反证提出之前，其说大致是可以相信的。“沮洳难居”这样的历史城市生态环境的局限，应当是东汉末年吴交州刺史步骘迁徙南海郡治与番禺县治于旧地的一个重要原因。但客观地说，历史时期珠江三角洲地区河网如织，符合“沮洳难居”环境的地方一定不少，不能任意指定，必须结合方位、里数、地形地貌环境、历史交通形势等其他因素进行综合分析才能确定。曾昭璇以顺德简岸一带当之，论证虽勇，但其他方面的证据不太充分，所以终究有些牵强。笔者认为，若以“沮洳难居”而论，市桥北一带最为符合。一则这一地区在历史时期本身就是诸多水坑分布区，现在这些水坑仍多有遗迹可寻，加之区内又有不少河、涌交错其间，古时水网当更为复杂一些，颇符合“沮洳难居”之说；二则如前已述，市桥北一带四周为多条宽阔的水道所环抱，这些水道历来即为内河水运及海外交通的重要通道，所以使得两汉时期的番禺城虽经改置而不至于完全衰败，并且还有一定程度的发展。但是，汉代新置的番禺城所处地理环境也有严重的缺陷，水运固然通畅，但因其地河网如织，地势低洼，对外陆路交通十分不便，难以控制整个岭南地区的政治形势。如果从位于珠江三角洲顶端水陆交通枢纽地点的秦番禺旧治即今广州旧城一带南下汉南海郡治和番禺县治所在的新番禺城，则需要三渡珠江河道（今广州市河南地区即海珠区南北皆为珠江河道，海珠区以南、番禺区北境的三枝香水道与沥滘水道亦为珠江支津），现在主要以依靠轮渡或桥梁来渡人行车，古时江面更为宽阔，陆路交通之不便可想而知，这可能更加深了当时人们南到新番禺城一带而产生的“沮洳难居”的印象。可以说，正是“沮洳难居”这样的历史城市生态环境制约了这座新城市的进一步发展，这也导致东汉末年最终还是将南海郡治和番禺县治一并迁回旧址。

四、东汉末年番禺县城迁回旧址的时间、原因与意义

东汉末年将番禺县城迁回旧址一事，素来未引起人们的充分关注，其实从史料记载中可发现一些蛛丝马迹。《元和郡县图志》云：“献帝末，孙权以步骘为交州刺史，迁州于番禺，即今州理是也。孙皓时，以交州土壤太远，乃分置广州，理番禺。交州徙理龙编。”③ 这里仅仅简单地提到了“迁州于番禺”与交广二州分治之事，而北魏郦道元《水经注》卷三七《泿水》述迁州番禺事由更详：“建安中，吴遣步骘为交州，骘到南海，见土地形势，观尉佗旧治处，负山带海，博敞渺目，高则桑土，下则沃衍，林麓鸟兽，于何不有。海怪鱼鳖，鼋鼍鲜鳄，珍怪异物，千种万类，不可胜记。佗因冈作台，北面朝汉，圆基千步，直峭百丈，顶上三晦，复道回环，逶迤曲折，朔望升拜，名曰朝台。前后刺史郡守，迁除新至，未尝不乘车升履，于焉消遥。骘登高远望，睹巨海之浩茫，观原薮之殷

① 嘉靖《广东通志》卷四四《列传一·名宦一·步骘》，第1093页。

② 郭棐：《粤大记》卷八《宦迹类》，中山大学出版社，1998年，第175页；仇巨川：《羊城古钞》卷五《名宦·步骘》，广东人民出版社，1993年，第382页。

③ 《元和郡县图志》卷三四《岭南道一·广州》，第885—886页。

阜，乃曰：斯诚海岛膏腴之地，宜为都邑。建安二十二年，迁州番禺，筑立城郭，绥和百越，遂用宁集。"[①] 其中"建安二十二年，迁州番禺"之句，清人杨守敬疏云："《续汉志·注》引王范《交广春秋》，建安十五年，交州治番禺。《晋志》同。《舆地广记》亦同。《宋志》在十六年，此作二十二年，又异。"[②] 已指出了史书记载在具体时间上的分歧。而其"筑立城郭"一句，熊会贞疏云："《元和志》，广州城，步骘所筑。《寰宇记》引《续南越志》，旧说有五仙人，乘五色羊，执六穗秬而至，至今呼五羊城。其城周十里。初，尉佗筑之，后为步骘修之，晚为黄巢所焚。"[③] 熊会贞引《元和志》说"广州城，步骘所筑"，似与原文有些出入，自是演绎之辞，却不无道理。因为《史记》、《汉书》已明言南越国都番禺城在元鼎六年（前111）冬曾受火攻，《水经注》又记建安中步骘观尉佗旧治处时只是盛赞其形胜之壮、物产之饶，并未说到宫室建筑的情况，显然已是废墟，所以当是在后来"迁州番禺"之时，才有"筑立城郭"之举动。

关于东汉末年步骘迁州番禺的时间，明清志书也多有不同。清人顾祖禹系年于建安十五年（210）[④]，与《水经注》二十二年（217）说异。明人黄佐所记则颇多混乱，或谓"建安十五年，交州刺史步骘以越城久圮，乃廓番山之北为番禺城，二十二年迁州治于此"[⑤]，或谓"建安十五年交州刺史步骘徙治于此，后改交州牧，俄而复旧。吴分交州为广州，俄亦复旧。二十二年，步骘用治中姚文式言，徙治五羊城，因尉佗故国筑而固之"。[⑥] 郭棐则仅取黄佐前一说法，谓"建安十五年交州刺史步骘开番山之北，广故越城，筑而固之，二十二年复徙治焉"[⑦]。前人说法既众，值得一辩。

史书确有建安十五年（210）徙交州于番禺的记载，《续汉书·郡国志》注引王范《交广春秋》云："交州治赢陵县，元封五年移治苍梧广信县，建安十五年治番禺县。诏书以州边远，使持节，并七郡皆授鼓吹，以重威镇。"[⑧]《晋书·地理志》记两汉交州沿革及交广分治事颇详："武帝元鼎六年，讨平吕嘉，以其地为南海、苍梧、郁林、合浦、日南、九真、交阯七郡，盖秦时三郡之地。元封中，又置儋耳、珠崖二郡，置交阯刺史以督之。昭帝始元五年，罢儋耳并珠崖。元帝初元三年，又罢珠崖郡。后汉马援平定交部，始调立城郭置井邑。顺帝永和九年，交阯太守周敞求立为州，朝议不许，即拜敞为交阯刺史。桓帝分立高兴郡，灵帝改曰高凉。建安八年，张津为刺史，士燮为交阯太守，共表立为州，乃拜津为交州牧。十五年，移居番禺，诏以边州使持节，郡给鼓吹，以重城镇，加以九锡六佾之舞。吴黄武五年，割南海、苍梧、郁林三郡立广州，交阯、日南、九真、合浦四郡为交州。戴良为刺史，值乱不得入，吕岱击平之，复还并交部。赤乌五年，复置珠崖郡。永安七年，复以前三郡立广州。"[⑨] 所说与《交广春秋》有一些出入，但记汉末移交州于番禺的时间却完全相同。但《宋书·州郡志》则云："交州刺史，汉武帝元鼎六年开百越，交趾刺史治龙编。汉献帝建安八年，改曰交州，治苍梧广信县，十六年，徙治南

① 陈桥驿：《水经注校释》，杭州大学出版社，1999年，第652页。
② 杨守敬、熊会贞疏：《水经注疏》（下册），江苏古籍出版社，1989年，第3100页。
③ 杨守敬、熊会贞疏：《水经注疏》（下册），第3100页。
④《读史方舆纪要》卷一〇一《广东一·广州府·广州城》，第656页。
⑤ 嘉靖《广东通志》卷十五《舆地三·城池》，第352页。
⑥ 嘉靖《广东通志》卷二八《政事志一·公署上》，第667页。
⑦ 万历《广东通志》卷十五《郡县志二·广州府·城池》，第367页。
⑧《后汉书·郡国志五》注引，中华书局，1965年，第3533页。
⑨《晋书》卷十五《地理志下》，中华书局，1974年，第464—465页。

海番禺县。”[①] 此处云徙州时间是在建安十六年，与前引二书不同，后世鲜有从之者。

另据《三国志·吴书·士燮传》：“建安十五年，孙权遣步骘为交州刺史。骘到，燮率兄弟奉承节度。而吴巨怀异心，骘斩之。”[②] 其相关行事，宋司马光《资治通鉴》也系年于建安十五年，元胡三省作注则引用了《晋书·地理志》建安十五年移州居番禺的说法[③]。建安十五年移州说，后代地理志书多采之。南宋欧阳忞《舆地广记》广州条云：“建安十五年兼立交州，吴永安六年分立广州。”[④] 王象之《舆地纪胜》也说：“《通鉴》：建安十五年，孙权以步骘为交州刺史，而交趾太守士燮率兄弟奉承节度。则交州刺史时已治交趾矣，自步骘为刺史之后，始理番禺，又以番禺为广州，而交州复治交趾。”[⑤] 然而事情可能未必如此简单，因为据《三国志·吴书·步骘传》：“建安十五年，出领鄱阳太守。岁中，徙交州刺史、立武中郎将，领武射吏千人，便道南行。明年，追拜使持节、征南中郎将。刘表所置苍梧太守吴巨阴怀异心，外附内违。骘降意怀诱，请与相见，因斩徇之，威声大震。士燮兄弟，相率供命，南土之宾，自此始也。”[⑥] 关于步骘赴任交州的具体时间问题，胡守为先生以为是：“建安十五年（210），孙权任命步骘为交州刺史，正式插手交州的事务。步骘有名于吴国，方受任为鄱阳太守，孙权急忙把他调往交州，就是迫切要解决交州的问题，而步骘所具备的名望和才干，又是合适的人选。翌年，步骘率武吏1000人赴任，孙权又加授使持节、征南中郎将的头衔，提高他的地位。”[⑦] 若依此考证，则建安十五年（210）孙权确曾遣步骘为交州刺史，希望其移治于南海郡番禺县，进而控制交州形势，但步骘似乎次年即建安十六年（211）才到任上，故而绝不可能于建安十五年（210）就发生如明人黄佐所说的“乃廓番山之北为番禺城”之事。如单纯从时间上分析，《宋书·州郡志》“十六年，徙治南海番禺县”之说似乎也不是全无根据，但建安十六年（211）步骘初来岭南，关注的重点是如何尽快铲除刘表所树立的敌对势力，岂有时间和精力来“筑立城郭”？如此说来，建安十五年孙权遣步骘为交州刺史当属事实，而其到任的时间可能是在次年，按照当时岭南的政治、军事形势，步骘绝不可能于孙权委任交州刺史的当年即建安十五年（210）或者次年即建安十六年（211），就在南越旧都之地大兴工程建造交州的新治所。

这样看来，东汉末年“迁州番禺”的时间虽有多种说法，但交州与番禺县皆曾迁建，却了然已明。以笔者的意见，建安步骘“迁州番禺”可能分作两步，建安十五年（210）是将交州从其原治所即苍梧郡广信县徙置于汉武帝新置的南海郡番禺县（此事大概实际上是在建安十六年即211年才落实的），待岭南形势粗定之后，乃采用交州治中合浦姚文式的建议，于建安二十二年（217）又将交州治与南海郡、番禺县一道北徙于赵佗旧治处，并“筑立城郭”，以为官署之用[⑧]。若此说不误，则从西汉武帝元鼎六年（前111）到东汉

① 《宋书》卷三八《州郡志四》，中华书局，1974年，第1204页。

② 《三国志》卷四九《吴书·士燮传》，中华书局，1982年，第1192页。

③ 《资治通鉴》卷六六《汉纪五十八》建安十五年记事及胡注，上海古籍出版社，1987年，第443页。

④ 《舆地广记》卷三五《广南东路·中都督府·广州》，四川大学出版社，2003年，第1084页。

⑤ 《舆地纪胜》卷八九《广南东路·广州》，中华书局，1992年，第2822页。

⑥ 《三国志》卷四九《吴书·步骘传》，第1237页。

⑦ 胡守为：《岭南古史》，广东人民出版社，1999年，第65页。

⑧ 步骘新修筑的番禺城，可能比秦时及南越国时的番禺城要稍大一些，但具体范围尚有待进一步考证。有人认为：“时赵佗城已毁坏，步骘将原番禺城向东扩充至赵佗故城东27里，以后县城便以此为基础。”（胡守为：《岭南古史》，第65页）显然是错误地理解了《元和郡县图志》的有关记载，并误“西”为“东”，不可信。

献帝建安二十二年（217），共计327年间，两汉番禺县城与南越国都旧址并不在一处，而在其南50里处的今广州市番禺区市桥北一带。

赵佗旧都所在的番禺，“负山险，阻南海”①，自古为岭南形胜之地，清人顾祖禹评论说广州“不特为广东之根本，亦制广西之肘腋也”②。秦末汉初天下纷争之际，赵佗正是因为据有这样的形胜之地，努力经营，才得以割据一方，与汉朝长期对峙。汉武帝胸怀远略，在元鼎六年（前111）平定南越后，力图南拓疆土并经略海外，遂将岭南区域政治中心南移交趾，又因越城已焚，加之想要根绝割据之患，才在赵佗旧都之南另建南海郡及番禺县城。但时过境迁，东汉末年，军阀并起，或据一郡，或占数郡，相互攻伐，无有宁日，孙权据有江东之后，欲遂其争霸中原之志，首先必须稳固后方，铲除刘表在岭南的势力，所以才在建安十五年（210）遣步骘为交州刺史，并移交州治所于汉番禺城中。待岭南形势粗定以后，步骘于建安二十二年（217）又将番禺县徙治于秦时旧地，“广故越城，筑而固之”，交州、南海郡治当亦并依其城，方使得这个岭南地区新的政治中心自此既摆脱了“沮洳难居”的困境，又重新占据陆海形胜之地，可谓是一个明智的选择。这样的分析，也可从后来的交州以及交、广分治后广州所发挥的军事作用上得到一定的印证。据《三国志·吴书·步骘传》：汉献帝延康元年（220），“权遣吕岱代骘，骘将交州义士万人出长沙。会刘备东下，武陵蛮蠢动，权遂命骘上益阳。备既败绩，而零、桂诸郡犹相惊扰，处处阻兵，骘周旋征讨，皆平之”③。胡守为先生认为“这些所谓‘交州义士’，便是吴在交州征发的丁壮”，“孙权为征调劳动力而夺取交州的目的，于此又可证明”④。其说或近于史实，但对已迁回旧址的新交州治所番禺城军事形胜的分析略有不足。而据《三国志·吴书·士燮传》，孙权“以交阯县远，乃分合浦以北为广州，吕岱为刺史；交阯以南为交州，戴良为刺史”，但士燮之子徽不愿将其父开创的割据基业轻易让人，故“发宗兵拒良”，于是“吕岱被诏诛徽，自广州将兵昼夜驰入，过合浦，与良俱前”，顺利平定交阯之乱。⑤ 此事则更显出东汉末年交州即后来的东吴广州治所在军事地理上的独特优势。由此观之，如果说汉武帝元鼎六年（前111）改置南海郡及番禺县于旧治之南实属权宜之计的话，那么，建安二十二年（217）步骘重移交州、南海郡及番禺县于越城旧地，应该视为广州城市发展史上的一件大事，因为这一英明的举动，始为广州城市的正常发展重新赋予了生机。

① 《史记》卷一一三《南越列传》，第2967页。

② 《读史方舆纪要》卷一〇一《广东一·广州府·广州城》，第655页。

③ 《三国志》卷四九《吴书·步骘传》，第1237页。

④ 胡守为：《岭南古史》，第69页。

⑤ 《三国志》卷四九《吴书·士燮传》，第1193页。

第十二章

碑刻文献资料在历史地理学研究中的应用：清代广东地区的凉亭与凉亭施茶风尚研究

修建凉亭和凉亭施茶是清代广东地区颇为流行的、具有一定民间社会公益慈善事业性质的优良风尚。受区域气候环境、地貌特征、交通条件以及经济水平、文化氛围等自然与人文因素的制约，这一风尚在清代广东地区的流行具有地域性，却在一定程度上反映了社会风尚的形成与区域自然生态环境和人文社会环境的互动关系，值得进行较为系统的研究。以往学术界对这一特殊风尚较少关注，本章拟依据有关碑刻文献记载，对相关问题略作探讨，以期有助于更为全面地了解清代广东地区社会风尚的多样性与特殊性特征及其形成的自然生态原因与人文社会原因。

一、碑刻所见清代广东地区凉亭的地理分布特点

（一）明清时期凉亭的兴盛

所谓凉亭，是修建于某些交通（主要是陆路）要道上（有些依托寺观庙宇）供行人、商客临时停憩的小型亭子，有些有施茶行为的凉亭也往往被称作茶亭。具有公益慈善事业性质的施茶凉亭（茶亭）始于唐代，盛于明、清，分布几遍全国，特别是在江南、华南、西南、华东十分普遍。这些茶亭或有独立建筑，或与神庙、风雨桥相结合，为方便行人，一般均建在道路的分岔口、路坳间、桥头、山凹、小溪、神庙内、水井边，大多离人口集中居住区较远，目的是为旅途的行人提供一处小憩消劳、喝茶解渴的场所。茶亭门楣多题有亭名，亭门两边往往嵌刻有文人墨客撰写的门联，表达了行人喝茶纳凉、苦乐交融的茶文化内涵①。明清时期，江南、华南诸地的凉亭以茶亭居多也最有代表性，但也不乏因条件所限而不施茶的凉亭，不可一概而论。

在交通要道上设亭以便利行人的这类善举，清代在华南的许多省份都是相当流行的。如福建地区有之，一般称为路亭，施茶的路亭则多称为茶亭，属于民办社会事业内容之

① 王融初：《茶亭及茶亭文化》，载《茶叶通讯》2004年第4期。

一[①]。清代广东地区的凉亭似更为普遍，但在当时无论施茶与否，往往多称作凉亭，以强调其避暑纳凉的作用，但是也有一些施茶的凉亭（尤其是晚清所建的）是以茶亭相称；另外还有些寺观庙宇或义民所修建的亭子，虽无凉亭之名而行凉亭之实，我们将其视为清代广东地区凉亭体系的有机组成部分，一并进行研究。

（二）清代广东地区凉亭的地理分布特点

明清两代广东境内凉亭数目可能较大，因资料所限，其总的数目一时难以统计清楚。目前明清凉亭有相关碑刻传世者并不是太多，且主要是清代碑刻。据笔者粗略统计，现存涉及清代广东地区凉亭的碑刻主要有 13 通[②]（见表 11－1），从相关碑刻文献记载来看，涉及凉亭共有 10 所（见表 11－2），分别是韶州府乳源县梯云岭祠亭、韶州府乳源县猴子岭石亭、韶州府乐昌县步坳头凉亭、韶州府乐昌县将军山凉亭、韶州府英德县苦竹迳三爰亭、广州府清远县藏霞洞凉亭、广州府花县兰泮茶亭、广州府新安县凤凰岩古庙凉亭、惠州府海丰县羊蹄岭庵亭和羊蹄岭关凉亭，涉及 3 府 7 县。以府而言，则韶州最多，共有 5 所，占了当时广东凉亭的大半。另外，广州府有 3 所，惠州府有 2 所，其他地区尚未见有修建凉亭的碑刻资料。虽然由于占有资料的局限，这 10 所可能只是当时岭南境内所设凉亭的一小部分，但有一定的代表性，在一定程度上反映了凉亭地理分布的大致特点。在这 10 所凉亭中，除了广州府花县兰泮茶亭和新安县凤凰岩古庙凉亭以外，其他 8 所凉亭均建于南岭山地，其中又有 7 所凉亭处在陆路交通要道上，而广州府清远县藏霞洞凉亭则处在水路交通线要道的附近。另外，在这 10 所凉亭中，有 4 所，即梯云岭祠亭、凤凰岩古庙凉亭、藏霞洞凉亭和羊蹄岭庵亭，是依托寺观庙宇而建，反映出宗教人士在凉亭修建与经营中的特殊作用。

表 11－1　现存清代广东地区凉亭碑刻简况

碑名	碑存今地	立碑时间	资料出处
三爰亭碑记	清远市佛冈县汤塘区与黄花区交界之苦竹迳	乾隆三十八年（1773）	《广东碑刻集》第 51—52 页
凉亭碑记	清远市清城区藏霞洞	光绪十年（1884）	《广东碑刻集》第 84—85 页
倡建古洞门楼凉亭天池幽亭进支碑记	清远市清城区藏霞洞	光绪三十年（1904）	《广东碑刻集》第 85—86 页
同种福田碑凉亭序	乐昌市云岩区出水岩乡步坳头凉亭	乾隆十八年（1753）	《广东碑刻集》第 99 页

① 参见王日根：《论明清时期福建民办社会事业的发展》，载《中国社会经济史研究》1993 年第 3 期。

② 这里依据的碑刻资料主要有两种：一是谭棣华、曹腾騑、冼剑民编的《广东碑刻集》（广东高等教育出版社，2001 年）；二是冼剑民、陈鸿钧编的《广州碑刻集》（广东高等教育出版社，2002 年）。其中《广东碑刻集》"收录的原则是清以前官修地方志书所未收录的碑文"（见该书《说明》），所以并非广东碑文的全帙，但编辑者经十多年之共同努力，收集整理碑刻、铭文 965 种，约 85 万字，规模已相当可观；《广州碑刻集》亦是作者倾心之作，所收之碑虽仅限于广州境内，但规模较之前书更大，"已收录到 1165 多方碑刻，达 100 多万字"（见该书《后记》），可补前书的部分缺憾。两书于各条碑文皆按政区归属，又多注明碑原存地点和现存地点，便于对碑文中所涉及的事项作历史地理学角度的相关分析，所以参考价值是相当大的，以之为主要材料分析有关问题，也有一定的可行性。

（续上表）

碑名	碑存今地	立碑时间	资料出处
和村将军山凉亭碑	韶关市乐昌市长来区和村将军山凉亭	道光十八年（1838）	《广东碑刻集》第102—103页
猴子岭石亭叙	不详	乾隆十八年（1753）	《广东碑刻集》第148—149页
重修梯云岭碑记	韶关市乳源县大桥镇石角塘梯云岭亭内	乾隆四十七年（1782）	《广东碑刻集》第152页
凤凰岩古庙重修序	深圳市福永凤凰岩凤凰古庙侧	同治十三年（1874）	《广东碑刻集》第188—189页
重修羊蹄岭庵祠记	汕尾市海丰县赤石羊蹄岭庵门前	康熙十年（1671）	《广东碑刻集》第830—831页
移建羊蹄岭庵记	同上	乾隆六年（1741）	《广东碑刻集》第831—832页
羊蹄岭庵禁碑	同上	乾隆九年（1744）	《广东碑刻集》第832页
羊蹄岭施茶碑	汕尾市海丰县赤石羊蹄岭庵旁	道光二十六年（1846）	《广东碑刻集》第852—853页
兰泮茶亭碑	广州市花都区赤坭镇皇母乡兰泮茶亭内	光绪十一年（1885）	《广州碑刻集》第1080页

表11－2　碑刻所见清代广东地区主要凉亭地理分布与建筑特点

凉亭名称	政区归属	始建时间	建亭地点	建筑特点	备考
羊蹄岭庵亭	惠州府海丰县	康熙九年（1670）	羊蹄岭顶		乾隆五年（1740）移建于岭西山坡，离旧址五里许
羊蹄岭关凉亭	惠州府海丰县	道光二十六年（1846）	羊蹄岭关		当在乾隆五年（1740）新建羊蹄岭关城附近
梯云岭祠亭	韶州府乳源县	康熙年间	梯云岭巅	石砌拱券纵联，进深8.2米、面宽4.6米、拱矢4米	乾隆四十六年（1781）秋至乾隆四十七年（1782）夏重修
猴子岭石亭（心韩亭）	韶州府乳源县	乾隆十八年（1753）	猴子岭巅白牛坪	条石构成，风火式山墙	
步坳头凉亭	韶州府乐昌县	乾隆十八年（1753）	步坳头	木石结构	肇基于昔，乾隆十八年（1753）建成
将军山凉亭	韶州府乐昌县	不详	将军山下	砖木结构	道光十八年（1838）整修

（续上表）

凉亭名称	政区归属	始建时间	建亭地点	建筑特点	备考
苦竹迳三爱亭	韶州府英德县	乾隆三十八年（1773）	佛冈苦竹迳	100 平方米	谋始于乾隆三十七年（1772）冬，毕工于乾隆三十八年（1773）春
兰泮茶亭	广州府花县	光绪十一年（1885）	兰泮		光绪十一年（1885）建
凤凰岩古庙凉亭	广州府新安县	同治十三年（1874）	凤凰岩古庙		经始于同治十一年（1872）十月，成于同治十三年（1874）六月；增建凉亭二座，园内加起女□三间
藏霞洞凉亭	广州府清远县	光绪十年（1884）	藏霞洞半山		光绪三十年（1904）续修

说明：

（1）本表基础性资料的出处同表 11－1，清代政区归属据谭其骧主编的《中国历史地图集》第八册《清时期》（地图出版社）第 44—45 页《广东》图幅；

（2）部分凉亭的建筑特点据陈泽泓的《岭南建筑志》（广东人民出版社，1999 年）第 320—325 页补。

广东地区具有社会公益慈善性质的凉亭之普遍修建大概始于清初，惠州府海丰县羊蹍岭庵亭可能是一座兴建时间较早的凉亭。据康熙十年（1671）海丰知县范逢春所撰《重修羊蹍岭庵祠记》：

舆记氏以岭称粤厥名有五。溯其起止，庾岭揭岭尽之矣。古循丰邑为广潮冲道，有岭曰杨桃，今呼为羊蹍。凿于汉，塞于孙吴，通于晋明之六年，及唐、宋、元，递通递塞，或大道踞为坚窟，则行人别由南山小漠以去，既艰涉且多虞矣。明景泰间，砌驿路，建亭础。万历间，丰令陈汝凤葺之，而郭子章为之记焉。顶有佛亭，岁圮莫修。庚戌冬，藩司粮宪台徐公被命往潮，陟兹峻峦，悯行役，捐金修葺，面谕春董完其事。中建庵三楹，供观音大士，前覆小亭，设僧施茶，旁构祠，祀关夫子，置戍丁数人，以卫不然。复于磴级植树，俾息肩喘。①

可见海丰县西南境赤石的羊蹍岭自汉代以来即为广州与潮州间陆路交通的冲要之处，屡通屡塞。明景泰年间官修驿路时曾在岭顶建有亭础以便行人，万历年间重葺，但已演变为一座佛亭。清庚戌年即康熙九年（1670），藩司粮宪台徐公（仁养）又捐金修葺，由时任海丰县知县范逢春董完其事，不仅扩建了佛庵，而且“前覆小亭，设僧施茶”，“复于磴级植树，俾息肩喘”，使其成为一座具有社会公益性质、多功能的庵亭。另据乾隆六年（1741）海丰知县李光华所撰的《移建羊蹍岭庵记》，因羊蹍岭庵所在地“四顾皆山，峻峰叠峙，又当惠潮孔道，势居险隘”，乾隆五年（1740）“遂行建筑关城，择地移庵，得岭西卷蓬吉地一所，离旧址五里许”，“筑庵两进，供□神位如前，仍于山坡结小亭，设茶

① 康熙十年（1671）《重修羊蹍岭庵祠记》，《广东碑刻集》，第 830—831 页。

汤，俾行人小憩，渴饮清凉”。由于新建的庵亭仍在交通要道上，所以历久不衰，长时期发挥着供行人和香客临时停憩的作用。

道光二十六年（1846）惠州府碣石军民府岳至瀛、惠州府海丰县正堂朱庆堂、嘉庆州兴宁县教谕林楷、教授儒林郎候选州同知林格又共同捐银在羊蹄“岭关上设茶”，“另雇挑水采草之人经理”，“领备茶水，以供行人”[①]。这项举动似与羊蹄岭庵毫无关系，表明是另开辟了一个施茶场所。向来往行人施茶，必建凉亭之类的设施，其建亭的地点当在乾隆五年（1740）所建羊蹄岭关城的附近，这里正是关城建成以前羊蹄岭庵亭向行人施茶的地点。关城与移建的羊蹄岭庵只有五里许，已有羊蹄岭庵亭向行人施茶，而道光二十六年（1846）又在岭关设施茶凉亭，固然与羊蹄岭道的交通繁忙有关，但也反映出本地各方人士对施茶这类义行的重视。

与海丰县境的羊蹄岭庵亭、岭关凉亭一样，韶州府乳源县梯云岭祠亭、韶州府乳源县猴子岭石亭、韶州府乐昌县步坳头凉亭、韶州府乐昌县将军山凉亭和韶州府英德县苦竹迳三爰亭的修建也均与其居岭南地区陆路交通冲要之地有关。

韶州府乳源县治西北的梯云岭，“乃乳邑扼要之区”，“其势巉岩峻险，上出云霄”，因“拾级而登如蹑梯然”而得名。唐时韩愈官游岭南，曾道经此地。清康熙年间，“邑侯裘公，嘉此地之灵秀，寻名贤之芳迹，曾建祠于梯云岭巅”，并建有凉亭供行人停憩。但因当时仅用散石修路，质量不佳，“殊令往过来续，举步维艰”，所以在乾隆四十六年（1781）秋至乾隆四十七年（1782）夏，邑人又集资重修石梯路，并整修祠亭附近之芦竹桥以便交通。自此，梯云岭路“千层万级，焕然改观；往来行人，忘其崎岖，乐其垣易，无忧梭足而踯躅焉！”[②]

乳源县梯云岭“又西四十里许而至通济桥村，其前望壁直上崎岖最难行者，则俗所呼猴子岭也。是岭也，上通三楚，下达百粤必由之路。离大桥民居相距十里，行者常苦其险且竣，既无从别门平坦之途，而又无茂林修竹稍资蔽。盖此岭居万仞山巅，风雪□天，于兹为甚”。有鉴于此，县贡生罗正璠于乾隆十八年（1753）“慨然捐百余金，请匠建石亭于岭巅之坪，以停行者，得为憩息，名曰心韩亭”。[③] 亭名为“心韩”，可能是景仰唐时韩愈之善行而取名，但显然是一所标准的凉亭。

乐昌县将军山下（在今乐昌市东南境长来区和村一带），当时也是一条相当重要的陆路交通线的必经之地，“厥有往来，通衢中建凉亭，控东南而控西北”，因而“熙熙攘攘，不知凡几”[④]。此亭为一施茶凉亭。今乐昌市东南境，乐城镇与长来区之间京广铁路沿线上有茶亭脚之地名[⑤]，疑与此凉亭有关。

乐昌县步坳头（在今乐昌市西境云岩区出水岩乡）凉亭，“近东先路”，也有交通上的优势，其亭“肇基于昔，功未告成”，所以在乾隆十八年（1753）又由乡贤倡议集资建成[⑥]。

英德县苦竹迳（在今佛冈县汤塘区与黄花区交界），“扼佛冈之南，绕汤塘之北，村

---

① 道光二十六年（1846）《羊蹄岭施茶碑》，《广东碑刻集》，第852—853页。
② 乾隆四十七年（1782）《重修梯云岭碑记》，《广东碑刻集》，第152页。
③ 光绪十八年（1753）《猴子岭石亭叙》，《广东碑刻集》，第148—149页。
④ 道光十八年（1838）《和村将军山凉亭碑》，《广东碑刻集》，第102—103页。
⑤《广东省地图册》，广东省地图出版社，2003年，第65页。
⑥ 乾隆十八年（1753）《同种福田碑凉亭序》，《广东碑刻集》，第99页。

民取道，继踵弗绝，度广、韶二州，多取道道焉。惟山盘洞伏，窅窕□□，行者至此，每有风雨暑喝［渴］之虞”。冯子英、冯如兰捐金于乾隆三十七年（1772）冬修建三爰亭，“盖取爰居爰处爰得我所之意耳”，于乾隆三十八年（1773）春修成①。

广州府清远县（今清远市清城区）藏霞洞凉亭的情况可能略显特别。清远县藏霞洞为清代岭南地区一座著名的道观，地处清远东北的禺峡地区。咸丰年间，湖北祖师陈复始入粤阐道，度化清远宿儒林法善，兴建藏霞洞，至同治九年（1870）竣工②。禺峡为过大庾岭，越韶州、英德，取道北江水路及沿江陆路南下珠江三角洲地区的必经之地。藏霞洞即位于禺峡之西北侧山地之中，“本洞年例，世界功德自夏冬两季道场，以及中元胜会，施幽超度，普救众生。其陆幽设于本观之东隙地，而水幽则前傍涧流，临江而祭”，但因为“山坡仄狭，溪路相通流，杂沓往来，难昭诚敬”，所以在光绪十年（1884），“爰集众议，辟一畦之地，作半山之亭，以奠众魂消浩劫”③。但大概因为藏霞洞是新修之道观，又地处半山之上，交通不便，加之规模较小，知名度不及近邻之飞来寺，为了吸引游人、香客，甚至于还需要借助佛祖的声名④，所以本洞主要的活动是“夏冬两季道场，以及中元胜会”，平时登临半山凉亭游人、香客也不会很多。

新安县（今深圳市）福永凤凰岩古庙是一座观音庙，始建于元初应麟公，历经明季蔡若虚展拓田园，清乾隆、嘉庆年间叠次扩建，规模宏大，景致优美。左侧有望云楼、鸡心岩、石乳湖，右侧有莺哥石、净瓶石、石地塘，后侧有飞云顶，前有松琴迳，“八景森列，天造地设”，因而“祈祷者拜谒如云”，“游观者往来若织”。同治十一年（1872）再次整修，“增建凉亭二座，园内加起女□三间”⑤，于同治十三年（1874）告成，设施完备，服务周全，更加吸引游人和香客。

明末清初是民间慈善事业兴起的时期，近年已引起学者们的关注，研究者多认为这与地方士绅的倡导、城镇经济的繁荣、善书的广泛流通有关⑥。凉亭的修建，与修路、造桥、义渡、放粮、施粥、施药、施衣、施棺等慈善救济事业一样，也有深刻的社会历史背景。不过，房屋建筑形式总是与区域气候环境密切相关的。我国华南地区，属热带、亚热带季风气候带，“其特点是夏季炎热，冬有奇寒”⑦，由于近海多雨，春、夏两季湿度较大⑧，所以华南地区的房屋必须做到通风、避雨、防潮、隔热⑨。古越人的“干栏”（又称“麻栏”）、广州以及珠江三角洲城镇的传统民居竹筒屋、广州的西关大屋与“骑楼”建筑、潮汕农村的“四点金”和“下山虎”民居、海南黎族的船形屋等，可以说都是华南地区不同时代、不同地域、不同民族的城乡居民因地制宜的居室建筑⑩。对于慈善救济事业，

① 乾隆三十八年（1773）《三爰亭碑记》，《广东碑刻集》，第51—52页。

② 游子安：《善与人同——明清以来的慈善与教化》，中华书局，2005年，第74页。

③ 光绪十年（1884）《凉亭碑记》，《广东碑刻集》，第84—85页。

④《达摩初祖踪迹记》，见谭棣华、曹腾騑、冼剑民：《广东碑刻集》，广东高等教育出版社，2001年，第86—87页。

⑤ 同治十三年（1874）《凤凰岩古庙重修序》，《广东碑刻集》，第188—189页。

⑥ 参见梁其姿：《施善与教化：明清的慈善组织》，（台北）联经出版事业公司，1997年；［日］夫马进：《中国善会善堂史研究》，（京都）同朋舍，1997年（商务印书馆，2005年中译本）；陈宝良：《中国的社与会》，浙江人民出版社，1996年；游子安：《善与人同——明清以来的慈善与教化》，中华书局，2005年。

⑦ 曾昭璇、黄伟峰主编：《广东自然地理》，广东人民出版社，2001年，第155页。

⑧ 曾昭璇、黄伟峰主编：《广东自然地理》，第127页。

⑨ 霍寿喜：《气候与房屋》，载《科学之友》2001年第5期。

⑩ 叶春生：《岭南民间文化》，广东高等教育出版社，2000年，第108—117页。

要求在有限的成本投入的条件下，立竿见影，方便易行。凉亭这类建筑，没用屋墙，四面通风，不仅节约建筑用材，而且可以抵挡风雨侵袭、躲避阳光灼晒，所以明清时期才会在华南诸地受到民间慈善家的重视。

不过，从前面论述可知，作为公益慈善事业活动的一种类型，清代广东地区的凉亭不仅数量较多，而且分布范围较广，但大多数凉亭分布在粤北、粤东山地，凉亭的具体选址也多位于南岭山区陆路交通线上的冲要之地即岭道之上，这说明凉亭的修建作为一项社会公益慈善事业活动，其兴起虽然有自然环境（尤其是气候环境）、经济与社会方面的诸多原因，但其具体的分布则往往受到地形地貌、交通环境条件的制约，是多种自然与人文社会因素综合影响的结果。

二、清代广东地区凉亭的社会公益功能

（一）盛夏纳凉避暑，四季躲避风雨

关于凉亭的得名与主要功能，乾隆十八年（1753）《同种福田凉亭序》云：

亭以凉名，所以避暑也，然苟□避暑之说，则宜于夏者不宜于冬。不知亭之为亭，夏可以避暑者，冬亦可以蔽寒。而若春与秋，又何独不然，故名之曰凉亭，□拟云寒，兼拟之者也。

可见，凉亭虽然是因为主要用于盛夏纳凉避暑而得名，但在冬季也可借以蔽寒，并且在春秋二季还可借以躲避风雨，同样发挥着一定的功用。凉亭既建，可谓行人、香客四季皆受其惠。

由于具有躲避风雨的功能，有些凉亭被人们直接称为“风雨亭”，如广州府花县兰洋茶亭就是如此。①

（二）登高览胜，领略山川风光和游赏人文景观

由于大多数凉亭都修建于山岭地区，又往往依托寺观庙宇，所以行人、香客不仅可以登高览胜，领略山川风光，而且可以就近游赏人文景观，吟诗咏志，抒发情愫。光绪十年(1884)《凉亭碑记》就这样描绘清远县藏霞洞的凉亭：“斯亭也，后倚层峰，前横深径，樵夫牧子，月夕霜晨，既足以候阴晴辟风雨。至于高人览胜，逸士探奇，游屐遥临，吟鞭小驻。挹层峦之黛色，拂袖无尘；和曲涧之泉声，安琴有石。虽胜迹未极乎千般，而游兴亦需乎一助。正不徒数椽鹤耸，已开极乐之天；一瓣龙华，祗作皈依之地为尔也。”同治十三年（1974）《凤凰岩古庙重修序》亦说凤凰岩观音庙“自创建以来，遐迩人士游玩置，礼谒惟虔，由来已久，更有骚人墨士。吟山咏物，多著诗章，名师宿儒，讲学授徒，长留教泽”，增建两座凉亭和女香客专用场所后，更加吸引游人。

（三）无偿提供衣物、笠扇

为了方便行旅、香客临时休息，避暑纳凉，躲避风雨，有些凉亭的修建者往往“冬出

① 光绪十一年（1885）《兰洋茶亭碑》，《广州碑刻集》，第1080页。

纩缊，寒者温之；夏分笠扇，热者凉之"，无偿提供衣物、笠扇[①]，甚至"复于磴级植树，俾息肩喘"[②]。服务热情，考虑周全，让人不由心生无限敬慕之情。

（四）施设茶水，解决行旅"渴饮清凉"问题

不过，就清时广东地区凉亭的诸多功用而言，最有地方特色、最值得称道的则是凉亭施茶的善举。

据碑刻文献所记，最早向行人或香客施茶的凉亭可能是惠州府海丰县羊蹄岭庵亭。羊蹄岭庵祠在康熙九年（1670）整修之际，即已"前覆小亭，设僧施茶"[③]。乾隆五年（1740）移建于新址后，"仍于山坡结小亭，设茶汤，俾行人小憩，渴饮清凉"[④]，向行人、香客施茶之风尚历久不替，颇值称道。道光二十六年（1846）在羊蹄岭岭关又新建了一个施茶场所，这样清中后期羊蹄岭道上实际上已有两所施茶的凉亭。

除羊蹄岭庵亭和羊蹄岭关凉亭以外，韶州府乐昌县将军山凉亭、韶州府英德县苦竹迳三爰亭、广州府清远县藏霞洞凉亭和花县兰泮茶亭也向行人施茶，其中兰泮的凉亭还直接用了茶亭的名称。

道光十八年（1838）《和村将军山凉亭碑》云："古人有言，饥者甘食，渴者甘饮，乃道路奔驰，罕见□饥而□，多闻愁渴之叹。兹将军山下，厥有往来，通衢中建凉亭，控东南而控西北，熙熙攘攘，不知凡几。倘乘凉有所，而□饥无资，其如口干燥，何况路不时修，势必有崩颓茅塞。集众人议，施茶整路，谁曰不宜，而要无田，莫能赞成美举。窃幸善士发□签金，捐田立一凉亭茶股，递年收纳粮米外，雇工烹茶，以济人渴□则修路以利人行，两美兼就，往来行人口腹免干渴之嗟，道路多荡□之咏，乐莫大焉。"[⑤] 可见，与羊蹄岭庵亭和羊蹄岭岭关凉亭的修建者一样，将军山凉亭的修建者也视向行人义务施茶为凉亭应具的主要功能之一。苦竹迳三爰亭的修建者同样也是这样想的，其凉亭的取名就是"盖取爰居爰处爰得我所之意"，出于为行人的全方位考虑，其修建者以建造凉亭"所余之金概置义田，为周年施茶之费，以其济及行旅，尤为惠周义洽云"[⑥]。据有关资料，广州府清远县藏霞洞凉亭也向行人施茶，凉亭额题曰"善与人同"四字，"亭之墙有碑，记其时代善缘。亭之内有茶……或纵饮不用投钱"[⑦]。

岭南地区气候湿热，平时动辄出汗，行人翻山越岭，长途跋涉，身心疲惫，不仅需要暂时休整，更需要及时补充水分。因而在道路沿途设置凉亭为过往行人提供小憩场所的同时，施设茶水，解决其"渴饮清凉"、"口腹免干渴之嗟"问题也显得十分必要。广东地处岭南，又是我国重要的茶产区，唐代以来城乡居民就有饮茶之俗，鸦片战争以后饮茶更成为城乡居民社交礼仪的一种重要方式。大约从19世纪中叶开始，广东广大城乡地区又兴起饮用"凉茶"之风俗，所谓"凉茶"，是以金银花、菊花、鸡蛋花、穿心莲等中草药

① 光绪十八年（1753）《猴子岭石亭叙》，《广东碑刻集》，第148—149页。
② 康熙十年（1671）《重修羊蹄岭庵祠记》，《广东碑刻集》，第830—831页。
③ 康熙十年（1671）《重修羊蹄岭庵祠记》，《广东碑刻集》，第830—831页。
④ 乾隆六年（1741）《移建羊蹄岭庵记》，《广东碑刻集》，第831—832页。
⑤ 道光十八年（1838）《和村将军山凉亭碑》，《广东碑刻集》，第102—103页。
⑥ 乾隆三十八年（1773）《三爰亭碑记》，《广东碑刻集》，第51—52页。
⑦ 悟玄子：《游藏霞古洞记》，收录于《藏霞集》卷一，1915年藏霞刊本，见游子安：《善与人同——明清以来的慈善与教化》，中华书局，2005年，第7页。

炮制成的，甘甜苦涩，诸味俱全，疗效独到，老少咸宜。岭南气候湿热，人容易患燥热风寒感冒诸症，广东人称之为“热气”，通常以“凉茶”解之，其中以“王老吉凉茶”最为驰名①。至今在广东地区饮用“凉茶”的风俗仍相当盛行，并且其名牌产品已开始打入国内国际市场。但据道光二十六年（1846）《羊蹄岭施茶碑》，施茶凉亭向行人施茶时，煮茶水用的是“茶叶”，可见当时“凉亭”所施之茶水主要是普通茶水，而并非是今日所说的以中草药炮制而成的“凉茶”，这可能与“凉茶”成本过高有关，也有可能说明饮用“凉茶”是清中后期才兴起的新习俗，初兴之时并非十分普及。由于施茶所用茶叶为当地所产，虽然需要一些成本，但不少凉亭的董理者出于行旅实际需要和当地风俗传统考虑，不仅捐资劳神修建凉亭，而且还不惜耗费资金，同时向行人、香客施设茶水，以解决其渴饮清凉的难题，确实可以称得上是“惠周义洽”的善行义举。

目前广东碑刻文献资料中所见的10所清代凉亭中，只有惠州府海丰县羊蹄岭庵亭、羊蹄岭关凉亭、韶州府乐昌县将军山凉亭、韶州府英德县苦竹迳三爰亭和花县兰泮茶亭这6所凉亭有向行人或香客施茶的活动，其他4所凉亭尚未看到有关施茶的记载。并非所有的凉亭都向行人施茶，这可能与施茶作为一项长期社会公益慈善活动，需要的人力与物力成本较之只是单一修建凉亭为高，并且经营管理起来相对复杂有一定的关系。尽管如此，凉亭施茶风尚不仅展拓了凉亭的服务功能，而且丰富了岭南地区茶文化的内涵，所以从一定意义上说集中体现了清代岭南凉亭文化的精髓，是应该大书特书的。

总的来说，清代广东地区之凉亭虽因可供避暑纳凉而得其名，但因为凉亭的董理者无偿提供多种服务项目，而使其成为一种具有综合性质的社会公益活动。康熙十年（1671）《重修羊蹄岭庵祠记》称羊蹄岭庵祠亭“使险者坦之，劳者息之，联而喝者润之，凛而栗者温之，咸得登高纵览，豁其襟眸”，可谓相当全面地总结了凉亭的诸多社会公益功能。

明清时期尤其是清中后期以来，随着区域商品经济的发展，全国各地尤其是沿海省份城乡居民传统的重义轻利价值观发生了一些变化，“民间出现求富、求利的风气。这种风气上下交汇，逐渐形成重商主义的思想潮流”②。然而，清代广东诸多地区都有凉亭之设并且发挥着多种社会公益功能这一事实说明，虽然这一地区由于区位的优势，与内地省份的区际商业贸易和对外国际商贸往来都相当发达，人们经商逐利之风日益浓重，但重商固然重矣，而乐善尚义之传统观念并未完全消泯，甚或从某种意义上说还有加强的表现。这说明人们的价值观念与社会风尚的演变确实是一个复杂的历史过程，并且具有明显的地域差异，不可一概而论，这种地域差异确如有些学者所提出的“在南北各省、沿海与内地以及广大城乡之间最为明显”③，但就其表现形式以及表现程度诸方面而言，沿海省份之间甚至各沿海省份内部可能也有明显的不同。

三、清代广东地区凉亭的义捐来源与凉亭施茶的运作机制

（一）义田的支持

凉亭的修建作为一项社会公益慈善活动，既反映了清代广东地区社会风尚的多样性和

① 司徒尚纪：《广东文化地理》，广东人民出版社，2001年，第249页。
② 孙燕京：《晚清社会风尚研究》，中国人民大学出版社，2002年，第278页。
③ 孙燕京：《晚清社会风尚研究》，第326页。

特殊性，同时也从另一个层面反映了民间社会秩序的区域差异问题。

有些学者曾从民间社会秩序角度研究分析了封建社会中后期义田的发展和社会功能，指出义田是宋代开始出现的由私人捐置的一种土地形式，曾经历了宋代的倡导与勃兴、明代的停滞与恢复、清代的发展与成熟三个阶段。义田的来源从官捐日益扩展到民捐、商捐、诸生捐、僧捐。义田的赡助范围从同族内的平均分摊发展到重点赡助贫困节义之士，或投资于家庭内以至家族外的各种公共事业。在清代，官捐义田规模更大，民捐义田反映了宗族观念进一步深入于庶民中，商捐随着清代商品经济的繁荣发展，在兴办义田阶层中异军突起，在南方广大地区，商捐义田所占分量尤大。这反映了兴办义田事业的广泛的社会基础和人们的道德思想趋向①。这样的观点，从清代广东地区凉亭的修建与经营中可以得到具体的印证和补充。

在碑刻文献中所见的清代广东地区10所凉亭中，有3所凉亭（即惠州府海丰县羊蹄岭庵亭、韶州府乐昌县将军山凉亭和韶州府英德县苦竹迳三爱亭）的修建与施茶活动均得到了义田的支撑，反映出义田在家族外的地方民间社会公益慈善事业中确实发挥着重要的作用。

（二）义捐的广泛性

就凉亭这一特殊的社会公益事业而言，义捐的种类却不完全局限于义田，除了义田之外，捐金的形式似乎更为普遍一些，另外还有捐物和人力的情况。捐田或捐金与捐田并重的凉亭，恰恰都是开展施茶活动的凉亭，这应当说与施茶作为一项长期性公益事业，需要定期的资金与人力支持密切相关。

从表11－3的统计可知，地方官员与乡绅在清代广东地区凉亭的倡建过程中作用较为突出，而军人、诸生、商人、僧道人士也起了一定作用。义捐的来源涉及各类人士，官捐、民捐、军捐、诸生捐、商捐、僧捐、道捐在不同的凉亭修建与经营中均发挥着各自的作用。其中有些凉亭（如羊蹄岭庵亭、羊蹄岭关凉亭、梯云岭祠亭和凤凰岩古庙凉亭）的义捐来源较为广泛，也有不少凉亭则由个别实力雄厚、好施乐助的人士资助所兴建。

（三）军人的参与

地方官员不仅倡建凉亭，而且乐于捐金以促成之，在清代广东地区起到了表率和示范作用。义民、诸生、商人在修建凉亭中的作用也相当突出，这是与清代广东地区商品经济发达密切相关的，与邻近的福建、湖南等地的情况略同，并无多少独特地方。但军界人士的积极参与，却是一件值得注意的事情。据同治十三年（1872）《凤凰岩古庙重修序》记载，本年十月整修新安凤凰岩古庙并增建两座凉亭时，由于工程浩大，“不得不仰众力”，捐资者涉及400多人，而在碑中“劝捐芳名”内重点开列的13位人员中，署理碣石游府潘耀扬、□水师提标左营游府□□琛、钦加副将衔游府补参府周本权、署水师提标左营龚霈恩、署理龙门守府文岐凤、水师提标左营右□总司卢安定等6人赫然在列。特授惠州府碣石军民府岳至瀛十分关心海丰县羊蹄岭道的施茶活动，道光二十六年（1846）“首倡营生息，在于羊蹄岭上，施设茶水，利济行人”②。军人积极参与凉亭修建和施茶活动，可

① 王日根：《义田及其在封建社会中后期的社会功能浅析》，见所著《明清民间社会的秩序》，岳麓书社，2003年。
② 道光二十六年（1846）《羊蹄岭施茶碑》，《广东碑刻集》，第852—853页。

能是清代中后期广东部分地区社会公益慈善事业的一个新的动向。

表 11－3　清代广东地区凉亭义捐来源与用途

凉亭名称	倡建者	义捐来源	义捐项目	义捐用途
羊蹄岭庵亭	官员、庵僧	官捐、民捐、僧捐	金、租粒	结亭、施茶
羊蹄岭关凉亭	军人	军捐、官捐、诸生捐	金（息利钱）	结亭、施茶
梯云岭祠亭	官员、乡绅	官捐、民捐、诸生捐、商捐	金	修亭、修路、修桥
猴子岭石亭	贡生	诸生捐	金	建亭、修桥
步坳头凉亭	乡绅	民捐	金	建亭
将军山凉亭	乡绅	民捐	田	建亭、施茶、整路
苦竹迳三爱亭	乡绅	民捐	金、田	建亭、施茶
凤凰岩古庙凉亭	官员	官捐、军捐、诸生捐	金	建亭、修庙
藏霞洞凉亭	道士	道捐	金、物、人力	作亭、施茶
兰泮茶亭	乡绅	民捐	粟、金	建塔、作亭、施茶

说明：本表资料出处同表 11－1；藏霞洞凉亭施茶，见悟玄子：《游藏霞古洞记》，《藏霞集》卷一，1915 年藏霞刊本。

（四）运作机制的变化

最值得关注的是，从碑刻资料所反映的情况看，清代中后期以后，广东地区凉亭施茶的运作机制曾经发生过一些不小的变化。

与一般的凉亭不同，向行人施茶的凉亭因为是长期的义务活动，所以需要财、物、人力更多，其运作机制也相应显得复杂一些。早期的凉亭施茶经费主要源于有关人士捐助的义田。清初海丰县羊蹄岭庵亭的经营模式是“乡之善士，各捐租粒，以助斋粮，且分其余，煮茶于小亭，以饮行人，历久无替”①。乾隆年间，韶州府英德县苦竹迳三爱亭也是将建亭“所余之金概置义田，为周年施茶之费”②。道光十八年（1838）韶州府乐昌县乡民专门为将军山凉亭“捐田立一凉亭茶股，递年收纳粮米外，雇工烹茶，以济人渴”③。可见，义田确实是清代广东施茶凉亭的主要经济支柱。如仅仅新建或整修旧有凉亭，而不向行人施茶，虽然一次性投入不小，但由于凉亭建成后多可使用数十年，不需要长年的投入，所以诸方面人士往往只是采用捐金的形式助成其事。

但有资料显示，施茶凉亭的义田有抗交义租的情况，严重影响到施茶活动的正常进行。如乾隆九年（1744）《羊蹄岭庵禁碑》中就提到，“各处佃户视僧弱门，递年租谷任意抗吞，百般善言募化，置若罔闻。近切向取，不肆拳挥面，即喝辱无忌，刁难节制，难以发指。即如羊蹄岭脚之佃户李松友等，不特抗租，甚将田脚坑边私开，并无输租田亩……蒙票差拘，友等知罪，自愿照原额，官给加三斗，认耕输租”。由于官府的参与，抗交义租事件似乎暂时得到了平息。但是庵僧与佃户的矛盾似乎并没有得到彻底解决，羊

① 乾隆六年（1741）《移建羊蹄岭庵记》，《广东碑刻集》，第 831—832 页。

② 乾隆三十八年（1773）《三爱亭碑记》，《广东碑刻集》，第 51—52 页。

③ 道光十八年（1838）《和村将军山凉亭碑》，《广东碑刻集》，第 102—103 页。

踶岭庵亭义田的经营有可能从清中后期开始面临着诸多危机而难以维持，道光二十六年（1846）在岭关新设施茶凉亭多少透露出了这方面的消息。

表 11－4　清代惠州府海丰县羊踶岭关凉亭施茶活动经营情况

项目	相关数据	备注
本金金额	捐资洋银 220 两 每两折钱 1500 文 合计本金 330000 文	特授惠州府碣石军民府岳至瀛捐银 50 两 特授惠州府海丰县正堂朱庆堂捐银 70 两 特授嘉庆州兴宁县教谕林楷捐银 20 两 教授儒林郎候选州同知林格捐银 70 两
营息方式	220 两洋银平均分置于赤石墟广安、梅陇墟广容两个银当	注意投资风险问题
月利息	4000 文	月息率 1.212% 每年总利息 48000 文
月支出	经理饭食钱 2400 文 购买茶叶钱 1600 文	春冬天气严寒，饮茶较少，月可省钱数百文，用于添置生活用品及栽种树木

资料来源：道光二十六年（1846）《羊踶岭施茶碑》，《广东碑刻集》，第 852—853 页。

道光二十六年（1846）羊踶岭关新设的施茶凉亭一改往日依靠义田的运作办法，而尝试用“营生息”办法筹措施茶经费（见表 11－4），其运作机制更需要给予充分重视。据道光二十六年（1846）《羊踶岭施茶碑》云：

特授海丰县正堂加十级纪录十次朱，为饬遵事。前奉碣石军民府岳，晤商本县捐廉，首倡营生息，在于羊踶岭上，施设茶水，利济行人。随据兴宁县儒学林楷、州同林格，同殷向义，捐资劝助，共集成洋银二百二十两，每两折钱乙［一］千五百文，饬发赤石墟广安当银一百一十两，梅陇墟广容当银一百一十两，领收行运，每月共缴息利钱四千文，付交就近乐善不倦之绅士林楷、林格兄弟签举的当之人，领备茶水，以供行人在案。随据绅士林格具禀，已于四月念［廿］四日在岭关上设茶起，并立议立章程，另雇挑水采草之人经理，每月给饭食钱二千四百文，约需茶叶二十三斤，钱乙［一］千六百文。春冬天气严寒，饮茶较少，月可省钱数百文，为添补鼎竈、水桶、碗缸之资，并请准同受雇之人在岭关上栽种松柏，三年之后，自有松枝可采，以奖劝劳，其路旁缺者，并令补种，以荫行人，仍需要严禁匪徒盗伐残□等情。［下略］①

从上引碑文资料中可明显看到，道光二十六年（1846）羊踶岭关新设的施茶凉亭已经采用了类似现代基金会性质的运作机制，募捐基金，进行商业运营，存钱于银当，然后“营生息”，即按月取息，用于施茶开支。在资本运作过程中，经营者将义捐的 220 两洋银平均分置于赤石墟广安、梅陇墟广容两个银当，可能已充分考虑到了投资风险问题。

羊踶岭关施茶首倡者是一军界人士，固然可能与其人直接管理羊踶岭关城有一些关系，但也充分反映出清中期沿海地区的某些军界人士不仅积极乐于参与地方社会公益活

① 道光二十六年（1846）《羊踶岭施茶碑》，《广东碑刻集》，第 852—853 页。

动，而且已颇具商业意识和金融运作知识，这是一个相当引人入胜的新问题。

羊蹍岭关施茶凉亭，不仅雇有“经理”，专人负责施茶事务，而且制定有相关“章程”，较之以往广东各地所建的凉亭，在经营管理方面，似乎更加科学规范一些。这是在区域商品经济发展影响下，晚近比较先进的商业理念、商业运作机制在地方民间社会公益慈善事业运作过程中的生动反映。

四、几点基本结论

通过上述研究，关于清代广东地区的凉亭与凉亭施茶风尚，可以得出以下几点基本结论：

（1）修建凉亭和凉亭施茶是清代广东地区流行的、具有一定民间社会公益慈善活动性质的优良风尚。清代广东地区的凉亭不仅数量较多，而且分布范围较广，但大多数分布在粤北、粤东山地，具体选址也多位于南岭山区陆路交通线上的冲要之地即岭道之上，这说明凉亭的修建作为一项社会公益慈善活动，其兴起虽然与清代广东地区特殊气候环境，以及区域经济、社会发展水平和进一步的发展需求密切相关，但其具体的分布则往往受到地形地貌、交通环境条件的制约，是多种自然与人文社会因素综合影响的结果，在一定程度上反映了社会风尚的形成与区域自然生态环境和人文社会环境的互动关系。

（2）清代广东诸多地区都有凉亭之设并且发挥着多种社会公益功能，这一事实说明，虽然这一地区由于区位的优势，与内地省份的区际商业贸易和对外国际商贸往来都相当发达，人们经商逐利之风日益浓重，但乐善尚义之传统观念并未完全消泯，甚或从某种意义上说还有加强的趋势，并且其表现形式以及表现程度，与其他沿海省份可能也有明显的不同。这一点，反映了清代社会风尚及其演变具有明显的地域差异，不可一概而论。

（3）就清代广东修建凉亭这一特殊的社会公益事业而言，义捐的种类却不完全局限于义田，除了义田之外，捐金的形式似乎更为普遍一些，另外还有捐物和人力的情况。这一点也是研究清代广东社会公益事业的地域性特点时，需要注意的方面。

（4）清中后期广东地区某些施茶凉亭已经采用了类似现代基金会性质的运作机制，募捐基金，进行商业运营，存钱于银当，然后“营生息”，即按月取息，用于施茶开支，而且雇有“经理”，制定“章程”，较之以往广东各地所建的凉亭，在经营管理方面，似乎更加科学规范一些。这是在区域商品经济发展影响下，晚近比较先进的商业理念、商业运作机制在地方民间社会公益慈善事业运作过程中的生动反映。凉亭运作机制的这种变化，在整个清代广东地区或者其他省份是否具有普遍的意义，尚有待进一步的研究工作来揭示。

第十二章

中外史料与古旧地图文献互证法的应用：清代广州至澳门内河水道相关问题研究

一、《中国丛报》所见由广州至澳门的两条水道

《中国丛报》（*Chinese Repository*）月刊，为近代著名英文报刊之一，清道光十二年（1832）5月创刊于广州，创办人兼主编为美国传教士裨治文（E. C. Bridgman），1839年春迁澳门，1844年再迁香港，1851年（一说1853年）停刊。该刊刊载有不少关于澳门的记事，新近已有学者将有关内容摘录译出，为研究澳门史的相关问题提供了极大的便利，但其中所记载的有关历史地理的资料尚未引起学者足够的重视。

《中国丛报》第17卷第8期（1848年8月）载赫德（M. Isidore Hedde）所著《沿“百老汇河”从广州至澳门的一次旅行——丝绸之乡顺德见闻》中提到：“在［虎门河道］两边的许多炮台上，画有虎头以吓唬海盗。这段河道通常被来自澳门的葡萄牙快艇和来自北面和邻近的南澳、香港、伶仃洋等的帆船使用；但广州与澳洲、海南岛，所有与安南王国交界的中国沿海、东京（Tonkin）和交趾之间的当地贸易，通过内河水道进行；这条水道被当地人称为大黄滘，被英国人称为‘百老汇河’。”①

值得注意的是，赫德在其游记中还向人们讲述了一个有趣的故事，大意是说，在1844年11月25日，两位与在华法国传教团有关系的绅士意迪依尔（M. Jules Itier）和赫德，想雇一条当地的帆船经由上述的那条“内河水道”从广州去澳门，但船主告诉他们没有这种可能性，理由是那条“内河水道”没有风力和水量，还有无数海盗出没，所以主张通过虎门水道，因为“它更安全，旅客能在20小时到达澳门”，但与赫德同行的“绅士”意迪依尔显然无意继续保持风度，拔出手枪威胁船主，坚持要从原先预定的路线去澳门。后来发生的事实似乎支持了外国人的意见：“在清晨，一阵大风吹起，他们拔锚启程，不久就过了马骝洲——‘猴子岛’，沿着拱北或‘神父岛’海岸而行，其后是一条通往前山寨的通道，葡萄牙语为Casabranca，这里是军民府——管理外国事务的中国官员的驻地。他们

---

① 汤开建、陈文源、叶农主编：《鸦片战争后澳门社会生活记实——近代报刊澳门资料汇编》（以下简称《近代报刊澳门资料汇编》），花城出版社，2001年，第185页。

不久就安全到达了在内港入口处的娘妈角炮台。他们的航行，距离估计有80英里，在46小时内完成。这段距离据说比经虎门短，但由于需要风，较适合蒸汽船行驶，利用它将是澳门与广州之间的更好的交通手段。”① 赫德讲述这个故事的用意可能是多方面的，但至少告诉我们一些知识，就是上述那条“内河水道”的里程大约是80英里，比虎门水道要短一些，当地帆船航行这段距离所需时间在46小时以内，那条“内河水道”的南段要经过即马骝洲（又称“猴子岛”）水道，沿拱北或“神父岛”（当指澳门半岛）而行，就可到达澳门内港入口处的娘妈角炮台。

赫德的记述无疑颇有价值，因为他指出了当时从广州至澳门实际上有两条常用的水道，一条是人们熟知的虎门水道，另一条则是“内河水道”，当地人称为“大黄滘”，英国人称为“百老汇河”。赫德在其游记中称“广州与澳洲、海南岛，所有与安南王国交界的中国沿海、东京（Tonkin）和交趾之间的当地贸易”都通过后一条水道进行，可能有些言过其实，但这条“内河水道”在当时可能是除虎门航道以外，广州与澳门之间另一条相当重要的商船航道，却是毋庸置疑的。另据金国平、吴志良先生《1535说的宏观考察》一文中所引大英博物馆藏《中国诸岛简讯》：“从亚马港（澳门）取海道前往广州，可走两条路：一条叫内线，即沿著亚马港所在岛屿的西侧，途经香山，前往顺德岛。另外一条叫外线，即沿著亚马港所在岛屿的东侧，穿过一个小海湾，途经许多小岛，前往顺德岛。从右侧也可以去广州，返回可走同一路线。外线无东风，较快捷，因为没有内线那么多海潮。”② 所说与赫德略同。另据王頲教授研究，明中叶由香山县境经水路至广州有四条水道可通：“虎头门”南偏西的航线，也就是“金星门”水道，几乎是擦着本县的岛岸行驶；“鸡啼门”、“虎跳门”等两条水道，分别沿着“黄梁岛”的东岸、西岸航行；由前山水道西走磨刀门入香山内海便是澳门与“会城”的真正通道。③ 看来，广州到澳门间的内河水道，至少从明中叶开始就为人们所熟悉并积极利用了。

当然，广州到澳门间的“内河水道”，除了“大黄滘”和“百老汇河”这两个名称，在清后期也有人称之为省河西路，如林福祥即谓：“粤东由零丁洋入虎门，是为省河东路；由澳门入香山，是为省河西路。”④ 大约“内河水道”是一个泛称，“大黄滘”、“百老汇河”和“省河西路”等名称则似乎分别是当地民众、洋人和官方所给定的不同名称。

二、古旧地图中所见的“大黄滘”和“大黄滘”水道

按照赫德的说法，广州与澳门之间的“内河水道”被当地人称为“大黄滘”。据笔者初步考察，“大黄滘”之地名，现今通行的地图册和地名志一般不见记载，但在清代、民国古旧地图中则多有反映。如现藏大连图书馆、成图不早于光绪二十四年（1898）的《广东沿海图》长卷彩色地图中，芳村正南、白鹤洞东北、上滘西北方向的陆地上就标有

① 《近代报刊澳门资料汇编》，第185页。

② 金国平、吴志良：《东西望洋》，澳门成人教育学会，2002年，第63页。

③ 王頲：《明代香山陆海形势与澳门开埠》，见汤开建主编：《澳门历史研究》第2期，澳门历史文化研究会出版，2003年，第3—12页。

④ （清）林福祥：《平海心筹》卷下《论抚绥澳门西洋夷人》，参见中国第一历史档案馆、澳门基金会、暨南大学古籍研究所合编：《明清时期澳门问题档案文献汇编（六）·文献卷》，人民出版社，1999年，第436页。

“大黄滘”之地名，① 其地约在今广州城西南之荔湾区鹤洞立交迤南的东塱一带。现藏广东省档案馆的清宣统二年（1910）编制的《广州省城图》，沙涌东南方向、珠江水道西岸则标有“大黄地”之地名，② 估计所指为一地。粤语黄、王读音不分，所以有的地图中也作“大王滘”，如现藏中山图书馆的清光绪十四年（1888）由陈照南、陈乐熙编制的《广东省城全图（陈氏书院地图）》③，清嘉庆二十年至同治五年（1815—1866）官方绘制的《广东省图》之《番禺县图》，④ 以及同治十一年（1871）刻本《番禺县志》的《县境全图》，⑤ 就是如此。

“滘”为地名用字，又写作“漖”，普通话读作 jiào，广州话读作 gao[3]［教］，念第 3 调（中入）。有字典上说，用此字作地名的“都在广东省”。⑥ 此说恐不太确切，因为另据有关研究，带“滘”字的地名虽然主要分布于广东省（据统计全省带滘字的地名有 269 处），但是在“广西也有少量分布”。⑦ 实际上，“滘”为粤方言地名用字，但是由于人口迁移和政区变化等方面的原因，粤方言区却不限于今广东省，今广西壮族自治区部分地区有带“滘”字的地名也就不足为奇。至于“滘”字作为地名通名之起源及其含义，有学者解释说：“滘字地名出现最早在元代。清屈大均《广东新语》释：‘二水相通处曰滘。’”⑧ 据元人陈大震《大德南海志》，广州横水渡中有南海县的叠滘渡和南津沙滘渡，番禺县的横滘渡，⑨ 可证元代广州地区已有带滘字地名，且与渡口有关；至于“二水相通处曰滘”之说，则是屈大均释广州土言。⑩ 但是也有学者解释：滘字“意指分支的河道。水边的村庄常称滘”⑪。另有学者解释：“水沟曰滘（也写作漖），广东不少地区有此类地名，但不及珠江三角洲常见。”⑫ 笔者认为，大黄滘或大王滘既在珠江南水道之西岸，又在珠江南水道一条大致呈东北—西南流向的分支水道（详参后文）之西北岸，也可说是“两水相通处”，其地至少在清代中期就已形成聚落，所以上述诸说都可以解释得通。

作为地域名称的大黄滘或大王滘现今已为东塱一名所取代。塱，又写作堋，普通话读作 lǎng，广州话读作 long[5]［朗］，念第 5 调（阳上），也是粤方言的地名专用字，据有关统计研究，“广东带塱字地名达 1088 处，广西也有 151 处，香港也可见到。带塱字的村落多在水边地势较平、较低的地带”⑬。也有学者认为“冲积平原或水网沼泽地称为堋（塱）。珠江三角洲、西江沿岸和粤西一些小河入海口地区多此类地名”⑭。原广州市芳村区（今已并于荔湾区）政府东南之东塱，在珠江南水道西岸，隔河与海珠区南石头相望，

---

① 中国第一档案馆、广州市档案局（馆）、广州市越秀区人民政府：《广州历史地图精粹》，中国大百科全书出版社，2003 年，图版 63《广东沿海图（局部）》。

② 同上，图版 70《广州省城图》。

③ 同上，图版 39《广东省城全图（陈氏书院地图）》。

④ 同上，图版 32《番禺县图》。

⑤ 同治《番禺县志》的《县境全图》，《中国地方志集成·广东府县志辑》，上海书店出版社，2003 年。

⑥ 饶秉才主编：《广州音字典（普通话对照）》，广东人民出版社，1983 年，第 101 页。

⑦ 李如龙：《汉语地名学论稿》，上海教育出版社，1998 年，第 135 页。

⑧ 广东省地方史志编纂委员会：《广东省志·地名志》，广东人民出版社，1999 年，第 3 页。

⑨ （元）陈大震：《大德南海志残本》卷十《河渡·横水渡》，广州市地方志研究所，1986 年，第 64—65 页。

⑩ （清）屈大均：《广东新语》卷十一《文语·土言》，中华书局，1985 年，第 339 页。

⑪ 李如龙：《汉语地名学论稿》，上海教育出版社，1998 年，第 135 页。

⑫ 司徒尚纪：《岭南历史人文地理——广府、客家、福佬民系比较研究》，中山大学出版社，2001 年，第 267 页。

⑬ 李如龙：《汉语地名学论稿》，上海教育出版社，1998 年，第 135 页。

⑭ 司徒尚纪：《岭南历史人文地理》，第 267 页。

北与广州造船厂相连，属东滘镇，据说“南宋建村，因地势稍低（俗称塱地）且位于崇文二十四乡之东，故名东塱”[①]。但是笔者注意到，在现藏大连图书馆、成图不早于光绪二十四年（1898）的《广东沿海图》长卷彩色地图中，东塱与大黄滘皆有标绘，其中大黄滘在东，近临珠江南水道，而其西面的东塱则距珠江南水道较远；而在现藏中山图书馆的清光绪十四年（1888）由陈照南、陈乐熙编制的《广东省城全图（陈氏书院地图）》中，东塱与大黄滘皆在珠江南水道之西侧，两者呈南北关系，大黄滘在南，与珠江南水道东岸的南石头隔河相对。这就说明，至少在晚清时期，大黄滘与东塱虽然紧密相邻，但各有所指的地域范围。今大黄滘一名为东塱所取代，估计与大黄滘水道（详参后文）水路交通功能的衰落以及当地的地理环境变迁有很大的关系。

特别值得注意的是，在《广东省城全图（陈氏书院地图）》（包括该图中的附图“近省城城分图”）中，东塱南面的“大王滘”之南还绘有一条较细的水道，亦叫做“大王滘”。这条水道大致呈东北—西南流向，勾通于“大王滘”东面略呈西北—东南流向的珠江（亦称珠江南水道）和正南方向大致呈东西流向的东平水道（现今也有地图同样标注为“珠江”）之间。这条“大王滘”水道，在现藏中山图书馆、1920年广东陆军测量局编制的《广州市图》，[②]以及在现藏广州市档案馆的由广东陆军测量局测绘、1929年制版的《广州市图幅联合表》第十幅《广州市图》中也有清晰的标绘，惟水道名称作“大王滘”。[③]另外，在成于光绪十三年（1887）以后、由清代兵部七品京官程鹏所绘的《沿海七省口岸险要图》之《广州口图上》，[④]现藏广东省图书馆、清光绪二十三年（1897）广州石经堂承印出版的《广东舆地全图》之《番禺县图》，[⑤]现藏广州市档案馆的由广东陆军测量局测绘、1929年制版的《广州市图幅联合表》第五幅《广州市图》，[⑥]现藏广州市档案馆、由广州市政府于1932年公布的《广州市道路系统图》[⑦]，现藏广州市档案馆、广州市土地局1933年编制的《广州市区域图》，[⑧]现藏广州市档案馆、1935年广东陆地测量局依据1913年二十万分之一图略图式缩绘的《（实测缩绘）广州市图》[⑨]，现藏广州市档案馆、1938年日本名所图绘社印刷的《最新广州详图》[⑩]，现藏广州市档案馆、广州市土地局1945年补编的《广州市区域图》[⑪]等古旧地图中，也绘有这条水道，但均无“大王滘”或“大王滘”之文字注记。从相关各图中“大黄滘”地名与“大王滘”地名互见的情况来推测，《广东省城全图（陈氏书院地图）》和《广州市图幅联合表》的“大王滘”（“大王滘”）水道，应当就是赫德所说的“大黄滘”水道的入口水道。新中国成立后，随着城市的发展而带来的环境变化，这条水道已演变为小河涌，无复航运之功能，但在现今

---

① 《广州市地名志》，第274页。
② 《广州历史地图精粹》，图版74《广州市图》。
③ 同上，图版78《广州市图》。
④ 同上，图版37《广州口图上》。
⑤ 同上，图版47《番禺县图》。
⑥ 同上，图版76《广州市图》。
⑦ 同上，图版79《广州市道路系统图》。
⑧ 同上，图版81《广州市区域图》。
⑨ 同上，图版83《（实测缩绘）广州市图》。
⑩ 同上，图版85《最新广州详图》
⑪ 《广州历史地图精粹》，图版89《广州市区域图》。

的一些大比例地图中仍有遗迹可寻。[①]

在《广东省城全图（陈氏书院地图）》中，“大王滘”一带标注有“炮台”二字，其东的珠江水道中的小岛上也标有“炮台”，小岛之东面，即珠江东岸的南石头之北，同样也有标“炮台”。结合《广东水师营兵驻防图》来看，此三个炮台应该就是“大王滘西台”、“大王滘正台”、“大王滘东台”，“大王滘正台”与“大王滘西台”之间为“西口”，与“大王滘东台”之间为“东口”[②]。今人有谓大黄滘炮台即南石头炮台，位置在珠江南水道南石头，嘉庆二十二年（1817）建，光绪六年（1880）修，设有炮位16个。[③] 但依笔者的看法，设在南石头的炮台应该只是大黄（王）滘炮台群组的东炮台，而嘉庆二十二年（1817）始建的炮台只有珠江南水道中的炮台即正台。这可从当年十二月两广总督阮元的奏言中得知：“此次遍阅内港、外海炮台、兵房，俱为得力。惟内港大黄滘地方有大河一道，南通香山，东南通黄埔、虎门，为商船之所必经。若由大黄滘直抵省城，即可不由东南之猎德，是仅建猎德炮台，不足以严两路门户。臣阮元亲自相度大黄滘，有小石山，土名龟冈，四面皆水，堪以添建炮台。”[④] 大黄滘东的龟冈，位于“大黄滘”水道北口处的珠江南水道中，在其上建炮台不仅可以控扼来往于珠江南水道的船只，而且可以控扼“大黄滘”水道之交通，确实可收一举两得之效果。龟冈的炮台应为程鹏所绘的《沿海七省口岸险要图》之《广州口图上》中的大王滘正台，可是有的资料中却说为车歪炮台。[⑤] 按：车歪炮台当即绥远炮台，道光十六年（1836）建，在冼村以南江边，[⑥] 两者不在一地。

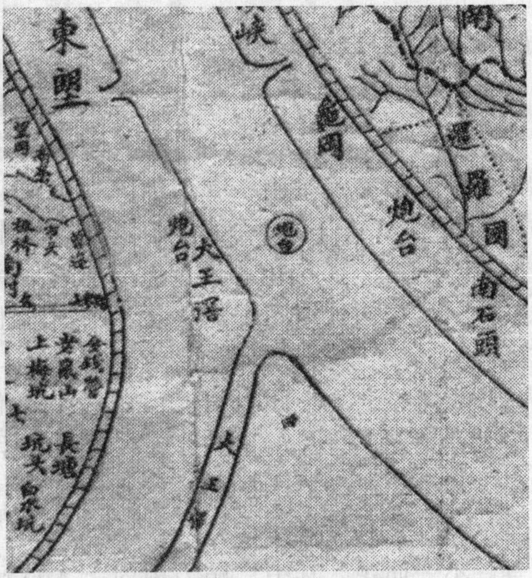

图12－1　《广东省城全图（陈氏书院地图）》中的“大王滘”

不过，如果细心对勘相关古旧地图，还可以发现，在程鹏所绘的《沿海七省口岸险要图》之《广州口图上》中，大王滘西台、大王滘正台和大王滘东台的位置分别被标注为“马口”、“砲台”和“马口砲台”，其中“马口砲台”之“马口”两字紧密横排，极易使人误读为“嗎”字。这就告诉我们，所谓“大王滘”或“大黄滘”，又被人称作“马口”，这大概是洋人给这个地方所起的地名。另外，在此地图上，马口南面的水道未标注名称，从位置来看，就是《广东省城全图（陈氏书院地图）》和《广州市图幅联合表》第十幅《广州市图》中的“大王滘”水道，但后两图中的“大王滘”水道南端止于南面之

① 《广州市地名志》，第258—259页《芳村区地名图》，第164—165页《海珠区地名图》；广州市芳村区地方志编纂委员会：《广州市芳村区志》，广东人民出版社，1997年，卷首《芳村区政区图》。

② 《广州历史地图精粹》，图版35《广东水师营兵驻防图》。

③ 广州市地方志编纂委员会：《广州市志》卷13《军事志》，广东人民出版社，1995年，第26页。

④ （清）梁廷枏总纂、袁钟仁校：《粤海关志》卷二〇《兵卫》，广东人民出版社，2002年，第402页。

⑤ 《广州市地名志》，第258—259页《芳村区地名图》，第164—165页《海珠区地名图》；《广州市芳村区志》，卷首《芳村区政区图》。

⑥ 《广州市志》卷13《军事志》，广东人民出版社，1995年，第26页。

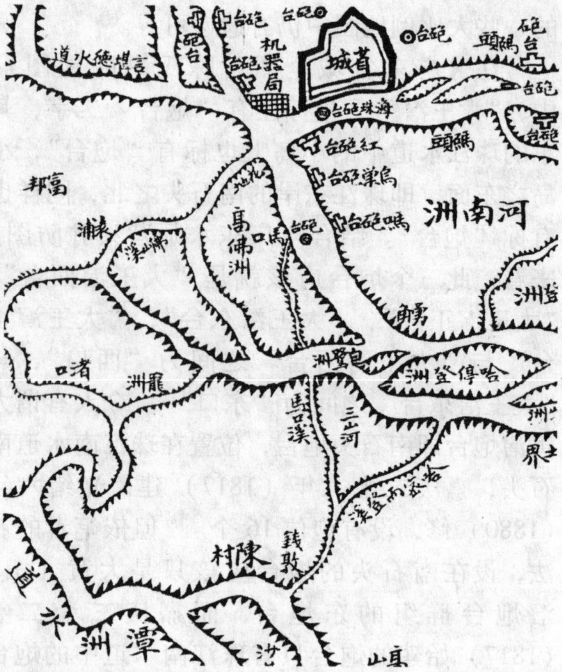

图 12－2 《沿海七省口岸险要图·广州口图上》中的“马口溪”

东西向的东平水道，而此图中则在这条珠江河道的南侧绘有一条南北流向水道，与珠江河道北岸的南北向水道（即“大王滘”水道）隔江相对，并明显地标注有“马口溪”三字。此“马口溪”向南与东侧来水“哈密而登溪”（似即陈村水道北段）合流而至于陈村东面之钱敦。所谓“哈密而登溪”，从相对位置上分析，大概就是《广东舆地全图》之《番禺县图》上的“黎西園”。笔者注意到，《沿海七省口岸险要图》之《广州口图上》中标绘了不少其他地图上少见的地名，除“哈密而登溪”以外，还有“毕登洲”、“哈停登洲”、“贴力望冈”、“别尔加界”、“沙华弥山”等，不一而足。其中“贴力望冈”大致就是今广州市番禺区北境小谷围岛（广州大学城所在地），该图在“贴力望冈”东部还标注有“美租界”、“法租界”字样。种种迹象表明，程鹏可能因为是京官，不熟悉广州情况，所绘《广州口图上》主要是依据洋人的地图，因而图中不少地名直接用了洋人的说法。以此推之，所谓“马口”和“马口溪”极有可能就是洋人对“大王滘”和“大王滘”水道的称谓。然则《广州口图上》中提供的信息的确不可低估，因为它暗示了“大王滘”水道南段以至陈村（《广东舆地全图》之《番禺县图》作“陈头”）的具体走向。

“大黄（王）滘”南的“大黄（王）滘”水道（洋人亦称之为“马口溪”）不长，不是广州与澳门间内河水道的全部，甚至可以说仅仅是这条内河水道系统的北段中的一部分，却是由广州南下澳门的内河水道必经之水道，所以当地（可能主要是省城广州、番禺、南海两县）的人们才会以这条小水道的名称来概括广州与澳门间的内河水道。

在清宣统二年（1910）编制的《广州省城图》中，广州城西南方向，由白鹅潭南流的珠江水道（今称珠江南水道或后航道）中标绘有“水出虎门”字样。在现藏国家图书馆、19 世纪西方人所刊之《广州省城图》上，海珠台以东珠江河道（今称珠江北水道或前航道）中标注有“此水路向东行到黄浦经狮子洋出虎门”字样，沙面南面珠江河道上标注有“此水路向南行至南石头各砲台绕东出四沙汛经狮子洋出虎门”字样，这表明由白鹅潭东南流的珠江水道与广州城南的珠江水道一样，都是虎门航道的内河航道的重要组成部分，由广州南到澳门的内河水道的起始部分，无疑也是利用了这段珠江水道，但是在大黄（王）滘炮台附近则改走“大黄（王）滘”水道，遂后继续向南辗转于其他水道，以达于澳门。“大黄（王）滘”正处于广州城南珠江内河航道网的一个核心位置，由澳门北上之船舶，不论取道虎门航道再经广州内河水道还是完全取道内河水道，大致都需要经过“大黄（王）滘”，其在珠江三角洲地区水路交通网中的优越地位显而易见，这也正是清朝在这里设置有一组炮台的重要原因。

“大黄（王）滘”炮台有时简称“大黄（王）炮台”。嘉庆二十三年四月初六（1818

年5月10日）《两广总督阮元密奏预防英吉利事宜折》："查广东省城切近海口，距澳门外洋水程三百余里，距虎门沙角水程一百余里。沙角以外为外洋，虎门以内为内洋。自虎门至黄埔皆系深水，自黄埔至省城渐入浅水。其间以沙角炮台为第一重门户，镇远横炮台为第二重门户，大虎炮台为第三重门户，省东之猎德，省西之大黄炮台为第四重门户，再进为省城外东西炮台，系附郭之地，西门外十三洋行即洋商与夷人交易处所。"① 此炮台亦简称为"大黄（王）滘台"，如梁廷枏在《夷氛闻记》中就曾说，在道光二十一年(1841)，入侵广州之英军"两路分入，势如破竹。从东南入者，逐我猎德炮台兵而守之。从西南入者，登大黄滘台，坏台一角，亦留守焉"②。值得注意的是，可能是由于"大黄（王）滘"炮台是由三个炮台组成，西炮台设在"大黄（王）滘"，正炮台在其东侧的珠江南水道中的小岛上，而东炮台则建筑在珠江南水道东岸的河南洲上的南石头（今称南箕）一带，所以"大黄（王）滘"之地名随之也由珠江西岸扩展到了东岸。1920年广东陆军测量局编制的《广州市图》在珠江南水道西侧标绘有"大王滘"水道，而在东岸标注有"大王砲台"，就很能说明问题。正因如此，其附近的珠江南水道也被时人称为"大黄滘"或"大黄（王）滘支河"。这可从有关档案文献中的记载得到证明。据道光二十一年二月二十五日（1841年3月17日）《杨芳奏报英船驶入芙蓉沙等事折》："查逆夷兵船，自闯过乌涌，即于二沙尾、大黄滘两路，分投游奕，欲进省河。经奴才查看大黄滘退后五里之凤凰冈，系属顶冲要隘，约可容兵千名阻截入省河道，事以奏明。……一切布置甫于二月二十三日稍经就绪，果于二十四日未刻，即有逆夷来驾大兵船二只、火轮船一只、三板船十数只，冲过大黄滘废营，直欲闯进省河，将拦河竹排，叠用大炮轰打，更炮击营垒，断树掀囊，飞砂四起。"③ 凤凰冈在珠江南水道东岸，杨芳既云"大黄滘退后五里之凤凰冈"，可见所说"大黄滘"其实是指南石头一带。又据道光十八年六月二十六日(1838年8月15日)《广州将军德克金布等奏报筹办堵逐英国巡船现在候风开行折》："所有虎门以内进省水路，如扼要之黄埔、中流、沙乌涌、大黄滘以及两岸陆路各要隘"，④ 这里既然以"进省水路"相称，则所说"大黄滘"当指的是珠江南水道。这也可从道光二十一年三月二十二日（1841年4月13日）《杨芳奏为谢恩事折》⑤ 所述情形得到证明。据杨芳称："现在汉奸渐次解散，逆船亦退出省河，除大黄滘湾泊逆船大小十数只外，据虎门、香山、澳门等处禀报：沙角泊有三枝桅大兵船一只、两枝桅大三板一只；横档泊有三枝桅大兵船一只；永安泊有三枝桅大兵船三只；麻涌两枝桅兵船泊一只；大蚝头泊有三枝桅大兵船一只；黄浦泊有三枝桅大兵船一只；深井泊有三枝桅大兵船一只，各有因。该逆分泊无常，逆转迟留非常翼，与咪唎坚各国一例邀功于急切，待命之余，尚存游移窥伺之迹。"从中可见，"大黄滘湾"泊有"大小十数只"英船，这就再次说明了时人确实也有将"大黄滘"一带的珠江南水道简称作"大黄滘"的习惯。这从林福祥《平海心筹》

---

① 《两广总督阮元密奏预防英吉利事宜折》，嘉庆二十三年四月初六（1818年5月10日），宫中朱批奏折。此据中山市档案局（馆）、中国第一历史档案馆的《香山明清档案辑录》（上海古籍出版社，2006年）第78页。

② 梁廷枏：《夷氛闻记》卷二，中华书局，1959年，第59页。

③ 《杨芳奏报英船驶入芙蓉沙等事折》，道光二十一年二月二十五日（1841年3月17日），宫中朱批奏折。此据《香山明清档案辑录》第125页。

④ 《广州将军德克金布等奏报筹办堵逐英国巡船现在候风开行折》，道光十八年六月二十六日（1838年8月15日），宫中朱批奏折。此据《香山明清档案辑录》第89页。

⑤ 《杨芳奏为谢恩事折》，道光二十一年三月二十二日（1841年4月13日），宫中朱批奏折。此据《香山明清档案辑录》第130页。

述同一事件作“辛丑三月，暎夷兵船已入省河之大王滘”，[①] 也可得到证明。另据道光十四年八月十三日（1834 年 9 月 15 日）《两广总督卢坤等奏报英国兵船闯入内河筹办防堵并请严处疏防各将弁等情折》：“并查有大黄滘支河，亦系黄浦进省之路，该处设有炮台，先经派委参将卢必沅带领巡船二十余只在彼拦截。该处至省绕道较远，而河面宽阔，现用大木排堵塞河面，又于对河建设木闸，添委都司洪发科率领督标精锐兵五百名、督标水师兵一百名，运带抬炮及劈山威远大炮，以一百五十名防守炮台，三百五十名在木闸之内扎营策应，似此分路层层防堵，不特该夷兵船无从闯驶，即三板小船亦不能驶入省河。”[②] 道光二十一年（1841）英军入侵广州之际，林则徐给靖逆将军奕山的御敌建议中也提到“查省河迤东二十余里，有要隘曰猎德。其附近二沙尾，两处皆有炮台，其河面宽约二百丈，水深二丈有零。又省河西南十五里，有要隘曰大黄滘，亦有炮台。其河面宽一百七丈，水深三丈余”[③]。看来被称为“亦系黄浦进省之路”的“大黄滘支河”，实即珠江南水道，虽然说此条水道相对来说，略显曲折迂远，不是由黄埔通省城广州之捷径水路，但因为河阔水深，故当时也常为英国兵船出入或停泊。然而，总的来看，有时也被人们称作“大黄滘”或“大黄滘支河”的珠江南水道不是去黄埔、虎门之水道的首选，却是由广州南下澳门所必经，或者更为准确地说，是广州南下澳门的内河水道的首途，因而其作用是不可低估的。

三、近代西方文献所记广州城西南的“澳门航道”及船赛活动

（一）西方文献中通常所说的“澳门水路”

“澳门水路”，又作“澳门水道”或“澳门航路”，在西方著述通常写作 Macao Road，顾名思义，通常是指出入澳门的海上航行路线，尤其是指澳门半岛东南侧与氹仔岛之间的航路。在现藏澳门旅游娱乐有限公司由詹姆斯·库克船长（Capt. James Cook）于 1780 年所绘制的铜刻版《氹仔及澳门全图》（*SKECH of the TYPA and MACAO*）上，即清楚地在相应的位置标注有 Macao Road 字样[④]（见图 12－3）。

澳门半岛西南侧的航路，即对面山与大、小横琴岛之间的航路，一般称为马骝洲水道，与“澳门水路”略有区别。15—16 世纪，一个葡萄牙领水员从澳门至日本丰后（Bungo）的航行志中记载说，某年的“6 月 19 日，星期六，我们离开了澳门水道西侧那个称为蚝田（Outeas）的岛屿，扬帆驶向满剌加海舶抵达使用的那个入口”。这里所说的“蚝田（Outeas）”和“那个入口”，金国平分别注释为“对面山”和“十字门”，[⑤] 这显示出“澳门水道”应当是在“对面山”以东，即在马骝洲水道的东面。

---

① （清）林福祥：《平海心筹》卷下《论粤东事势》，参见《明清时期澳门问题档案文献汇编（六）·文献卷》，第 435 页。

②《两广总督卢坤等奏报英国兵船闯入内河筹办防堵并请严处疏防各将弁等情折》，道光十四年八月十三日（1834 年 9 月 15 日），宫中朱批奏折。此据《香山明清档案辑录》第 81 页。

③ 梁廷枏：《夷氛闻记》卷三，中华书局，1959 年，第 63 页。

④ 中国第一历史档案馆、澳门一国两制研究中心选编：《澳门历史地图精选》，北京：华文出版社，2000 年，第 73 页。

⑤ 金国平编译：《西方澳门史料选萃》，广东人民出版社，2005 年，第 43 页。

“澳门水路”或“澳门水道”仅指澳门半岛东南一带的水路，这从其他西方文献中，还可以找到更多的证据。如马士在《东印度公司对华贸易编年史》中提到，英国商船“归来号”于1674年9月5日“离开澳门水路；14日在三灶及横琴之间航行，然后下令‘航往浪白澳’”。① 这条史料显示，“在三灶及横琴之间航行”就已算作是“离开澳门水路”。1797年，“十七艘船的船队于6月16日离开老万山群岛，在19日即遇台风，以致船队分散，‘博达姆号’（Boddam）损害严重，决定驶回修理，并由快艇‘新月号’随伴。该两船于7月7日到达南丫岛（Grand Lema），24日碇泊澳门航路附近；27日又刮台风，‘新月号’被吹出海，它返回时丧失前桅和船头斜桅”②。1806年，英国商馆为了防止海盗，将双桅船“羚羊号”在孟买改装成为巡舰于5月5日驶抵澳门，9月间，葡萄牙当局明令“羚羊号”离开潭仔碇泊所，“羚羊号”虽然不准驶入澳门口岸，仍继续它的活动。10月20日的记载称：“今天早上，有一队海盗船艇驶经［澳门］航路，但经‘羚羊号’开了几炮后，它们全速向东面驶去。”③ 这后面的两史料则说明当时人们所说的“澳门水路”的确是仅指澳门半岛东南侧的水路。

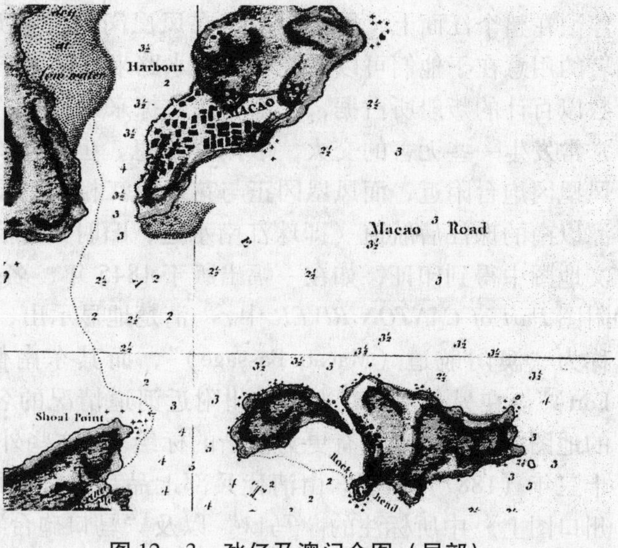

图12－3　氹仔及澳门全图（局部）

不过，在近代西方文献记载中，除了澳门半岛东南侧的“澳门水路”以外，在广州城西南方向还有一条被称为“澳门航道”的航路，极易与前者相混，需要进行专门研究。

（二）西方文献所记广州城西南的“澳门航道”

美国人亨特所著《旧中国杂记》着重记述了鸦片战争以前作者在中国的见闻，其中涉及当时广州城西南的“澳门航道”问题：“中国的农历新年，大家都放假。旧中国的外国侨民中的年轻成员，在那美好的日子里，总会趁机到各个花园去游览，并在该处吃饭。那些花园叫做花地（Hwa-Te），就在珠江一条支流的河口，离澳门航道（Macao Passage）不远。”④ 这里所谓的“澳门航道（Macao Passage）”明显不是在澳门附近，而是在广州城西南的花地一带。章文钦先生校注云：“白鹅潭以南的珠江后航道，为当年外国商馆的成员乘艇从番禺、顺德、香山的内河水道前往澳门的必经之路，西人称为澳门航道。”⑤ 此一解释相当明确，大致是不错的，这可从《旧中国杂记》中找到更多的证据。亨特在此书中又记述说：“广州的南郊，沿着所谓的澳门航道，有重型帆船战船把守。兵船作三层排列，

① ［美］马士著，中国海关史研究中心组译、区宗华译，林树惠校：《东印度公司对华贸易编年史（1635—1834年）》第一、二卷，中山大学出版社，1991年，第43页。

② 《东印度公司对华贸易编年史（1635—1834年）》第一、二卷，第608页。

③ 《东印度公司对华贸易编年史（1635—1834年）》第三卷，第31页。

④ ［美］亨特著、沈正邦译、章文钦校：《旧中国杂记》，广东人民出版社，1992年，第7页。

⑤ 《旧中国杂记》，第7页，校注②。

停泊在整个江面上，露出船沿，在凤凰岗炮台（Te-To-Tum Fort）的正下方。这样灵活部署的用意在于他们可以控制从南边水路来的任何东西。再往下游大约四五英里，河道就被数以百计的叛船所占据，大部分是被掠来的商船。这些‘小舰队’之间，不分白天黑夜，常常发生一些无害的交火，吵闹声不息，但毫无结果。”① 这里提到了“澳门航道”是在凤凰冈炮台附近，而凤凰冈正与花地隔江相对，可见洋人所谓的“澳门航道”，就是白鹅潭以南的珠江后航道（即珠江南水道，旧时又称省城南河）。这个观点，也可从当时的外文地图中得到印证，如在一幅出版于 1845 年、名作 *Map of CANTON RIVER* 的英文地图的附图 *Part of CANTON RIVER* 中，② 清楚地显示出，白鹅潭以南的珠江后航道确实被外国人称为“澳门航道（Macao Passage）”，而其东南侧的炮台则被称为“澳门炮台（Macao Fort）”。在另一幅反映当时广州附近河道情况的名作 *PEARL RIVER LEADING TO CANTON* 的地图中，相关地名有更为清晰的标绘。③ 这些外国人所绘的地图提醒我们，在成于光绪十三年（1887）以后、由清代兵部七品京官程鹏所绘的《沿海七省口岸险要图》之《广州口图上》中所标注的“马口”以及“马口砲台”、“马口溪”中的所谓“马口”，④ 大概正是洋文“Macao”一词的音译。

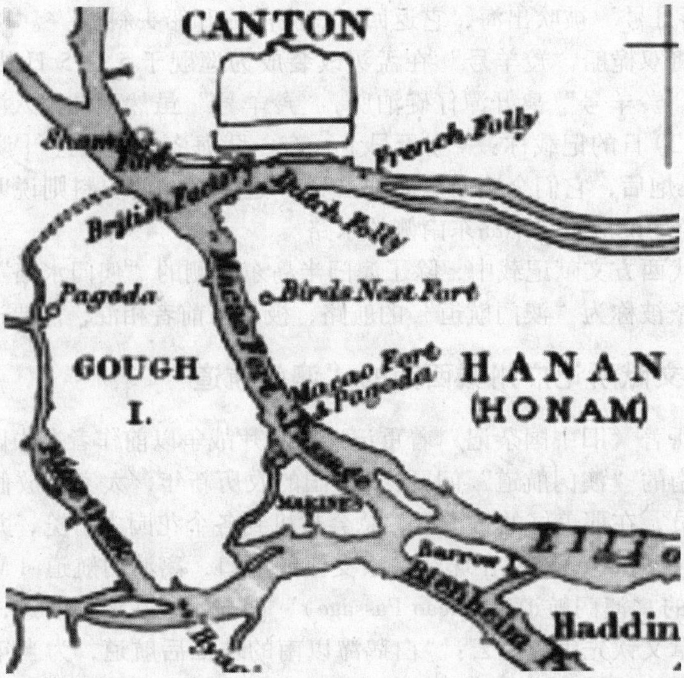

图 12-4 *Map of CANTON RIVER* 附图 *Part of CANTON RIVER*（局部）

---

① 《旧中国杂记》，第 94—95 页。

② 该图收录于 James Orange, chatercollection pictures relating to china, hongkong, macao, 1655 - 1866, London: Butterworth, 1924, p. 142。此据暨南大学古籍所叶农博士提供的电子图件，特此致谢。

③ Collis, Maurice. Foreign Mud: Being an Account of the Opium Imbroglio at Canton in the 1830's and the Anglo-Chinese War that followed. London: Faber Paper, p. 39. 此据暨南大学古籍所叶农博士提供的电子图件，特此致谢。

④ 《广州历史地图精粹》，图版 37《广州口图上》。

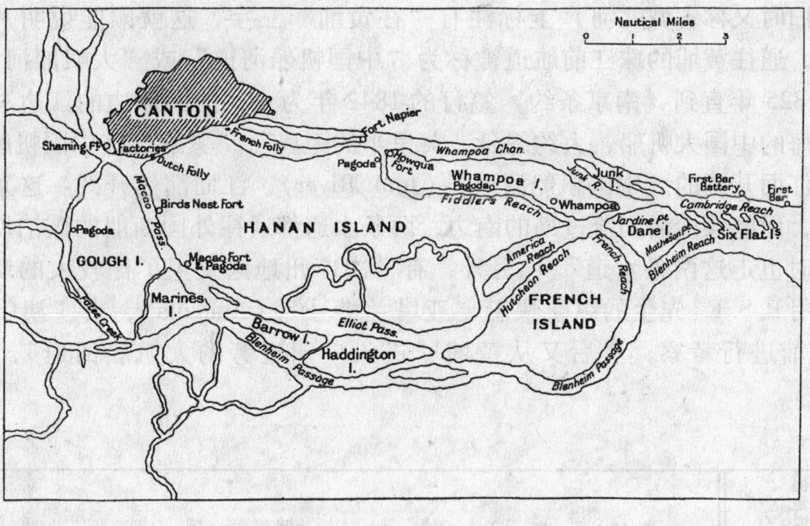

图 12－5 *PEARL RIVER LEADING TO CANTON*

大概是因为“澳门航道”江面宽阔，水又较深，所以不仅其北口一带江面上可布置大量的清军“重型帆船战船”，南面河道上也可停泊“数以百计的叛船”。当然除了清军战船和参加太平军起义的“叛船”在“澳门航道”停泊以外，外国侵略者也不甘于落后。据亨特所记，“当英国军队在 1841 年开到广州城外时，人民的好奇心异乎寻常。房屋顶上、江边的街上，到处挤满了大群的中国人，都要争睹这群奇怪的魔鬼。当英国船只停泊在城市前面通澳门水道上靠近水面的地方时，它们的图形被刻在木板上，印成无数份，在城里城外到处贩卖，每张不到半个便士”①。另外，亨特还提到，1841 年 3 月，他与同事“在澳门航道上，离商馆两三海里，在船上吃饭的时候”，皇家炮舰“摩底士底号”（Modeste）舰长艾尔斯（Captairs Harrg Eyres）曾向他讲述过一个关于中国人夜间用一些燃烧着的大木筏攻击英国军舰的故事。②

亨特还著有《广州“番鬼”录》一书，主要描述在 1844 年中美《望厦条约》签订以前，外商在广州口岸行动的情形，同样也涉及广州城西南的“澳门航道”：“驳艇经常经由被称为‘澳门航道’的水道，这是珠江的一条宽阔的支流，离商馆西面约半海里，流向正南；驳艇鱼贯驶进商馆时，浩浩荡荡，很是壮观。”③ 从文字描述可以看出，这里所谓的“澳门航道”与《旧中国杂记》所说的“澳门航道”是完全一致的，所以译者所作的注即称：“即白鹅潭以南的珠江后航道。”④

“澳门航道”不在澳门，而在广州，这难免要让不少人感到诧异，其实当时的洋人之所以要将广州白鹅潭以南的珠江后航道称为“澳门航道”，乃取其通往澳门之义。亨特所著《旧中国杂记》卷首有一幅《十三行商馆平面图》（见图 12－6），就明确地在白鹅潭以南的珠江后航道标注有“往澳门”三字，而在广州城正南的珠江河道（即珠江前航道

① 《旧中国杂记》，第 203 页。

② 《旧中国杂记》，第 206—207 页。

③ ［美］威廉·C. 亨特著，冯树铁译，骆幼玲、章文钦校：《广州“番鬼”录——缔约前“番鬼”在广州的情形，1825—1844》，广东人民出版社，1993 年，第 60 页。

④ 《广州“番鬼”录》，第 60 页，注①。

或北水道，旧时又称省城北河）上标注有“往黄埔”三字，这就颇能说明一些问题。在亨特的笔下，通往黄埔的珠江前航道被称为“中国帆船河道”或“大帆船河道”，他曾描述说，“从1825年直到《南京条约》签订的1842年为止，河南那边的江边总是停满了一排一排的航海的中国大帆船，大约绵延一英里半的距离”，“紧靠这些中国帆船的停泊处的下游，就是江面开阔的‘中国帆船河道’（Junk River），江面豁然开朗。这条河道流过黄埔岛的北边，而磨碟沙涌则流过岛的南边，两条水道都通往外国商船的破泊所，船上的小艇往返广州时也走这两条水道”。① 另外，有一次广州地区发生了比较大的动乱，亨特与小A. H. 租用P. S. F. 先生的纵帆快艇“亚塔兰塔号”（Atalanta），由“澳门航道”顺流而下到达黄埔进行考察，然后又从黄埔“进入广州近旁的大帆船河道”，返回自己的住处。②

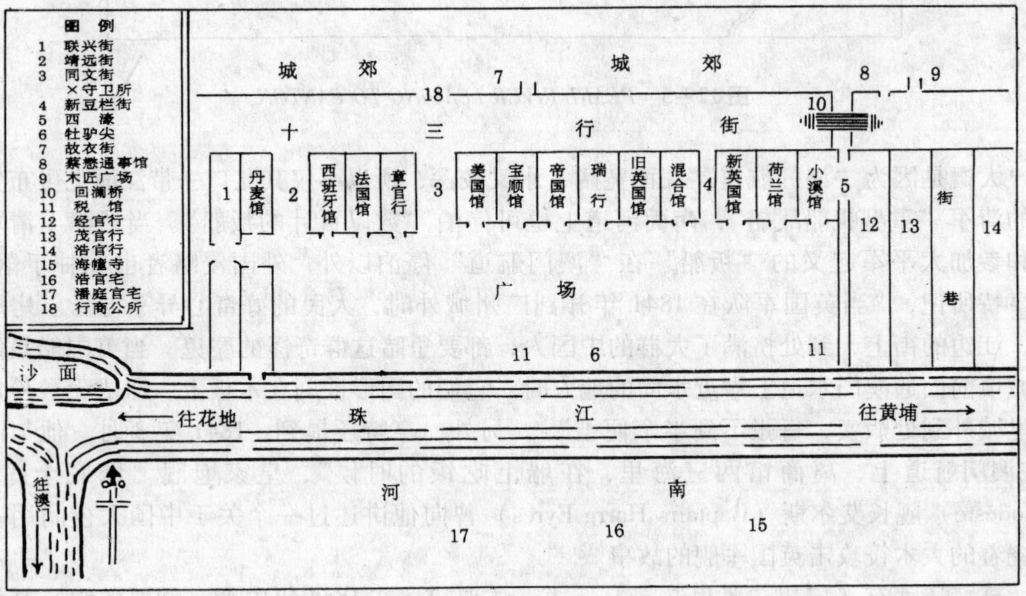

（章文钦译）

图12-6 十三行商馆平面图

亨特《旧中国杂记》和《广州“番鬼”录》中所记广州城西南的“澳门航道”，在其他外国人的著作中也有记述，如葡萄牙人徐萨斯所著《历史上的澳门》中就记载，在1840年中英澳门关闸之战后，“赫伯特舰长占领了澳门水道（Macao Passage）的砲台，霍尔舰长率‘复仇女神（Nemesis）’号和几只武装船只从澳门出发，由内河向广州进军，沿途击毁了所有中国砲台，还打败了一支中国舰队”。③ 美国人马士所著《东印度公司对华贸易编年史》中也曾提到，英国的一个使团“于1817年1月1日到达广州，他们于下午2时在澳门水道（Macao passage）上的Whonghong（黄滘）会见”。④ 关于这里的“澳门水

① 《旧中国杂记》，第22—23页。
② 《旧中国杂记》，第95—97页。
③ ［葡］徐萨斯著，黄鸿钊、李保平译：《历史上的澳门》，澳门基金会，2000年，第197页。
④ 《东印度公司对华贸易编年史（1635—1834年）》第三卷，第269页。

道（Macao passage）”，章文钦先生注云：“西方著作称白鹅潭以南的珠江后航道的一段为澳门水道。因该处为广州经香山水道至澳门必经之路。”[①] 这个注释，与其为美国人亨特所著《旧中国杂记》译本中所作的校注略同。但是章文钦先生为“Whonghong（黄滘）”一词所作的注释，似乎更应当引起充分关注：“Whonghong 疑作 Whongkong 或 Whongkcao，指黄滘（或称大黄滘）。其地正当珠江后航道的澳门水道。”[②] 此说大致不误。如果与中文史料对比一下的话，就不难发现，洋人所说的“澳门航道”或“澳门水道”，实际上正是珠江南水道（亦称珠江后航道，旧时也叫做“大黄滘支河”），而不是“大黄（王）滘”南面的那条回略显细小的“大黄（王）滘”水道。[③] 不过，笔者在此想要特别强调指出的是，外国军舰和使团同样取道“澳门航道”，这说明“澳门航道”上其实是可以行驶较大排水量的船只的，而外国商船一律走外洋，经虎门北上，停泊黄埔后，再以驳船在黄埔与十三行仓库之间进行运输，在很大程度上当是受到了清朝政府出于多种考虑而特意规定的贸易制度的影响。

黄埔在广州东南侧，珠江口内，水道距广州约 30 公里（17 海里）。隋唐时期即形成为广州外港，其地点在今黄埔港老港区与新港区之间的庙头村西，古称扶胥港，后面是丘陵山地，前面是狮子洋，由于地理条件优越，历隋、唐、宋、元四朝而不衰。元代以后，东江三角洲继续发育，扶胥港前的海滩淤积增长，狮子洋面积缩小，已不适应港口进一步发展的需要，遂逐渐衰落。到明清时期，广州外港已由扶胥港内迁到黄埔洲与琵琶洲一带水域，始称黄埔港。当时的黄埔洲与琵琶洲是两个小沙洲，四周海阔水深，东有长洲岛为屏，风平浪静宜于中外船舶停泊。鸦片战争前，广州外港黄埔港为全国唯一合法对西方贸易的口岸，是黄埔港历史上空前繁荣的时期。从 1685 年始到 1842 年签订《南京条约》止，150 多年时间内，中外史书上所指的广州对西方的贸易，实际上是广州外港黄埔港的贸易。外国商船进入黄埔港贸易的手续相当严格。进入黄埔港之前，必须先下锚于虎门口外洋面，在澳门办理手续，领取进港牌照，聘雇水员、通事、买办，将船开进虎门检查，然后才能进黄埔开舱贸易。进出口货物，皆由领有牌照的驳船往来于黄埔与十三行仓库之间进行运输。[④]

然而，我们从相关西方文献中发现，当时居住、活动于广州与澳门两地的外国商人，如果不是搭乘商船的话，尤其是在属于“私人”来往之类的情况下，往往不是经过黄埔、虎门至澳门，而是从广州直接取道珠江后航道的“澳门航道”南下，经内河航线驶向澳门，“到澳门距离，如果把河道的弯弯曲曲也算进去，约120 英里，一般要走 3 至 4 天”[⑤]。

严格地讲，近代西方文献中所谓的“澳门航道”或“澳门水道”，实际上主要是指广州城西南白鹅潭以南的近南北向的珠江后航道的一段，既不是珠江后航道的全部河段，也不是指整个广州至澳门的内河水道。白鹅潭南的花地和凤凰冈一带是珠江后航道的北口，自然也就是“澳门航道”（即“澳门水道”）的北口所在。“澳门航道”（即“澳门水道”）的南端究竟到达何处？亨特在《旧中国杂记》中曾提到，1837 年十三行里一些年轻的外国商人组织了一个“广州划船俱乐部”，这个俱乐部“所有这些船都是在河南澳门水道的

① 《东印度公司对华贸易编年史》，第 269 页注①。
② 《东印度公司对华贸易编年史》，第 269 页注②。
③ 吴宏岐：《大黄滘地名考》，载《岭南文史》2007 年第 4 期，第 43—47 页。
④ 吴家诗主编：《黄埔港史（古、近代部分）》，人民交通出版社，1989 年，第 4—5、81 页。
⑤ 《广州“番鬼”录》，第 60 页。

尽头处，由一个完全秃头的老人建造的"。[1] 这里的"河南澳门水道的尽头处"云云，显示出"澳门航道"并非包括整个珠江后航道，其南端是在珠江后航道东侧的河南某地，具体地说，应当就是在大黄滘水道北口一带。

亨特在《广州"番鬼"录》中曾经提到，1830 年他因患病而特意从广州的"澳门航道"南下，经内河航线到澳门休整了一段时间，并记述说"外国人往返澳门时所坐的艇，称为'内河快艇'（如果人数众多，则用驳艇）。它们既宽敞又舒适方便，船舱内可容客人站立，两边还有宽大的铺位，上面铺着干净的席子，人可以在上面睡觉，船窗装有绿色的软帘，船舱中央悬挂着一盏灯。设备可供 4 人之用，在主舱之后有一个较小的舱，是给仆人和厨子住的；艇尾部则供舵手和两三名操纵主帆的水手居住。船上的一个部分是厨房，主舱前面覆以平甲板，直到船头；在这里竖起一杆前桅，设有 10 到 12 枝桨。水手为 12 或者 15 人，他们总是机敏地努力操作，而且性情和善。沿河上下航行是特别愉快的，暂时摆脱了室内事务，赋予人一种新的感觉；而且，如果是乘西南季候风航行，没有什么比在商馆忙完后领受那种海上吹来的清新微风更爽快的了。全程的租艇费用为 80 元，而通常的赏钱是 10 到 15 元多，根据个人在旅途上的痛快或沉闷的心情而定"[2]。

上述记载至少提供了以下两方面的信息：一是由广州取道内河航线到澳门一般是租用当地人的快艇或驳艇，服务周到，价格合理，比之取道黄埔、虎门乘商船去澳门要方便一些；二是内河航行在沿途可领略风光，具有旅游休闲性质，这一点对于洋商来说也颇具吸引力。根据亨特在《广州"番鬼"录》中的记载，外国商人从澳门到广州大多也是取道内河航线北上，通过"澳门航道"而至于广州的商馆。不过由于"从澳门返回广州也是当地生活的一件大事"，外国商人往往结伴而行，如在 1831 年 10 月，亨特所在的公司要离开澳门时，商馆主任马治平就曾邀请亨特一同前往广州，当时公司大概租用了多条快艇，其中一只分配给小马礼逊和亨特使用。[3]

（三）广州城西南的"澳门航道"上所举行的船赛活动

在鸦片战争以前，广州城市发展比较稳定，与澳门间的水运交通比较正常，侨居在广州的外国商人除了利用"澳门航道"南下澳门外，还可以在这条水道上进行娱乐活动。据亨特所记，1837 年十三行里一些年轻的外国商人组织了一个"广州划船俱乐部"（Canton Regatta Club）并在"澳门水道"（即"澳门航道"）上举行了一次游艇比赛，第二次比赛则移师于澳门海面，但因遭遇飓风而发生不幸事故，所以后来的相关比赛活动都在广州城南的"澳门水道"里举行。据亨特的相关记载可知，大致在 1837 年和 1838 年两年间，"广州划船俱乐部"共在"澳门水道"举行了四次划船比赛活动，其中一次是游艇比赛，三次是帆船比赛。1939 年 3 月因大多数外国商人被清政府要求离开广州前往澳门和口外面的一些碇泊所，在"澳门水道"里举行的划船比赛活动遂告中止。鸦片战争以后，"广州划船俱乐部"又在香港重新建立起来。[4]

关于外国商人在广州和澳门等地举行的划船比赛活动情况，当时的英文报纸《广州纪

---

① 《旧中国杂记》，第 290 页。

② 《广州"番鬼"录》，第 63—64 页。

③ 《广州"番鬼"录》，第 60 页。

④ 《旧中国杂记》，第 290—294 页。

录报》（*The Canton Register*）中有更为详细的记录。张坤博士就曾依据《广州纪录报》对英商在广州与澳门的船赛情况进行了较为细致的研究，据其博士学位论文《英商在广州与澳门（1827—1839）》中所提供的统计资料，东印度公司的在华英国商人从1828年起就开始举办船赛，从1828年到1833年，连续举办六届，每届赛时两三天不等，最多时一届有六天比赛。六年来比赛的总天数为17天，总场数为50余场，总比赛项目为77个，堪称盛大的赛事。其中1828年11月12、13日，1831年10月某日和11月9日，1832年10月26、27日和11月3、5、9、11日，1833年10月30、31日，1833年11月1日的各场船赛都是在广州附近的河道里进行；只有1829年10月8、15、21、22日各场船赛是在澳门附近的铜鼓海面上进行。1834年，东印度公司的垄断在广州终结，本年度没有船赛消息。1835年，出现了两场小范围的船只性能测试赛，一次是在当年的1月底至2月初，另一次是在10月16日，地点大致都在金星门以东的伶仃洋海面（也就是铜鼓海面）。至于"广州划船俱乐部"在1837年和1838年所举办的船赛情况，《广州纪录报》也有报道，可与亨特的《旧中国杂记》的记载互相补充。①

张坤博士的相关研究成果无疑颇有价值，丰富了我们对当时在华外商尤其是英国商人在广州与澳门的社会生活和文化体育活动的认识。不过，该论文将英商在广州的船赛地点全部考订为"黄埔（河道）"或"黄埔的澳门水道"，却有值得商榷的地方。"黄埔（河道）"与"澳门水道"处于广州的不同方向，不可混为一谈，《广州纪录报》明确记载1937年"广州划船俱乐部"成立后的首次船赛是在白鹅潭南的"澳门水道"，比赛地点与黄埔没有任何关系，当时颁布的船赛中规则："比赛路线将由携带俱乐部旗帜的船行驶标出，蓝底白字，上写'C. R. C'（Club Regatta Club，船赛俱乐部名字的缩写）。裁判船和位于澳门水道北端的另一艘在场的船，是比赛的起点和终点。两艘船将标出赛程的转弯处，赛船必须从其中之一绕过而返回起点。"② 另外，亨特在《旧中国杂记》明确记载说当年的游艇比赛规模较大，"这在羊城的珠江河上，真是一幅前所未有的欢乐场景"，"主要比赛项目过后，大家聚集到船舱里来，兴高采烈地共进午餐。最后，天色晚了，我们在牡驴尖登岸，为俱乐部的成立典礼取得成功而洋洋自得"③。牡驴尖（Jackass Point）为英国东印度公司新商馆前面的陆地伸入珠江的地角，英公司在该处设有小码头。④ 此地隔白鹅潭与凤凰冈相望，距离较近，所以参加船赛的商人们在澳门航道比赛后，消磨了不少时光，还能够相当从容地在牡驴尖登岸，返回十三行的商馆休息。

至于从1828年到1833年间，在广州举行的船赛确实被取名为"黄埔船赛"（Whampoa Regatta），可知大致是在黄埔附近的河道里进行的。英国报纸在第一场船赛报道时明确说明了举行这类活动对于外国商人的特殊意义："由于中国一般被描绘为给外国居民提供单调无聊生活的地方，我们很满意地发现了人们已创造出很多的活动以给这生活增添乐趣。尽管这些活动仍处在一个很有限的空间内。黄埔船赛的宣布将带来很多惊喜，将为英

① 张坤：《英商在广州与澳门（1827—1839）》，暨南大学博士学位论文，2007年，第97—117页。

② *The Canton Register*, Vol. 10, Tuesday, July 11th, 1837, No. 28. 译文据张坤的《英商在广州与澳门（1827—1839）》第115页。

③ 《旧中国杂记》，第293页。

④ 《旧中国杂记》，第2页注①。

国的业余爱好者们（他们把该娱乐活动之一发挥到极致）增添些许欢笑。"① 早期的"黄埔船赛"可能是起源于外国商人在珠江上进行的日常游乐活动。按照清朝政府的有关规定，"广州城郊称为'十三行'的那一部分，在订约以前是'番鬼'居住的唯一地方"，"禁止外出游荡，而且永远不得离开一名通事"，但实际上外国商人并不完全受这些规定的限制，借用亨特的语气来形容就是："我们满不在乎地按照自己的方式行事，照料我们的生意、划船、散步、吃喝，使岁月尽可能过得愉快一些"；另外，"按照'老规矩'，在黄埔的船只，将船上的一切事情弄得井井有条之后，就可以给全体船员一个'游散日'，到广州去"，一般是趁着早潮离开大船，划小艇游赏珠江河道的自然与人文风光，"在十时以前，小艇就穿越水面上密集的各式各样大小不一的船艇，从城的一端直到另一端，船头直指牡驴尖"，然后上岸，到新豆兰街（Hon Lane）等地购物、游玩。②

从现在掌握的资料来分析，当时的"黄埔船赛"虽然举行了多次，但参赛船只类型复杂，比赛规模不等，也并无固定的比赛河段。如1831年11月9日举行的东印度公司主任杯划船赛的地点是在黄埔河段，③ 而1832年11月5日的比赛路线则是从旧河道的低处，两船平行行驶大约两射程的距离，离广州一英里半④，显然是在珠江前航道的西段，比较靠近广州城的地方。

但是，黄埔至广州之间的珠江河段是当时珠江三角洲地区中外商船来往最为繁忙的一段航线，外国人的游船、船赛活动难免会引起地方当局的不满。据美国人马士所著《东印度公司对华贸易编年史》所记，在1828年10月，"驻广州与黄埔的军官报告，近来有大量外国人，经常在下午4时至7时之间乘帆船或划船游览。于是总督张贴布告，禁止这种行为"，而东印度公司特选委员会也抱怨说"总督关于游河的谕令，其目的似乎要取消呼吸新鲜空气的唯一机会，致使外国人在这个国家的娱乐，只准在极其有限的范围内"。⑤ 官方的命令对外国商人没有太大的制约力，但可以想象，外国人的游船、船赛活动难免会不时地受到水上巡役的检查或警告，与当地船只发生冲突也是在所难免的。也许正是出于这些方面的考虑，尽管1828年至1833年间的船赛活动都如期地在黄埔或黄埔至广州之间珠江后航道上举行了，但1837年"广州划船俱乐部"正式成立以后，还是决定将船赛地点转移到广州城西南的"澳门航道"上。

广州城西南的"澳门航道"对于外国人船赛而言，应该是更为合适的场所。这里不仅距离十三行商馆区较近，而来往的商船相对较少一些，更有利于组织划船。不过，由于中西文化上的差异，外国商人在"澳门航道"上组织的船赛活动仍然不能被当地官员和市民所充分理解，正如亨特所记述的那样："我们最初比赛的时候，令广州人感到极其惊奇；在行商们看来，这俱乐部的创举是一噩梦。在中国话表示划艇比赛的字眼里，多少可以看出对于会发生事故的担忧：他们叫做'斗舢舨'，按字面来解释就是'小艇打架'。由于

① *The Canton Register*, Vol. 1, Wednesday, December 3rd, 1828, No. 40. 译文据张坤的《英商在广州与澳门（1827—1839）》第97页。

② 《旧中国杂记》，第1—4页。

③ *The Canton Register*, Vol. 4, Tuesday, November 15th, 1831, No. 22. 按："黄埔河段"的原文为"Hhampoa Reach"，张坤译为"黄埔海滩"（《英商在广州与澳门（1827—1839）》，第98页），当是将其中的"Reach"误读为"Beach"所致。

④ 张坤：《英商在广州与澳门（1827—1839）》，第98页。

⑤ 《东印度公司对华贸易编年史（1635—1834年）》第四、五卷，第185页。

当地的中国人对划艇比赛一无所知，所以他人就把这推断为用桨和艇钩进行的搏斗。”①当然，为了减少冲突的可能性，组织者似乎也花费了一些心思，在首次举办船赛时还特意“高价租用了一只花艇。它外观漂亮，使船主可以免受水上巡役的‘紧急友好访问’”，“租用它来给不参赛的会员、来宾和裁判员乘坐”，同时载着“瑞行的厨师瑞伯做的一顿午饭”，“在宽敞船舱里的餐桌上（那是一朵‘水中之花’），摆弄了同文街吉星铺（Cutshing）的酒杯”，② 可谓是一举多得。由于有专人负责站岗、警戒和保持竞赛的水路畅通，以至于“中国船只对这项运动也表露出浓厚的兴趣，它们自己也在防止有人出来妨碍比赛”。③

实际上，在被洋人称为“澳门航道”的广州城西南这段珠江河道，在清朝初年曾被选定作为水师操练的主要河段。清人樊封《南海百咏续编》记：凤凰冈“在珠江，南近大黄滘口，国初称水军寮，舟师操防处也”④。有趣的是，1837 年“广州划船俱乐部”成立伊始进行游艇比赛后不久，第一次帆船比赛也“是于同一年在澳门航道举行，围绕一艘停泊在凤凰冈炮台附近的船航”。⑤ 白鹅潭南的珠江河道由清朝水师的操防基地演变为外国商人的船赛场所，这固然反映了珠江河道开放程度的增加，但也从另一个层面揭示了鸦片战争期间清朝水师之所以不堪一击，除了洋人船坚炮利的客观原因之外，更与清军武备松懈的主观因素有着较大的关系。

当然，“广州划船俱乐部”所组织的船赛的作用和影响，也不仅仅限于洋人的自娱自乐这个层面，也多少促进了广州尤其是河南地区民间造船业的发展。亨特在《旧中国杂记》中记载说：“有几十艘供比赛用的单人划艇和轻便小艇”，“供帆船赛的有三艘约 26 英尺长的双桅纵帆船”，“所有这些船都是在河南澳门水道的尽头处，由一个完全秃头的老人建造的”，据说“他的手艺一流，特别是为保罗·福布斯建造的快艇‘亚特兰大号’，那是一艘 50 吨的双桅纵帆船，按照遐迩闻名的‘美利坚号’游艇的式样建造的”。⑥ 所谓“河南澳门水道的尽头处”，大概是指珠江后航道东岸的河南洲上的南石头（今南箕）一带，此地隔珠江与大黄滘（今东塱）相望。广州河南造船素来比较发达，清初广东省设有四大官船厂，其中河南船厂位居首位而且长期保持着优势，⑦ 河南地方民间造船业规模也相当可观并形成了墟市，据说“造船以河南为聚处，工厂约八十间”，另有制造桨橹之类的作坊约四十间，制造葵蓬之类的作坊约二十间。⑧ 然则，亨特所述广州河南船匠仿照美国游艇的式样建造快艇之事，从一个侧面反映了“澳门航道”上船赛活动的开展在一定程度上促进了中外造船技术交流这一个客观的事实。

① 《旧中国杂记》，第 291 页。
② 《旧中国杂记》，第 292—293 页。
③ 《旧中国杂记》，第 293 页。
④ （清）樊封：《南海百咏续编》卷一《名迹·凤凰冈》，广陵书社，2003 年，第 35 页。
⑤ 《旧中国杂记》，第 293—294 页。
⑥ 《旧中国杂记》，第 290 页。
⑦ （民国）黄任恒：《番禺河南小志》卷二《建置·官署》，见广州市海珠区人民政府编印：《海上明珠集》，1990 年，第 55 页。
⑧ （民国）黄任恒：《番禺河南小志》卷二《建置·墟市》，见《海上明珠集》，第 68 页。

四、《中国丛报》中所谓的“百老汇河”及其出口一带的岛屿和港口

与被广州当地人称为“大黄滘”不同，广州至澳门的内河水道被英国人称为“百老汇河（Broadway River）”，这个名称实际上更多地反映了这条内河水道南段尤其是出口处的一些情况。

关于前引《中国丛报》第17卷第8期（1848年8月）所载赫德游记中所说的“百老汇河”，在该刊第5卷第8期（1836年12月）中提供了更多的资料。该期报刊在介绍“中国的海岸”时提到：“从‘百老汇’，我们既可以穿过由两个岛屿形成的短水道到达澳门，又可以通过在浪白岛与马大门岛之间走出来，来到大横琴岛西北数英里的地方。……‘百老汇’有足够的水深让大型船只驶进来，在风暴吹袭时，断了锚链的船只亦可以进入避风。香山县一部分的马大门、马格里勒和拱北在其东面；三灶和几个其他岛屿在其西南。所在这些岛屿海拔不是很高。”① 这里的“百老汇”，编译者特别地注云“英国人称之为Broadway，又称Broadway River，即珠江一支——西江的出口”，不是特别确切，因为西江的出口很多，而从相关记述来看，英国人所称的Broadway或者Broadway River，大概是指距离澳门半岛西侧较近的那个西江出海水道，即磨刀门水道。另外，从有关英文历史地图中可知（见图12－7），所谓的“百老汇河”亦指香山河（今称石岐河或石岐水道）。但是需要提及的是，对于广州至澳门间的内河水道，外国人既不用“大黄（王）滘”之名，也不取用西江、磨刀门、香山河之类的名称，而径称之为Broadway或者Broadway River，显然暴露了其殖民主义者的用心。

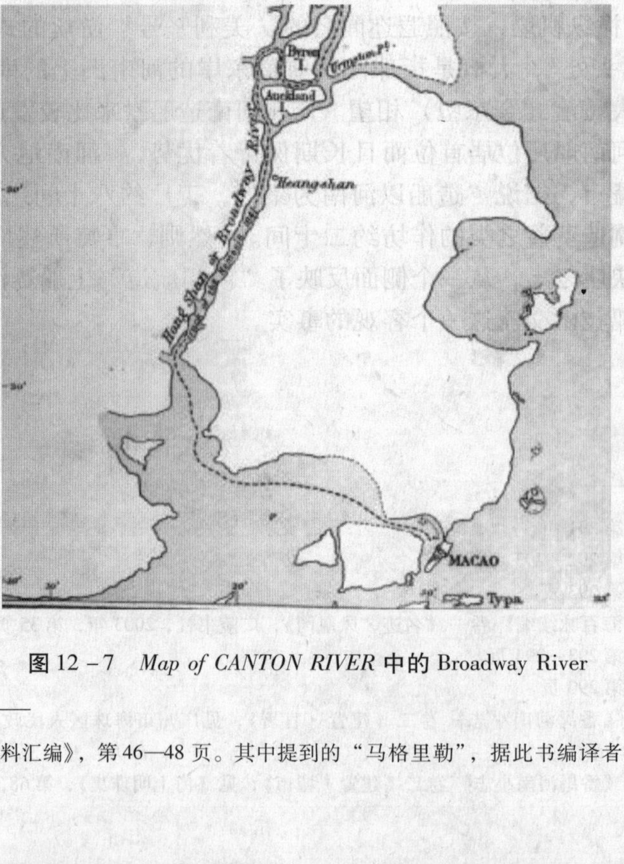

图12－7 *Map of CANTON RIVER* 中的Broadway River

① 《近代报刊澳门资料汇编》，第46—48页。其中提到的“马格里勒”，据此书编译者注，“即葡萄牙文对小横琴岛的称呼”。

当然，还值得注意的是，上引那期《中国丛报》中还十分详细地介绍了“百老汇河”出口处的岛屿分布、港口情况等：

我们必须迅速从珠江三角洲的岛中穿过和经过其著名的港口。当我们从南面进来时，大林和三灶岛在我们左面，大小横琴和蒲台岛在我们的右边。在更远的东边靠南一些的地方，鸡拍吸引了我们的注意。其他不重要的岛屿，我们略而不谈了。横琴，从其高度和地点来说，是船只进入这条水道的标准的标志物。一条适合航行的海峡将大小横琴分开。小横琴的北面是舵尾，在其东边是一处避风港，在这里曾有一艘［东印度］公司的吃水21.5英尺的大型船只在这里安全避过台风。大马骝洲或旅客岛是一块平整倾斜的岩石，位于靠近海峡中间的地方，走向在小横琴的西北至北。在入口处东边的深井岛是一个高高的岛屿，几乎正对着澳门。在西边面对的是宽河或阿婆尾和鸡颈或潭仔（这两处的名字不同，但是同一岛屿，第一个在东面，另外的在中间，它们是分开的），它们与马大门、马格里勒，环绕着潭仔锚地。锚地水不深，水底是软泥；从东面进入锚地，阿婆尾在南面，潭仔在北面，朝北看去是澳门。至此，澳门街是完全开放和没有防卫的了。澳门的内港水浅，但仍有很多船只到达，它为小型船只提供了很好的保护。进入它要绕过澳门南端。船只非常接近澳门市区，市区就在对面：对面是拱北或神甫（Padre）岛，中国人称之为对面山，葡萄牙人被正式允许在这里居住，但最新入住的是一些中国犯罪分子。他们随时准备去进攻和打劫陌生人，甚至葡萄牙人。他们以为在此其所作所为不会受到处罚。

上引的记述对于澳门港口的环境条件，尤其是对该港口侧内河水道出口一带岛屿分布、港口状况的描述是如此的详细和清晰，让人不禁为之叫绝。其中有关的记述，也向人们表明，当时从广州城南由“大黄滘”水道向南，最后转英国人称为“百老汇河”的磨刀门水道的内河水道，确实仍然是广州至澳门间的重要航道之一，外国商人不仅经常利用这条航道，而且似乎对其南端出口一带即澳门西侧的岛屿分布和港口情况均相当熟悉，这多少有些超出了我们的想象。然而，那条“内河水道”究竟要经过哪些重要的地方？取道这条水道究竟需要多长时间？关于这些问题，我们还必须利用更多的资料作进一步的研究。

五、《中国丛报》中所见的广州至澳门内河水道所经过的海关站

《中国丛报》第8卷第2期（1839年6月）在评述“鸦片贸易的危机”时转引了《广州周报》刊载的有关文件，这个文件实际上是广东海关与广州府官员共同签发的给“夷商A”“作为允许外国人离开广州，乘坐中国船只经过内河水道去澳门的执照的样本”。这个“执照”编号为“第四十五号”，标题是“去澳门的执照”（以下简称“执照”文档），具体内容则包括五个部分：①行商为申请执照给海关监督的禀文［时间是道光十九年（1839）四月十五日，署名为浩官、茂官、潘启官、明官］；②海关监督的答复；③在路上连署签名的执照（由广东海关监督豫签署，时间是道光十九年四月十六日）；④一份正式执照，登记号2（由广东海关监督豫签发，其中提到时间为道光十九年四月十四日，似有误）；⑤由钦差大臣的特别代表林任命的官员发出的额外执照（第196号，由驻守在夷商馆外的栈桥、专门负责处理鸦片事务的广州府佛山同知刘开域执照签署，时间是道光十

九年四月十六日，被交回)。[1] 这份执照细致地反映了广东海关的一般工作程序和鸦片战争前夕钦差大臣林则徐对来往于省城与澳门之间的外国人的防范，对于研究清代广东海关制度和鸦片战争史来说，具有较高的史料价值，但笔者关注的内容则是其中所反映的当时广州至澳门间的“内河水道”（即前述“大黄滘”或“百老汇河”）的具体路线情况。

在上述“执照”文档的第二部分，即“②海关监督的答复”，实际上是广东海关监督对于行商禀文的批复，这个批复中说“夷商A”的执照获准发给，但是要求“他在去澳门途中，按惯例，必须将它出示给沿途各个海关站，到达后交给澳门的海关”，其中特别提到“在通过西炮台（West fort）时的连署签名”和“在通过紫坭时的连署签名”，这表明西炮台和紫坭是那条“内河水道”必经之地。

值得注意的是，在上述“执照”文档的第三部分，即“③在路上连署签名的执照”，实际上已由广东海关监督在道光十九年（1839）四月十六日豫签署的，其中特别提到“鉴于以往，以下是已经确定的，即为了安全和秩序批准执照，以使贸易获得保护；它是明显地一贯执行的，即来往于省城与澳门间的夷人，必须在路途上向各个海关站出示执照；执照上应该注明到达的时间和他们获许出发的时间。这样做就不会有困难和耽搁发生；同样，外国人亦不许闲逛与游荡，这样将引起麻烦。当这份执照到达澳门时，它必须交给那里的海关，并被送回海关监督署来核销”。所以，在执照的“备忘”中注明了“夷商A”离开省城和到达澳门的预定时间，以及必须进行执照签署的5个海关站，由于属于正式执照性质，涉及的海关站名更多，这就为复原由广州至澳门的“内河水道”的具体走向和航行所需时间，提供了更为有利的条件。兹特节录如下：

备忘。一艘载有夷人A的船，在四月十六离开省城。

执照签署　在十六日中午，到达和通过总署。

执照签署　在十六日晚上，到达和离开西炮台。

执照签署　在十七日上午1时，到达和离开紫坭。

执照签署　在十七日白天，到达香山；十八日白天，离开香山。

执照签署　在十八日晚上，到达澳门。

在康熙二十三年（1684），清政府宣布实行开海贸易政策，继之在江苏、浙江、福建和广东分别设立了江海关、浙海关、闽海关和粤海关，但在乾隆二十二年（1757）下令撤销江海关、浙海关和闽海关，规定“番商将来只许在广东收泊交易”。[2] 自此形成广州一口通商局面，迄于道光二十年（1840），延续时间长达83年之久。粤海关自1685年设立后，即陆续在全省沿海口岸开设关口，这些关口简称“总口”和“子口”，并按职能分别称为“正税口”、“挂号口”和“稽查口”。其中正税口负责检验进出口货物及征收关税，挂号口负责检查进出关境手续及收纳挂号费，稽查口负责缉查走私物品。[3] 据清梁廷枏《粤海关志》记载，道光十八年（1838）粤海关在全省沿岸共设正税总口7处，分别是设于省城广州的大关、设于海阳县的潮州庵埠总口、设于陆丰县的惠州乌坎总口、设于澳门的澳门总口、设于吴川县的高州梅菉总口、设于徐闻县的雷州海安总口和设于琼山县的海口。其中设于广州城五仙门内（今广州市海珠广场广东省贸易中心大楼附近）的省城大关

① 《近代报刊澳门资料汇编》，第68—70页。

② 《清高宗实录》卷五五〇，乾隆二十二年十一月戊戌。

③ 广州海关编志办公室：《广州海关志》，广东人民出版社，1997年，第74页。

为粤海关总汇，下辖正税口1处（即江门口），挂号口9处（分别是总巡口、东炮台口、西炮台口、佛山口、黄埔口、虎门口、紫坭口、镇口口、市桥口），稽查口1处（即行后口，为总巡口所辖小口）；澳门系正税总口，亦为粤海关监督行署所在地，在广州府香山县，距大关三百里，下辖有大马头、南湾、关闸、娘妈阁4处稽查小口。[①] 广州、澳门之间的海关关口（即外国人所说的海关站）数目不少，但在上引文中只提到了粤海关的海关总署、西炮台、紫坭、香山和澳门这5个海关站，这当然值得特别给予关注。

粤海关总署是签发执照的地方，也是"夷商A"首先要通过的海关站，当然要进行执照签署，而澳门总口是最后的报到地点，这个海关站是要负责将执照"送回海关监督来销核"的，自然也要进行执照签署。这是比较容易理解的。在前引"执照"文档的第四部分即"④一份正式执照"和第五部分即"⑤由钦差大臣的特别代表林任命的官员发出的额外执照"中，提到"夷商A"雇用的是尹宝昌（Yin Paouchang）的快船，由广州港前往澳门的目的是出售茶叶等货物，并且"关税已付"，也带了一些可能原来已付关税的"存货"，但是没有装载鸦片等违禁货物，"也没有载运被包围在广州的16名被禁止离开的外国人"，所以要求"沿途所有海关站根据本许可，允许它通过"。大概是因为这个外国商人没有装载违禁货物和人员，只需要沿途的挂号口负责检查进出关境手续及收纳挂号费事宜，所以在海关监督的答复和要求路上连署签名的执照中就没有提到总巡口下辖的和澳门总口下辖的5处稽查口，但是《粤海关志》记载省城大关下辖的挂号口共9处，没有香山口，何以执照中只提到西炮台、紫坭、香山这3个海关站？问题似乎有些复杂，需要分别讨论。

西炮台口和紫坭口都属于省城大关下辖的挂号口性质。其中西炮台口的具体位置，据清人梁廷枏在《粤海关志》所记，是"在广州府南海县附城"，[②] 实际上位于广州府南海县附城城西，即今广州市黄沙[③]，当为由大关经水路出城西去必经之地；紫坭口的位置，据清梁廷枏在《粤海关志》所记，是"在广州府番禺县，距大关一百里"，[④] 即今广州市番禺区与佛山市顺德区交界处，市桥西南8公里的紫坭，该口西邻陈村水道，南控顺德水道和沙湾水道，亦为由广州城西南的珠江水道南下的"内河水道"所必经。这两个海关子口都属于省城大关下辖的挂号口性质，所以海关监督的答复和相关执照中被重点提及，要求相关海关站的官员连署。与此同时，执照中没有列出同为省城大关子口的东炮台口、佛山口、黄埔口、虎门口、镇口口、市桥口等其他子口，这大概是因为从广州至澳门的"内河水道"并不经过这些子口。

省城大关下辖总巡口和行后口分别属于挂号口和稽查口性质，据清人梁廷枏《粤海关志》，两口的具体位置皆"在广州府南海县附城"，[⑤] 今人释其地分别位于广州府南海县五仙门外（今广州市沿江西路广州医学院附属医院）和广州府南海县附城南边龙母庙（今

① （清）梁廷枏总纂、袁钟仁校注：《粤海关志》卷五《口岸一》，广东人民出版社，2002年，第61—72页。按：《广州海关志》第75和79页认为大关为正税口，而江门口则为与大关并列的正税口。黄启臣先生则谓："省城大关下设11个小口，又称挂号口，即总巡口、行后口、东炮台口、西炮台口、佛山口、黄埔口、紫坭口、市桥口、江门口、镇口口。"似将正税口、挂号口和稽查口混为一谈，又遗漏了虎门口。参见黄启臣：《海上丝路与广东古港》，（香港）中国评论学术出版社，2006年，第106页。

② （清）梁廷枏总纂、袁钟仁校注：《粤海关志》卷五《口岸一》，第65页。

③ 广州海关编志办公室：《广州海关志》，第81页。

④ （清）梁廷枏总纂、袁钟仁校注：《粤海关志》卷五《口岸一》，第69页。

⑤ （清）梁廷枏总纂、袁钟仁校注：《粤海关志》卷五《口岸一》，第62—63页。

广州市沿江西路南方大厦)。[①] 从相对位置来看，此二口似应当为广州至澳门的“内河水道”所经，但在前述的广东海关监督的批复中未提及海关连署事宜之事。行后口属于总巡口下辖的稽查小口，用不着连署，这是比较好解释的，但是总巡口与西炮台口和紫坭口一样，也属于挂号口，为何也没有提及？笔者推测，可能是因为总巡口与海关监督衙门所在省城大关距离较近，当时也被人们认为是总署的组成部分，所以不用特别说明。在前引执照文件中，提到“执照签署　在十六日中午，到达和通过总署”，其中用了“到达”和“通过”这样的词汇，如果仅仅是到海关监督衙门取执照而不过关口检验执照，是不必这样写的，可见这里所谓的“总署”当是包括总巡口在内的。另外，省城大关与西炮台的距离也不是太远，为什么执照中要求“在十六日中午，到达和通过总署”，而“在十六日晚上，到达和离开西炮台”，其间要用上半天的时间？这显然是由于要在总巡口办理进出关手续而耽搁时间所致。

至于香山海关，广东海关监督的回复中没有特别提及，《粤海关志》中亦不见记载，但是在相关执照中却被重点列出来了。原因何在？据清王文达《粤海关统辖口岸考》记载：“石岐口，在香山县西门外天字码头，距大关二百四十里，旧系稽查卡口，由道光二十年间经兵燹后，该卡焚毁一空，此卡当即停征，至咸丰十年，复在香山县城外河面设艇稽征，名曰石岐关艇。至光绪三年将关艇裁撤，即于天字码头河岸修建官房一所，改名曰石岐口，代大关专征香澳渡、乪仔、翠微等渡。惟下府船只装运豆油，虽来本口起卸，仍照章去江门销号，以符旧例。”[②] 可见在道光二十年（1840）以前是有香山口的，但是性质“旧系稽查卡口”。这里的“旧”，是什么时间？另据袁钟仁考证，《粤海关志》“所载史实至道光十八年止”。[③] 结合本文前面所引道光十九年（1839）四月的相关“执照”文档，我们就不难推测，香山口应当是在道光十八年（1838）至十九年（1839）四月之间，为了加强内河水道贸易管理新增设的。但是这个海关的性质可能不是梁廷枏《粤海关志》中所说的稽查小口，而属于省城大关下辖的一个挂号口，因为据上引王文达《粤海关统辖口岸考》的材料，这个新关口是要代大关稽征关税的。

实际上，自明代中叶以来，在广州府出外通衢的西翼，香山县有着其重要的地位。以“石岐渡”为中心，香山县与所隶府城、邻县村镇的水上交通网络皆已形成。[④] 据嘉靖《香山县志》记载，当时有“广州渡，二叠相往来，俱发自石岐，通於广州”；“顺德渡，发自石岐，通於顺德之碧鉴”；“江门渡，发自石岐，通於新会之江门”；“蝙步渡，发自石岐，通於新会之蝙步村”；“高沙渡，发自石岐，通於高沙”；“大榄渡，发自石岐，通於大榄村”。[⑤] 至于香山与澳门之间的水上交通，则可据崇祯年间兵部尚书张凤翼的奏稿得到证明，该奏稿称：澳葡“占住濠澳，而阑入之路，不特在香山，凡番（禺）、南（海）、东（莞）、新（宁）皆可扬帆直抵者也。其船高大如屋，上有楼棚，叠架番铳，人莫敢近。所到之处，硝黄、刀铁、子女、玉帛违禁之物公然般［搬］载，沿海乡村被其掳夺杀掠者，莫敢谁何。”又云：“里海者，番（禺）、南（海）、新（宁）、顺（德）、东

① 广州海关编志办公室：《广州海关志》，第81页。

② （清）王文达：《粤海关统辖口岸考》，中国国书馆藏，光绪六年（1880）刻本，第11—12页。此条资料由陈勇博士提供，特致谢忱。

③ （清）梁廷枏总纂、袁钟仁校注：《粤海关志》“前言”，第4页。

④ 王頲：《明代香山陆海形势与澳门开埠》。

⑤ 嘉靖《香山县志》卷一，书目文献出版社，1991年，第306页。

（莞）、香（山）等县一带支通之小海也，其海皆郡邑乡城农工商贾出入必经之地。”[①] 清代香山县的水上交通网络当更为发达一些。在现藏广东省图书馆、清光绪二十三年（1897）由广州石经堂承印出版的《广东舆地全图》之《香山县图》中，全县的内河水道网络有清晰反映，其中香山县城西侧之东北—西南向的水道（今称石岐河或石岐水道[②]）为由顺德水道（潭洲水道）东南下再西南行进入磨刀门水道最近之途，而此条水道东岸、香山县城的西侧标有“石岐墟”，[③] 更显示了石岐的交通冲要作用和区域商业中心的地位。另外，《中国丛报》第12卷第9期（1843年9月）中也曾提到：“在提供给我们香山县［位置］的地图上，我们发现了淇澳、金星门、稜角山、九星（著名的九洲沙沥）、十子［字］门（潭仔）、青洲、马骝洲、宿聚、连湾洲、小横琴山、大横琴山。旁边是鹤州和白藤洲。在我们的地图上跨越了两页的香山县，有趣的是有许多水道，以至于在通过它时，你能见到驶向各个方向的船只。澳门位于其大陆的东南角，黄梁都司位于西南角。”[④] 而《中国丛报》第12卷第6期（1843年6月）中则记述说，香山“有几条深水航道”，本年3月15日，“在两名英国使团官员的陪同下，鞑靼将军、中国钦差大臣的属员之一的咸龄在澳门访问了不列颠皇家全权特使。他们由水路到达香山，然后穿过农村，距离有20至25英里——前面一部分有些小山和美丽的田野，后面一部分非常平整”[⑤]。这更说明当时由广州取内河水道至澳门，确实是必经香山的，道光十八年（1838）至十九年（1839）间粤海关在这里新设大关的挂号口有其必要性。

当然，香山口的沿革情况相当复杂。前引王文达《粤海关统辖口岸考》中说，此关在道光二十年（1840）毁于兵燹，至咸丰十年（1860）复在香山县城外河面设艇稽征，名曰石岐关艇，至光绪三年（1877）将关艇裁撤，即于天字码头河岸修建官房一所，改名曰石岐口。道光二十年（1840）石岐口毁于兵燹一事，从档案文献也可得到核实。道光二十三年八月二十二日（1843年10月15日）《两广总督祁𡊮奏报粤海关设立要卡酌筹经费折》中称：“窃惟关口之设原以严缉奸商而稽查私货，近来茶叶、湖丝、大黄等项每多走私，间有缉获，不过百中之一。盖由三水之思贤滘，虎门左近之三门，南海之九江沙头，东莞之石龙，香山之石岐，顺德之黄连、甘竹，凡七处均有河汊可以绕道出海，向无卡口稽查。”[⑥] 光绪三年（1877）之后，这个关口似曾长期存在。这可从民国初年粤海五十里外常关的设置情况得到证明。据相关记载，民国三年（1914）粤海五十里外常关机构系列中有石岐总口，地址在香山县城外石岐街，距正关180里。[⑦] 石岐总口在1930年尚存（地址在中山石岐），并且下辖有容奇分口（地址在顺德容奇圩）。[⑧] 足见其地位还是相当之重要。

---

① 《兵部尚书张凤翼等为广东深受澳夷之患等事题行稿》，崇祯七年四月二十二日（1634年5月18日），明档兵部题行稿。此据《明清时期澳门问题档案文献汇编（一）·档案卷》，第17—18页。

② 《广东省县图集》（内部用图），广东省测绘局，1992年，第16页《中山县》图和《石岐镇平面图》。

③ 《广州历史地图精粹》，图版53《香山县图》。

④ 《近代报刊澳门资料汇编》，第153页。

⑤ 《近代报刊澳门资料汇编》，第149页。

⑥ 《两广总督祁𡊮奏报粤海关设立要卡酌筹经费折》，道光二十三年八月二十二日（1843年10月15日），宫中朱批奏折，此据中山市档案局（馆）、中国第一历史档案馆：《香山明清档案辑录》，第781页。

⑦ 广州海关编志办公室：《广州海关志》，第84页《粤海五十里外常关机构系列表（1914）》，参见广州市地方志编纂委员会：《广州市志》卷10《海关志》，广东人民出版社，2000年，第1107页《民国3年粤海五十里外常关机构设置表》。

⑧ 参见：《广东全省海关及其卡口之调查》，载《广州民国日报》1930年8月1日；广东省调查统计局：《统计汇刊》，1930年，此据黄增章的《民国广东商业史》（广东人民出版社，2006年）第357页引。

六、林则徐日记所见广州至香山的水道路线

广州至澳门内河水道所经过的海关站已如上文所考，但是除粤海关总署和澳门总口以外，只涉及西炮台、紫坭、香山三个海关站，沿途还需要经过哪些地方不是十分清楚。所幸钦差大臣林则徐在道光十九年七月（1839年8—9月）曾与两广总督邓廷桢从广州前往澳门视察，其中初七、初八两日从广州南下至香山是取道水路，正是广州至澳门内河水道的香山县城以北路段，而林则徐在二十七、二十八两日从香山县北上赴虎门时，其中从香山至石壁间之水路大致也是走的这条内河水道的一部分。林则徐在日记中对其往返这条内河水道所经地点详有记载，其中某些地点为《中国丛报》所无，正可补缺，兹节录如下，以便讨论：

初七日，庚子（8月15日）。晴。早晨对客。……申刻起程，与邓制军同赴香山，将军、都统、中丞、榷使俱送於天字码头，叙谈片刻，即开舟，司道以下送於凤凰冈。舟向南行……夜，长行未泊。

初八日，辛丑（8月16日）。晴。晨过紫泥，即沙湾（原注：有盐关），自省城到此七十余里。又过潭州、大小黄埔、横泾、广口，县、协皆来迓。戌（原文作“戍”，误）刻抵香山，登岸，住城内丰山书院。计自省城水路至香山二百一十里。

二十七日，庚申（9月4日）。寅刻行，黎明过平迳岭，巳刻至香山城，即登舟，行李皆在舟中，遂开行，赴虎门。未刻过横泾，计四十里。酉刻过大黄圃（原注：有墩台，村市大），则又三十里矣。上灯后过容奇头、潭州口，皆顺德所辖。又过乌珠，稍停复开。夜，长行，五鼓过紫泥。

二十八日，辛酉（9月5日）。晴。黎明过何滘，又过陈村，午过石壁，距省约三十五里。中丞遣弁来，府、县遣丁来。遂折而东，申过黄埔，见花旗国及琏国夷船六只泊此。又过鱼珠、乌涌。申酉之间，西风颇顺，闻由狮子洋行，比内河少行一百里，遂趁顺风放洋，舟不颠簸，黄昏收入斜西口，河势湾曲，晚潮已落，舟行仍缓。是夜四鼓甫抵虎门镇口。①

从上述记载可知，道光十九年七月初七、初八两日从广州南下至香山，先后经过天字码头、凤凰冈、紫泥、潭州、小黄埔、大黄埔、横泾、广口、香山，涉及地名9个；二十七、二十八两日从香山北上至石壁，则先后经过香山城、横泾、大黄圃、容奇头、潭州口、乌珠、紫泥、何滘、陈村、石壁，涉及地名10个。初七、初八两日从广州南下至香山要比二十七、二十八两日从香山北上至石壁时航行的水路长，但所记地名反而少一些，有些地名也不十分准确，笔者推测除了夜行未泊以外，大概也与作者是第一次经过，不太熟悉沿途情况有一定关系。通计两次出行，在广州至香山的内河水道段实际上共涉及地名14个，由北而南分别是天字码头、凤凰冈、石壁、陈村、何滘、紫泥、乌珠、潭州（潭州口）、容奇头、小黄埔（圃）、大黄埔（圃）、横泾、广口和香山城，比前引《中国丛报》多了不少地名，兹分别考证如下：

---

① 林则徐全集编纂委员会：《林则徐全集》第9册《日记卷·己亥日记（道光十九年）》，海峡文艺出版社，2002年，第4593—4596页。

天字码头：在广州城南永清门外苍前直街（今北京路南段）南口，位于五仙门外粤海关总巡口码头之东，为省城广州城南珠江水道（当时亦称省河或北河）上重要之码头，今仍如此。林、邓初七日赴香山，“将军、都统、中丞、榷使俱送於天字码头”，显然出于官场礼仪。

凤凰冈：今广州市海珠区凤凰冈一带，今其西北有广州港务局和洲头咀码头。清时凤凰冈码头当为由白鹅潭以南珠江南水道北口南下虎门、澳门等地之重要码头，林、邓初七日赴香山，“司道以下送於凤凰冈”，亦是出于官场礼仪。

石壁：今广州市番禺区境之石壁，陈村水道在西北呈西南—东北流向，通于三枝香水道。其地似在大黄滘水道南段（程鹏所绘的《沿海七省口岸险要图》之《广州口图上》作“马口溪”）与陈村水道北段（《广州口图上》作“哈密而登溪”）合流之处。林则徐二十八日北上时经此地东去虎门，初七日南下时的日记中未见，乃夜行未泊所致。

陈村：今佛山市顺德区北境之陈村，位于石壁之南，陈村水道在其东面大致呈西北—东南流向。林则徐初七日夜过之未记。

何滘：当在陈村之南，紫泥之北，近陈村水道。林则徐初七日夜过之未记。

紫泥：今广州市番禺区与佛山市顺德区交界处，市桥西南8公里的紫坭，清时设有粤海关挂号口，地属沙湾巡检司，林则徐谓“即沙湾”，当本于此。紫泥为广州至澳门内河水道所必经，但从紫泥由沙湾水道东出也可至虎门。林则徐初八晨过记之，二十七日夜过之亦记之，足见该地之重要。

乌珠：当即顺德县（今佛山市顺德区）北境之乌洲，旧属番禺县，同治十一年（1871）刻本《番禺县志》的《县境全图》上有标绘，宣统《番禺县志续志》也有记载，[1] 盖因林则徐不谙粤语读音而误记。其地位于紫泥之西南，两地隔潭州水道（顺德水道）相对。[2] 此地与紫泥近，林则徐初八日晨过之未记，但二十七日夜在此地曾短暂停泊，故见于日记。

潭州（潭州口）：潭州在程鹏所绘的《沿海七省口岸险要图》之《广州口图上》中有清晰标绘，位于顺德县东南，为略呈西北—东南向的窄长大沙洲，其上有潭州山，洲西南侧之水道称潭州水道（今亦称为顺德水道）。潭州口当指潭州水道（顺德水道）与容桂水道交汇处。林则徐两次经过皆记之，亦见此地之重要。

小黄埔：当即今顺德南境容奇镇东之小黄圃，位于容桂水道南侧。林则徐初八日过之有记，二十七日夜过之未记。将“圃”记作“埔”，或为误记之故。

容奇头：当即今顺德南境之容奇镇一带，位于顺德支流与容桂水道交汇处。《沿海七省口岸险要图》之《广州口图上》作“容基”，并标注有“砲台”。林则徐二十七日夜过之有记，初八日记中未记，或是直接从小黄圃南下未经此地。

大黄埔（圃）：在容奇之南，即今中山市北境黄圃镇一带。《沿海七省口岸险要图》之《广州口图上》标有“黄浦营盘”，当有驻军。今黄圃镇有港口，控扼黄圃水道。大黄埔（圃）容奇头和小黄埔（圃）似当有南北向支河直接相通，不必西经今南头或东凤一带。林则徐两次记之，亦知此地相当重要。但在其日记中，初八日记作“大黄埔”，二十

---

① 宣统《番禺县志续志》卷二《舆地二·都堡》，见《中国方志丛书》第49册，（台北）成文出版社，1967年，第55页。

② 《广东省县图集》（内部用图），广东省测绘局，1992年，第17页《顺德县　斗门县》图。

七日记作“大黄圃”，亦显示出作为外地人的林则徐，对于香山地名的准确认知需要经过一定的过程。

横泾：当即今中山市阜沙镇政府南 1.7 公里处之横迳。据说 1835 年建村，因在横迳河东岸而得名。横迳河，因属南连小榄水道、北接阜沙涌的横向水道，故名。[①] 清时大黄埔（圃）与横沥似当有支河直接相通。林则徐亦两次记之，当亦是水道冲要之地。

广口：颇疑即今中山市北境之港口，亦林则徐不谙粤语读音而误记。今中山市港口镇区之港口，在石岐北 7 公里处，明宣德年间（1426—1435）形成聚落，清末发展成圩。因当时为石岐至广州必经的重要港口，故名。[②] 港口河北起港口咀浅水湖，南流，在石岐北面的沙咀一带注入石岐河。[③] 港口为从小榄水道转入港口河、石岐河而至香山县城必经之地，其地为香山县城北面之门户和重要的水道交通枢纽，故林、邓初八日赴香山至此地，香山“县、协皆来迓”。二十七日林则徐从香山北上必经之而未记，或行程匆匆所致。

香山城：在今中山市区。城西石岐河侧畔有港口（清代地方志中记作“县港”），粤海关在此设有石岐口，其地与广州城一样也有一个“天字码头”。城内有丰山书院，林则徐初八日以钦差大臣身份驻节香山县时即住在丰山书院。二十七日林则徐从此地登舟北上，日记中亦有记。

七、《中国丛报》所见的前山水道和马骝洲水道问题

从香山县城经石岐河转入磨刀门水道，东南行出西江海口以后，欲东至澳门，实际上尚有两途，一是走前山水道，一是走马骝洲水道。

明代从磨刀门东至澳门，大致是以走前山水道为常，[④] 但清代的情况似颇有不同。前引《中国丛报》第 17 卷第 8 期（1848 年 8 月）载赫德所著《沿“百老汇河”从广州至澳门的一次旅行——丝绸之乡顺德见闻》就说赫德走的是马骝洲水道。《中国丛报》第 5 卷第 8 期（1836 年 12 月）中也谈及了马骝洲水道对出入澳门的重要性。另据清祝淮《新修香山县志》：“由县港面南，历第一角、海深湾（属仁良都）、磨刀营，共五十里。又南过秋风角、南埜角、蠔镜澳，共七十里，折北二十里至前山寨，此海程之南路也。若由县港东濠越大洲、二洲、三洲（属得能都）、东洲门，南折涌口门（属四大都）、金星门，共九十八里；又南六十二里为濠镜澳，此海程之东路也。而波涛浩渺，不如南路为较近。”[⑤] 清田明曜《重修香山县志》也有相同的记载。[⑥] 可知入清以后，广州至澳门的内河水路的南段，实际上主要走的是海路，即走马骝洲水道，基本上舍去了前山水道这条内河路线。另外，屈大均也说“蠔镜澳在虎跳门外，去香山东南百二十里”，[⑦] 里程与所谓“海程之南路”相合，则可见从香山县港取得此水路以至澳门，是入清以来广州府人的共识。

---

① 《广东省中山市地名志》编纂委员会：《广东省中山市地名志》，广东科技出版社，1989 年，第 153 页。

② 同上，第 237 页及卷首《中山市地名图》、《中山市水陆交通地名图》和《清光绪宣统香山县境全图》。

③ 同上，第 313 页。

④ 王頲：《明代香山陆海形势与澳门开埠》。

⑤ （清）祝淮：《新修香山县志》卷一《舆地上·图说》。

⑥ （清）田明曜：《重修香山县志》卷二《图说·恭常都图说》。

⑦ （清）屈大均：《广东新语》卷二《地语·澳门》，中华书局，1985 年，第 36 页。

图 12－8　《沿海七省口岸险要图》之《广州口图下》（局部）

但是情况在同治以后似乎又发生了一些变化。据民国厉式金修《香山县志续编》：“由石岐水南经第一角海深湾海，分为东南、西南二支，东南支南行，由磨刀门过南野角、秋风角至澳门，共七十里，折北二十五，至前山寨。县南行航路至恭镇合胜围，为十顷围截断。同治庚午，都司杨云骧通之，由峡口涌至合胜围口涌，长四百二十丈，阔十八丈二尺。渡船来澳者，由灯笼山转入出峡口涌，经沙尾北山沙尾入澳门，可免飓风盗贼之患，且较大海为近，人便之。”[①] 其中所说的合胜围当即今中山市南境坦洲镇南的合胜（又有）一带，灯笼山当在坦洲镇西南境、磨刀门水道东岸之灯笼一带，峡口涌似即灯笼东南大涌口水闸北之河涌，沙尾似即坦洲镇南境、前山水道北岸的沙心、沙角一带。[②] 如上述地名推定没有大误，那就说明，由明入清以后，之所以由香山至澳门的水路，在磨刀门水道出口处以东不走前山水道，大致是由于香山县南境沙田围垦加剧，从而导致磨刀门水道与前山水道之间连通的水路被围田所阻断。但是在同治九年（1870），经过都司杨云骧的疏通，前山水道又再次成为由磨刀门东至澳门的一条通途。不过，光绪五年（1879）《重修香山县志》中提到，在磨刀炮台附近，“即见宽河分为两支：东支绕及香山县城，并可达广州省垣；西支可通西江。又南野角东面亦有河口，惟小船可通过澳门”[③]。另外，在成于光绪十三年（1887）以后、由清代兵部七品京官程鹏所绘的《沿海七省口岸险要图》之《广州口图下》中，马鞍山、对岸山之北，笼灯内之东通往澳门的水道上也有“小船水道通澳门”之文字注记，[④] 这说明在杨云骧的疏通之后，前山水道的通航条件仍然十分有限，只可通小船，与经由马骝洲（《沿海七省口岸险要图》之《广州口图下》作“马留洲”）的水道是无法相比的。

① （民国）厉式金：《香山县志续编》卷一《舆地·附航路》。

② 《广东省中山市地名志》卷首《中山市地名图》和《坦洲镇地名图》。

③ （清）田明曜：《重修香山县志》卷八《海防》，参见《明清时期澳门问题档案文献汇编（六）·文献卷》，第229—230页。

④ 中国第一历史档案馆、澳门一国两制研究中心选编：《澳门历史地图精选》，华文出版社，2001年，第92页，图版57《广州口图下》。

八、广州至澳门内河水道的完整航线和相关航行时间

对广州至澳门内河水道所经过的海关站和林则徐取此水道所经过的地名考订清楚以后，就可以复原这条内河水道的完整航线，并进而分析当时船只来往这条水道相关段落所需的航行时间。

综合前文的考证成果，笔者认为，如从广州取道水路至澳门，则其最为捷径的路线大致应当是：

从广州城南的珠江南河上的天字码头或五仙门外的总巡口（今广州市沿江西路广州医学院附属医院一带）首途，西经行后口（今广州市沿江西路南方大厦一带）、西炮台口（今广州市黄沙），在白鹅潭转入珠江南水道，过凤凰冈，在大黄（王）滘炮台（今广州城西南之荔湾区鹤洞立交一带）附近改走"大黄（王）滘"水道，过东平水道继续南行至今佛山市南海区北境之陈村，入陈村水道南行，经紫坭口（今广州市番禺区与佛山市顺德区交界处，市桥西南8公里）转入潭州水道（顺德水道），过顺德北境之乌洲，在顺德东南之潭州口转入容桂水道，西行至小黄圃或容奇头，再经支河南下横过桂洲水道至大黄圃，再经黄圃水道南下转入鸡鸦水道、阜沙涌至横迳，再由横迳河转入小榄水道东南行而至香山县北境之港口镇，然后转入石岐河水道西南行，经停香山口（今中山市石岐），达于磨刀门水道，东南行出西江海口，然后东经前山水道可到达澳门内港，或者经南面的马骝洲（"猴子岛"）水道而至澳门内港入口处的娘妈角炮台。

上述这条内河水道的里程，史料中有多个数字。前引《中国丛报》第17卷第8期（1848年8月）载赫德所著《沿"百老汇河"从广州至澳门的一次旅行——丝绸之乡顺德见闻》中提到"距离估计有80英里"，按一英里3.219市里计，合计约为258里。但据梁廷枏《粤海关志》记载，澳门总口"距大关三百里"。① 这两个数字可能都不可靠。清代广州至香山之间，由于河汊密布，水道纵横，主要是以水路相交通，但是其间的里程，相关史料所记多有不同，据前引《林则徐日记》中说"计自省城水路至香山二百一十里"，但前引清人王文达《粤海关统辖口岸考》记载"石岐口，在香山县西门外天字码头，距大关二百四十里"，而梁廷枏在《粤海关志》中则说"香山协左营驻香山县，在广州府南二百二十五里"。② 至于香山至澳门水路（南路）之里程，据前引清祝准《新修香山县志》所说是120里。清时由广州经香山至澳门之内河水路多走南路，如广州至香山水路为210里（取林则徐所记数字），则广州至澳门的内河水道里程实际上至少有330里。

香山至澳门水路之东路，如上所说里程较长（共160里），而且"波涛浩渺"，故一般不为商船所取。至于香山至澳门之陆，据梁廷枏《粤海关志》中的资料，"前山营驻香山县南一百三十里"，"南至澳门娘妈阁海二十五里"，③ 合计香山至澳门的陆路里程为155里，与嘉庆十四年（1089）四月二十日总督百龄会同奏言中所说"查澳门距广州府属香

① （清）梁廷枏总纂、袁钟仁校注：《粤海关志》卷五《口岸一》，第73页《澳门总口图》。

② （清）梁廷枏总纂、袁钟仁校注：《粤海关志》卷二〇《兵卫》，第408页。

③ （清）梁廷枏总纂、袁钟仁校注：《粤海关志》卷二〇《兵卫》，第408页。

山县城一百四十五里”[①] 略近，百龄所说可能是香山至关闸的距离，因为澳门半岛形如一靴，自东北斜向西南，南北长而东西狭，从东北的关闸至西南的妈阁嘴长约4公里。[②] 略事比较不难发现，由香山至澳门，虽然水路有二、陆路有一，但取道南路之水路还是更为近便一些，这正是广州至澳门间内河水道的优势所在。

表12－1　道光十九年（1839）四月“夷商A”从广州至澳门沿途所经各海关站情况表

海关站名	预定到达时间	预定离开时间	距大关里程	推测从上站至本站所用时间	推测从大关至本站所用时间
总署（总巡口）	十六日中午	十六日中午			
西炮台口	十六日晚上	十六日晚上		6小时	6小时
紫坭口	十七日上午1时	十七日上午1时	100（70余）里	18小时	24小时
香山口	十七日白天	十八日白天	225（210）里	18小时	42小时
澳门总口	十八日晚上		300（330）里	12小时	54小时

说明：

（1）到达和离开各海关站时间据《中国丛报》第8卷第2期（1839年6月），汤开建、陈文源、叶农主编的《鸦片战争后澳门社会生活记实——近代报刊澳门资料汇编》（花城出版社，2001年）第69页。

（2）紫坭口、澳门总口、香山口距大关里程分别据（清）梁廷枏总纂、袁钟仁校注的《粤海关志》卷五《口岸一》（广东人民出版社，2002年）第69页《紫泥口图》、第73页《澳门总口图》，卷20《兵卫》，第408页；紫坭口、香山口括号内的数字据林则徐全集编纂委员会编的《林则徐全集》第9册《日记卷·己亥日记（道光十九年）》（海峡文艺出版社，2002年）第4593—4596页。

（3）预定到达紫坭口的时间“十七日白天”疑为“十八日白天”之误。

表12－2　林则徐在道光十九年（1839）七月从广州赴香山沿途所经部分地点情况表

沿途地名	到达时间	距广州里程	推测从前地至本地所用时间	推测从广州至本地所用时间
天字码头	初七日申刻（15至17时）			
紫泥	初八日晨（3至5时）	70余里	12小时	12小时
香山	初八日戌刻（19至21时）	210里	16小时	28小时

说明：

（1）相关资料据林则徐全集编纂委员会编的《林则徐全集》第9册《日记卷·己亥日记（道光十九年）》（海峡文艺出版社，2002年）第4593—4396页。下表同。

（2）“晨”按寅时（3至5时）计。

---

① 《粤海关志》卷二〇《兵卫》，第399页。

② 邓开颂、吴志良、陆晓敏主编：《粤澳关系史》，中国书店，1999年，第6页。

表 12-3　林则徐在道光十九年（1839）七月从香山至紫泥沿途所经部分地点情况表

沿途地名	到达时间	距前地里程	推测从前地至本地所用时间	推测从香山至本地所用时间
香山城	二十七日巳刻（9 至 11 时）			
横泾	二十七日未刻（13 至 15 时）	40 里	4 小时	4 小时
大黄圃	二十七日酉刻（17 至 19 时）	30 里	4 小时	8 小时
容奇头	二十七日上灯后（19 时）		2 小时	10 小时
紫泥	二十八日五鼓（3 时）		8 小时	18 小时
何滘	二十八日黎明（5 时）		2 小时	20 小时
石壁	二十八日中午（11 至 13 时）		6 小时	26 小时

说明：“上灯后”按 19 时计，五鼓按 3 时计，黎明按 5 时计。

这条水道相关段落所需的航行时间，可据有关资料进行一些推测。根据前引《中国丛报》第 8 卷第 2 期（1839 年 6 月）的记载，粤海关方面要求雇用快船的“夷商 A”在四月十六日中午从总署（总巡口）出发，在十八日晚上到达澳门，其间总共需要花费两天半时间，推测用时 54 小时左右。这大概是正常情况下，需要在沿途各海关站办理出入关手续的外国商船取道广州至澳门间的内河水道一般所需要花费的时间（见表 12-1）。如果采用省城大关至澳门总口为 330 里这个数字，则其平均航行速度大致是 6.11 里/小时。但是，前引《中国丛报》第 17 卷第 8 期（1848 年 8 月）载赫德所著《沿“百老汇河”从广州至澳门的一次旅行——丝绸之乡顺德见闻》中却提到他们的航行“在 46 小时内完成”。这就是说，赫德所用的时间似乎要比“夷商 A”节省 8 个小时左右，其平均航行速度应当是 7.17 里/小时。何以会出现这样的差异？笔者推测可能是赫德与其同行者意迪依尔是在鸦片战争过后的 1844 年走这条“内河水道”时，香山口等沿途海关站等已遭受破坏，管理失控，不像以前的外国人要认真地到沿途各海关站报到，从而节约了不少时间，整体上也提高了航行速度。进出海关站必定要耽搁时间，也就是说，如果免去在沿途各海关站办理出入海关手续，取道广州至澳门间的内河水道，其航行所需时间大概用不了 2 天，平均航行速度则大致是在 7 里/小时以上。

在《林则徐日记》中，由于详细记载了钦差大臣林则徐在道光十九年（1839）七月初七、初八两日取道水路从广州至香山，以及二十七日从香山至紫泥时沿途所经地点及其到达时间，可据以进一步比较分析相关段落的航行情况。比较表 12-1 与表 12-2 可知，“夷商 A”从总巡口至紫坭口和香山口，推测用时大致分别是 24 小时和 42 小时，而在相应水程，林则徐则只用了 12 小时和 28 小时，其间的时间差额大概就是进出海关站所要耽搁的时间。但是，笔者还注意到，在广州至澳门内河水道上航行的快慢，也有昼夜上的差异。如在从紫坭至香山，约 140 里（这里采用林则徐日记中提供的数据来推算），林则徐在道光十九年（1839）七月初八日晨（3 至 5 时）过紫泥，戌刻（19 至 21 时）抵香山县城，主要是白天航行，大致用时 16 小时（见表 12-2），此段水路平均航行速度大致是 8.75 里/小时；而林则徐在二十七日由澳门返程时，巳刻（9 至 11 时）从香山城登舟，未刻（13至15时）过横泾，酉刻（17至19时）过大黄圃，“上灯后过容奇头、潭州口，又过乌珠，稍停复开。夜，长行，五鼓过紫泥”，由于夜路较多，大约次日晨3时才到紫泥（见表12－3），大致用时18小时，此段水路平均航行速度大致是7.78里/小时，就较初八日慢了不少。

参考文献

一、历史文献及校释

1.（汉）司马迁：《史记》，中华书局，1959年。
2.（汉）班固：《汉书》，中华书局，1962年。
3.（北魏）郦道元著、陈桥驿校释：《水经注校释》，杭州大学出版社，1999年。
4.（北魏）郦道元原著、（清）汪士铎图、陈桥驿校释：《水经注图》图本，山东画报出版社，2003年。
5.（北魏）郦道元撰、陈桥驿点校：《水经注》，上海古籍出版社，1990年。
6.（民国）杨守敬、熊会贞合疏，段熙仲点校，陈桥驿复校：《水经注疏》，江苏古籍出版社，1989年。
7.（东晋）法显著、章巽校注：《法显传校注》，上海古籍出版社，1985年。
8.（唐）玄奘、辩机著，季羡林等校注：《大唐西域记》，中华书局，1985年。
9.（唐）李吉甫：《元和郡县图志》，中华书局，1983年。
10.（宋）乐史：《太平寰宇记》，光绪八年（1882）金陵书局刊本。
11.（元）陈大震：《大德南海志残本》，广州市地方志研究所印，1986年。
12.（明）王士性：《广志绎》，中华书局，1981年。
13.（明）郭棐：《粤大记》，中山大学出版社，1998年。
14. 嘉靖《广东通志》，广东省地方志办公室誊印本，1997年。
15. 万历《广东通志》，见《稀见中国地方志汇刊》，中国书店，1992年。
16. 道光《广东通志》，见《稀见中国地方志汇刊》，中国书店，1992年。
17. 光绪《广州府志》，见《中国地方志集成·广东府县辑》，上海书店，2003年。
18.（清）樊封：《南海百咏续编》，广陵书社，2003年。
19.（清）顾炎武：《肇域志》，上海古籍出版社，2004年。
20.（清）顾祖禹：《读史方舆纪要》，上海书店出版社，1998年。
21.（清）魏源：《圣武记》，中华书局，1984年。
22.（清）汪士铎：《汉志释地略》，见《二十五史补编》第1册，中华书局，1955年。
23.（清）全祖望：《汉书地理志稽疑》，见《二十五史补编》第1册，中华书局，1955年。
24.（清）吴卓信：《汉书地理志补注》，见《二十五史补编》第1册，中华书局，1955年。

25. （清）仇巨川：《羊城古钞》，广东人民出版社，1993 年。
26. （清）梁廷枏总纂、袁钟仁校注：《粤海关志》，广东人民出版社，2002 年。
27. 林则徐全集编纂委员会：《林则徐全集》第 9 册《日记卷》，海峡文艺出版社，2002 年。
28. 张星烺编注、朱杰勤校订：《中西交通史料汇编》，中华书局，2003 年。
29. ［日］内田吟风：《中国正史西域传译注》，京都龙谷大学文学部、河北印刷株式会社，1980 年。
30. 余太山：《两汉魏晋南北朝正史西域传要注》，中华书局，2005 年。
31. （清）屈大均：《广东新语》，中华书局，1985 年。
32. （清）梁廷枏：《夷氛闻记》，中华书局，1959 年。
33. 同治《番禺县志》，见《中国地方志集成 · 广东府县辑》，上海书店，2003 年。
34. 宣统《番禺县志续志》，见《中国方志丛书》，（台北）成文出版社，民国 56 年（1967）。
35. （民国）黄任恒：《番禺河南小志》，见广州市海珠区人民政府编印：《海上明珠集》，1990 年。
36. 嘉靖《香山县志》，书目文献出版社，1991 年。
37. 道光《新修香山县志》，见吴祖湘主编：《中山文献》（三），（台湾）学生书局，民国五十四年（1965）。
38. 光绪《重修香山县志》，见吴祖湘主编：《中山文献》（五），（台湾）学生书局，民国五十四年（1965）。
39. （民国）《续修香山县志》（又作《香山县志续编》），见《中国地方志丛书》，（台北）成文出版社，民国 56 年（1967）。
40. （清）陈伦炯撰、李长傅校注、陈代光整理：《〈海国闻见录〉校注》，中州古籍出版社，1985 年。
41. （清）王文达：《粤海关统辖口岸考》，中国图书馆藏，光绪六年（1880）刻本。

二、今人著作、译著

1. 谭其骧主编：《中国历史地图集》1—8 册，地图出版社，1982—1987 年。
2. 谭其骧主编：《中国历代地理学家评传》第 1 卷，山东教育出版社，1990 年。
3. 侯仁之主编：《中国古代地理名著选读》，科学出版社，1959 年。
4. 侯仁之：《历史地理学的理论与实践》，上海人民出版社，1979 年。
5. 侯仁之：《历史地理学四论》，中国科学技术出版社，1994 年。
6. 侯仁之：《北京历史地图集》，北京出版社，1985 年。
7. 史念海主编：《西安历史地图集》，西安地图出版社，1996 年。
8. 史念海：《中国古都与文化》，中华书局，1998 年。
9. 史念海：《河山集》，生活 · 读书 · 新知三联书店，1963 年。
10. 史念海：《河山集 · 二集》，生活 · 读书 · 新知三联书店，1981 年。
11. 史念海：《河山集 · 三集》，人民出版社，1988 年。
12. 史念海：《中国历史地理纲要》（上、下册），山西人民出版社，1991、1992 年。
13. 史念海：《中国历史人口地理和历史经济地理》，（台湾）学生书局，1991 年。
14. 史念海、曹尔琴、朱士光：《黄土高原森林与草原的变迁》，陕西人民出版社，1985 年。
15. 邹逸麟主编：《黄淮海平原历史地理》，安徽教育出版社，1993 年。
16. 邹逸麟主编：《中国历史人文地理》，科学出版社，2001 年。
17. 靳生禾：《中国历史地理文献概论》，山西人民出版社，1987 年。
18. 于希贤：《中国古代地理学史略》，河北科学技术出版社，1990 年。

19. 王成组：《中国地理学史》（上册），商务印书馆，1982 年。
20. 鞠继武：《中国地理学发展史》，江苏教育出版社，1987 年。
21. 翟忠义：《中国地理学家》，山东教育出版社，1989 年。
22. 王育民：《中国历史地理概论》（上、下册），人民出版社，1985、1988 年。
23. 中国科学院《自然地理》编辑委员会：《中国自然地理·历史自然地理》分册，科学院出版社，1982 年。
24. 曾昭璇：《历史地貌学浅论》，科学出版社，1985 年。
25. 张步天：《历史地理学概论》，河南大学出版社，1993 年。
26. 侯甬坚：《区域历史地理的空间发展过程》，陕西人民教育出版社，1995 年。
27. 张丕远主编：《中国历史气候变化》，山东科学出版社，1996 年。
28. 文焕然、文榕生等：《中国历史时期冬半年气候冷暖变迁》，科学出版社，1996 年。
29. 王元林：《泾洛流域自然环境变迁研究》，中华书局，2005 年。
30. 周振鹤：《西汉政区地理》，人民出版社，1986 年。
31. 葛剑雄：《西汉人口地理》，人民出版社，1986 年。
32. 卢云：《汉晋文化地理》，陕西人民教育出版社，1991 年。
33. 张步天：《中国历史文化地理》，湖南教育出版社，1993 年。
34. 司徒尚纪：《广东文化地理》，广东人民出版社，1993 年。
35. 张伟然：《湖南历史文化地理研究》，复旦大学出版社，1995 年。
36. 蓝勇：《西南历史文化地理》，西南师范大学出版社，1997 年。
37. 张晓虹：《文化区域的分异与整合——陕西历史文化地理研究》，上海人民出版社，2004 年。
38. 辛德勇：《古代交通与地理文献研究》，中华书局，1996 年。
39. 郭声波：《四川历史农业地理》，四川人民出版社，1993 年。
40. 韩茂莉：《宋代农业地理》，山西古籍出版社，1994 年。
41. 吴宏岐：《元代农业地理》，西安地图出版社，1997 年。
42. 龚胜生：《清代两湖农业地理》，华中师范大学出版社，1996 年。
43. 严艳：《陕甘宁边区经济发展与产业布局研究（1937—1950）》，中国社会科学出版社，2007 年。
44. 郭声波、吴宏岐主编：《南方开发与中外交通——2006 年中国历史地理国际学术研讨会论文集》，西安地图出版社，2007 年。
45. 曾昭璇：《广州历史地理》，广东人民出版社，1991 年。
46. 马正林：《中国城市历史地理》，山东教育出版社，1998 年。
47. 徐卫民：《秦都城研究》，陕西人民教育出版社，2000 年。
48. 吴宏岐：《西安历史地理研究》，西安地图出版社，2006 年。
49. 李久昌：《国家、空间与社会——古代洛阳都城空间演变研究》，三秦出版社，2007 年。
50. 史红帅：《明清时期西安城市地理研究》，中国社会科学出版社，2008 年。
51. 张萍：《地域环境与市场空间——明清陕西区域市场的历史地理学研究》，商务印书馆，2006 年。
52. 陈隆文：《春秋战国货币地理研究》，人民出版社，2006 年。
53. 冯贤亮：《明清江南地区的环境变动与社会控制》，上海人民出版社，2002 年。
54. 杨蕤：《西夏地理研究》，人民出版社，2008 年。
55. 司徒尚纪：《岭南历史人文地理——广府、客家、福佬民系比较研究》，中山大学出版社，2001 年。
56. 王颋：《西域南海史地研究》，上海古籍出版社，2005 年。
57. 王颋：《西域南海史地考论》，上海人民出版社，2008 年。
58. 陈伟明：《全方位与多功能——历史时期岭南交通地理的演变发展》，暨南大学出版社，2006 年。
59. 许桂灵：《中国泛珠江三角区域的历史地理回归》，科学出版社，2006 年。

60. 陈桥驿：《水经注研究》，天津古籍出版社，1985 年。
61. 何清谷：《三辅黄图校注》，三秦出版社，1995 年。
62. 李健超：《增订唐两京城坊考》，三秦出版社，1996 年。
63. 吴宏岐、王元林：《司马迁与中国地理》，陕西人民教育出版社，2006 年。
64. 张大可、俞樟华等：《司马迁一家言》，陕西人民教育出版社，1995 年。
65. 金应春、丘富科：《中国地图史话》，科学出版社，1984 年。
66. 中国科学院自然科学史研究所地学史组主编：《中国古代地理学史》，科学出版社，1984 年。
67. 侯仁之：《历史上的北京城》，中国青年出版社，1980 年。
68. 张含英：《治河论丛》，国立编译馆，民国二十五年（1926）。
69. 李仪祉原著、黄河水利委员会选辑：《李仪祉水利论著选集》，水利水电出版社，1988 年。
70. 水利部黄河水利委员会：《黄河水利史述要》，水利出版社，1984 年。
71. 林頫：《中国历史地理学研究》，福建人民出版社，2006 年。
72. 李长傅等：《南洋史地与华侨华人研究——李长傅先生论文选集》，暨南大学出版社，2001 年。
73. 李长傅：《李长傅文集》，河南大学出版社，2007 年。
74. 李长傅：《中国殖民史》，商务印书馆，1998 年。
75. 冯承钧：《中国南洋交通史》，上海古籍出版社，2005 年。
76. 侯德仁：《清代西北边疆史地学》，群言出版社，2006 年。
77. 王尔敏：《五口通商变局》，广西师范大学出版社，2006 年。
78. 上官鸿南、朱士光主编：《史念海先生八十寿辰学术文集》，陕西师范大学出版社，1996 年。
79. 吴宏岐、王京阳：《史念海教授纪念文集》，三秦出版社，2006 年。
80. 费孝通：《江村农民生活及其变迁》，敦煌文艺出版社，1997 年。
81. 费孝通：《费孝通论小城镇建设》，群言出版社，2000 年。
82. 陈昌远：《中国历史地理简编》，河南大学出版社，1991 年。
83. 张全明、张翼之：《中国历史地理论纲》，华中师范大学出版社，1995 年。
84. 蓝勇：《中国历史地理学》，高等教育出版社，2002 年。
85. 阙维民：《历史地理学的观念：叙述、复原、构想》，浙江大学出版社，2000 年。
86. ［英］阿兰 · R. H. 贝克著、阙维民译：《地理学与历史学——跨越楚河汉界》，商务印书馆，2008 年。
87. ［德］黑格尔著、王造时译：《历史哲学》，商务印书馆，1963 年。
88. ［美］普雷斯顿 · 詹姆斯著、李旭旦译：《地理学思想史》，商务印书馆，1982 年。
89. ［古希腊］亚里士多德著、吴寿彭译：《政治学》，商务印书馆，1965 年。
90. ［法］孟德斯鸠著、张雁深译：《论法的精神》，商务印书馆，1961 年。
91. ［俄］普列汉诺夫：《普列汉诺夫哲学著作选集》第 1 卷，三联书店，1959 年。
92. ［德］阿尔弗雷德 · 赫特纳著、王兰生译：《地理学：它的历史、性质和方法》，商务印书馆，1983 年。
93. ［美］R. 哈特向著、黎樵译：《地理学性质的透视》，商务印书馆，1963 年。
94. ［德］恩格斯：《自然辩证法》，人民出版社，1971 年。
95. ［俄］普列汉诺夫著、张仲实译：《马克思主义的基本问题》，人民出版社，1957 年。
96. ［德］马克思：《资本论》第 1 卷，人民出版社，1975 年。
97. ［日］和辻哲郎著、陈力卫译：《风土》，商务印书馆，2006 年。
98. 于中涛、周庆华：《地理环境的社会作用与科学发展观》，天津社会科学院出版社，2005 年。
99. 常建华：《社会生活的历史学——中国社会史研究新探》，北京师范大学出版社，2004 年。
100. 周积明、宋德金主编：《中国社会史论》，湖北教育出版社，2000 年。
101. 曹文柱主编：《中国社会通史 · 秦汉魏晋南北朝卷》，山西教育出版社，1996 年。

102. 冯尔康、常建华：《清人社会生活》，沈阳出版社，2002 年。
103. 周长城等：《社会发展与生活质量》，社会科学文献出版社，2001 年。
104. ［美］黄宗智主编：《中国研究的范式问题讨论》，社会科学文献出版社，2003 年。
105. ［日］斯波义信著，方键、何忠礼译：《宋代江南经济史研究》，江苏人民出版社，2001 年。
106. 江沛、王先明主编：《近代华北区域社会史研究》，天津古籍出版社，2005 年。
107. 行龙主编：《近代山西社会研究——走向田野与社会》，中国社会科学出版社，2002 年。
108. 张家诚、朱明道、张克恭等：《气候变迁及其原因》，科学出版社，1976 年。
109. 施雅风主编：《气候变化对西北华北水资源的影响》，山东科学技术出版社，1995 年。
110. ［美］罗伯特·克莱本著、杨震宇译：《气候·人·历史》，（香港）今日世界出版社，1978 年。
111. ［美］R. A. 布赖森、T. J. 默里著，龚高法等译：《饥馑的气候——人类与变动着的全球气候》，科学出版社，1981 年。
112. ［英］H. H. Lamb 著，汪奕琮、姚竞生、孙安健译：《气候的变迁和展望》，气象出版社，1987 年。
113. 吴松弟：《无所不在的伟力——地理环境与中国政治》，吉林教育出版社，1989 年。
114. 曹诗图等：《社会发展地理学概论》，中国地质大学出版社，1992 年。
115. 申曙光：《灾害生态经济研究》，湖南教育出版社，1992 年。
116. 杨怀仁主编：《第四纪冰川与第四纪地质论文集》第 2 集，地质出版社，1985 年。
117. 中央气象局气象科学研究院天气气候研究所：《全国气候变化学术讨论会论文集（一九七八年）》，科学出版社，1981 年。
118. 竺可桢：《竺可桢文集》，科学出版社，1979 年。
119. 文焕然等：《中国历史时期植物与动物研究》，重庆出版社，1995 年。
120. 何业恒：《中国珍稀兽类的历史变迁》，湖南科学技术出版社，1993 年。
121. 李浩：《唐代园林别业考论》，西北大学出版社，1996 年。
122. ［日］西嶋定生：《中国经济史研究》，农业出版社，1984 年。
123. ［日］妹尾达彦：《中国都市の历史的性格》，刀水书房，1988 年。
124. 宋晓梅：《高昌国——公元五至七世纪丝绸之路上的一个移民社会》，中国社会科学出版社，2003 年。
125. ［法］莫尼克·玛雅尔著、耿昇译：《古代高昌王国物质文明史》，中华书局，1995 年。
126. ［日］长泽和俊著、钟美珠译：《丝绸之路史研究》，天津古籍出版社，1990 年。
127. ［英］马克·奥里尔·斯坦因著、殷晴等译：《沙埋和阗废墟记》，新疆美术摄影出版社，1994 年。
128. 李经纬：《吐鲁番回鹘社会经济文书研究》，新疆人民出版社，1996 年。
129. 新疆土木建筑学会编著、严大椿主编：《新疆民居》，中国建筑出版社，1995 年。
130. 李肖：《交河故城的形制布局》，文物出版社，2003 年。
131. 常青：《西域文明与华夏建筑的变迁》，湖南教育出版社，1992 年。
132. 高永久：《西域古代民族宗教综论》，高等教育出版社，1997 年。
133. 朱士光、吴宏岐主编：《黄河文化丛书·住行卷》，陕西人民出版社，2001 年。
134. 陈桥驿：《水经注研究二集》，山西人民出版社，1987 年。
135. 聂树人：《陕西自然地理》，陕西人民出版社，1981 年。
136. 岑仲勉：《中外史地考证》（下册），中华书局，2004 年。
137. 胡阿祥：《伟哉斯名——“中国”古今称谓研究》，湖北教育出版社，2000 年。
138. 黄盛璋：《历史地理论集》，人民出版社，1982 年。
139. 钱穆：《史记地名考》（下册），商务印书馆，2001 年。
140. 曾昭璇：《岭南史地与民俗》，广东人民出版社，1994 年。

141. 陈代光：《广州城市发展史》，暨南大学出版社，1996 年。
142. 徐俊鸣：《岭南历史地理论集》，中山大学学报编辑部，1990 年。
143. 胡守为：《岭南古史》，广东人民出版社，1999 年。
144. ［日］夫马进：《中国善会善堂史研究》，商务印书馆，2005 年。
145. 梁其姿：《施善与教化：明清的慈善组织》，（台北）联经出版事业公司，1997 年。
146. 陈宝良：《中国的社与会》，浙江人民出版社，1996 年。
147. 游子安：《善与人同——明清以来的慈善与教化》，中华书局，2005 年。
148. 曾昭璇、黄伟峰主编：《广东自然地理》，广东人民出版社，2001 年。
149. 叶春生：《岭南民间文化》，广东高等教育出版社，2000 年。
150. 孙燕京：《晚清社会风尚研究》，中国人民大学出版社，2002 年。
151. 王日根：《明清民间社会的秩序》，岳麓书社，2003 年。
152. 金国平、吴志良：《东西望洋》，澳门成人教育学会，2002 年。
153. 吴家诗主编：《黄埔港史（古、近代部分）》，人民交通出版社，1989 年。
154. 黄启臣：《海上丝路与广东古港》，（香港）中国评论学术出版社，2006 年。
155. 黄增章：《民国广东商业史》，广东人民出版社，2006 年。
156. 邓开颂、吴志良、陆晓敏主编：《粤澳关系史》，中国书店，1999 年。
157. ［美］马士著，中国海关史研究中心组译、区宗华译，林树惠校：《东印度公司对华贸易编年史（1635—1834 年）》，中山大学出版社，1991 年。
158. ［美］亨特著、沈正邦译、章文钦校：《旧中国杂记》，广东人民出版社，1992 年。
159. ［美］威廉・C. 亨特著，冯树铁译，骆幼玲、章文钦校：《广州“番鬼”录——缔约前“番鬼”在广州的情形，1825—1844》，广东人民出版社，1993 年。
160. ［葡］徐萨斯著，黄鸿钊、李保平译：《历史上的澳门》，澳门基金会，2000 年。
161. 李如龙：《汉语地名学论稿》，上海教育出版社，1998 年。
162. 华林甫：《中国历史地理学・综述》，山东教育出版社，2009 年。

三、今人论文

1. 侯仁之：《历史地理学刍议》，载《北京大学学报》（自然科学版）1962 年第 1 期。
2. 史念海：《班固对于历史地理学的创建性贡献》，载《中国历史地理论丛》1989 年第 3 辑。
3. 侯甬坚：《“历史地理”学科名称由日本传入中国考》，载《中国科技史料》2000 年第 4 期。
4. 徐兆奎：《“禹贡学会”的历史地理研究工作》，载《历史地理》创刊号，上海人民出版社，1981 年。
5. 张天麟：《张相文对中国地理学发展的贡献》，载《历史地理》创刊号，上海人民出版社，1981 年。
6. 徐卫民：《可持续发展理论的历史地理学透视》，载《中国历史地理论丛》1997 年第 3 辑。
7. ［美］Carl O. Sauer 著、姜道章译：《历史地理学引论》，载《中国历史地理论丛》1998 年第 4 辑。
8. ［日］菊地利夫著、辛德勇译：《历史地理学的叙述理论》，载《中国历史地理论丛》1989 年第 2 辑。
9. ［加］寇・哈瑞斯著、唐晓峰译：《对西方历史地理学的几点看法》，见《历史地理》第 4 辑，上海人民出版社，1996 年。
10. 方国瑜：《史记西南夷传略说》，载《中国史研究》1979 年第 4 期。
11. 林荣琴：《试析〈史记・货殖列传〉与〈汉书・地理志〉中的风俗地理思想》，载《西北大学学报》（哲学社会科学版）1997 年第 4 期。

12. 王鑫义：《司马迁对中国古代商业地理学的贡献》，载《中国史研究》1997 年第 3 期。

13. 孙天胜、曹诗图：《历史地理学的名实之辨》，载《晋阳学刊》2000 年第 6 期。

14. 孙天胜、曹诗图、陈国忠：《历史地理学的学科属性辨析》，载《人文地理》2001 年第 5 期。

15. 刘盛佳：《历史地理学的研究对象》，载《华中师范大学学报》（自然科学版）1997 年第 2 期。

16. 刘盛佳：《历史地理学的研究方法》，载《华中师范大学学报》（自然科学版）1997 年第 3 期。

17. 李令福：《中国历史地理学的理论体系、学科属性与研究方法》，载《中国历史地理论丛》2000 年第 3 辑。

18. 葛剑雄：《面向新世纪的中国历史地理学》，见教育部人文社会科学重点研究基地复旦大学历史地理研究中心主编：《面向新世纪的中国历史地理学——2000 年国际中国历史地理学术讨论会论文集》，齐鲁书社，2001 年。

19. 毛丹：《人文学科与社会学科的分合特征》，载《浙江大学学报》（社会科学版）1997 年第 1 期。

20. 鲁西奇：《人地关系理论与历史地理研究》，载《史学理论》2001 年第 2 期。

21. 常建华：《中国社会史研究十年》，载《历史研究》1997 年第 1 期。

22. 孟彦弘：《社会史研究刍议》，载《史学理论研究》1998 年第 2 期。

23. 谢文君：《社会地理学若干理论问题》，载《徐州师范学院学报》（自然科学版）1995 年第 4 期。

24. 雒有仓：《关于中国社会生活史的体系问题》，载《淮北煤炭师范学院学报》（哲学社会科学版）2003 年第 2 期。

25. 吴宏岐：《中国历史地理学的历史、现状和发展趋势》，载《河北师范大学学报》（社会科学版）1999 年第 4 期。

26. 吴宏岐、王洪瑞：《历史社会理学的若干理论问题》，载《陕西师范大学学报》（哲学社会科学版）2004 年第 3 期。

27. 王振忠：《社会史研究与历史社会地理》，载《复旦学报》（社会科学版）1991 年第 1 期。

28. 史建云：《对施坚雅理论的若干思考》，载《近代史研究》2004 年第 4 期。

29. 任放：《施坚雅模式与中国近代史研究》，载《近代史研究》2004 年第 4 期。

30. 竺可桢：《中国近五千年来气候变迁的初步研究》，载《考古学报》1972 年第 1 期。

31. 文焕然、徐俊传：《距今约 8000—2500 年前长江、黄河中下游气候冷暖变迁初探》，见中国科学院地理研究所编辑：《地理集刊》第 18 号，科学出版社，1987 年。

32. 朱士光、王元林、呼林贵：《历史时期关中地区气候变化的初步研究》，载《第四纪研究》1998 年第 1 期。

33. 满志敏：《关于唐代气候冷暖问题的讨论》，载《第四纪研究》1998 年第 1 期。

34. 吴宏岐、党安荣：《隋唐时期气候冷暖特征与气候波动》，载《第四纪研究》1998 第 1 期。

35. 蓝勇：《中国西南历史气候初步研究》，载《中国历史地理论丛》1993 年第 2 辑。

36. 刘嘉麒等：《人类生存与环境演变》，载《第四纪研究》1998 年第 1 期。

37. 陆巍、吴宝鲁：《试论第四纪晚期中国古人类三次迁移与气候变化》，载《地理学报》1997 年第 5 期。

38. 陆巍、吴宝鲁：《中原新石器文化与古气候的关系》，载《地理科学》1999 年第 1 期。

39. 于希贤：《地理环境变迁与文学思潮更迭——西周至魏晋南北朝文风演变与地理环境关系》，载《中国历史地理论丛》1998 年第 4 辑。

40. 蒋昭侠：《关于地理环境对人类社会作用的再认识》，载《地理学与国土研究》1998 年第 4 期。

41. 王守春：《塔里木盆地三大遗址群的兴衰与环境变化关系》，载《第四纪研究》1998 年第 1 期。

42. 高尚玉、王贵勇、金炯：《中国沙漠形成演变与气候变化研究》，载《地球科学进展》1999 年第 1 期。

43. 王培华：《水利与中国历史特点》，载《史学史研究》1999 年第 1 期。

44. 龚高法、张丕远、张瑾瑢：《历史时期我国气候带的变迁及生物分布界线的推移》，见《历史地理》第5辑，上海人民出版社，1987年。
45. 满志敏：《唐代气候冷暖分期及各期气候冷暖特征的研究》，见《历史地理》第8辑，上海人民出版社，1990年。
46. 于希贤：《苍山雪与历史气候冷期变迁研究》，载《中国历史地理论丛》1996年第2辑。
47. 吴宏岐：《隋唐帝王行宫的地域分布》，载《中国历史地理论丛》1994年第2辑。
48. 吴宏岐：《隋唐行宫制度与宫廷革命——兼论陈寅恪“玄武门学说”之拓展》，载《陕西师范大学学报》（哲学社会科学版）2008年第3期。
49. 吴宏岐：《隋唐时期关中地区的温暖气候及其影响》，载史念海主编：《汉唐长安与关中平原》，《中国历史地理论丛》1999年增刊。
50. 倪根金：《试论气候变迁对我国古代北方农业经济的影响》，载《农业考古》1988年第1期。
51. 李令福：《论华北平原二年三熟轮作制的形成时间及其作物组合》，载《陕西师范大学学报》（哲学社会科学版）1995年第4期。
52. 金维诺：《〈职贡图〉的时代与作者——读书札记》，载《文物》1960年第7期。
53. 王炳华：《榫——兼论汉代礼制在西域》，载《西域研究》1999年第3期。
54. 费省：《从〈水经注〉所载河名探讨北魏时期渭河水系的水文状况》，载《陕西师大学报》（哲学社会科学版）1984年第2期。
55. 赵永复：《〈水经注〉究竟记述了多少条水》，见《历史地理》第2辑，上海人民出版社，1982年。
56. 吴宏岐：《黄河上中游地区内河航运的兴衰与整治对策》，见张积玉、杨发民主编：《中国西北经济社会发展研究》，陕西人民出版社，1998年。
57. 曾昭璇、曾宪珊：《番禺及番禺城考》，见《历史地理》第12辑，上海人民出版社，1995年。
58. 曾昭璇：《番禺与番禺城古地名考释》，载《羊城今古》1992年第3期。
59. 麦英豪：《广州城始建年代考》，见广州市文化局、广州市文博学会：《羊城文物博物研究——广州文博四十年文选（一）》，广东人民出版社，1993年。
60. 高大伟、岳升阳：《南越国宫苑遗址的文化价值研究》，见中国秦汉史研究会、中山大学历史系、西汉南越王博物馆：《南越国史迹研讨会论文选集》，文物出版社，2005年。
61. 吴壮达：《〈水经注〉的“水坑陵”问题——广州历史地理问题研究之一》，载《华南师院学报》（自然科学版）1980年第2期。
62. 霍寿喜：《气候与房屋》，载《科学之友》2001年第5期。
63. 王融初：《茶亭及茶亭文化》，载《茶叶通讯》2004年第4期。
64. 王日根：《论明清时期福建民办社会事业的发展》，载《中国社会经济史研究》1993年第3期。
65. 王頲：《明代香山陆海形势与澳门开埠》，见《澳门历史研究》第2期，澳门历史文化研究会，2003年。
66. 吴宏岐：《清代广州至澳门的内河水道考》，见《澳门历史研究》第6期，澳门历史文化研究会，2007年。
67. 吴宏岐：《大黄滘地名考》，载《岭南文史》2007年第4期。
68. 李平、陈代光：《李长傅先生传略》，载《地理学与国土研究》1990年第2期。
69. 王子今：《秦汉时期淮河冬季封冻问题》，载《中国历史地理论丛》1995年第4辑。
70. M. J. Ingram，G. Farmer，T. M. L. Wigley著，龚胜生译：《历史气候及其对人类的影响》，载《中国历史地理论丛》1995年第2辑。

四、其他文献

1. 观民：《交河城调查记》，载《考古》1957年第5期。

2. 联合国教科文组织驻中国代表处、新疆维吾尔自治区文物局、新疆文物考古研究所等：《交河故城——1993、1994年度考古发掘报告》，东方出版社，1998年。

3. 广州市文物考古研究所、番禺博物馆：《广东番禺市屏山东汉墓发掘报告》，见《考古学集刊》第14辑，文物出版社，2004年。

4. 广州市文物考古研究所：《番禺小谷围岛山文头岗东汉墓》，见广州市文物考古研究所：《羊城考古发现与研究（一）》，文物出版社，2005年。

5. 广州市文化局、广州市地方志办公室、广州市文物考古研究所：《广州文物志》，广州出版社，2000年。

6. 中国社会科学院考古研究所、广州市文物管理委员会、广州市博物馆：《广州汉墓》（上册），文物出版社，1981年。

7. 广东省文化厅：《中国文物地图集·广东分册》，广东省地图出版社，1989年。

8. 广州市地名委员会《广州市地名志》编纂委员会：《广州市地名志》，香港大道文化有限公司，1989年。

9. 广州市地方志编纂委员会：《广州市志》，广东人民出版社，1995年。

10. 广州海关编志办公室：《广州海关志》，广东人民出版社，1997年。

11. 广州市芳村区地方志编纂委员会：《广州市芳村区志》，广东人民出版社，1997年。

12. 《广东省中山市地名志》编纂委员会：《广东省中山市地名志》，广东科技出版社，1989年。

13. 饶秉才：《广州音字典（普通话对照）》，广东人民出版社，1983年。

14. 《广东省县图集》（内部用图），广东省测绘局，1992年。

15. 中国第一档案馆、广州市档案局（馆）、广州市越秀区人民政府：《广州历史地图精粹》，中国大百科全书出版社，2003年。

16. 中国第一历史档案馆、澳门一国两制研究中心：《澳门历史地图精选》，华文出版社，2000年。

17. 中国第一历史档案馆、澳门基金会、暨南大学古籍研究所：《明清时期澳门问题档案文献汇编（六）·文献卷》，人民出版社，1999年。

18. 汤开建、陈文源、叶农主编：《鸦片战争后澳门社会生活记实——近代报刊澳门资料汇编》，花城出版社，2001年。

19. 中山市档案局（馆）、中国第一历史档案馆：《香山明清档案辑录》，上海古籍出版社，2006年。

20. 金国平编译：《西方澳门史料选萃》，广东人民出版社，2005年。

21. 谭棣华、曹腾騑、冼剑民：《广东碑刻集》，广东高等教育出版社，2001年。

22. 冼剑民、陈鸿钧：《广州碑刻集》，广东高等教育出版社，2002年。

23. 李青：《古楼兰鄯善艺术史论》，西北大学博士学位论文，2003年。

24. 张坤：《英商在广州与澳门（1827—1839）》，暨南大学博士学位论文，2007年。

25. *The Canton Register*, Vol. 1, Wednesday, December 3rd, 1828, No. 40.

26. *The Canton Register*, Vol. 4, Tuesday, November 15th, 1831, No. 22.

27. *The Canton Register*, Vol. 10, Tuesday, July 11th, 1837, No. 28.